Somersan
Feminismus in der Türkei

*Bihter Somersan*, Dr. phil., geb. 1976, promovierte an der Goethe-Universität Frankfurt und ist Asst. Professorin an der Yeditepe Universität in Istanbul, Fachbereich Politikwissenschaft mit dem Schwerpunkt Geschlechterforschung und Politische Soziologie. Arbeitsschwerpunkte: Frauenbewegungen, Zivilgesellschafts-, Staats- und Demokratietheorien.

Bihter Somersan

# Feminismus in der Türkei

## Die Geschichte und Analyse eines Widerstands gegen hegemoniale Männlichkeit

WESTFÄLISCHES DAMPFBOOT

Für meinen Sohn Kerem

**Bibliografische Information der Deutschen Nationalbibliothek**
Die Deutsche Nationalbibliothek verzeichnet diese Publikation in der Deutschen Nationalbibliografie; detaillierte bibliografische Daten sind im Internet über http://dnb.d-nb.de abrufbar.

1. Auflage Münster 2011

Umschlag: Lütke Fahle Seifert AGD, Münster
Druck: Rosch-Buch Druckerei GmbH, Scheßlitz
Gedruckt auf säurefreiem, alterungsbeständigem Papier
ISBN 978-3-89691-877-2

# Inhalt

# Vorwort und Danksagung

Frau-Sein ist nach meiner Erfahrung in der Türkei an eine Daseinsstruktur gebunden, die alltägliche Konfrontationen mit den tief verwurzelten hegemonial-männlichen Strukturen deutlich werden lassen. Die Normalisierung der patriarchalischen Praktiken in der türkischen Gesellschaft erschwert allerdings auch die Aufdeckung dieser Praxen und den notwendigen Kampf gegen ihre sozialpsychologischen und kulturellen Einschreibungen. Die feministische Bewegung in der Türkei, die in den letzten dreißig Jahren diesen Kampf entschieden und erfolgreich fortsetzte, erweist sich heute in diesem Zusammenhang als ein starker Katalysator bei dem Versuch, die politischen und sozialen Praktiken in der Türkei gesamtgesellschaftlich zu demokratisieren. Das vorliegende Buch, das als Dissertation im Fachbereich Politikwissenschaften an der Johann Wolfgang Goethe-Universität Frankfurt am Main im Jahre 2009 eingereicht wurde, ist das Ergebnis meiner langjährigen Feldarbeit innerhalb der feministischen Bewegung in der Türkei. Das Buch mag daher als Versuch einer kritischen Analyse gelten, um theoretische und politische Hindernisse aufzudecken und neue feministische Fragestellungen und Solidaritätsnetzwerke anzuregen.

Bei meinem persönlichen Werdegang als feministische Akademikerin spielen bestimmte Personen eine große Rolle, denen ich an dieser Stelle für ihre vielfältigen Anregungen namentlich danken möchte. Als ich 1996, als zwanzigjährige Studentin der Politikwissenschaft, an die Johann Wolfgang Goethe-Universität Frankfurt kam und mein erstes Seminar *Die Frauenbewegung in Deutschland* belegte, konnte ich nicht erahnen, dass der Inhalt dieser Lehrveranstaltung von Frau Prof. Dr. Ute Gerhard meine zukünftige Berufswahl und meinen Intellekt so tiefgreifend prägen sollte. Daher gilt ihr mein ganz besonderer Dank, hatte sie doch meine Diplomarbeit betreut und war durch ihr feministisches Wissen und ihr Engagement, auch die Initiatorin der vorliegenden Dissertation geworden. Außerdem möchte ich Frau Prof. Dr. Yeşim Arat, die als Pionierin feministischer Forschung in der Türkei gilt, für ihre wohlwollende Unterstützung danken, nicht zuletzt auch deshalb, weil sich durch sie die Frauenforschung in der Türkei als ein bedeutendes wissenschaftliches Forschungsgebiet etablieren konnte. Als einem weiteren Geburtshelfer dieser Arbeit soll Herrn Prof. Dr. Sabah Alnasseri gedankt sein, den ich zum ersten Mal als meinen Tutor an der Goethe-Universität kennen lernte. Während und nach meiner Studiumszeit wurde er zu einem wertvollen Freund, der meine akademische Laufbahn förderte und mich zur eigenen Forschung stets ermutigte. Zu meinen Frankfurter Freunden zählen auch Frau Sibel Thometzki, Herr Jörg Thometzki und Frau Sibel Şendil, denen vor allem für vielfältige logistische Hilfe und moralischen Beistand zu danken ist; dies trifft ebenfalls auf Herrn Tunga Dağdelen aus Istanbul zu, der mir in vielen Phasen meiner Promotionszeit zu einem freundschaftlichen Ratgeber wurde. Dass der Weg zu meinen beiden Gutachtern, Herrn Prof. Dr. Alex Demirović und Frau Prof. Dr. Birgit Sauer gebahnt werden konnte, wurde durch Herrn Dr. Ilker Ataç möglich, dem ich herzlich dafür danke. Ebenso danke ich Raif Umut Yeşiltan für seine wertvolle Unterstützung während der Veröffentlichungsphase der Arbeit.

Meinem Doktorvater Alex Demirović gilt mein allergrößter Dank; hatten doch seine theoretischen Arbeiten meinen intellektuellen Werdegang akademisch bedeutend geprägt und gefördert. Auch durch seine stets intensive Betreuung konnte ich erkennen, dass sich Theorie und Praxis in einem Menschen durchaus einstimmig vereinbaren können. Die mit Herrn Prof. Dr. Alex Demirović in vielen Arbeitsgesprächen diskutierten Sachzusammenhänge und seine wertvollen Kommentare, Anregungen und Ermunterungen verhalfen mir dazu, dass diese Arbeit in einem analytisch-kritischen Rahmen abgehandelt werden konnte. Ebenso möchte ich mich bei meiner Zweitgutachterin Birgit Sauer für ihre kritischen Bemerkungen und gedanklichen Anstöße bedanken; denn ohne sie hätte die hier praktizierte feministische Theoriebildung nicht die entsprechende Form annehmen können.

Einen herzlichen Dank möchte ich Frau Monika Mayrhofer aussprechen, die nicht nur Korrektur gelesen hat, sondern durch ihre Hinweise und kontinuierliche Motivation während des Schreibprozesses mich so freundschaftlich aus einigen Krisen und Sackgassen herausführte. Ferner habe ich der administrativen Leitung der Yeditepe-Universität und meines Fachbereichs zu danken, hier besonders dem ehemaligen Rektor der Yeditepe-Universität, Herrn Prof. Dr. Ahmet Serpil, der meine wissenschaftliche Arbeit und den damit verbundenen Spagat zwischen Istanbul und Frankfurt befürwortete. Ebenso sei meinem ehemaligen Fachbereichsleiter, Herrn Prof. Dr. Feroz Ahmad, gedankt, der mich – parallel zu meinen Unterrichtsverpflichtungen – zum Weiterarbeiten an der Dissertation motivierte. Meinem jetzigen Fachbereichsleiter, Herrn Prof. Dr. Cemil Oktay, danke ich dafür, dass er mich auch nach dem Abschluss der Promotion zu weiteren Forschungen ermutigte. Ein weiterer inniger Dank gilt meinem

Kollegen, dem ebenfalls an der Yeditepe-Universität lehrenden Philosophen und Literaturwissenschaftler, Herrn Dr. phil. habil. Martin Vialon, dessen wertvolle Kritiken vor der Veröffentlichung dieses Buches mich zum Weiterdenken und der Überprüfung des Gesagten geleitet hatten.

Mein allergrößter Dank gebührt meiner lieben Familie, hier insbesondere meiner Mutter Birsen Somersan und meinem Vater Haluk Somersan, ohne deren entlastende Maßnahmen und liebevolle Unterstützung ich diese Arbeit nicht hätte vollenden können. Ganz besonders danke ich meinem lieben Sohn Kerem Gemalmazoğlu für sein Verständnis, als er seine Mami nicht mehr so oft sehen konnte, und seinen Ansporn, die in dieser Kombination beflügelnd in der Endphase der Arbeit auf mich wirkten.

Allen Interviewpartnerinnen sei gedankt, dass sie mir so großzügig ihre Zeit schenkten und ihr Wissen vermittelten. Ganz besonders habe ich Hülya Gülbahar zu danken, deren feministisches Engagement mich bis heute motiviert und mir die Hoffnung gibt, dass sich eine geschlechterneutrale Gesellschaft in der Türkei verwirklichen lässt. In diesem Sinne möchte ich mich bei allen Frauenrechtlerinnen, feministischen Aktivistinnen und Protagonistinnen in der Türkei bedanken, durch welche diese Arbeit erst entstehen konnte. Daher möchte ich ihnen allen dieses Buch widmen.

Abschließend sei Frau Susanne Paul-Menn und Herrn Günter Thien vom Westfälischen Dampfboot für ihr Interesse an meiner Dissertation und die insgesamt angenehme Zusammenarbeit gedankt.

Istanbul, den 12. März 2011 — Bihter Somersan

# Einleitung

Feministische Politik in der Türkei ist das Ergebnis von jahrelangen politischen Kämpfen, Aushandlungsprozessen, Verhandlungen und umkämpften Strategien der feministischen Bewegung in einer politischen Gesellschaft und Öffentlichkeit, die durch eine hegemoniale Männlichkeit gekennzeichnet ist. Die politischen Praktiken und die frauenpolitischen Artikulationen der feministischen Bewegung stützen sich auf wertvolle Ressourcen wie feministische Wissensaneignung, feministischen Aktivismus und die Sammlung von Erfahrungen in einer langjährigen, politischen Auseinandersetzung mit den patriarchalen, männerbündischen und männlich-hegemonialen Gesellschaftsstrukturen in der Türkei. Dass die feministische Bewegung hierbei auch ein Potential für eine gesamtgesellschaftliche, demokratiefördernde und emanzipatorisch-transformierende Bewegung aufweist, liegt auf der Hand. Politischoppositioneller Radikalismus und fundamentale Gesellschafts- und Demokratiekritik sind politische Charakteristiken der feministischen Bewegung, die sie als eine der emanzipatorischsten sozialen Bewegungen in der Türkei seit den 1980er Jahren in die politische Gesellschaft trägt. Die gegenwärtigen feministischen Debatten über die vermeintliche 'NGOisierung' der feministischen Bewegung, den 'Projektfeminismus' (vgl. Sirman 2006; Üstündağ 2006; Bora 2006; Yalçın 2006; Hacıvelioğlu 2008), die Bündnisse mit staatlichen Institutionen und Akteuren bzw. Akteurinnen und den dadurch eingetretenen Verlust der ihr 'einst' innewohnenden, gesamtgesellschaftlichen Radikalität (vgl. Mutluer 2007a; Üstün 2007a; Çoban 2008) sind in Anbetracht der politischen Dynamik und Wirkungsmacht, die sich die feministische Bewegung seit 2000 wieder aneignen konnte, notwendige Auseinandersetzungen um eine politische 'Neupositionierung' in der politischen Gesellschaft und der sich verändernden politischen Konjunktur in der Türkei.

Diese „new forms of politics" (Walby 2002: 536), die feministische Theoretikerinnen wie Sylvia Walby als eine „neue Form" der Politik in der globalen und globalisierenden feministischen Bewegung bezeichnen, und die Dichotomien und politischen Spannungsfelder, die sich daraus ergeben, bestimmen auch die momentane Entwicklungsdynamik der feministischen Bewegung in der Türkei. Walby spricht von einem Trend des Feminismus, welcher sich durch die globalen

Diskurse über Menschenrechte und einer zunehmenden Fokussierung auf staatliche Interventionen artikuliere (ebd.: 534ff). Dies führt sie auf einen „Transit im Gender-Regime" zurück, der aufgrund der Globalisierung die politischen und ökonomischen Ressourcen und Möglichkeiten von Frauen verändere.

> „Globalization has not only created difficulties for democratic governance, but it has also facilitated the development of new spaces, institutions and rhetoric where universal human rights is a powerful justificatory principle. [...] There is an increase in the use of rhetoric that women's rights are human rights as a framing and justification of feminist action, simultaneous with a turn of feminist activity away from autonomous separatist groups towards their mainstreaming within civil society and the state." (ebd.: 533)

Dieser Trend weg von autonomen Gruppen hin zu einer Inklusion feministischer Gruppierungen in Zivilgesellschaft und Staat im Rahmen des Gender Mainstreamings (vgl. Walby 2005) findet vor dem Hintergrund eines globalen politischen Umbaus statt. Die Effekte der neoliberalen ökonomischen Umschichtungen und des Globalisierungstrends, die auch bei feministischen Netzwerken zu beobachten sind, spiegeln sich in diesem Sinne auch in der feministischen Bewegung in der Türkei wider (Acar-Savran 2006b). Der EU-Beitrittsprozess und die Anforderungen der EU-Kommission an die Türkei, sich gemäß den universellen Menschenrechtsnormen zu 'demokratisieren', haben sich primär als eine politische Opportunitätsstruktur für frauenpolitische Interessen, Forderungen und feministische Einmischungen erwiesen. Die zunehmenden Interaktionen der feministischen Protagonistinnen und frauenpolitischen Akteurinnen in der Türkei mit internationalen feministischen Netzwerken und ihre Teilnahme an internationalen Gender-Plattformen haben die frauenpolitischen Handlungsspielräume in der Türkei transformiert und neue Institutionen und Akteurinnen geschaffen.

Ob sich diese Transformationen als eine frauenpolitisch effektive Erweiterung der Einflussmöglichkeiten auf politische Entscheidungsmechanismen erweisen werden, ist zu diskutieren. Dass sich aber die feministische Bewegung in die Zivilgesellschaft und den Staat 'eingemischt' hat und nicht mehr 'nur' in einer autonomen, gegenstaatlichen Sphäre agiert, ist eine empirisch feststellbare, politische Tatsache, mit der sich die feministische Bewegung auseinandersetzen muss, um die weiteren Handlungsstrategien bestimmen zu können.

Öffentlichkeit, Zivilgesellschaft und Staat in der Türkei sind geprägt von einer hegemonialen Männlichkeit (Connell 2006)[1], die sich auf geschichtliche

---

1 Das Konzept der hegemonialen Männlichkeit wurde von Robert W. Connell entwickelt und wie folgt definiert: „Hegemoniale Männlichkeit kann man als jene Konfi-

und sozialpolitische Strukturen stützt. Nach dem coup d'etat im Jahre 1980, als die militaristischen Kader alle demokratisch-politischen und gesellschaftlichen Strukturen durch eine Militärdiktatur ersetzten, blieb für eine kritische oder oppositionelle politische Öffentlichkeit kein Raum. Die Kämpfe zwischen den nationalistischen und den kommunistisch-sozialistischen Studenten und Studentinnen wurden – zusammen mit allen Formen freier politischer Assoziationen – durch das Militär brutal niedergeschlagen und es kam zur Errichtung einer Militärherrschaft. Daher ist es von besonderer Bedeutung, dass es gerade ab diesem Zeitpunkt zu einem Wiedererstarken der feministischen Bewegung in der Türkei kam, welche die maskulinistischen Gesellschaftsstrukturen in der Türkei kritisierte und politisierte. Die Feministinnen haben sich seit 1980 einen politischen Raum geschaffen, in dem sie Kritik an den männlich-hegemonialen Strukturen und Praktiken in der Gesellschaft artikulieren (vgl. Arat 1994; 2000b; Tekeli 1990; 1995; Düzkan 1997; Bora/Günal 2002).

Nach der 'zivilen Regierungsbildung im Jahre 1983 durch die Regierungspartei ANAP (Mutterlandspartei) unter Federführung des Regierungspräsidenten Özal wurde eine neoliberale Politik und Ökonomie in der Türkei lanciert, welche die Herausbildung einer neuen, vitalen und demokratisierenden Zivilgesellschaft propagierte. Die Frauenbewegung wurde nach 1983 als ein Katalysator bei der Errichtung einer Zivilgesellschaft und als eine einflussreiche soziale Bewegung im Demokratisierungsprozess der Türkei wahrgenommen (vgl. Arat 1994). Diese Entwicklungen wurden von den Unterstützern der Modernisierungs- und Liberalisierungswelle und der ökonomischen 'Neoliberalisierung', dem 'neo-liberalen Projekt', wie diese politischen Umwälzungen bezeichnet werden können, weitgehend mitgetragen. Dabei ist hervorzuheben, dass die Zivilgesellschaft ausschließlich als eine emanzipierte, vom Staat unabhängige und eine Mehrheitsdemokratie fördernde, autonom-politische Sphäre interpretiert wurde. Im Rahmen dieser liberalen Denkweise wurde eine solcherart konzipierte Zivilgesellschaft als Vorbedingung für eine 'freie Gesellschaft' gedeutet. Doch die Zivilgesellschaft ist nicht nur eine egalitäre, freie und demokratiefördernde Sphäre, sondern sie muss auch als ein Kräftefeld verstanden werden, das mitunter den Radikalismus

guration geschlechtsbezogener Praxis definieren, welche die momentan akzeptierte Antwort auf das Legitimitätsproblem des Patriarchats verkörpert und die Dominanz der Männer sowie die Unterordnung der Frauen gewährleistet (oder gewährleisten soll). [...] Aber diese Hegemonie entsteht trotzdem nur, wenn es zwischen dem kulturellen Ideal und der institutionellen Macht eine Entsprechung gibt, sei sie kollektiv oder individuell" (Connell 2006: 98).

von sozialen Bewegungen und deren Forderungen nach einer Revolution und nach einer gesellschaftlichen Transformation durch liberale Diskurse schwächt, einnimmt und letztendlich oft zu einer NGOisierung führt. Sie strebt meist 'nur' eine soziale Reform an und ist im Rahmen ihrer Projekte von Subventionen abhängig. Somit führt der Prozess der Zivilgesellschaftswerdung mit ihrer spezifischen Dynamik dazu, neue Macht- und Hegemoniemechanismen und neue zivilgesellschaftliche Akteure und Akteurinnen herzustellen.

Vor diesem Hintergrund stellt diese Arbeit den Versuch dar, die Geschichte, die Entwicklung und die Handlungsstrategien der feministischen Bewegung in der Türkei hinsichtlich der spezifischen Disposition der türkischen Gesellschaft und Öffentlichkeit zu diskutieren. Dabei soll die Frage im Vordergrund stehen, inwieweit die feministische Bewegung in der Lage war und ist, sich als eine gegenhegemoniale Bewegung in der politischen Sphäre der Türkei zu formieren. Meine These ist, dass, obwohl die feministische Bewegung in der Türkei Dimensionen von gegen-hegemonialen politischen Praktiken und Formationen hervorbringt, sie gleichzeitig hegemoniale politische Praktiken und Strukturen reproduziert, die auch zu neuen Herrschaftsbedingungen und -verhältnissen in der feministischen Bewegung beitragen.

Im Sinne von Antonio Gramscis Zivilgesellschaftskonzept setzt sich die politische Gesellschaft aus dem Staat und der Zivilgesellschaft zusammen und ist eine „Hegemonie gepanzert mit Zwang" (Gramsci in Sauer: 2004: 68f). Somit sind Staat und Zivilgesellschaft konzentrische Kreise, wobei die Zivilgesellschaft den äußeren Verfechtungsring des Staates (Demirović 1997) darstellt, worin der Konflikt über Hegemonie- und Konsenserzeugung ausgetragen wird und sich im Staat abbildet, wodurch der Staat selbst als ein „soziales Verhältnis" gefasst werden kann (Poulantzas 1978). Die täglichen Aushandlungsprozesse im Rahmen der Mechanismen der Zivilgesellschaft, die Erfolge, die Entscheidungsprozesse und Machtkonflikte sind einerseits ein Abbild der Machtkonflikte im Staat, andererseits aber entsteht durch sie erst der Staat (Demirović 1997). Staatliche Hegemonie ist in diesem Fall „die Fähigkeit, die Sichtweise der herrschenden Klassen – bzw. maskulinistischer Gesellschaftsgruppen – zum Allgemeingut, zum 'common sense' zu machen und damit zu normalisieren" (Sauer 2004: 69). Eine anti-maskulinistische und anti-patriarchale Gegenhegemonie müsste sich dementsprechend gegen solch eine Normalisierung maskulinistischer Sichtweisen und Praktiken politisch artikulieren und durchsetzen können.

Doch die Frauenbewegung nach 1980 ist nicht nur eine soziale Bewegung, die durch solch eine Aufdeckung maskulinistischer Strukturen in Politik und Gesellschaft zum Demokratisierungsprozess in der Türkei beigetragen hat (vgl.

Abadan-Unat/Tokgöz 1994), sondern sie muss vielmehr als eine Bewegung analysiert werden, die selbst Machtbeziehungen – auch mit dem Staat – aufbaut und selbst eigene Herrschaftsstrukturen in der Bewegung errichtet, die über diese Beziehung hinaus aus verschiedenen Identitäten und Dimensionen entstehen.

Grundsätzlich ist vorauszuschicken, dass nach 1980 zwischen zwei frauenpolitischen Strömungen in der Türkei unterschieden werden kann: Die erste umfasst jene Frauen, die sich selbst als Feministinnen bezeichnen und die sich der feministischen Bewegung zuordnen lassen. Hierzu zählen zum Beispiel die Frauen der sozialistischen Bewegung und der Kurdischen Bewegung. Zur zweiten Strömung gehören Frauengruppen wie beispielsweise die Frauen aus der kemalistischen Bewegung, jene aus der islamistischen Bewegung und andere Gruppierungen, die sich zwar für Frauenanliegen engagieren und sich der gesamten Frauenbewegung zugehörig fühlen, aber eine feministische Identität ablehnen.[2] Die unterschiedlichen Gruppen haben verschiedene Anliegen, zeichnen sich also durch wesentliche Differenzen aus und haben dadurch eigene Ausschlussmechanismen entwickelt. Trotzdem schlossen sich die unterschiedlichsten Frauengruppen bei bestimmten Streitfragen und zur Durchsetzung von spezifischen frauenpolitischen Anliegen zu einer Bewegung zusammen – wie die *'Frauen-Strafgesetz-Plattform' (TCK)* – und konnten weitreichende juristische Erfolge gegen die hegemoniale Männlichkeit in der Türkei und ihre Ausschlussmechanismen gegenüber Frauen erzielen.

Im Rahmen dieser Arbeit möchte ich erörtern, wie die Feministinnen – damit meine ich die Aktivistinnen der feministischen Bewegung –, die nach 1980 die Katalysatoren der gesamten Frauenbewegung waren und bis heute noch sind,

---

2 Ich möchte explizit darauf hinweisen, dass ich zwischen den Begriffen der 'feministischen Bewegung' und der 'Frauenbewegung' differenziere, obwohl die beiden Begriffe Überschneidungen aufweisen, da die feministische Bewegung einen Teil der Frauenbewegung darstellt. Der Begriff des Feminismus selbst hat durchaus verschiedene Bedeutungsdimensionen, auf die ich im Verlauf der Skizzierung der unterschiedlichen Traditionen und Identitäten in der feministischen Bewegung näher eingehen werde. Dennoch möchte ich kurz mein eigenes Verständnis von Feminismus, das in der vorliegenden Arbeit immer wieder zum Tragen kommt, definieren. Feminismus möchte ich hierbei in der kürzesten, aber weitreichendsten Definition, die von Gloria Jean Watkins, oder ihrem Pseudonym bell hooks, vorgelegt wurde, als: „a struggle to end sexist oppression" (hooks 2000: 1) fassen. Weiters kennzeichnet der Feminismus als Begriff eine kritische Theorie und Auseinandersetzung mit den patriarchalen Strukturen (vgl. Becker-Schmidt/Axeli-Knapp 2001: 7f), hierarchischen Geschlechterungleichheiten und hegemonialen Männlichkeiten (Connell 2006) in Gesellschaft und Politik.

sich selbst in der politischen Öffentlichkeit definieren, welche Strategien und Methoden sie im Artikulieren ihrer Interessen und Diskurse anwenden, wie sie sich selbst in ihrer Beziehung zur Öffentlichkeit, Zivilgesellschaft und zum Staat positionieren und inwieweit sie von der Öffentlichkeit als Entscheidungsträgerinnen und politische Aushandlungspartnerinnen 'anerkannt' oder ausgeschlossen werden. Außerdem ist die Frage zentral, inwieweit die feministische Bewegung in der Türkei Männlichkeitsstrukturen transformieren und alternative feministische Politikformen praktizieren konnte? Diese Fragen verweisen einerseits auf die Annahme, dass jegliche soziale, gesellschaftliche und politische Bewegung auf einen gesellschaftspolitischen Rahmen angewiesen ist, dessen Berücksichtigung bei der Analyse und Erforschung von politischen Bewegungen unabdingbar ist. Daher bedarf es im Zuge der Forschungsarbeit auch der Erörterung folgender Fragen: Wie wird Öffentlichkeit, Zivilgesellschaft und Staat in der Türkei definiert? Und welche geschichtliche Wandlung haben diese Konzepte seit der Gründung der Türkischen Republik inhaltlich und politisch durchlaufen? Andererseits liegen diesen Fragestellungen theoretische Konzepte wie Öffentlichkeit, Staat und Zivilgesellschaft zugrunde, die geklärt und für die empirische Analyse dieser Forschungsarbeit nutzbar gemacht werden müssen. Das bedeutet, es müssen im Zuge der vorliegenden Studie auch folgende Fragen diskutiert werden: Welche Geschlechterentwürfe sind in den Konzepten von Öffentlichkeit, Staat und Zivilgesellschaft eingelassen? Welche dieser Konzepte sind für eine feministische Analyse brauchbar? Welche hegemoniekritischen, geschlechtersensiblen Dimensionen sind für die Konzeption von Öffentlichkeit, Staat und Zivilgesellschaft und somit auch für die theoretische Herangehensweise und die empirische Analyse der vorliegenden Arbeit von Bedeutung? Die Klärung dieser Fragen soll den Weg für die empirische Analyse und somit für die Beantwortung der zentralen Fragestellungen dieser Studie ebnen. Anders formuliert, mit der Erörterung dieser grundlegenden Themen sollen die Voraussetzungen für die Ausarbeitung folgender Fragen geschaffen werden: Wie konnte die neue Frauenbewegung innerhalb des politischen Kontexts der Türkei ab den 1980er Jahren als eine autonome, politische Bewegung entstehen? Warum und mit welchen Mitteln machen die Protagonistinnen der feministischen Bewegung in der Türkei Politik? Gibt es verschiedene Praktiken der politischen Einmischung in der feministischen Bewegung? Wie haben sich die Feministinnen in der neuen Frauenbewegung positioniert? Inwieweit wurden die Frauenbewegung und die Frauen innerhalb dieser Öffentlichkeitskonzepte instrumentalisiert? Konnten die Frauen eigene gegenhegemoniale, antiautoritäre und feministische Diskurse in der türkischen Öffentlichkeit entwickeln und aushandeln? In welcher Beziehung stehen die Feministinnen und politischen Akteurinnen zum Staat? Wie definieren sie den Staat und die Zivilgesellschaft, wo verorten sie sich theoretisch und politisch in diesen Konzepten? Wie und durch welche Praktiken artikuliert sich hegemoniale Männlichkeit in der Türkei? Welche Strukturen und Institutionen (re)produzieren diese hegemoniale Männlichkeit und welche Strategien haben die Feministinnen für eine gesamtgesellschaftliche, geschlechtersensible Transformation entwickelt? Sind sie in der Lage frauenpolitisch wirksam zu sein, und wenn ja, durch welche PartnerInnen und Netzwerke? Unter welchen Umständen können die Feministinnen zusammen agieren und sich solidarisieren, wo gibt es Differenzen und Konflikte?

Die methodische Annäherung an diese Fragestellungen erfolgt neben einer Analyse der aktuellen feministischen Literatur in der Türkei in erster Linie durch die Auswertung von Expertinnen- und Aktivistinneninterviews mit verschiedenen Frauen, die im *frauenpolitischen Diskurs* der Türkei eine bedeutende Rolle spielen. Hierbei habe ich im Zeitraum von 2004 bis 2009 Expertinneninterviews mit 18 Frauen geführt. Es wurden von mir autonome feministische Aktivistinnen, Gründerinnen der feministischen Bewegung und feministische Protagonistinnen, korporative feministische Akteurinnen, frauenpolitisch aktive Politikerinnen und Politikerinnen ohne eine spezifische Geschlechterperspektive befragt. In den Gesprächen standen die persönlichen Erfahrungen, Empfindungen, Zugehörigkeiten, politischen Praktiken und Wechselwirkungen zwischen den Feministinnen, Politikerinnen und frauenpolitischen Akteuren und Akteurinnen in der politischen Gesellschaft, also in staatlichen und zivilgesellschaftlichen Institutionen und Initiativen, im Vordergrund.

Beim empirischen Teil dieser Arbeit, der sich sowohl auf meine Interviews mit den Frauen als auch auf Essays und Interviews aus feministischen Zeitschriften stützt, kam es mir besonders darauf an, die Frauen, Politikerinnen und Feministinnen 'zu Wort kommen zu lassen', ohne sie dabei abkürzend zu 'paraphrasieren' oder ihre Aussagen mittels einer wissenschaftlichen, akademisch-theoretischen Sprache zu reduzieren. Diese politisch-feministische Sensibilität liegt auch in der Absicht und dem Versuch der vorliegenden Arbeit begründet, aus der politischen Praxis und den Erfahrungen der Feministinnen heraus theoretische Einsichten zu erlangen, die wiederum die politischen Praktiken der Feministinnen konstruktiv anregen können.

Ich gehe davon aus, dass die Produktion von objektiv-analytischem und feministischem Wissen, das ein Fundament für die Entwicklung von 'counter-ideologies' bereitstellen könnte, ebenso ein Bestandteil des Kampfes der Unterdrückten (Subalternen) ist wie jede andere Form der Aktion (Evans 1997: 20).

In der Erhebung und Zusammenstellung dieses analytischen Wissens sollte es aber darauf ankommen, die 'Beobachteten', den Forschungsgegenstand nicht als 'Objekte', sondern als 'selbstbestimmende Akteure und Akteurinnen' zu sehen, die in der Lage sind, eigene politische Lösungswege zu finden. Daher sollen in der methodischen Herangehensweise dieser Arbeit politische Theorie, feministischer Aktivismus und empirische Forschung verbunden werden. Das soll aber nicht im Zuge einer abgekoppelten Annäherung an Theorie und der abschließenden Diskussion der Operationalisierung geschehen, sondern es soll versucht werden, Theorie und politische Praxis durchgehend in allen Kapiteln der Arbeit zueinander in Beziehung zu setzen. Die theoretischen Ausführungen im ersten Kapitel sollen in diesem Sinn nur einen groben Rahmen für die theoretischen Ausgangspositionen der vorliegenden Studie darstellen, die im Verlauf der Arbeit auf ihre Tauglichkeit für die feministische Bewegung in der Türkei geprüft werden sollen.

Darüber hinaus soll die eingehende Analyse der Interessen, Streitthemen, Diskurse, Methoden, Entscheidungs- und Aushandlungsprozesse der Feministinnen im Rahmen meiner Feldarbeit und auf Basis meiner jahrelangen Beobachtungen in die Arbeit einfließen. Meine Beobachtungen der Frauenbewegung und der verschiedenen feministischen Organisationen auf zahlreichen Demonstrationen, Kongressen, Konferenzen und Solidaritätszusammenkünften sind aktuelle Indizien für die Positionierung der Feministinnen in der politischen Öffentlichkeit, der Zivilgesellschaft und im Staat. Diesen qualitativ-empirischen Analysen von aktuellen Inhalten und Artikulationsformen der feministischen Bewegung geht eine Auseinandersetzung mit für meine Fragestellung relevanten, feministischen Theorien und Konzeptualisierungen von Öffentlichkeit, Zivilgesellschaft und Staat voraus. Als empirische Quellen werden neben 'rein wissenschaftlichen' Arbeiten auch Zeitungsartikel, Essays, Erfahrungsberichte, feministische Zeitschriften und eigene Erfahrungen herangezogen, um die Aktualität der feministischen Bewegung in der Türkei zu belegen.

## Aufbau der Arbeit

Im ersten Teil der Arbeit soll der theoretische Rahmen abgesteckt werden für die Diskussion der Konzepte Öffentlichkeit, Zivilgesellschaft und Staat aus einer Geschlechterperspektive. Zentral in dieser Diskussion sind die hegemonietheoretischen und feministischen Ansätze von Alex Demirović (1997) und Birgit Sauer (2001, 2004), auf die sich die theoretischen Annahmen meiner Arbeit stützen. Das bedeutet, es geht nicht darum, einer neoliberalen Sichtweise folgend Zivilgesellschaft und Staat als gegenüberstehende Sphären zu begreifen und die Zivilgesellschaft auf die Sphäre der demokratisierenden Öffentlichkeit zu reduzieren. Vielmehr gilt es analytisch festzuhalten, dass Zivilgesellschaft und Staat, im Sinne Gramscis, zusammen einen hegemonialen Machtblock bilden (vgl. Sauer 2004: 57).

Da auch die sozialistischen und radikal feministischen Akteurinnen der türkischen Frauenbewegung diese Dichotomie von Staat und Zivilgesellschaft bisher weitgehend übernommen haben – wobei die Zivilgesellschaft als der Ort ihrer politischen Präsenz und Aktionen fungierte und der Staat als ungeeignet für feministische Politik abgelehnt wurde –, gilt es zunächst theoretisch zu klären, inwieweit das Konzept der Zivilgesellschaft tatsächlich „frauenfreundlicher" als der Staat ist oder ob die Zivilgesellschaft „in ihrer normativen Bedeutung geschlechterpolitisch problematisch und mithin 'kein Konzept für Frauen' ist, wie aber ebenso wenig der Staat" (vgl. Sauer 2004: 60). Für die weitere Analyse in dieser Studie ist es wichtig, diese beiden Sphären nicht konzeptuell voneinander zu trennen; denn ein analytisch-materialistisches Konzept in Anlehnung an Gramsci kann „die dialektische Verknüpfung" von Staat und Zivilgesellschaft und die daraus entstehenden frauenpolitischen Handlungsräume und ihre Begrenzungen weitaus deutlicher machen (ebd.: 61). Es geht in diesem Kapitel also um die Entwicklung eines herrschaftskritischen Konzepts, das die paradoxe Beschaffenheit der Zivilgesellschaft hinsichtlich bestehender Herrschaftsstrukturen erfassen und eine kritische Erforschung von hegemonialen Strukturen und gegenhegemonialen Bewegungen ermöglichen kann. Weiterhin soll durch die Erarbeitung des Begriffs der „hegemonialen Männlichkeit" (Connell 2006) im Kontext einer feministischen, theoretischen Erörterung des Staatskonzepts das Instrumentarium für die Analyse der politischen Sphäre in der Türkei geschaffen werden.

Im zweiten Teil der Arbeit soll diskutiert werden, welche Bedeutungen die Konzepte von Öffentlichkeit, Zivilgesellschaft und Staat in der Türkei annehmen. Ich möchte in diesem Teil klären, wie sich diese Konzepte geschichtlich entwickelt haben und in welcher Beziehung sie zur Gesellschaft stehen. Dafür werde ich die inhaltliche und politische Dimension dieser Konzepte im Kontext der Türkei analysieren, um im Nachhinein die maskulinistischen Strukturmerkmale, die diese Konzepte prägen, herausfiltern zu können. Bei der Analyse der herrschaftlich strukturierten Beziehungen zwischen Staat und Zivilgesellschaft in der Türkei greife ich weitgehend auf Gazi Çağlars gramscianische Interpretation und Operationalisierung der Wechselwirkungen zwischen staatlichen und zivilgesellschaftlichen Handlungsspielräumen in der politischen Geschichte der Türkei zurück (Çağlar 2000; 2003). In diesem Kontext soll anhand dieser Interrelationen aufgezeigt werden, wie die fälschlich konstruierte Dichotomie von 'Zivilgesellschaft versus Staat' oder 'weniger Staat bedeutet mehr Zivilgesellschaft' und insbesondere die Annahme, es gäbe in der Türkei keine ausgebildete Zivilgesellschaft, die Zivilgesellschaftsdebatten in der Türkei seit dem Osmanischen Reich bestimmen.

Im dritten Teil der Arbeit werde ich die Geschichte der feministischen Bewegung in der Türkei, ihre Entstehungsbedingungen und die verschiedenen Entwicklungsphasen erörtern. Ich werde zuerst die Anfänge der neuen Frauenbewegung nach 1980 in Verbindung mit dem spezifischen Kontext der Türkei und die Phase der Institutionalisierung, des sogenannten 'Projektfeminismus', der Spaltungen und der Stagnation in den 1990er Jahren analysieren. Danach werde ich die Zeit des Aufbruchs durch neue politische Mobilisierungen der feministischen Bewegung nach dem Jahr 2000, die Einführung des Gender Mainstreamings im Zuge des EU-Beitrittsprozesses und die Internationalisierung der feministischen Bewegung diskutieren. Darüber hinaus werden in diesem Kapitel die unterschiedlichen Gruppierungen der Frauenbewegung erörtert. Die feministische Bewegung stellt für mich einen wichtigen Teil der Frauenbewegung dar, da sie aus meiner politischen und theoretisch-feministischen Sicht sowohl die Trägerin der Frauenbewegung in der Türkei ist. Da auch die feministische Bewegung selbst sich aus unterschiedlichen Gruppen zusammensetzt, sollen diese in einem weiteren Schritt vorgestellt werden (Kapitel 3.3.2). Ziel dieses Kapitels ist es, die Entstehungsbedingungen und die Entwicklung der feministischen Bewegung im Kontext der türkischen Zivilgesellschaft aufzuzeigen.

Um der Frage nachgehen zu können, wie sich die Feministinnen zu Zivilgesellschaft und Staat in Beziehung setzen und inwieweit sie gegen die hegemonial-männlich strukturierten Dimensionen der politischen Sphäre politisch wirksam sein können, müssen die geschichtlich, traditionell und strukturell eingeschriebenen, hegemonialen Männlichkeitsformen in der Türkei dargestellt werden. Im vierten Teil der Arbeit soll daher untersucht werden, wie hegemoniale Männlichkeit als eine strukturierende und politische Gesellschaftsform in der Türkei verankert ist. Sowohl durch den zentralen Stellenwert eines konservativen Familienbildes, die Kontrolle über die Sexualität der Frauen, die Gewalt gegen Frauen, den strukturell eingeschriebenen Militarismus als auch in den Bereichen der Politik, der Ökonomie und der Medien wird hegemoniale Männlichkeit sichtbar, die Frauen strukturell benachteiligt. Diese Dimensionen werden im vierten Kapitel eingehend analysiert, um dadurch zum einen die Ausschlussmechanismen gegenüber Frauen in der öffentlichen und politischen Sphäre deutlich zu machen und zum anderen die Beschaffenheit der strukturellen Männlichkeitsmuster darzustellen, gegen welche die Frauen ankämpfen und deren Beschaffenheit mitunter auch ihre politischen Strategien und Handlungsräume bedingen.

Nach der Darstellung der Entwicklungsgeschichte der feministischen Bewegung und der strukturellen hegemonialen Männlichkeitsformen in der Türkei sollen im fünften Kapitel anhand von Erfahrungsberichten aus der feministischen Bewegung und den Interviews mit autonomen Feministinnen und frauenpolitischen Akteurinnen die Positionierungen der feministischen Bewegung analysiert werden. Außerdem soll erörtert werden, inwieweit die feministische Bewegung vor dem Hintergrund der bis dahin dargestellten geschichtlichen und strukturellen politisch-sozialen Bedingungen in der Türkei in der Lage ist, in der politischen Öffentlichkeit gegenhegemoniale Strategien gegen die hegemoniale Männlichkeit zu entwickeln. Das Politikverständnis der Aktivistinnen und Theoretikerinnen der feministischen Bewegung soll diskutiert und die wichtigsten Ebenen der politischen Aushandlungsprozesse und des politischen Einflusses auf Entscheidungsmechanismen untersucht werden. Des Weiteren gilt es das Selbstverständnis der Aktivistinnen im Kontext der Zivilgesellschaft und ihre Vorstellungen von demokratischer Partizipation und Mitbestimmung zu analysieren. Dazu gehört auch eine Erörterung der Durchsetzungsformen von feministischen Forderungen und der Effizienz der politischen Einwirkungsmöglichkeiten, ebenso wie die Untersuchung von Strategien zur Schaffung einer feministischen Öffentlichkeit, der feministischen Netzwerke, der strategischen PartnerInnen, das Agieren der Feministinnen in der politischen Öffentlichkeit als politische Subjekte und ihrer gesamtgesellschaftlichen Transformationsinteressen. Die Analyse dieses Themenkomplexes erfolgt aus einer theoretischen Perspektive, welche hegemonietheoretische und feministische Öffentlichkeits-, Zivilgesellschafts- und Staatskonzepte (Demirović 1997; Sauer 2004; Brown 1995) berücksichtigt. Anhand von Fallbeispielen und Interviews mit feministischen Aktivistinnen, Juristinnen und Politikerinnen soll die gegenwärtige feministische Bewegung in der Türkei kritisch untersucht werden.

Die abschließende Diskussion soll die skizzierten Aspekte im Hinblick auf das gesamtgesellschaftliche Transformationspotential der feministischen Bewegung prüfen und analysieren, inwieweit die feministische Bewegung in der Türkei in ihrer fast dreißigjährigen Geschichte gesellschaftliche Männlichkeitsstrukturen transformieren konnte. Außerdem sollen Anregungen für ein zukünftiges, frauenpolitisches und feministisches Engagement erörtert werden; und es soll analysiert werden, ob herrschaftskritische (Demirović 1997) und feministische

Zivilgesellschafts- und Staatstheorien (Sauer 2001) und theoretische Handlungsstrategien (Sauer 2004) bei der Schaffung eines neuen Handlungsplans für die feministische Bewegung in der Türkei nützlich sein können. Die bestehenden Strategien der feministischen Bewegung werden so vor dem Hintergrund des theoretischen Rahmens dieser Arbeit analysiert.

# 1 Theorierahmen: Öffentlichkeit, Zivilgesellschaft und Staat aus einer Geschlechterperspektive

Der folgende theoretische Rahmen soll dazu dienen, das theoretische Instrumentarium für die Analyse der feministischen Bewegung in der Türkei bereitzustellen. Feministische Theorie, Politik und Praxis müssen im Kontext eines politischen und theoretischen Diskussionszusammenhangs verstanden werden und dürfen in Hinsicht auf eine geschlechtergerechte Transformation von Öffentlichkeit, Zivilgesellschaft und Staat nicht voneinander abgekoppelt werden.

Das Spannungsfeld zwischen feministischer Theorie und feministischer Erfahrung in der analytisch-objektiven Erfassung der feministischen Bewegung birgt in sich Probleme, die wiederholt im Zuge feministischer Theoriebildung diskutiert wurden (vgl. Evans 1997). Als eines der zentralen Probleme der feministischen Theorie gilt folgendes, auch von Evans beschriebenes Dilemma: Feministische Theorie sei nur für eine kleine Gruppe von Intellektuellen und einer wissenschaftlichen Elite zugänglich, die bestimmen, „what to think, and how to think" (ebd.: 19). Dabei werden breite Schichten von Frauen aus dieser Theorie ausgeschlossen und feministische Theorie erweise sich aus dieser Perspektive lediglich als eine karrieristische Opportunitätsstruktur für TheoretikerInnen und AkademikerInnen. Dabei könne feministischer Einsatz viel effektiver in einen Aktivismus in feministischen Gruppen umgeleitet werden, die de facto feministische Politik gestalten, und diese Wirkungsmacht der feministischen Bewegung selbst müsse durch die Theorie-Elite anerkannt werden (ebd.). Diese Dichotomisierung zwischen Theoriebildung und Aktion entwirft aber ein Konzept einer Wissensbildung, bei dem Gedanken und Aktion voneinander abgekoppelt sind:

> „This view invokes a picture of human beings as headless chickens: the head, full of theory, lies inert and ineffective, while the headless body, empty of direction, rushes around in mindless circles. This dichotomy between theory and practice leads to some bizarre conclusions about the social world: That 'action' or practice is in some way separable from thought and that theory is always the soft option and action always the role of the true believer." (ebd.: 20).

Die Erfahrungen der frauenbewegten Politik und des feministischen Aktivismus haben aber gezeigt, dass feministische Theorie und Praxis in einem symbiotischen

Verhältnis zueinander stehen und dass feministische Theorie ebenso zu der Gestaltung feministischer Politik beiträgt als auch umgekehrt. In diesem Sinn soll der theoretische Rahmen dazu dienen, die theoretische Erfassung der feministischen Bewegung zu ermöglichen. Im Verlauf der Arbeit sollen politische Theorie und die Analyse der feministischen Bewegung in einen Zusammenhang gestellt werden, um politische Theorie und Praxis füreinander zugänglich zu machen.

Die Termini Öffentlichkeit, Zivilgesellschaft und Staat stehen seit der französischen Revolution und dem Aufkommen der bürgerlichen Gesellschaft im Zentrum rechtsphilosophischer und gesellschaftstheoretischer Diskussionen. In der liberalen normativen Theorie wurde der ideale Staat als ein gutmütiger und objektiver Vermittler zwischen den konkurrierenden Interessen der gesellschaftlichen Kräfte konzipiert. Die bürgerliche Öffentlichkeit hingegen wurde als ein demokratisches Grundprinzip gegen die Bedrohung durch Tyrannei des Staates bzw. als eine ausgleichende Machtinstanz verstanden, die sich auf die freiwillige Zusammenkunft von Aktivbürgern stützt, die in der öffentlichen politischen Sphäre ungehindert ihre individuellen und kollektiven Interessen verfolgen können. Die Trennung von Staat und Gesellschaft galt somit als das Fundament des Gesellschaftsvertrages, der die politisch normative Theorie und Praxis bestimmen sollte. Dieses normative Modell warf aber neue demokratietheoretische Fragen hinsichtlich der Rolle des Staates und der Beschaffenheit der Öffentlichkeit auf. Dass der Staat nicht nur nur ein 'Harmonieerzeuger' innerhalb der konstruierten Dichotomie von Staat und Gesellschaft im Sinne des normativen liberalen Modells ist, sondern auch ein 'Hegemonieerzeuger' im Dienste der herrschenden Eigentumsinteressen, liegt für hegemoniekritische Theoriebildung auf der Hand (vgl. Demirović 1997; Hirsch 1999; Jessop 2000). Somit ist Öffentlichkeit nicht nur eine demokratische politische Zusammenkunft von kommunikativen Aktivbürgern, die offen, egalitär und diskursiv ist, sondern vielmehr auch eine 'Tyrannei der Mehrheit'. Hinzu kommt, dass die Bestimmung, wer normativ und empirisch als Aktivbürger gelten soll und wem der Zugang zur öffentlichen Sphäre gewährt wird, aus einer demokratischen Perspektive problematisch ist (vgl. Phillips 1998a). Dass die Interessen 'aller' nicht in gleichberechtigter Weise in der Öffentlichkeit und Zivilgesellschaft politisiert werden können, ist durch die hierarchisch und herrschaftlich verknüpften Beziehungen in der Zivilgesellschaft selbst offenkundig.[1] Die konstruierte Dichotomie zwischen

1 Zum 'Sinn von Öffentlichkeit' siehe auch: Peters 2007. Des Weiteren unterscheidet Demirović die Termini Öffentlichkeit und Zivilgesellschaft (in Anlehnung an Habermas, Rödel und Gramsci), wobei er Zivilgesellschaft als einen radikaleren Begriff als

öffentlich und privat, bei der die Privatheit zum einen als ein Schutzraum vor der politischen Usurpation des Öffentlichen konstruiert wird und zum anderen zur Isolation und Depolitisierung von höchst politischen Machtverhältnissen dienen kann, steht hier im Zentrum der geschlechter- und hegemoniekritischen Theoretisierungen.

Das Verhältnis zwischen Zivilgesellschaft und Staat ist für frauenpolitische Perspektiven und emanzipatorische Ansprüche von großer Bedeutung. Insbesondere die Frage, die sich auch Birgit Sauer stellt, nämlich inwieweit die Termini Öffentlichkeit und Zivilgesellschaft ein Konzept für Frauen sein können oder inwieweit Zivilgesellschaft „frauenfreundlicher" ist als der Staat (vgl. Sauer 2004: 60f), ist für den theoretischen Rahmen meiner Arbeit von grundlegender Bedeutung, da sich die feministische Bewegung in der Türkei wie auch die Frauenbewegungen im 'Westen', politisch in einer dem Staat entgegengesetzten Sphäre verortet und die zeitweiligen Bündnisse mit dem Staat heute noch heftige Debatten in der feministischen Bewegung auslösen. Doch die Zivilgesellschaft erweist sich als ein ebenso herrschaftlicher Raum wie der Staat selbst und bildet neue Herrschaftsverhältnisse in der zivilgesellschaftlichen Sphäre (Demirović 1997: 162f).

Darüber hinaus trägt der sozialstaatliche Abbau in der Türkei als eine Konsequenz der neoliberalen Politiken mit dem Motto „weniger Staat" und „mehr Wettbewerb" (Sauer 2004: 59) sowohl zu der Schaffung von neuen feministischen AkteurInnen in der Zivilgesellschaft bei, die um staatliche und private Zuschüsse und Subventionen konkurrieren, als aber auch zu einer „Erweiterung der politischen Selbstbestimmung der BürgerInnen gegen den Staat" (ebd.: 61). Doch der Abbau des Sozialstaates im Austausch gegen eine Intensivierung der politischen Einbindung von zivilgesellschaftlichen AkteurInnen ist zweifelhaft, denn die „Umschichtung von Staatsaufgaben", die darauf beruht, dass sich BürgerInnen „selbst helfen" sollen, trägt nicht unmittelbar dazu bei, dass die BürgerInnen auch mehr politisches Mitspracherecht erlangen oder dass die herrschaftlichen Aspekte des Gewaltstaates zurückgedrängt werden (ebd.: 61ff; vgl. Demirović 2001: 148f). Im Gegenteil scheint es, als ob diese „neuen Solidaritätsgemein-

den der Öffentlichkeit konzipiert. Dadurch, dass in diesen Demokratiekonzepten das Volk die „letzte Instanz aller demokratischen Entscheidungen" darstellt und dadurch auch die Subsysteme von Ökonomie und Politik der öffentlichen Diskussion nicht mehr entzogen werden sollen, umfasse der Begriff der Zivilgesellschaft im Unterschied zu dem der Öffentlichkeit alle gesellschaftlichen Bereiche einschließlich des Staates (Demirović 1997: 162).

schaften" die „Schäden des Marktes" kompensieren und die bisherigen Verantwortungen des Staates übernehmen sollen (ebd.: 63; vgl. Demirović 2001: 149). Diesbezüglich muss frau sich auch die Frage stellen, die im Zentrum von Alex Demirovićs Öffentlichkeitstheorien und der Diskussion über die „Verbindung von Zivilgesellschaft mit Öffentlichkeit und Demokratie" steht, nämlich „wieweit diese Begriffe den emanzipatorischen Anspruch einlösen können, der mit ihnen verbunden wird", und wie schließlich subalterne soziale Gruppen „sich von Regierung und Führung emanzipieren können" (Demirović 1997: 148f).

## 1.1 Öffentlichkeit, Zivilgesellschaft und Staat – Keine Konzepte für Frauen?

Die bürgerliche Öffentlichkeit und der Nationalstaat sind seit ihrer Entstehung vom Ausschluss der Frauen als Rechts- und Staatsbürgerinnen gekennzeichnet. Die Trennung zwischen Privatsphäre und öffentlichem Leben konstituierte das Fundament des Gesellschaftsvertrages, der Frauen die häusliche Domäne zuordnete, wo ihnen einzig durch ihre vertragliche Bindung zum Ehemann und zu den Kindern der Status einer Rechtsperson und Bürgerin gewährt wurde (Kreisky 1995a: 85; vgl. Gerhard 2000: 303; Lang 1995; Löffler 2001: 18f).

Durch den Ehevertrag erhielt der Ehemann einen Herrschaftsanspruch als rechtlich abgesicherter Repräsentant der Familie im öffentlichen Leben, was den Gesellschaftsvertrag als einen „Unterwerfungs- und mithin Gewaltvertrag" konstruierte (Sauer 2004: 89).

Carole Patemans Standardwerk „The Sexual Contract" (1988) machte in vielfältigen Dimensionen den maskulinen Charakter und die maskulinistische Herrschaftlichkeit des Gesellschaftsvertrages sichtbar, der Frauen in der gesellschaftlichen Ordnung in die private Sphäre verwies, den Männern unterwarf und die Familie depolitisierte. Dadurch wurde die Frau und ihre Stellung in der Familie depolitisiert (vgl. Holland-Cunz 2003: 174f). Diese Zuordnung stützte sich auf einen biologistischen Ansatz und ein essentialistisches Naturverständnis, welche die Frau als ein 'Naturwesen' konzipierten, das das Gleichgewicht der Gesellschaft durch ihre Sexualität bedrohen könne. Danach war es primäre Aufgabe der Frau, ihre naturgegebene Rolle als Mutter und Ehefrau zu erfüllen. Dies brachte sowohl eine ökonomische Abhängigkeit der Frauen als auch eine politische und ökonomische Nicht-Beachtung und Abwertung der privaten Sphäre und der Frauenarbeit in der Familie mit sich (Brown 1995: 181; vgl. auch Lang 1995: 88f).

Die Legitimation dieser hierarchischen Organisation der Geschlechterverhältnisse in Form einer geschlechtsspezifischen Arbeitsteilung wurde durch die

Fixierung politischer Theorien auf den Gesellschaftsvertrag als den Ursprung politischer Rechte und Freiheiten unterstützt. Die Tatsache, dass der Gesellschaftsvertrag in dieser Form nur die Freiheit der Männer beinhaltete, der Sexualvertrag hingegen die Unterwerfung der Frauen unter die Männer, wurde systematisch ausgeblendet (vgl. Demirović 1997: 127). Obwohl die unterstellte Universalität der revolutionären Öffentlichkeit im Sinne von Freiheit und Gleichheit aller Staatsbürger den theoretischen Anspruch der Gleichheit der Geschlechter enthält, weiß frau seit der Französischen Revolution, dass der gleichberechtigte Zugang zur öffentlichen Sphäre nur für die Männer gewährleistet wurde und die Öffentlichkeit dementsprechend männlich codiert ist. Durch diesen Ausschluss der Frauen aus der maskulinistischen Öffentlichkeit konnte nur teilweise eine „rationale Öffentlichkeit" entstehen, wodurch Politik und Staat als männliche Räume konstituiert, gleichzeitig aber auch „entgeschlechtlicht" wurden (vgl. Hohendahl 2000: 33ff).

Staat und Öffentlichkeit wurden als geschlechtsneutral konzipiert und legitimiert. Dies erschwerte die Sichtbarmachung der maskulinistischen Geschlechtlichkeit des Staates umso mehr. Daher hat feministische Theorie lange Zeit grundsätzlich jegliche Staatskonzeptualisierung abgelehnt. Trotz ihrer Vielfältigkeit zeichnet sich die bisherige androzentrische Staatsforschung durch eine beharrliche Geschlechtsblindheit aus. Das bedeutet, die Produktion von Geschlechteridentitäten in politischen Institutionen wird nicht beachtet und die Bedeutung der Kategorie Geschlecht in staatlichen Aushandlungsprozessen nicht thematisiert. Die feministische Frauenforschung hat aber Staat und Öffentlichkeit als Instrumente geschlechtsspezifischer Repression und als konstituierende Momente für die bürgerliche Gesellschaft entlarvt (vgl. Brown 1992, 1995; Watson 1990; Hooper 2001; Seemann 1996; Sauer 2001, 2004; Kreisky 1995):

> „Staat und Öffentlichkeit bleiben männliche Institutionen, selbst wenn Frauen dort Positionen innehaben: Die Räume sind 'männlich' codiert, und Frauen können deshalb nicht 'als Frauen' teilnehmen, sondern müssen das männlich soziale Geschlecht übernehmen" (Sauer 2001: 52).

Das politische System selbst und moderne politische Institutionen produzieren somit Geschlechter und Zweigeschlechtlichkeit in Form von „benachteiligter Weiblichkeit und privilegierter Männlichkeit" (ebd.).

Birgit Sauer nennt fünf Ebenen, auf denen politische Zweigeschlechtlichkeit entsteht: „auf der Ebene politischer Kulturen, staatlicher Institutionen und Regeln (Polity), auf der Ebene des politischen Prozesses und seiner AkteurInnen (Politics) sowie auf der Ebene der politischen Subjekte und der sozialen Verhältnisse" (ebd.: 53). Auf der Ebene der staatlichen Institutionen gelte der Staat als ein strategisches und diskursives Feld, der (politische) Geschlechtsidentitäten produziere (ebd.: 54). Diese geschlechtsspezifischen Einsichten über den Staat, die für feministisch-politologische Forscherinnen heute offen auf der Hand liegen, mussten durch die Dekonstruktion des männlichen Staates innerhalb des männlich codierten Terrains der Staatswissenschaften erarbeitet werden.

In ihrer Kritik an gegenwärtigen Staatstheorien stellt Sauer fest, dass diese hauptsächlich den Zusammenhang zwischen Staat, Gesellschaft und demokratischen Verfahren erklären und erforschen, „wie sich Interventionen des Staates in gesellschaftliche Zusammenhänge begründen lassen oder wie der Staat soziale Gegensätze ausgleichen kann" (Sauer 2001: 67). Der Staat definiere sich aber auch im Verhältnis zu anderen gesellschaftlichen Bereichen, wie zum Markt oder zum Privatbereich. In diesem Sinne werde er als ein Gegenpol zur Privatheit gesetzt (ebd.). Wie Sauer ausführt, unterscheiden sich die klassischen politikwissenschaftlichen Staatskonzepte darüber hinaus in Strukturanalysen (Polity), Prozessanalysen (Politics) und Funktionsanalysen (Policy). Der Staat werde somit politikwissenschaftlich nicht nach seinem *Wesen* befragt bzw. es werde nicht untersucht, inwieweit er Herrschaftlichkeit produziere und reproduziere, sondern es werden in erster Linie seine *Leistungsfähigkeit* und *Funktionen* erforscht. Die Schwerpunkte dieser Policy-Forschung in der Konzeptualisierung des Staates wurden Themenbereiche wie Interesse, Partizipation, Input und Output (ebd.: 63f). In dieser Tradition wurde der Staat als arbeitender Staat nur „beschrieben", aber nicht kritisch im Sinne einer politikwissenschaftlichen Dekonstruktion des hierarchischen Staats und seiner Institutionen hinterfragt.

Die marxistische Prophezeiung über die „Auflösung des Staates" hatte auch die herrschaftskritische Forschung lange von einer theoretischen Konzeptualisierung des Staates abgehalten, die mit dem Aufleben der neo-gramscianischen Staatsdebatte als „bringing the state back in" (Jessop 2000) wieder in das Zentrum des politikwissenschaftlichen Interesses rückte (vgl. Poulantzas 1978; Jessop 2000; Demirović 1987; Hirsch 1995). Die neo-gramscianische Staatsdebatte fasste den Staat als ein soziales Verhältnis und analysierte den Zusammenhang zwischen staatlicher Herrschaft und gesellschaftlichen Verhältnissen im Rahmen eines strategischrelationalen und diskursbezogenen Konzeptes (Sauer 2001: 64; Hirsch 1995; Demirović 1987, 1997; Jessop 1997, 2001).

Gramscis Konzept vom integralen Staat entwickelt „einen analytisch-materialistischen Zivilgesellschaftsbegriff, der nicht ausschließt, sondern alle gesellschaftlichen Vereinigungen und *alle* sozialen Bereiche umfasst" (Sauer 2004: 69). Zentral für Gramsci ist die Herrschaftsbildung in der Zivilgesellschaft, die impliziert, dass sich der Staat auf die Hegemonie in der zivilen Gesellschaft stützt:

„Der Begriff der Zivilgesellschaft bezeichnet bei Gramsci eine Erweiterung des bürgerlichen Staates in den westeuropäischen Gesellschaften. Dieser besteht nicht allein aus einem repressiven, sondern auch einem hegemonialen Apparat, der den gesellschaftlichen Konsens, mit anderen Worten: die freiwillige Unterwerfung, ausarbeitet und organisiert. Konsens meint nicht nur eine Mentalität, sondern kollektive Praktiken, eine Vielzahl von privaten Initiativen, die aus der Gesellschaft hervorgehen und den Staat faktisch tragen" (Demirović 1997: 149).

Die Zivilgesellschaft ist somit auch der Ort der Vorbereitung und Legitimierung von staatlicher bzw. männlicher Herrschaft (Sauer 2004: 69; vgl. Demirović 1997: 174). Die Zivilgesellschaft ist daher auch kein Konzept für Frauen per se, sondern muss erst zu einem frauenfreundlichen Konzept gemacht werden (Sauer 2004: 70). Die hegemonietheoretischen Staats- und Zivilgesellschaftskonzepte erschienen für feministischen Theorieansätze als ein konstruktiver Ansatzpunkt in der Formulierung geschlechtssensibler Staatstheorien, denn „die Suche nach einem geschlechtssensiblen Staatskonzept ist auch immer die Suche nach Kategorien radikaler Staatskritik" (Sauer 2001: 23).

„Der staatstheoretischen Einsicht, dass der Staat nicht der Apparat ist, sondern sich nur als Apparat äußert, ist beizupflichten: Repressive und ideologische Apparate sind bloß Mittel, mit Hilfe derer der Staat handelt. Dennoch wird in diesem Beitrag das 'schauerliche, abstrakte Gespenst' Staat 'personalisiert'. Der Apparat des Staates – in Gestalt seiner 'Apparatschiks' – muss im Brennpunkt feministischer Überlegungen zum Staat stehen" (Kreisky 1995: 88).

Das Hervorheben des Apparathaften legt Kreisky als eine Grundvoraussetzung fest, um „allgemeine Herrschaftsaspekte staatsbürokratischer Mechanismen wie darin eingelassene Unterdrückungs- und Entfremdungsstrukturen zu entschlüsseln" (ebd.). Der Staat muss in diesem Sinne als ein Geflecht von Institutionen, Diskursen und Praktiken begriffen werden, um ihn für eine geschlechtersensible und herrschaftskritische Analyse zugängig zu machen:

„Despite the almost unavoidable tendency to speak of the state as an 'it', the domain we call the state is not a thing, system, or subject, but a significantly unbounded terrain of powers and techniques, an ensemble of discourses, rules, and practices, cohabiting in limited, tension-ridden, often contradictory relation with one another" (Brown 1995: 174).

Mit Hilfe dieser diskurstheoretischen Auslegung kann der Staat auf seine Herrschaftlichkeit und speziell auf die Produktion von geschlechtsspezifischer Herrschaftlichkeit untersucht werden. Jessop vermerkt, dass bislang Untersuchungen des Staates dazu neigten, „den Charakter des Staates als soziales Verhältnis zu verkennen" (Jessop 1997: 284). Obwohl er den Beitrag der feministischen Forschung zur Dekonstruktion des Überbegriffs Patriarchat und zur Hervorhebung unterschiedlich gestalteter Geschlechterverhältnisse anerkennt, unterstreicht er, dass „der Staat keineswegs bloß ein zusätzlicher sozialer Bereich [ist], in dem das Patriarchat eingebettet ist und laufend reproduziert wird“ (ebd.).

Auf dieses Problem der Verkennung des Staates als eine Verdichtung eines sozialen Kräfteverhältnisses auch durch die materialistische Staatstheorie machen auch Alex Demirović und Katharina Pühl aufmerksam:

> „Politik und Staat werden nicht ausreichend als eine autonome Handlungssphäre begriffen; staatliches Handeln erscheint als mächtiges und lineares Handeln von oben und von außerhalb der gesellschaftlichen Sphäre; unterschiedliche Widersprüche der Gesellschaft erscheinen gleichsam äußerlich, so als wäre der Staat einmal eine Funktion der Kapitalakkumulation, ein anderes Mal der des Patriarchats. [...] Staat wird vielmehr als Verdichtung eines sozialen Kräfteverhältnisses und als ein sich ständig änderndes gesellschaftliches Kompromissgleichgewicht zwischen den gesellschaftlichen Kräften begriffen. Er stellt also ein Kompromissfeld dar, auf dem sich Interessen verallgemeinern und Koalitionen und Allianzen eingegangen werden. Dabei ist der Staat keine substantiell vorausgesetzte und einheitliche Instanz, sondern selbst erst Ergebnis dieser Kompromisse, eben eine Verdichtung zahlreicher Widersprüche. Dies aber bedeutet, dass es in dem Bereich, den Gramsci 'Zivilgesellschaft' nennt, Kräfte geben muss, die regieren wollen, für die Staat einen handlungsorientierten Sinn hat und die entsprechend Staat als ein besonderes politisches Verhältnis herstellen. Dies geschieht durch bestimmte Praktiken sowohl ökonomischer, politischer wie auch kultureller Art. Staat ist also das Ergebnis von Diskursen und politischen Aktivitäten.“ (Demirović/Pühl 1997: 233f).

Gerade weil sich der Staat nicht als einheitliches Wesen oder Einheit präsentiert, sondern auf unterschiedliche Weise Macht ausübt, folgert Wendy Brown:

> „Eine feministische Theorie des Staates muss die vielfältigen Machtstränge von Männlichkeit und Staat artikulieren, dekonstruieren und zueinander in Beziehung setzen. Da weder die Macht des Staates noch männliche Herrschaft vereinheitlicht oder systematisch sind, soll feministische Theorie weniger einer linearen Argumentation folgen als vielmehr einer Darstellung eines verschlungenen Gitters meist widersprüchlicher Strategien, Technologien und Machtdiskurse.“ (Brown zitiert nach Jessop 1997: 284)

Entlang dieser diskursbezogenen Theoretisierungen erscheint der Staat für eine Dekonstruktion der geschlechtsspezifischen Herrschaftlichkeit innerhalb dieses „verschlungenen Gitters“ greifbarer. Nur so kann analysiert werden, wie verschiedene Praktiken und Identitäten in dieses Gitter eingeschrieben sind:

> „[...] die des Nationalen und der Rasse, Praktiken also, die immer die anderen als ethnische Minorität und kulturell fremd auszeichnet; ebenso die des Geschlechterverhältnisses und der sexuellen Orientierung, die das Männliche und eine bestimmte

Form der Heterosexualität als staatlich-öffentlich konstituieren." (Demirović/Pühl 1997: 234)

Diese „strategische Selektivität" (Jessop) des Staates und das „männliche Selbstverständnis", das dem Staat eingeschrieben ist (vgl. Demirović 1997: 130), privilegiert die Interessen bestimmter Gruppen und die Artikulation und Organisation dieser Interessen gegenüber anderen und macht somit auch in Bezug auf die Geschlechterverhältnisse Institutionen und Ressourcen „für bestimmte politische Kräfte besser zugänglich und verwertbar als für andere" (Jessop 1997: 285; vgl. Sauer 2001; Demirović 1997).

> „Der politische Willensbildungsprozess basiert auf diesen Hegemonieverhältnissen: Männliche Identitäten und Interessen werden *repräsentiert*, weibliche hingegen vornehmlich *symbolisiert*. Sie sind dadurch politischer Durchsetzungskraft entzogen." (Sauer 2004: 19)

Das männliche Geschlecht des Staates liegt auf der Hand und ist strukturell sichtbar. Das staatliche Gewaltmonopol wird von Männern ausgeübt, der Staat und seine zentralen Organisationen sind 'bemannt' und in ihrer Organisation durch das Männliche bestimmt. Die politische Logik selbst ist androzentrisch und männerbündisch. Die Frauen sind dementsprechend die ausgegrenzten Fremden und Anderen (Demirović/Pühl 1997: 220ff). „Es geht um einen Ausschluss, subalternen Einschluss, Unterdrückung, Abwertung, Geringschätzung und Nichtbeachtung von Frauen" (Sauer 2004: 14).

Doch es ist zentral festzuhalten, dass das Verhältnis zwischen Frauen und Staat nicht bloß als Ausschluss zu charakterisieren ist, sondern dass staatliche Institutionen zeitweise auch frauenfreundliche Politiken durchsetzen können (ebd.). Demnach gilt der Staat auch nicht per se als patriarchalisch, weil seine Akteure zu einem Großteil Männer sind, „vielmehr ist eine strukturelle „Staatsmännlichkeit" [...] in politischen Normen, Praktiken und Institutionen eingelassen" (ebd.: 18). Es ist demnach viel bedeutsamer, dass der politische Prozess selbst konstitutiv geschlechtlich ist. Diese strukturelle Männlichkeit als eine Herrschaftsform ist daher nicht per se den Männern zugeordnet, noch sind die Frauen per se Opfer dieser Herrschaft: „Diese Herrschaft muss ebenso ständig erneuert werden wie die 'Männlichkeit' der Männer – und im Verhältnis dazu die 'Weiblichkeit' der Frauen." (Demirović/Pühl 1997: 222)

In diesem Zusammenhang argumentiert auch Robert W.Connell, dass „hegemoniale Männlichkeit" nicht „starr", sondern veränderbar sei:

> „'Hegemoniale Männlichkeit' ist kein starrer, über Zeit und Raum unveränderlicher Charakter. Es ist vielmehr jene Form von Männlichkeit, die in einer gegebenen

> Struktur des Geschlechterverhältnisses die bestimmende Position einnimmt, eine Position allerdings, die jederzeit in Frage gestellt werden kann“ (Connell 2006: 97).

Die theoretischen Ausführungen von Robert W. Connell über „hegemoniale Männlichkeit“ als „Konfigurationen von Praktiken, die in einer sich wandelnden Struktur von Beziehung entstehen“ (Connell zitiert nach Pühl 2001: 47), können in diesem Sinn für die Sichtbarmachung männlicher Hegemonieformen in allen gesellschaftlichen und politischen Sphären herangezogen werden.

Connell entwirft zur Erfassung von Männlichkeit und „um die Struktur des sozialen Geschlechts darstellen zu können“ ein dreistufiges Modell. Er unterscheidet zwischen Macht, Produktion und emotionaler Bindungsstruktur (Connell 2006: 94). Als die „wichtigste Achse der Macht“ in der Geschlechterordnung definiert er erstens die „allgegenwärtige Unterordnung von Frauen und die Dominanz von Männern – eine Struktur, welche die Frauenbewegung als ‘Patriarchat’ bezeichnet hat“ (ebd.). Der Kampf der Feministinnen gegen diese Struktur, die „Allgemeingültigkeit“ besitze, stelle die Legitimität des Patriarchats in Frage (ebd.), die zunehmend untergraben werde, wobei die Strukturen und Institutionen des Patriarchats aber fortbestehen (ebd.: 248).

Zum zweiten seien die Produktionsbeziehungen in Form einer geschlechtlichen Arbeitsteilung, von ungleichen Löhnen und einer ungleichen Verteilung des Kapitals „kein statistischer Zufall, sondern Teil der sozialen Konstruktion von Männlichkeit“, die für den Fortbestand des kapitalistischen Wirtschaftssystems notwendig seien (ebd.: 95). Als drittes geht er auf die emotionale Bindungsstruktur, das sexuelle Begehren, ein, das für das soziale Geschlecht eine Rolle spielen müsse, und stellt einen Zusammenhang zwischen Heterosexualität und der gesellschaftlichen Dominanz der Männer her. Ebenso verknüpft er das soziale Geschlecht mit anderen Faktoren wie Rasse oder Klasse:

> „Um das soziale Geschlecht zu verstehen, müssen wir auch ständig darüber hinausgehen. Und umgekehrt verhält es sich genauso. Wir können Fragen der Klasse, der Rasse oder der globalen Ungleichheit nicht ohne einen permanenten Rückgriff auf das soziale Geschlecht begreifen. Die Beziehungen zwischen den Geschlechtern sind ein wesentlicher Bestandteil der sozialen Strukturen, und Geschlechterpolitik ist einer der Hauptfaktoren unseres kollektiven Schicksals.“ (ebd.: 96f)

Der Staat wird auch von Connell in einem Feld geschlechtsspezifisch strukturierter, sozialer Verhältnisse verortet, in dem er die Funktion übernimmt, „soziale Verhältnisse zu stiften und zu verändern“ (Pühl 2001: 47). Daher geht aus jedem Staat als Ergebnis sozialer Kämpfe ein Geschlechterregime hervor, „also eine institutionell verfestigte, geschlechtsspezifische Struktur, die insgesamt für ein ‘gendered’ Feld sorgt, auf dem Männer und Frauen bestimmte Positionen einnehmen" (ebd.). Entscheidend ist auch hier, dass der Staat sich ständig verändert und die Position des Staates in der Geschlechterpolitik nicht fix, sondern modifizierbar ist. Der Staat ist somit auch innerhalb dieser Ausführungen nicht ein Subjekt, sondern ein umkämpftes Kräfteverhältnis und die Männlichkeit, die darin eingeschrieben ist, eine „geschlechterbezogene", hegemonial-männliche „Praxis", die die hegemoniale Dominanz der Männer über die Frauen gewährleistet (Connell 2006: 98). Somit werden patriarchale Strukturen vom Staat nicht nur reguliert, sondern auch generiert und „die patriarchalen Strukturen sind in die Prozesse eingelassen, die den Staat funktionieren lassen" (Pühl 2001: 48). Dadurch kann erst der patriarchale Charakter des Staates im Bereich sozialer Handlung verortet werden (ebd.). Connell unterstreicht außerdem, dass sich die Hegemonie der Männer „durch ihren erfolgreich erhobenen Anspruch auf Autorität" auszeichne, der sich aber stets durch die Herausbildung neuer hegemonialer Gruppen, d.h. auch durch die Herausforderungen der Frauen, verändern könne. In diesem Sinne überträgt er Gramscis Hegemoniebegriff und argumentiert, dass Hegemonie eine historisch bewegliche Relation sei, die immer wieder aufs Neue ausgefochten werden müsse (Connell 2006: 98). Ausschlaggebend für die theoretischen Annahmen dieser Arbeit ist, wie auch in der Argumentation Connells nochmals hervorgehoben wird, der *Prozesscharakter* staatlicher Politik und männlicher Hegemonie, da diese permanent „neu inszeniert werden" (Pühl 2001: 51).

Durch diese Veränderbarkeit der hegemonialen Beziehungen müssen Herrschaftsverhältnisse in Staat und Zivilgesellschaft ständig ausgefochten und bekräftigt werden. Nur so betrachtet kann man die Staats- und hegemoniale Männlichkeit als einen sich immer wieder neu produzierenden Aushandlungsprozess begreifen, der es dann möglich macht, maskulinistische Herrschaftsmechanismen aufzudecken und zu transformieren. Der Staat muss in einem nicht-essentialistischen und neogramcianischen Sinn als „Verdichtung eines Kräfteverhältnisses (Poulantzas) und als ein sich ständig änderndes gesellschaftliches Kompromissgleichgewicht zwischen den gesellschaftlichen Kräften" (Demirović/ Pühl 1997: 234) begriffen werden. Wenn der Staat als ein soziales Verhältnis gefasst wird, als ein Ergebnis von Diskursen und politischen Aktivitäten, dann wird auch der strategische Zugang zur Schaffung von geschlechtersensiblen Praktiken gewährleistet. Die Antwort auf die Frage „welcher Staat?" sollte dann aus einer diskursbezogenen, hegemonietheoretischen und geschlechtersensiblen Perspektive heraus lauten: ein Staat, der in seiner „institutionellen Materialität auf seinen verschiedenen Ebenen und Bereichen" begriffen wird, um die ständige „Transformation und Reorganisierung" dieser Materialität erkunden zu können (Jessop 1997: 285).

## 1.2 Feministische und hegemoniekritische Versuche einer Redefinition von Öffentlichkeit, Zivilgesellschaft und Staat

Die feministische Wissenschaft unternimmt seit einigen Jahren den Versuch, den Staat aus geschlechterkritischer Sicht neu zu konzeptualisieren und zu formieren. Ein Standardrezept für eine feministische Staatsauffassung und Staatsforschung gibt es bisher nicht. Der Staat galt in den Anfangsjahren der Frauenbewegung als eine Anti-Institution. Man distanzierte sich entschieden und politisch-positionell vom Staat und suchte nach Wegen der politischen Artikulation und des politischen Handelns in einer alternativen öffentlichen Sphäre. Diese politische und wissenschaftliche Haltung ist mitunter der Hauptgrund für eine feministische Nicht-Beachtung des Staates über lange Jahre hinweg (vgl. Sauer 2001: 17ff; Kreisky 1995: 89f).

Die neue Frauenbewegung positionierte sich als eine neue soziale Bewegung innerhalb einer basisdemokratischen öffentlichen Sphäre 'gegen' den Staat und 'anders' als der Staat. Die Distanzierung vom Staat auch in der feministischen Theoriebildung ganz selbstverständlich. Die Polarisierung zwischen einer antistaatlichen und verstaatlichten Frauenbewegung stellte autonome Frauengruppen und 'Staatsfeministinnen' einander gegenüber. Die neue autonome Frauenbewegung distanzierte sich von jeglichen Interaktionen mit männlich kodierten Machtzentren. Die räumliche Sphäre, sowohl in praktischer als auch in theoretischer Hinsicht, die diese „black box" des Staates (Seemann 1996: 20) ersetzen und als eine demokratische und alternative egalitäre Sphäre des Politischen für alle emanzipatorischen Bewegungen – einschließlich der Frauenbewegung – dienen sollte, war die Zivilgesellschaft. Diesen Begriff führten die demokratischen Bewegungen in Osteuropa in die theoretische und politische Arena ein und er wurde bald zum populärsten „buzz word" demokratischer und emanzipatorisch-politischer Artikulation (vgl. Arato 1990; Arato/Cohen 1995; Taylor 1989; Keane 1988; Rödel/Dubiel/Frankenberg 1989).

Heute allerdings stellt die kritische feministische Forschung in Anlehnung an neomarxistische und gramscianische Zivilgesellschaftkonzepte die 'Frauenfreundlichkeit' der Zivilgesellschaft ebenso in Frage und untersucht die Strukturen der Öffentlichkeit auf ihre Offenheit und Machtproduktion hin, was aus feministischer Sicht zwangsläufig zu einer Umformulierung des Öffentlichkeits- und auch des Demokratiekonzepts führt (vgl. Sauer 2004, Benhabib 1996a,b; Sapiro 1998; Moller Okin 1998; Mansbridge 1998; Phillips 1998; Pringle/Watson 1998; Mouffe 1996; Lang 1995, 2004; Fraser 1996).

Feministische Öffentlichkeitstheorien und feministisch-politische Strategien weisen Sabine Lang zufolge zwei verschiedene Grundstrategien auf: Die erste ist die Strategie der Differenz. Das Postulat „das Private ist Politisch" war eine politische Strategie der Politisierung des Privaten und einer Feminisierung der Öffentlichkeit, wobei die weiblichen Lebensumstände und Erfahrungen, die sich in der privaten Sphäre abspielten, in den öffentlichen Raum getragen und als politisch gekennzeichnet wurden (Lang 1995: 105f). Dabei wurde die Politisierung der privaten Sphäre mitunter auch als eine Kontrollinstanz der männerbündischen Herrschaftsstrukturen interpretiert:

> „Aus Angst, dort könnte sich politischer Einfluss geltend machen, der der Kontrolle des Männerbundes entzogen ist, gilt aus der Perspektive des Politischen und der souveränen Entscheidung die Privatsphäre als politisch. Dem Privaten Reservatsrechte einzuräumen [...], impliziert in dieser Logik zwangsläufig eine Schwächung des Staates durch indirekte Politik." (Demirović/Pühl 1997: 224).

Es wurde aber auch gleichzeitig eine „geschützte Privatsphäre" gefordert, in der die Frauen ihre Freiheiten vor den Vereinnahmungen der Öffentlichkeit schützen können (vgl. Sauer 2004: 33).

Die zweite Strategie war die Strategie der Kompensation. Es wurde Chancengleichheit für Frauen beim Zugang zu Institutionen und zur Öffentlichkeit eingefordert. Frau wollte die Öffentlichkeit als geschlechtsneutralen Ort konstituieren. Doch dies war nur durch eine Anpassung an männliche Strukturen realisierbar.

Beide Strategien konnten die Öffentlichkeit aus einer geschlechtersensiblen Perspektive heraus nicht transformieren. Die Differenztheorie konnte Institutionen liberaler Öffentlichkeit durch die Politisierung der Privatsphäre nicht transformieren, genauso fehlte aber der Kompensationstheorie die feministische Kritik an den bestehenden maskulinistischen Öffentlichkeitsformen (Lang 1995: 108f). Beide stellten darüber hinaus die Dichotomie zwischen privater und öffentlicher Sphäre selbst nicht in Frage. Lang zufolge solle es aber nicht um eine Ergänzung, sondern um eine Revision der gesellschaftlichen Normierungen von Privatheit und Öffentlichkeit gehen (ebd.). Das Forschungsprojekt der feministischen Öffentlichkeitsanalysen sollte die Sichtbarmachung „der Paradigmen des wissenschaftlichen und politischen Diskurses in ihrer geschlechtsspezifischen Konstruiertheit" zum Ziel haben (ebd.). Die Entlarvung der herrschenden Konzepte von Staat, Ökonomie und Gesellschaft aus einer feministischen Perspektive müsse das Ziel der feministischen Öffentlichkeitstheorien sein. Lang formuliert in diesem Zusammenhang zwei zentrale Aufgaben: Zum einen die feministische „Arbeit an und mit der Dichotomie von Öffentlichkeit und Privat" (vgl. hierzu Sauer 2001: 184ff) und zum anderen „die Analyse von politischer Öffentlichkeit als Raum und Repräsentation des Maskulinen" (Lang 1995: 109).

„Öffentlichkeit wurde im Gefolge der Sphärentrennung zum androzentrischen Konstrukt, weil die Entwicklung der Bürgerinnen, ihr politisch-moralisches Kapitalnegiert und aus der Sphäre des Politischen ausgeblendet wurde. Überhaupt wird die Subjektivität der Individuen – auch ihr Geschlecht – als 'privat-partikular' und nicht politikrelevant aus dem öffentlichen Bereich hinaus definiert" (Sauer 2004: 33).

Auch für Sauer bedarf es „einer grundsätzlichen Korrektur der maskulinistischen Texturen von Öffentlichkeit" und einer „Re-Integration beider Sphären" für die „Wiederherstellung und Dynamisierung von Öffentlichkeit auch in einem feministischen Sinne" (ebd.). Die normative Ideengeschichte konstruierte die Dichotomie zwischen öffentlich und privat, wobei liberale als auch marxistische Theorien zu dieser Polarisierung beigetragen haben. Die historische Frauenforschung hat aber belegt, dass es eine öffentliche Teilhabe von Frauen in vielen geschichtlichen Phasen gab (vgl. Lang 1995: 109f). Das Auftreten der Frauen in der politischen Öffentlichkeit wurde aber von der männlichen Geschichtsschreibung nicht legitimiert, zumal die Frauen in Kriegszeiten und revolutionären Vormärzen entweder als nationalistische Märtyrerinnen öffentlich propagiert oder als notwendige Ersatzarbeitskräfte rekrutiert wurden, um nach der Stabilisierung der gesellschaftlichen Verhältnisse wieder ins Private zurückgeschickt zu werden. Somit werden Frauen bis heute in verschiedene Teilöffentlichkeiten integriert, sei es als Symbole und Instrumente einer westlichen Demokratisierung wie im Fall der kemalistischen Revolution oder als Aushängeschilder der Wahlkampagne der fundamentalistischen Wohlfahrtspartei im türkischen Kontext. Die eigenständige Wahrnehmung der Interessen der Frauen in der öffentlichen Sphäre scheint aber bis heute keine Selbstverständlichkeit zu sein (ebd.: 110) und den „produktiven Störfall Geschlecht" hat es Sabine Lang zufolge bislang in der politischen Öffentlichkeit nicht gegeben (ebd.: 113).

Lang führt des Weiteren aus, dass es der feministischen Theorie darum gehen solle, die Machtstrukturen, die die Legitimationsgrundlage für ungleiche und hierarchische strukturelle Lebensräume bilden, zu thematisieren und aufzudecken. Feministische Theorie müsse die Strukturen und Handlungsbezüge von Männermacht in der öffentlichen Sphäre aufzeigen. Dies geschehe auch seit Ende der 1970er, da seither eine „Feminisierung der politischen Öffentlichkeit" zu beobachten sei. Dies zeuge sowohl von einer symbolischen Präsenz als auch einer faktischen Einbindung der Frauen, wobei die Frauen letztendlich aber nicht in der Lage seien, den „Charakter der politischen Öffentlichkeit" zu verändern (ebd.: 111f). In diesem Zusammenhang geht es Sauer zufolge der feministischen Theorie darum, „wie ein diskursives Modell politischer Öffentlichkeit, das nach *universalistischen* Prinzipien verfährt, mit der Artikulation und der Anerkennung von Partikularität und *Differenz* verknüpft werden kann" (Sauer 2004: 33). Sauer entwirft dazu ein dreischichtiges Modell:

> „[...] Erstens die Rekonzeptualisierung von 'Privatheit' – als ein Recht und einen Anspruch auf Differenz sowie auf Schutz und Anerkennung dieser Differenz. [...] Zweitens sollte die *Herausbildung* von Bedürfnissen und von politischen Identitäten – bislang ausgegrenzte Elemente politischer Subjekte – als Aspekte von politischer Öffentlichkeit wahrgenommen werden. Drittens sind Kommunikation und Deliberation Prozesse, in denen 'Bürgertugenden', die Fähigkeit zur Auseinandersetzung erst geformt werden." (ebd.)

Weiter stellt sich Sauer die Frage, inwieweit Zivilgesellschaft als ein frauenfreundlicheres Konzept als der Staat gelten kann, oder: „Wie viel und vor allem welchen Staat braucht Zivilgesellschaft, damit sie frauenfreundlich organisiert ist und eine Demokratisierung in Gang setzen bzw. vorantreiben kann?" (Sauer 2004: 61).

Die These von Sauer dazu lautet:

> „[...] dass Zivilgesellschaft in ihrer normativen Bedeutung geschlechterpolitisch problematisch und mithin 'kein Konzept für Frauen' ist. [...] Sie ist dies ebenso wenig wie 'der' Staat. Der Staat ist ebenso misogyn und patriarchal, wie es die Zivilgesellschaft ist. Eine *Entgegensetzung* von 'Staat' versus 'Zivilgesellschaft' ist dennoch frauenpolitisch falsch und greift demokratiepolitisch zu kurz. Ein dem Staat *entgegengesetzter* Begriff von Zivilgesellschaft eignet sich nicht als emanzipatorisches Konzept, um feministische Ziele wie Autonomie, Solidarität, Gleichheit und Gerechtigkeit zu realisieren. [...] Ein analytisch-materialistisches Konzept macht demgegenüber die dialektische *Verknüpfung* von Zivilgesellschaft und Staat deutlich und zeigt frauenpolitische Handlungsspielräume, aber auch deren Begrenzungen auf." (ebd.)

Die Glorifizierung der Zivilgesellschaft als ein Raum der Selbstregierung der autonomen BürgerInnen gegen den herrschaftlichen Staat, in dem sich auch die Frauenbewegungen in ihren Anfängen verortet haben, wird von Sauer aus einer geschlechterkritischen Perspektive hinterfragt (vgl. ebd.: 65). Sie legt nahe, dass das Motto der Frauenbewegung „Autonomie versus Institution" sich als eine „naive" Hoffnung auf eine „herrschaftsfreie Verheißung" des Zivilgesellschaftskonzepts erwiesen habe, da die frauenbewegten Projekte sich nicht „jenseits" des Staates entwickelten, „sondern in Auseinandersetzung mit dem Staat, aber auch durch die Unterstützung durch den Staat" (ebd.). Dies führte zwangsläufig zu einer Reproduktion der Herrschaftsverhältnisse zwischen den Frauen und in der Frauenbewegung, wobei diese „politische Fehleinschätzung" auf der theoretischen Ebene „in einer zu simplen Dichotomie von „Zivilgesellschaft versus Staat" begründet worden sei (ebd.).

Die gesamte Zivilgesellschaftsdebatte in der Türkei ist von dieser „politischen Fehleinschätzung" geprägt. In Kapitel 2 wird diese ausführlich diskutiert; ihr zufolge ist die Zivilgesellschaft in einer dem Staat entgegengesetzten Sphäre zu verorten. Auch die feministische Bewegung in der Türkei hat sich in derselben Dichotomie sowohl auf der politischen wie auf der theoretischen Ebene festgefahren, wodurch die momentane Entwicklungsdynamik der Bewegung bestimmt und mitunter auch gehemmt wird.

Sauer macht ferner auf fünf Probleme dieser „dichotomen Konzeptualisierung" aufmerksam, „die auch einem feministischen Projekt im Wege stehen können" (ebd.). Eine Gegenüberstellung von Staat und Zivilgesellschaft führe zum einen dazu zu übersehen, dass der Staat und seine Institutionen sich „in sozialen Auseinandersetzungen, in Kämpfen in der Zivilgesellschaft" herausbildeten (ebd.: 65f; vgl. auch Demirović 1997: 178f):

> „'Die' Zivilgesellschaft ist nicht per se frauenfreundlich, während 'der' Staat an sich auch nicht patriarchal ist. Zivilgesellschaft umfasst nämlich nicht nur autonome Frauenprojekte und -initiativen, und der Staat ist nicht nur ein disziplinierender, patriarchal-gnädiger Frauenminister [...] oder ein diskriminierendes Abtreibungsgesetz. Die Zivilgesellschaft ist nicht der an sich der bessere Ort, um feministische Politik zu realisieren, während der Staat diese zu verhindern sucht. Die beiden sind vielmehr wie kommunizierende Röhren. Die Wichtigkeit nicht-staatlicher zivilgesellschaflicher Akteure und Aktionen ergibt sich dann aus dem Kampf um Hegemonie in der Zivilgesellschaft und ihrem Potenzial zur Veränderung hegemonialer Staatsverhältnisse, von Institutionen und von Normen bzw. Denkweisen." (Sauer 2004: 66)

Zum zweiten „ist der Staat heterogen und in sich widersprüchlich" (ebd.), wie aber auch die Öffentlichkeit (vgl. Lang 2004: 77f). Im Rahmen dieses heterogenen Feldes der konkurrierenden Strategien und Machtdiskurse können, wie Sauer ausführt und wie Beispiele in der Türkei zeigen (siehe Kapitel 5), „Feministinnen als Bündnispartnerinnen für zivilgesellschaftliche Initiativen" agieren, was für eine „aktive Veränderung des Staates" sprechen kann (Sauer 2004: 66). Drittens leiste dieser dichotome Ansatz von „weniger Staat ist mehr Zivilgesellschaft" der neoliberalen Neugestaltung von Politik einen Dienst, da dadurch die „Atomisierung der Individuen" und ihre „Entsolidarisierung" gewährleistet werden. Es ginge aus einer feministischen Perspektive heraus nicht um „weniger Staat", sondern vielmehr um die Frage „welcher Staat?" (ebd. 67). Viertens kritisiert Sauer den Mangel einer Herrschaftsperspektive im normatividealistischen Zivilgesellschaftskonzept (ebd.). Dadurch werden die Verhandlungsprozesse in der Zivilgesellschaft depolitisiert und der Staat zum alleinigen Macht- und Entscheidungsträger bestimmt (vgl. Demirović 2001: 150f).

> „Herrschaftsverhältnisse werden aber gerade in der Zivilgesellschaft wirksam und institutionell verfestigt. Dass der Staat selbst keine Macht hat, sondern seine Macht-

> potentiale aus der Zivilgesellschaft generiert, das ist relevant, nicht nur geschlechterpolitische 'Entmachtung'. Gerade deshalb kann und muss eine emanzipatorische Strategie in der Zivilgesellschaft ansetzen, doch muss auch diese in ihrer Herrschaftlichkeit wahrgenommen werden." (Sauer 2004: 67)

Es müssen jene Mechanismen deutlich gemacht werden, wie Zivilgesellschaft und politische Gesellschaft staatliche Herrschaft hervorbringen. Somit entsteht auch in der Zivilgesellschaft selbst Herrschaft, wodurch Ausbeutungsstrukturen in der Gesellschaft produziert werden (ebd.: 68). Genau diese Herrschaftsstrukturen werden von den Feministinnen zunehmend als ein zentrales Problem im türkischen Kontext wahrgenommen. In diesem Zusammenhang argumentiert auch Demirović, der Staat sei ein „Feld von strategischen Kräftekonstellationen", in dem die zivilgesellschaftlichen Organisationen nicht nur das „Feld der Interessenvermittlung" erweitern, sondern auch zur „Veränderung des Staates selbst in seiner Form" beitragen (Demirović 2001: 150). Dadurch werde der Staat von den zivilgesellschaftlichen Organisationen „in gewisser Weise vergesellschaftet – womit sie in die Situation geraten, selbst die Trennung von Zivilgesellschaft und formellem Staat in ihrem Innern zu reproduzieren" (ebd.: 150f). Innerhalb dieser Konzeptualisierungen muss die Zivilgesellschaft daher „als ein Prozess, als ein Verfahren gesehen werden, wie patriarchale Herrschaft und Hegemonie überwunden werden können" (Sauer 2004: 68).

Als fünftes und letztes Problem der dichotomen Entgegensetzung von Staat und Zivilgesellschaft hebt Sauer hervor, wie durch die „Benennungsmacht" von sozialen Gruppen als Zivilgesellschaft die Zivilgesellschaft „elitär und exklusiv" wirken kann. Dabei müssen interne Herrschaftsstrukturen nicht hinterfragt werden, „weil das 'Schlechte' ja externalisiert ist" (Sauer 2004: 68). Die Entscheidung darüber, wer zur Zivilgesellschaft gehöre und wer nicht, kann zu einem autoritären Elitismus führen. Somit trete eine „Repräsentationsparadoxie" hervor, durch die eine kleine Gruppe von Delegierten und Repräsentanten bestimmter Interessen und Bevölkerungsgruppen, „ohne von diesen Bevölkerungsgruppen delegiert und gewählt zu werden", an politischen Entscheidungsprozessen teilnehmen und dadurch „diejenigen, die repräsentieren, die Repräsentierten erst erzeugen" (Demirović 2001: 144). Durch diese Usurpation der Interessen und Bevormundung der repräsentierten Bevölkerungsgruppen kommt eine zweite „Repräsentationsparadoxie" zum Tragen, da sich der Staat auch gegen die Zivilgesellschaft als der „wirkliche Repräsentant" aller Interessen der Bevölkerung zu legitimieren versuche (ebd.).

Auf Basis dieser theoretischen Überlegungen erscheinen Zivilgesellschaft und Öffentlichkeit als ein „Teil eines komplexen Dispositivs staatlicher Herrschaft", wobei öffentliche Diskussionen immer „in eine Hierarchie eingebunden und subaltern an den politischen Entscheidungen 'oben' orientiert" bleiben (Demirović 1997: 177).

Öffentlichkeit und Zivilgesellschaft werden auf diese Weise „stillgelegt", „indem Zivilgesellschaft nur als eine regulative Idee verstanden wird" (ebd.: 181):

> „Danach ist Öffentlichkeit, ist Zivilgesellschaft eine normative Idee, die empirisch niemals realisiert wird, noch werden kann oder auch nur sollte und dennoch unser Streben bestimmen soll. Virtuos sollen die Akteure also einem Ziel folgen, von dem sie von vornherein wissen, daß sie es nicht realisieren dürfen und werden. Auf die Dauer kann dies nur zu einer moralischen Überlastung führen, die die Akteure schließlich zur Gegenreaktion des Rückzugs und des politischen Desinteresses führt – mit Ausnahme derjenigen, die als professionelle intellektuelle Akteure der Öffentlichkeit performativ Öffentlichkeit als die Sphäre ihrer Existenz konstituieren, indem sie für andere sprechen, die sie sprechend am Sprechen hindern. [...] Geradedas, was sie [Öffentlichkeit] zu versprechen scheint, nämlich eine unverstellte und herrschaftsfreie Rede, in der sich Rationalität herausbildet, durch die sich die sozialen Akteure wechselseitig binden, gewährt sie schließlich nicht." (ebd.)

Demirović macht noch einmal deutlich, wie Öffentlichkeit und Zivilgesellschaft ihrerseits Hegemonie praktizieren und die normativen Universalitätsansprüche der freien Kommunikation durch ihre inneren Widersprüche und ihrer Dialektik in der empirischen Praxis wenig Gültigkeit aufweisen. Er zeigt damit deutlich, „dass die Öffentlichkeit nicht will, was sie vorgibt zu wollen, nämlich Öffentlichkeit" (ebd. 178). Dass Öffentlichkeit und Zivilgesellschaft nicht zwangsläufig Sphären der gegenhegemonialen Bewegungen sind, liegt in Anlehnung an die theoretischen Ausführungen auf der Hand. Die Definition des Begriffs der Hegemonie durch Gramsci als ein Prozess der Auseinandersetzungen und Konsensfindung, woraus Hegemonie erst entstehe, konstruiert ein herrschaftskritisches Konzept der Zivilgesellschaft, wonach der Bereich der Zivilgesellschaft „die Einheit eines Widerspruchs darstellt und in ihr hegemoniale und gegenhegemoniale Akteure aktiv sind" (Demirović 2001: 150). Solch eine in den Staat eingegliederte Gegenhegemonie wirft die Frage auf, ob die gegenhegemonialen AkteurInnen, die in der zivilgesellschaftlichen Sphäre politisch agieren, tatsächlich eine Veränderung der hegemonialen Strukturen bewirken können oder ob durch diese „Institutionalisierung von Gegenhegemonie" bestehende Herrschaftsstrukturen zwangsläufig gestärkt werden. Genau diese paradoxe Beschaffenheit der Zivilgesellschaft und die kritische Analyse dieser Verhältnisse zwischen den AkteurInnen, welche auch die politische Dynamik der feministischen Bewegung in der Türkei heute auszeichnet, stehen im Zentrum meiner Arbeit, die auch deren politischen Manifestationen näher untersuchen soll.

Darüber hinaus ist zusammenfassend für ein „feministisches zivilgesellschaftliches Projekt" darauf hinzuweisen, dass eine Strategie für die Entmächtigung männlicher Hegemonie eine „Entstaatung des staatlichen Maskulinismus" zum Ziel haben muss, wobei männliche Hegemonie nur in der Zivilgesellschaft in Frage gestellt werden kann (Sauer 2004: 70). In ihrem strategisch-theoretischen und feministischen Projekt einer Zivilgesellschaft hebt Sauer hervor, dass es für solch ein Vorhaben der Entmächtigung männlicher Hegemonie Verbündete in Ökonomie, Medien und der Wissenschaft braucht. Dabei betont sie insbesondere die Rolle der Frauen als Stifterinnen, deren private Finanzierung von den Frauenorganisationen eingeworben werden müsse (ebd.). Weiters erscheinen Bündnisse mit spezifischen Staatsinstitutionen unabdingbar, wobei das feministische Engagement in der Zivilgesellschaft „ein paradoxes Unterfangen mit und gegen den Staat" sei, das aber auch das Potential habe, staatliche Bürokratie zu transformieren, indem es mit ihr kooperiere. Damit also die Zivilgesellschaft leben könne, bedürfe es der Zusammenarbeit mit spezifischen staatlichen Akteuren (ebd.). So muss Sauer zufolge die Errichtung einer feministischen Gegenhegemonie sowohl in der Zivilgesellschaft, in der politischen Gesellschaft wie auch im Staat greifen (ebd.:71). In diesem Sinne müsse auf die „Selbstorganisation von Frauen" hingewirkt werden, im Zuge derer Herrschaft kritisiert und beseitigt und auf neue Institutionalisierungen von Ordnung abgezielt werde (ebd.):

> „Auf diese Weise können der Staat 'feminisiert', der staatliche Maskulinismus 'entmächtigt' und feministische Ziele in staatliche Politiken eingeschrieben werden. Der Kampf für ein garantiertes Grundeinkommen ist dabei ebenso zentral wie eine Frauengesundheitsberatung in einer Landgemeinde, der Kampf um die Finanzierung einer Frauenfilmwoche ist ebenso wichtig wie der um staatliche Regulierung von Teilzeitarbeit, Renten und Pensionen." (ebd.)

Für die theoretischen Annahmen dieser Arbeit ist – in Anlehnung an dieses feministische zivilgesellschaftliche Projekt, das im türkischen Kontext auf seine Machbarkeit geprüft werden soll – zusammenfassend festzuhalten, dass die Zivilgesellschaft nicht als eine Sphäre der herrschaftsfreien und demokratischen Interessenvertretung zu verstehen ist. Die Auffassung vieler Feministinnen in der Türkei, Staat und Zivilgesellschaft seien entgegengesetzte und getrennte Sphären, führt dazu, dass sie sich gezwungen fühlen, sich entweder in der 'demokratischen und autonomen' oder in der 'repressiven und herrschaftlichen' Sphäre zu positionieren, ohne deren politisch-theoretisch hegemonialen Zusammenhang zu erkennen. Erst die Anerkennung dieser hegemonialen Verflechtung kann aber zur Entwicklung neuer emanzipatorischer und feministischpolitischer Strategien, Praktiken und Positionierungen führen. Dabei müssen frauenpolitisch-emanzipatorische Ansprüche in der Zivilgesellschaft kritisch auf die Reproduktion und Legitimierung eben derselben Herrschaftsverhältnisse hin untersucht werden.

Darüber hinaus ist festzuhalten, dass staatliche Politiken und zivilgesellschaftliche Projekte in einem miteinander verbundenen, politisch umkämpften Prozess von Aushandlungen und Konflikten entstehen. Im Zuge dieser sich ständig verändernden, konfliktreichen Prozesse zwischen staatlichen und zivilgesellschaftlichen Institutionen und AkteurInnen können männlich-hegemoniale Strukturen nicht nur reproduziert, sondern auch in Frage gestellt und feminisiert werden. Dabei sollte für ein feministisches emanzipatorisches Projekt die Identifikation und Sichtbarmachung dieser spezifischen Institutionen und AkteurInnen, die zu der Reproduktion von männerbündischen, patriarchalen und hegemonialen Prozessen und Strukturen beitragen, im Vordergrund stehen, um diesen politisch entgegenwirken zu können. Ebenso sollte die Identifizierung der gegenhegemonialen AkteurInnen und Institutionen in diesem sozialen Verhältnis, die ein Potential besitzen geschlechtersensible Transformation hegemonialer Männlichkeitsstrukturen einzuleiten, im Zentrum feministischer Analyse stehen. Dabei muss nach Wegen gesucht werden, diese gegenhegemonialen Strukturen und Bündnisse zu stärken. Solch eine analytische Herangehensweise an die feministische Bewegung in der Türkei im Spannungsverhältnis zwischen Staat und Zivilgesellschaft soll dazu dienen, frauenfreundliche politische Praktiken, Strategien, Bündnisse und Partnerschaften zunächst einmal sichtbar zu machen, um danach Möglichkeiten zur Stärkung dieser feministisch-politisch fördernden Netzwerke formulieren zu können.

Für solch einen analytischen Zugang zu den politischen Praktiken und Positionierungen der feministischen Bewegung muss zuvor die zum Zweck der Herrschaftslegitimation der Regierenden falsch konstruierte und legitimierte Dichotomie von Zivilgesellschaft und Staat im wissenschaftlichen und geschichtlichen Kontext der Türkei deutlich gemacht werden. Das wird im folgenden Kapitel unternommen.

# 2 Konzeptualisierungen: Öffentlichkeit, Zivilgesellschaft und Staat in der Türkei

Welche Bedeutungen nehmen die Konzepte von Öffentlichkeit, Zivilgesellschaft und Staat in der Türkei an? Wie haben sich diese Konzepte in der wissenschaftlichen und politischen Debatte in der Türkei entwickelt und in welcher Beziehung stehen sie zur Gesellschaft? Für die Beantwortung dieser Fragen wird die inhaltliche und politische Dimension dieser Konzepte im Kontext der Türkei analysiert, um später die maskulinistischen Strukturmerkmale, die diesen Begriffen innewohnen, herausfiltern zu können. Um die vorherrschenden Paradigmen und die Kritik an diesen Ansätzen zu verdeutlichen, soll zuerst die wissenschaftliche Debatte des Zivilgesellschaftsbegriffs in der Türkei skizziert werden. Im zweiten Teil soll ein kurzer Exkurs über die strukturellen gesellschaftlichen Verhältnisse im Osmanischen Reich den inhaltlichen Zusammenhang mit den heutigen Verhältnissen in der Türkei, die im dritten und vierten Teil diskutiert werden, herstellen. Die politische Kultur der Türkei und insbesondere das Verhältnis von Staat und Zivilgesellschaft können nur vor dem Hintergrund der strukturellen und geschichtlichen Merkmale im Osmanischen Reich analysiert werden, die sich auf die politischen und kulturellen Praktiken der 'modernen' Türkei übertragen haben. Dieses Kapitel soll also dazu dienen, die Zivilgesellschaft in der Türkei, in der die feministische Bewegung als eine Teilöffentlichkeit politisch verortet wird, begrifflich, strukturell und ideologisch zu analysieren. Die Frage, inwieweit das Zivilgesellschaftskonzept für die feministische Bewegung einen Geltungsanspruch haben kann oder 'tauglich' ist, soll dabei als zentraler Bezugspunkt für die weiteren Analysen der Arbeit im Hintergrund stehen.

## 2.1 Ein Abriss der wissenschaftlichen Zivilgesellschaftsdebatte in der Türkei

Die Zivilgesellschaftsdebatte in der Türkei wird von männlichen Theoretikern wie u.a. Şerif Mardin (2003), Metin Heper (1980, 2006), Çağlar Keyder (2003), Ömer Çaha (2007) und Murat Belge (2000) dominiert. Ihre voneinander abweichenden Ausführungen und Interpretationen, ob und in welchem Maße eine Zivilgesellschaft im Osmanischen Reich existiert habe und wie sich diese gesellschaftlich-politischen Traditionen auf die heutige Türkei übertragen haben, werden in den Arbeiten von Gazi Çağlar aus einer kritischen Perspektive und innerhalb eines gramscianischen Theorierahmens umfassend diskutiert und kritisiert (Çağlar 2000, 2003).[1] Çağlar stellt fest:

> „Im Prozess der Entstehung der 'Hegemonie der westlichen Kultur über die gesamte Weltkultur' (Gramsci, Bd. 7, 1780) entwickelt sich eine eigentümliche Dynamik der Eigen- und Fremdwahrnehmung, die bewirkt, dass Intellektuelle und Wissenschaftler in abhängigen Ländern wie der Türkei Dogmen der europäischen Fremdwahrnehmung internalisieren und als originäre Analyseinstrumente ihrer eigenen Geschichte ins Spiel bringen." (Çağlar 2003: 14)

Diese Analyse erweist sich für den türkischen Fall tatsächlich als gültig, da die tonangebenden Theoretiker der Zivilgesellschaftsdebatten, wie Şerif Mardin und zwei Generationen später Metin Heper, ihre Bildung und Dissertationen in den USA abgeschlossen und die westliche Interpretation des Osmanischen Reiches und der modernen Türkei in ihren wissenschaftlichen Arbeiten übernommen haben (vgl. Mardin 2003; Heper 2006).

Einer weit verbreiteten These über die gesellschaftlichen Verhältnisse im Osmanischen Reich und der Türkei zufolge fehlt ähnlich wie in allen islamischen Gesellschaften, eine Zivilgesellschaft (vgl. Gellner 1981; 1994; Steinbach 1996; Tibi 1998; Küçükömer 1994; İnalcık 1998, 1999; Mardin 2003; Heper 2006). Dieser Mangel wird auf den asiatischen und islamischen 'Charakter' zurückgeführt. Man spricht auch von einer 'orientalischen Despotie' oder einem 'sultanischen Patrimonialismus'. Diese Begriffe sind von Montesquieu und Max Weber entwickelt worden und stellen die primären Paradigmen der Literatur zum Orient und zur Türkei dar (vgl. Çağlar 2003: 8). Çağlar kritisiert auch die problematischen Analysen von deutschsprachigen „Türkeiexperten" wie Udo Steinbach (1996) und Bassam Tibi (1998). Steinbach definiert z.B. das Osmanische Reich als eine „Supermacht der Türken" und lässt dabei die ethnische Vielfältigkeit im Osmanischen Reich völlig außer Acht. Tibi hingegen interpretiert die Geschichte des Osmanischen Reichs als eine einzige „Gewaltgeschichte", in welcher der Staat als einziger Feudalherr das gesamte Grundeigentum besaß. Dadurch klassifiziert er das Osmanische Reich insgesamt als antiwestlich und antidemokratisch (Çağlar 2003: 8f).

---

1 Für eine weitere gramscianische Analyse des türkischen Staates siehe: Öncü 2003.

Der Begriff der Zivilgesellschaft ist auch für WissenschaftlerInnen und PolitikerInnen in der Türkei insbesondere nach dem Militärputsch von 1980 zu einem Schlagwort geworden, das von verschiedenen politischen Ausrichtungen vereinnahmt und für ihre eigenen Standpunktverortungen instrumentalisiert wird.

> „Der Neologismus 'Zivilgesellschaft' dient in der Türkei allzu oft dazu, die Nichtexistenz des Kapitalismus in der Türkei zu behaupten und die Forderung nach einer effizienten Marktökonomie zu erheben, aus der der Staat sich gänzlich zurückziehen solle. Neoliberale Scheinerfordernisse der Gegenwart werden in vermeintlich heilversprechende Begriffe wie Zivilgesellschaft gekleidet." (Çağlar 2003: 10f.)

Staat und Zivilgesellschaft werden in diesem Sinne in der wissenschaftlichen Literatur der Türkei meist als gegensätzliche Sphären konzipiert, wobei vom Ausbau der Zivilgesellschaft unmittelbar eine direkte Demokratisierung erwartet wird (vgl. Özbudun 1998; Karaman/Aras 2000; Keyman/İçduygu 2003).

Die Idealisierung und der gleichzeitige Hass gegenüber dem 'Westen' bringen in der Türkei eine widersprüchliche Beziehung zur westlichen Kultur mit sich. Zwar wurde das osmanische Reich nie 'offen' kolonisiert. Als es jedoch später durch eine ökonomische Kolonisierung zum Objekt verschiedener Ambitionen der Weltmächte geriet, wurde eine von äußeren Mächten erzwungene Modernisierung eingeleitet (vgl. Çaha 2007). Çağlar weist darauf hin, dass „diese widersprüchliche Beziehung sich in eine binäre Kodierung der intellektuellen Wahrnehmung entwickelte, die bis in die heutigen Zivilgesellschaftsdebatten fortdauert". Der *Kulturimperialismus* schuf „Deformationen der historischen und gegenwartsbezogenen Fremd- und Eigenwahrnehmung", die zu „scharf umrissenen Konstruktionen namens 'Islam', 'Orient', 'Westen' usw. führten" (Çağlar 2003: 15). „Die eigene Geschichte und Kultur [wurde] zunehmend zu einer fremden Geschichte" (ebd.: 15). Die Zivilgesellschaft wird in diesem Zusammenhang als eine explizite Sphäre der Freiheit dem Okzident zugeschrieben, die politische Gesellschaft hingegen ausschließlich als ein Ort des Zwangs konzipiert und dem Orient zugewiesen. Dabei wird der Westen entweder als einheitlicher Block konzipiert oder er stellt die Verkörperung des Bösen dar (Çağlar 2003: 16).

In den türkischen wissenschaftlichen Debatten wurde der Begriff der Zivilgesellschaft zum ersten Mal von Idris Küçükömer aufgegriffen. Küçükömers Hauptthese zufolge kann die Türkei sich nicht verwestlichen, sprich eine moderne, westlichdemokratische Umstrukturierung einleiten (Küçükömer in: Çağlar 2003: 18). Als einen Hauptgrund für diese These führt auch Küçükömer die asiatische Despotie an, die er als eine wesentliche, strukturell eingeschriebene Eigenschaft des Osmanischen Reiches sieht. Außerdem nennt er die Primitivität der landwirtschaftlichen Techniken und das überproportionale Wachstum der Bevölkerung als Beleg. Diese Hindernisse für eine Verwestlichung sieht er als Resultat eines Militärstaates, der die landwirtschaftlichen Erträge am Boden „von oben“ angeeignet habe, ohne sich an der Produktion zu beteiligen. Der Militärstaat im Osmanischen Reich habe somit die Entstehung von Klassen nicht zugelassen. Kücükomer zufolge fehlt die Zivilgesellschaft in allen orientalischen Gesellschaften, wobei er politische Prozesse, die auf Konsens abzielen, nur dem Okzident zuschreibt. Die Zivilgesellschaft ist für ihn ein Ort der „Bedürfniserfüllung“ in Hegel'scher Tradition und die politische Gesellschaft der Ort, wo Politik gemacht und hergestellt wird (vgl. Kücükomer 1994: 133f). Nach Çağlars Auffassung geht es Küçükömer darum, die Differenz zwischen dem Westen und dem Osten zu essentialisieren. Der Terminus der Zivilgesellschaft dient lediglich als eine primäre Differenzkategorie (Çağlar 2003: 20; vgl. Çağlar 2000: 35).

Şerif Mardin, ein weiterer Theoretiker, der jahrzehntelang die Zivilgesellschaftsdebatte in der Türkei bestimmte, hat viele seiner Termini aus dem Westen 'importiert'. Zentral ist für ihn die patrimoniale Bürokratie, ein Begriff, den er unmittelbar von Weber übernommen hat. Die klassischen Typen der legitimen Herrschaft bei Weber werden von Mardin für seine Argumentation instrumentalisiert, wobei für Weber selbst die sultanische Herrschaft die „reinste“ Form der patriarchalen Herrschaft darstellt. Für Mardin ist die Unterdrückung des Volksislam für das gesellschaftliche Vakuum, das nach der Errichtung der kemalistischen Reformbürokratie entstand, weitgehend verantwortlich (vgl. Çağlar 2000: 36f; vgl. hierzu auch Çaha 2007: 183). Der Positivismus der Reformbürokratie habe es nicht geschafft, anstelle des Islam ein alternatives Wertesystem für die Gesellschaft hervorzubringen (Mardin 2003: 138ff). Der Terminus der Zivilgesellschaft ist auch bei ihm, wie bei vielen anderen türkischen Theoretikern, „schwammig“ (vgl. Mardin 2003: 13f.)[2]. Er versteht unter Zivilgesellschaft die „bürgerliche Gesellschaft“ und argumentiert, dass es im Osmanischen Reich „eine teilweise existierende Zivilgesellschaft“ gab, wobei keine sozialen Klassen existierten und die osmanische und türkische Gesellschaft in diesem Sinne keinen Klassenkampf kenne (Mardin 2003: 29; vgl. auch Çaha 2007: 143). Mardin sieht die Zivilgesellschaft „als private Vereinigungen und Verbände, die außerhalb des Staates existieren und als Zusammenschlüsse von Privatindividuen Vermittlungsfunktionen zum Staat wahrnehmen“ (Çağlar 2000: 57). Grundlegend für die

2 Zu einer Begriffsanalyse der *Zivilgesellschaft* in ihrem wissenschaftlichen Gebrauch in der Türkei siehe: Çağlar 2000: 59f.

Ausführungen von Mardin ist eine starre Entgegensetzung der Zivilgesellschaft zum Staat. Darüber hinaus verwendet er den Zivilgesellschaftsbegriff ausschließlich zur Kennzeichnung der religiösen Gemeinschaften im Osmanischen Reich und „denkt die Zivilgesellschaft wesentlich vom Privateigentum her" (Çağlar 2003: 28). Mardin spricht zwar hinsichtlich der Periode nach 1880 von einer „Öffentlichkeit" im Osmanischen Reich, die sich unabhängig vom Staat herausgebildet habe, doch das „nationale Interesse" habe in der Türkei eine kollektivistische Bedeutung gehabt. Dies stehe im Gegensatz zum westlichen Verständnis, wo nationales Interesse auch die Autonomie von Individuen und Gruppen mit einschließe (Mardin 2003: 16f.). Auch Çaha unterstützt diese Ansicht, wenn er darauf verweist, die osmanische Staatskultur habe nicht dem Individualismus, der sogar mit Verrat gleichgesetzt wurde, sondern der Kollektivität Vorrang gegeben (Çaha 2007: 147). So entstand Çaha zufolge eine „radikale Sensibilität" gegenüber Staat, Nation und Volk, die eine Loyalität gegenüber Staat und Nation hervorbrachte (ebd.).

Vor dem Hintergrund dieser historischen Betrachtungen definiert Mardin die „demokratische Tradition" in der Türkei durch folgende Dimensionen: Erstens durch das Fehlen einer Zivilgesellschaft, zweitens durch die Struktur der Öffentlichkeit, die sich im Gegensatz zum Westen ohne ein historisches Fundament entwickelt habe, und drittens durch eine islamische strukturelle Dimension (islamischer Populismus) (Mardin 2003: 18).

Die Zivilgesellschaftsdebatte nach 1980 wurde zunächst von den Links-Intellektuellen geführt, die auch teilweise versuchten, Gramscis Zivilgesellschaftskonzept für die Analyse der Türkei nutzbar zu machen. Einer der ersten war Murat Belge (1998), der als ein bekannter und populärer Intellektueller von den linken Theoretikern und Intellektuellen der Türkei auch öfters als linksliberal bezeichnet wird. Belge unterscheidet sich hinsichtlich seiner Einschätzung nicht von Küçükömer, wenn er feststellt, dass es keine Zivilgesellschaft in der Türkei gebe. Er findet jedoch die Verhältnisse der Türkei in den 1990er Jahren vergleichbar mit denen in Italien in den 1920ern, in deren Rahmen Gramsci sein Zivilgesellschaftskonzept entwickelt hat. Die zentralistische Staatstradition in der Türkei sieht er als das größte Hindernis für die Entwicklung einer Zivilgesellschaft. Die Zivilgesellschaft ist auch für Belge eine abgesonderte Sphäre vom Staat im Sinne einer bürgerlichen Gesellschaft, die „im Kampf der zivilen Kräfte gegen den Staat geschaffen wurde" und „das Werk der Bourgeoisie" sei (Belge in Çağlar 2003: 36). Er bestimmt in seinen frühen Werken zur Zivilgesellschaft diese als ein Phänomen, das in westeuropäischen Gesellschaften existiere, aber nicht in der Lage sei, den Staat zu steuern. In seinen späteren Werken spricht er von einer „Weltzivilgesellschaft", in der der Staat zur Zivilgesellschaft wird, also zu einem „rechenschaftspflichtigen" Staat (Belge in Çağlar 2003: 37). Zu der ungenauen Verwendung des Begriffs der Zivilgesellschaft in den wissenschaftlichen Texten von Belge kommt eine dichotome Gegenüberstellung von Staat und Gesellschaft hinzu, die eine liberale Auffassung unterstützt, wobei der „Westen" auch bei ihm als eine einheitliche Kategorie erscheint. So gilt auch in der linken oder linksliberalen Debatte, obwohl als theoretische Grundlage auf Gramsci Bezug genommen wird, die Zivilgesellschaft schlicht als eine „nicht-staatliche" Sphäre, eine „Gegenstaatlichkeit" bzw. ein „Anti-Staat", deren Voraussetzung eine Marktökonomie sein soll (Çağlar 2003: 39).

Die marxistischen Kritiker des Zivilgesellschaftskonzepts, wie Gülnur Acar-Savran, Doğu Perinçek oder Sungur Savran, sind auch nicht in der Lage, diese Dichotomie der politischen Gesellschaft und der Zivilgesellschaft zu überwinden (vgl. Acar-Savran 2003; Perinçek 1986; Savran 1985, 1993). Für Sungur Savran ist die türkische Zivilgesellschaft weiterhin eine von den Kemalisten errichtete „Bourgeoisiegesellschaft", die aus den Marktverhältnissen und dem Privateigentum heraus entsteht. Savran vertritt die Ansicht, dass die Befürworter des Zivilgesellschaftskonzepts in ihrem Vorhaben, sich mit der kapitalistischen Ökonomie zu versöhnen, nicht unterstützt werden können, da die gesamte Zivilgesellschaftslandschaft von der liberalen Wirtschaftspolitik vereinnahmt werde (Savran 1993: 273ff). Das kapitalistische Vorhaben konzeptualisiere die Zivilgesellschaftsdebatte als einen Raum der notwendigen Freiheit der Bürger, um ihn für ihre neoliberalen hegemonialen Projekte zu instrumentalisieren (vgl. Çağlar 2000: 98ff).

Der liberale Diskurs der Zivilgesellschaft in der Türkei propagiert, dass es ohne Privateigentum und Marktökonomie keine Zivilgesellschaft geben kann. Bekannte Befürworter der neoliberalen Politik Özals nach 1983, wie Mehmet Altan (1993), sprechen sich für die Errichtung einer „zweiten Republik" aus. Die erste Republik sei für eine „Bauerngesellschaft" konzipiert und es solle daher jetzt darum gehen, durch einen „Sinneswandel" das politisch-ökonomische Programm Özals weiterzuführen, Produktionsformen zu transformieren und „die Bauernschaft loszuwerden und eine Zivilgesellschaft zu errichten" (Altan in Çağlar 2003: 47). Der Kemalismus wird von ihnen als ein strukturelles Hindernis für die Errichtung einer Zivilgesellschaft gedeutet, weil er die Entstehung einer „unternehmerischen Menschenstruktur" verhindert habe (ebd.). Diesem liberalen Diskurs der Zivilgesellschaft in der Türkei liegt ein allgemeines Verständnis einer marktbestimmten, bürgerlichen Gesellschaft zugrunde, die im Gegensatz zum Staat steht und einen „schlanken" Staat propagiert (ebd.: 48).

Der Zivilgesellschaftsbegriff wurde auch zu einem Schlagwort für die islamistisch-wissenschaftlichen[3] Strömungen, die den Wahlsieg der AKP[4] als eine Plattform für die Modernisierung des politischen Islam nutzten. Vor allem zwei muslimische Intellektuelle, Ali Bulaç (1995) und Abdurrahman Dilipak (1989), haben den Terminus der Zivilgesellschaft in ihren islamistischen Argumentationen verwendet. Der hierbei verwendete Begriff überschneidet sich mit jenem, der in den liberalen und linken Debatten verwendet wird, da auch hier die Zivilgesellschaft außerhalb der Politik des Staates positioniert wird (vgl. Çağlar 2003: 48ff).

Der Schwerpunkt in den islamistischen Diskussionen liegt außerdem in der Vereinnahmung des Zivilgesellschaftsbegriffs für die islamischen Glaubensgemeinschaften und Orden, die als die 'wahre' Zivilgesellschaft dem herrschenden kemalistischen Block entgegengesetzt werden und als die Stimme und demokratisierende Bewegung des durch die kemalistische Revolution unterdrückten islamischen Volkes in der Türkei dargestellt werden (vgl. Çaha 2007; Karaman/Aras 2000).

Auch Nilüfer Göle interpretiert das Erstarken des politischen Islam in den 1980er und 1990er Jahren (zusammen mit der Frauenbewegung, der Umweltbewegung und der Homosexuellenbewegung) als eine „Rückkehr der Unterdrückten" bzw. als ein „Erwachen der Zivilgesellschaft gegen den Staat" (Göle 1994: 220). Ihre soziologische Analyse dieser Zeitperiode endet damit, dass sie die liberale Bewegung als die ökonomische Dimension der Autonomisierung der Zivilgesellschaft und die islamistische Bewegung als die kulturelle Dimension dieser Autonomisierung deutet (ebd.: 220f). Durch diese Interpretation des Zivilgesellschaftsbegriffs im türkischen Kontext unterstützt Göle eine neoliberale Verherrlichung des freien Marktes, die die islamistische Bewegung als

---

3 Ich verwende ausdrücklich den Begriff 'islamistisch', da ich die Politisierung des Islam und die Propaganda der islamischen Lebensweise und Traditionen mittels staatlicher und öffentlicher Politik als 'islamistisch' bezeichne. Im türkischen Wortgebrauch impliziert 'islamisch' hingegen eine Glaubenszugehörigkeit, der mehr als 90% der Bevölkerung in den offiziellen Statistiken der Türkei angehören bzw. sich auch selbst als dieser Religion zugehörig bezeichnen. Es gibt konservative, linke, rechte, neoliberale und kemalistische AktivistInnen und PolitikerInnen, die in diesem Sinne 'islamisch', aber nicht 'islamistisch' sind. In diesem Zusammenhang übernehme ich den türkischen Wortgebrauch von 'islamci hareket', übersetzt: 'islamistische Bewegung', im Sinne einer Politisierung des Islam.

4 Die islamistisch-konservative *Partei für Gerechtigkeit und Entwicklung (AKP)* wurde 2001 vom heutigen Ministerpräsidenten Tayyip Erdoğan gegründet und ist seit 2002 die Regierungspartei in der Türkei.

den kulturellen Träger dieser Marktökonomie und als eine demokratisierende Dimension innerhalb der Gesellschaft darstellt.

Navaro-Yashin hingegen macht in ihrer ethnographischen Studie über die Zivilgesellschaft in der Türkei auf solch eine Vereinnahmung des Terminus der Zivilgesellschaft sowohl von islamistischer als auch von kemalistischer Seite aufmerksam (vgl. Navaro-Yashin 1998). Neben ihrer Anerkennung der Existenz einer vitalen, autonomen und öffentlichen Sphäre in der Türkei betont sie den „ongoing pressure and power of state representatives, [...] in the same public sphere" (Navaro-Yashin 1998: 3). Die Phase der politischen Geschichte der Türkei, der eine Autonomisierung der „societal sphere" zugeschrieben wurde, war dieselbe Phase, in der die „Repräsentanten" des Staates in der öffentliche Sphäre eine ständige Präsenz zeigten. Somit deutet sie die 1980er Jahre in der Türkei als: „a period of tension-ridden struggles between diverse organs of the state (sometimes in disjuncture with one another) on the one hand, and members of social movements (also in collision) on the other" (ebd.).

Hier wird deutlich, wie wichtig es ist, die Zivilgesellschaft und die politische Gesellschaft bzw. den Staat analytisch nicht als voneinander unabhängige Orte der Politikproduktion zu sehen, sondern als ineinandergreifende und miteinander kommunizierende Sphären, denn nur so wird auch im türkischen Beispiel eine Analyse bestimmter Macht- und Hegemoniepraktiken möglich. Somit erscheint die Konstruktion des Gegensatzes von Zivilgesellschaft versus Staat als eine Vorbedingung für bestimmte „pressure groups", die sich als ein Bestandteil der Zivilgesellschaft definieren, um die legitime Aneignung der Staatsmacht zu beanspruchen (vgl. Navaro-Yashin 1998: 7).

In ihrer Studie untersucht Navaro-Yashin Aktivisten der islamistischen Wohlfahrtspartei (RP) und Aktivisten des sekulären Kemalismus und vergleicht beider Ansprüche, die „wahre Stimme des Volkes" und somit die „Zivilgesellschaft" zu sein. Sie kritisiert auch die post-kemalistische Soziologin Göle wegen ihrer Auslegung des Begriffs Zivilgesellschaft, mit der sie die Vereinnahmungen und Instrumentalisierungen dieses Begriffes durch verschiedene politische Strömungen als einen Demokratisierungsprozess in der Türkei deuten würde (ebd.: 7f).

Es geht daher darum, jenen Debatten um den Begriff der Zivilgesellschaft kritisch entgegenzutreten, die den Begriff zwar mit direkter Demokratisierung und Pluralismus gleichsetzen, ihn gleichzeitig aber für populistische Zwecke vereinnahmen und für politische Machtkämpfe und Aushandlungen instrumentalisieren[5].

5 Für eine ausführliche Analyse der Zivilgesellschaft im Nahen Osten, die Parallelen zum türkischen Zivilgesellschaftskonzept aufweist, siehe: İbrahim/Wedel 1997.

An der politischen und wissenschaftlichen Debatte um den Begriff der Zivilgesellschaft haben sich in der Türkei zuletzt auch die Sozialdemokraten und die Kemalisten aktiv beteiligt. Der Kemalismus wird aber sowohl von islamistischen und liberalen bzw. konservativen ProtagonistInnen als auch in der linken und linksliberalen Zivilgesellschaftsdebatte als die offizielle Ideologie des Staates wahrgenommen, die sich als ein Hindernis für die Entwicklung einer Zivilgesellschaft in der Türkei erwiesen habe (Çağlar 2003: 51). Çağlar unterscheidet allerdings den „Linkskemalismus" oder „Linksnationalismus" vom „Rechtskemalismus"[6] und spricht von einem „kemalistisch-sozialdemokratischen" Diskurs der Zivilgesellschaft. Er weist darauf hin, dass man nicht von Kemalismus „als einheitlichem Block oder als ausgearbeitetem, ideologisch-politischem System" sprechen kann (ebd.: 51f).

Zusammenfassend kann man diesen Diskurs als einen Ansatz sehen, der den Wirtschaftsliberalismus und die freie Marktökonomie propagiert, da diese die Grundlage für die Zivilgesellschaft bereitstellen sollen. Darüber hinaus liegt diesem kemalistisch-sozialdemokratischen Diskurs eine antiislamistische Ausrichtung zugrunde, die die gesellschaftlichen Transformationen durch die kemalistische Revolution und den Bruch mit der osmanischen Tradition als einen notwendigen Modernisierungskatalysator für die Türkei sieht.

## 2.2 Staat und Zivilgesellschaft im Osmanischen Reich

Die kemalistische Revolution erzwang einen abrupten Bruch mit der osmanischen Staats- und Gesellschaftstradition und lancierte eine 'Verwestlichung', die nicht auf alle strukturellen und gesellschaftlichen Ebenen einwirken konnte.

Die Verhältnisse im Osmanischen Reich waren weitaus komplizierter, als sie von den gängigen Theorien der „asiatischen Despotie" und des „sultanischen Patrimonialismus" beschrieben werden (Çağlar 2003: 107). Çağlar führt im Gegensatz zu Bassam Tibi aus, dass das Osmanische Reich nicht als Staat Eigentümer des gesamten Bodens war, sondern dass es auch zahlreiche „Feudalherren" bzw.

6 Çağlar unterscheidet den „Rechtskemalismus" vom „Linkskemalismus" dadurch, „dass er die Existenz von Klassen und Kurden verleugnet, eine ultraliberalistische Wirtschaftspolitik vertritt usw." (Çağlar 2003: 51). Als Vertreter des „Linkskemalismus" nennt er den Redaktionschef der Zeitung *Cumhuriyet* İlhan Selçuk, den ermordeten Journalisten Uğur Mumcu, den Wissenschaftler Ahmet Taner Kislali, u.a. (Çağlar 2003: 51f).

privates Grundeigentum gab. Diese Debatte, die sich in erster Linie um die Frage dreht, ob es denn tatsächlich wie in Europa bedeutende autonome Feudalherren gab oder ob tatsächlich die Verwaltung des Bodens ausschließlich dem Sultan unterlag (vgl. Keyder 2003), ist ein zentraler Punkt in den vorherrschenden Zivilgesellschaftsdebatten um das Osmanische Reich. Çağlar vertritt diesbezüglich den Standpunkt, dass „die falsche These vom Staatseigentum am gesamten Boden auch der Konstruktion eines 'orientalischen Feudalismus' im Gegensatz zur asiatischen Produktionsweise und dem europäischen Feudalismus andererseits [diente]" (Çağlar 2003: 107). Den Ursprung der These, dass der Eigentümer des Bodens der Staat sei, führt er auf die osmanische Ideologieproduktion zurück, wobei diese These als ein effizientes Mittel der Herrschaftslegitimation von der *Ulema*[7] propagiert wurde.

In der türkischen Zivilgesellschaftsdebatte herrscht die These einer undynamischen asiatischen Produktionsweise und einer asiatischen Despotie vor, welche die Entwicklung des Kapitalismus und einer Zivilgesellschaft verhindert habe. Im Gegensatz dazu vertritt Çağlar die Ansicht, es habe im Osmanischen Reich durchaus eine „blühende Wirtschaft" gegeben, die auf Privateigentum gegründet war (ebd.: 108). Außerdem habe im Osmanischen Reich neben dem Staat auch ein Netzwerk zivilgesellschaftlicher Organisationen existiert (ebd.).

Hier stellt Çağlar die Frage nach der Organisation des gesellschaftlichen Konsenses im Osmanischen Reich und wie und durch welche Praktiken dieser hergestellt wurde. Er beschreibt das Osmanische Reich als ein „multireligiöses Reich, in dem die Identität der Menschen und Gruppen neben ihrer sozialen Rolle ausschließlich durch ihre Religionsbzw. Konfessionszugehörigkeit definiert war" (ebd.: 109). Das Bemühen um Konsensfindung sowohl in der muslimischen als auch in der nicht-muslimischen Bevölkerung war für das Osmanische Reich grundlegend (ebd. 116). Als Beispiel für diese These führt Çağlar an, dass Sultan Beyazid als Zeichen der religiösen Vielfalt und des religiösen Konsenses im Osmanischen Reich seine drei Söhne nach den Propheten der drei großen Konfessionen benannte: Mehmet (Muhammed), Isa (Christus) und Musa (Moses). Die Konfessionen, die am meisten verbreitet waren, wurden für die Ideologie der osmanischen politischen Gesellschaft und der Zivilgesellschaft bestimmend, insofern sie auch die ökonomischen Strukturen und Beziehungen dominierten.

7 Die *Ulema* sind jene islamisch-orthodoxe Theologen, die aus Gramsci'anischer Sicht zur Zivilgesellschaft im Osmanischen Reich, verstanden als der Ort der Ideologieproduktion, gezählt werden können.

Die politische Gesellschaft im Osmanischen Reich entstand in der zweiten Hälfte des 15. und im 16. Jahrhundert. Die Hauptsäulen der Staatsorganisationen bildeten sich in dieser Zeit heraus. Das Haupt der osmanischen Dynastie wurde in diesem Prozess zum „Herrscher des Reiches" (zum *Sultan* und ab 1779 auch zum *Sultan-Khalif*). An der Spitze der politischen Gesellschaft stand der *Padişah (Sultan)*, dessen Herrschaft aber nicht auf bloßer Willkür beruhte, denn auch er musste sich an die islamischen *Schariatregeln* halten, und die Gesetze, die der Padişah erlassen durfte, betrafen nur den vom Schariat nicht abgedeckten Bereich (ebd.: 109). Obwohl auch der *Seyhülislam*[8] vom Padişah abgesetzt werden konnte, galten auch in diesem Fall die islamischen Regeln und der *Seyhülislam* verkörperte als Oberhaupt der Religionsgelehrten (*Ulema*) die mächtigste Person im Reich, deren Rechtsurteile *(Fetwa)* für alle Muslime, einschließlich des *Padişah*, bindend waren (ebd.: 110). Die *Ulema* verfügte über die Rechtshoheit über die gesamte Bevölkerung. „Eine Art geteiltes Machtsystem" schränkte die Autorität des *Sultans* ein (ebd.: 111). Der *Wesir* führte als höchster Vertreter des Sultans die Staatsgeschäfte. Andere religiöse und militärische Staatsoberhäupter bildeten den Vorsitz des *Divan-i Hümayun* (eine Art Staatsrat), die unter dem Vorsitz des *Sadrazams* tagte. Dieses *Divan System* gab der Herrschaft des Sultans klare Grenzen vor (ebd.: 112). Die Hauptsäule der politischen Gesellschaft im Osmanischen Reich war die Organisation der Militär- und Zivilverwaltung. Die *Yeniçeris* (Soldaten der neuen Armee), die bis 1550 die beständige Armee des Osmanischen Staates bildeten, waren Soldaten nicht-muslimischer Herkunft.

Nach der osmanischen Staatsideologie waren alle Menschen im Reich *Kul* (Diener) und die Staatsbediensteten wurden entsprechend als *Kapıkulu* (Pfortendiener) bezeichnet (ebd.: 113). Diese Bezeichnungen stützen sich auf den Koran, wonach alle Menschen im Gegensatz zu *Allah Kul* sind. Damit ist auch der Sultan letztendlich ein *Kul*, ein Diener Gottes. Die *Kuls* im Osmanischen Reich galten aber politisch als die Diener des Sultans.

Diese Tradition der 'Dienerschaft' und die Bezeichnung des steuerpflichtigen osmanischen Volkes als reaya, was übersetzt 'Herde' bedeutet, die von einem Schäfer geführt werden muss, ist auch ein Indiz dafür, dass das Individuum im Osmanischen Reich keine Bedeutung und keinen Wert besaß. Im Osmanischen Reich und in den östlichen islamischen Kulturen sind in der Volksliteratur legendenhafte Erzählungen über Könige, Padişahs und Staaten vorzufinden, deren

8 Oberster islamischer Rechtsgelehrter im Osmanischen Reich, der in juristischen Streitfällen entscheidet und nach dem Padişah die höchste Autoritätsfigur im Osmanischen Reich ist.

Mut, Kraft und Unantastbarkeit als höchste Gottesdiener gepriesen werden (vgl. Çaha 2007: 147f). Diese historische Beziehung zwischen Staat und Volk hat sich auch auf die moderne Türkei übertragen, wo gesamtgesellschaftlich und psychoanalytisch von 'Liebe und Respekt' der Gesellschaft für den türkischen Staat gesprochen werden kann. Çaha erklärt dieses Phänomen durch den „Vateraspekt" im Unterbewusstsein. Vor dem „Vater", also dem Staat, habe man/frau Angst (ebd. 148). Heper zufolge reichen die typologischen Kategorien wie Liberalismus und Autorität nicht aus, um eine solche Gesellschaftsstruktur analysieren zu können. Transzendentalismus wäre als ein analytischer Begriff für die türkische Gesellschaftsanalyse treffender (Heper 2006).

Die Vorstellung des Staates im Osmanischen Reich wird von vielen Autoren demnach als ein Konstrukt bewertet, das über allen 'zivilen' Gruppierungen, Interessen und Strukturen stand. Die politische Kultur im Osmanischen Reich hat die Entwicklung der verschiedenen Komponenten der Zivilgesellschaft nur in einem begrenzten Rahmen und auch nur in Abhängigkeit zum Staat erlaubt. So kommt auch Çaha, wie viele andere Theoretiker, zu dem Schluss, dass die Strukturen der Zivilgesellschaft im Osmanischen Reich in diesem Sinne sehr schwach blieben, was sich später als eine politische Tradition fortsetzte (Çaha 2007: 149).

Das Osmanische Reich wird in der türkischen Zivilgesellschaftsdebatte meistens als zentralistisch eingestuft (Çaha 2007; Heper 2006; Keyder 2003; Mardin 2003). Die politische Macht im Osmanischen Reich habe sich zwar zwischen bürokratischen, militärischen, religiösen und juristischen Institutionen aufgeteilt, doch keine dieser Gruppen habe einen Anteil an der Produktion gehabt oder eine autonome Stellung gegenüber dem Staat entwickeln können (vgl. Çaha 2007: 153). Sogar die religiösen Institutionen und Orden, die ihren Rückhalt und ihre Ressourcen vom Volk bezogen, haben nur eine unterstützende Rolle in den rechtlichen, bürokratischen und bildungspolitischen Aktivitäten des Staates übernehmen können. Anders formuliert, die Struktur der Städte im Osmanischen Reich und ihre Positionierung zur Zentralbürokratie konnten nicht das Fundament für die Entwicklung von autonomen zivilgesellschaftlichen Sphären bereitstellen.

Doch Çağlar widerspricht diesen Ausführungen zur türkischen Zivilgesellschaft, da „der nominale Zentralismus den Dezentralismus nicht ausgeschlossen haben" soll (Çağlar 2003: 117).

> „Für einen effektiven Verwaltungszentralismus fehlten im Osmanischen Reich die notwendigen technologischen Grundlagen der Kommunikation und des Verkehrs, eine kulturelle Standardisierung des herrschenden Blocks und der Beherrschten." (ebd.: 118)

Die *Beylerbeyis* (Osmanische Provinzgouverneure) und die regionalen Potentaten entwickelten sich zu mächtigen Regionalgewalten, die zwischen der zentralen Regierungsautorität und der Bevölkerung positioniert waren. Das Osmanische Reich habe in diesem Sinne „seine Kraft von seiner Elastizität bezogen" (ebd. 117). Çağlar stimmt allerdings der allgemein verbreiteten Einschätzung zu, dass die *Yeniçeris* der politischen Gesellschaft zugeordnet werden müssen. Die *Ulema* zählt er aber nicht zur politischen Gesellschaft, sondern zur Zivilgesellschaft (ebd.: 121). Die Zuordnung der *Ulema* zur Zivilgesellschaft führt Çağlar auf Gramsci zurück, da dieser die Kirche im Mittelalter zur Zivilgesellschaft zählte (ebd.: 121). „Diese Organisationen bilden den Hegemonieapparat des herrschenden Blocks, der über keinen eigenen Hegemonieapparat verfügte" (ebd.). Zur Untermauerung dieser These verweist Çağlar des Weiteren darauf, dass die *Ulema* auch keine ökonomische Selbstständigkeit besaß. Die *Ulema* begreift er als einen religiöswissenschaftlichen Komplex, der für die Verbreitung von Ideologien verantwortlich war, die den Reichtum und die politische Herrschaft des herrschenden Blocks gegenüber der arbeitenden Bevölkerung rechtfertigten. Dieser Komplex „organisierte eine ethnisch-moralische Auffassung, die im Dienste der Interessen der privilegierten Klassen war" (ebd.: 121). Die „Formung und Gestaltung eines Alltagverstandes" im Sinne Gramscis stellt hier in der Rolle der *Ulema* das Zentrum der Zivilgesellschaft dar (ebd.: 122; vgl. auch Çaha 2007: 157).

Für Çaha ist der analytische Zusammenhang zwischen der *Ulema* und der katholischen Kirche, wie er von Çağlar hergestellt wird, eine verfälschte Interpretation der strukturell verschiedenartigen Gegebenheiten. Die *Ulema* sei auch in einem weiten Sinne an der Führung der Stiftungen beteiligt gewesen, was zwar im Interesse des Staates war, aber die religiösen Institutionen der Staatskontrolle unterordnete (Çaha 2007: 157). Im Gegensatz zum Osmanischen Reich habe sich aus der katholischen Kirche, die sich in den Königreichen oder den späteren Nationalstaaten organisierte, eine Aristokratie als Klasse herausgebildet. Diese Klasse habe dann den Staat „von oben" kontrolliert, seiner Macht Grenzen gesetzt und sich zu einer zivilgesellschaftlichen Organisation entwickelt (ebd.). Obwohl die Kirche später ihren Einfluss auf den Staat verloren habe, habe die Zivilgesellschaft ihre Macht durch ihre ökonomische und organisatorische Struktur nicht verloren. Im Gegensatz dazu seien die religiösen Institutionen im Osmanischen Reich niemals in der Lage gewesen, den Staat zu „bremsen" oder außerhalb der staatlichen Strukturen zu agieren. Ganz im Gegenteil habe sie sich als eine Sphäre formiert, die den Staat unterstützte (ebd.: 158).

Der Unterschied zwischen Çahas und Çağlars Auslegungen liegt lediglich im theoretischen Ansatz und in der differenten Interpretation der strukturellen Gegebenheiten. Beide stimmen darin überein, dass die *Ulema* als eine „quasiautonome" Institution nicht unabhängig vom Staat agiert hat und zur Ideologieproduktion des herrschenden Blocks, der politischen Gesellschaft im Osmanischen Reich beigetragen hat. Die Deutung dieser Struktur verläuft bei Çaha in einer dichotomen Tradition. Das bedeutet aber, dass er einer analytischen Trennung zwischen der staatlichen und zivilgesellschaftlichen Sphäre nicht entgehen kann, bei der der Staat im Wesentlichen für Zwang und die Zivilgesellschaft für Freiheit steht. Darüber hinaus führt diese Trennung dazu, dass er die fehlende Autonomie der Zivilgesellschaft vom Staat als ein Fehlen der Zivilgesellschaft insgesamt interpretiert. Çağlar dagegen definiert in der Tradition Gramscis den Staat und die Zivilgesellschaft zusammen als politische Gesellschaft und, obwohl er dieselben strukturellen Feststellungen über die *Ulema* macht, kommt er zu dem Schluss, dass die *Ulema* im Osmanischen Reich eine zivilgesellschaftliche Institution war.

Die Fehlinterpretation des gramscianischen Zivilgesellschaftskonzepts im wissenschaftlichen Diskurs der Türkei überträgt sich, wie schon bei der Diskussion der wissenschaftlichen Zivilgesellschaftsdebatten im Abschnitt 2.1 deutlich wurde, auch auf die Auslegungen und Interpretationen der gesellschaftlichen Strukturen im Osmanischen Reich. Çağlar ist der einzige, der nach einer umfassenden Kritik der Zivilgesellschaftsdebatte in der Türkei einen hegemoniekritischen Rahmen für die Analyse der gesellschaftlichen Strukturen im Osmanischen Reich und der Türkei bereitstellen kann. In diesem Sinne kritisiert Çağlar auch an der vorherrschenden Zivilgesellschaftdebatte, dass die zahlreichen Kaffeehäuser (Kiraathane), die üppige Buchproduktion und die Kunst im Osmanischen Reich, als „Orte und Erzeuger von politischer Öffentlichkeit" völlig außer Acht gelassen und nicht bewertet werden (ebd.):

> „Dass ein Großteil der Ulema eben Funktionen der Zivilgesellschaft wahrnahm und in zivilgesellschaftlichen Organisationen und Medien wirkte, ohne mit der politischen Gesellschaft gänzlich unverbunden zu sein, können Sichtweisen nicht zulassen, die die Zivilgesellschaft ausschließlich in ihrer absoluten Trennung vom Staat definieren und folglich die Ulema in ihrer Gesamtheit dem Staat bruchlos subordinieren. Ebenso werden die Schulen und Hochschulen, die Caféhäuser, Moscheen und andere Kulturinstitutionen in diesen die gesamte türkische Zivilgesellschaftsdebatte bestimmenden dichotomischen Vorstellungen von Staat und Zivilgesellschaft schlicht unterschlagen." (Çağlar 2003: 124)

Als Bereiche der Zivilgesellschaft im Osmanischen Reich führt Çağlar das Stiftungswesen, die religiösen Orden und die Netzwerke der nicht-muslimischen Gruppen an (ebd.: 124ff). Es gab 35.000 Stiftungen im Osmanischen Reich und 26,8% des Wirtschaftslebens wurden im 18. Jahrhundert vom Stiftungswesen kontrolliert (ebd.: 125). Auch hier stellt Çağlar, wie im Falle der *Ulema*, eine Verbindung zu Gramscis theoretischen Ausführungen her, in welchen die Stiftungen in Italien und deren Rolle bei der Herstellung von Hegemonie als zentrale Säulen der Zivilgesellschaft verstanden werden (ebd.: 124). Çağlar erwähnt hier, dass sogar viele Stiftungen die Funktionen von Banken übernahmen und viele dieser Geld- und Zinsgeschäfte von muslimischen Frauen ausgeführt wurden (ebd.). Aufgrund dieser Merkmale zieht Çağlar die Schlussfolgerung, dass „die Stiftungen als Medien der Zivilgesellschaft mit der ökonomischen Struktur aufs Engste verschränkt waren" (ebd.: 126). Diese Stiftungen waren neben wirtschaftlichen Privatbetrieben auch religiöse und kulturelle Komplexe, was sie wiederum im Gramscianischen Sinne als Organisationen der Zivilgesellschaft qualifiziert:

> „Die Stiftungen waren jedenfalls keine Institutionen 'des Vollzugs des allgemeinen Privatlebens, welches sie mit einer Unschuldigkeit vor dem sultanischen Recht bewahrten' wie Mardin glaubt. Vielmehr waren sie als Institutionen der Zivilgesellschaft Akteure eines Kontinuums zwischen Zivilgesellschaft und politischerGesellschaft und haben als solche Funktionen von Öffentlichkeit wahrgenommen." (ebd.: 127)

Die islamischen Glaubensgemeinschaften und Orden versteht Çağlar als weitere Einheit der zivilgesellschaftlichen Sphäre. Doch widerspricht er auch hier den vorherrschenden Paradigmen der türkischen Zivilgesellschaftsdebatte, da er die islamischen Orden als die zentralen Institutionen der Zivilgesellschaft nicht als eine vom Staat absolut getrennte Sphäre sieht, was von einem unzureichenden Staatsverständnis des türkischen Zivilgesellschaftsdiskurses herrühren würde:

> „Die dichotomische Entgegensetzung von Staat und Zivilgesellschaft, von Volksislam und Staatsislam, von Orden und offizieller Religion, von Volksulema und Staatsulema. [...] Diese Konstruktion eines starren Gegensatzes verleiht den Orden den Anschein von politischer 'Unschuldigkeit', gegenüber der für prinzipiell gehaltenen 'Schuldbeladenheit' der politischen Gesellschaft und übersieht sowohl ihre Verwicklung in den Staat als auch ihre Hegemoniefunktionen als Institutionen der Zivilgesellschaft." (ebd.: 128)

Die Orden fungieren in dieser Konzeption als Hegemonieapparate des herrschenden Blocks. Als Beispiel führt Çağlar den *Bektaşi* Orden auf, der auch an der osmanischen Staatsgründung beteiligt war. Die geistige Führung der *Yeniçeris* oblag den *Bektaşis* (ebd.: 129). Somit bestanden Verbindungen des *Bektaşi* Ordens zur politischen Gesellschaft und zur zentralen Zwangsorganisation des Staates, den *Yeniçeris*. Man kann also nach Çağlar die *Bektaşis* nicht als Vertreter des Volkes oder der Peripherie bzw. als Repräsentanten des „Volksislam" einstufen, die gegen den Staat bzw. gegen den „Staatsislam" gesinnt waren (ebd.: 130). Die

*Bektaşis* waren vielmehr eine Institution der osmanischen Zivilgesellschaft, die sowohl mit der politischen Gesellschaft verbunden als auch autonom und von ihr getrennt war. Ein Indiz für die historische Bedeutung des *Bektaşi*-Ordens in der Zeit vom Osmanischen Reich bis zur Republik Türkei sind die Bemühungen Atatürks in den Gründungsjahren der Republik um die Kooperation und Unterstützung des *Bektaşi*-Ordens zur Erreichung eines gesellschaftlichen Konsenses (ebd.: 160f). Die Bedeutung der Orden insgesamt beruhte auf ihrem spezifischen Verhältnis zum Staat und auf „ihrem Potential zu einer Politik des Kulturellen" (ebd.: 132). Somit bezeichnet Çağlar sie als „Orte und Medien der Hegemonieerrichtungsprozesse in der vorkapitalistischen osmanischen Gesellschaft" (ebd.).

Als letztes nennt er die nicht-muslimischen Gruppen als zentrale Medien der osmanischen Zivilgesellschaft. Die jüdische und christliche Bevölkerung machte die Hälfte der Gesamtbevölkerung im Osmanischen Reich aus. Diese Tatsache macht es Çağlar zufolge unmöglich, das osmanische Reich wie Udo Steinbach als „Supermacht der Türken" zu definieren (ebd.: 132). Bis zum Ende des 18. Jahrhunderts war das Osmanische Reich kein Vielvölkerstaat, sondern ein multireligiöses und multilinguales Reich (ebd.). Das einzige Kriterium für die Ausdifferenzierung in Millet[9] war in den Bevölkerungszählungen die religiöse Zuordnung (ebd.: 133). Die Religionen waren zwar untereinander nicht gleichberechtigt, doch reichte die Autonomie der nichtmuslimischen Gruppen im Vergleich zu konfessionellen Minderheiten im übrigen Europa sehr weit (ebd.: 134). Christen und Juden durften keinen Staatsdienst leisten, erst durch den Übertritt zum Islam wurde ihnen dieses Recht gewährt. Sie mussten im Gegensatz zu den Muslimen eine „Kopfsteuer" entrichten, waren aber im sonstigen wirtschaftlichen und zivilen Leben den Muslimen gleichgestellt. Im 20. Jahrhundert bekleideten sie auch hohe Ämter in verschiedenen Ministerien des Osmanischen Reiches. Çağlar weist darauf hin, dass die Nicht-Muslime „ein bedeutendes Netz einer vorbürgerlichen Zivilgesellschaft" bildeten (ebd.: 134f.).

Nach der verstärkten Integration in die kapitalistische Weltwirtschaft im 19. Jahrhundert veränderten sich die Beziehungen von Staat und Zivilgesellschaft im Osmanischen Reich. Çağlar zufolge entstanden eine Zivilgesellschaft „neuen bürgerlichen Typs" und neue Hegemoniestrategien, wie die des aufsteigenden Nationalismus (ebd.: 136). Diese Phänomene sieht er auch als Ursachen, die zum Ende des Osmanischen Reiches beigetragen haben (vgl. hierzu auch Keyder 2003: 9). Wie auch andere Theoretiker in der türkischen Zivilgesellschaftsdebatte

9 Der Begriff Millet wurde als Synonym für Ulus (Nation) verwendet, umfasste aber inhaltlich den Begriff der Religionsgemeinschaft".

erwähnt er in diesem Kontext die *Ayan-Herrschaft*. Diese war ein Steuerpachtsystem, das den *Ayans*[10] große Macht verlieh. Mit den *Ayans* begann die Kommerzialisierung hin zu einer marktorientierten Produktion. Zeitweise gab es auch eine Reorientierung zu einer verstärkten Kontrolle des staatlichen Gewaltmonopols, wie unter der Herrschaft von Mahmut II nach 1808.

In der *Tanzimat*-Periode[11] – eine Periode mit weitreichenden Reformen in den Jahren 1838 bis 1879 und der Institutionalisierung des Staates im Osmanischen Reich – hat Steinbach zufolge ein Prozess stattgefunden, bei dem die „Grunderfordernisse einer bürgerlichen Gesellschaft in die Programmatik aufgenommen wurden“ (Steinbach in Çağlar 2003: 139). Dies war die Phase eines Aufbaus eines modernen Zentralstaates, wobei eine neue Bürokratie entstand (ebd.: 140). Diese Modernisierungsprozesse im 19. Jahrhundert im Osmanischen Reich, die in die *zweite Konstitutionelle Monarchie (II. Meşrutiyet)* sowie die Herrschaft des *Kommitees für Einheit und Fortschritt (Ittihat ve Terakki)*[12] mündeten und eine westliche Orientierung einleiteten, brachten eine bürokratische Staatselite hervor, die zu den treibenden Kräften bei der Modernisierung des Staates und seiner Institutionen wurde. Die strukturell einflussreichen Ergebnisse dieser Modernisierung waren die Entstehung einer verfassungsrechtlichen Ordnung und die Herausbildung einer pro-staatlichen, bürokratischen Elitegruppe. Alle rechtlichen Reformen in dieser Periode engten den Spielraum des Staates ein und stärkten die „zivilgesellschaftlichen“ Strukturen. Jedoch kann man in Bezug auf diesen Zeitraum nicht von einer Autonomie der Gruppen sprechen, weil diese trotzdem der Hegemonie des Staates unterworfen waren. Diese intellektuelle Schicht, deren westliche Bildung vom Staat finanziert und unterstützt wurde, formierte sich zu den *Jungen Osmanen* (Genç Osmanlılar), die die hegemoniale Herrschaft in der Zivilgesellschaft übernahmen. Die Jungen Osmanen gelten als die erste Generation der 'intellektuell-bürokratischen Schicht', die bis heute eine hegemoniale Herrschaftsposition in den gesellschaftlichpolitischen Strukturen der Türkei besitzt.

---

10 Städtische Würdenträger, Notabeln; im 17.-19. Jahrhundert Ausdruck für Provinzpotentaten (übersetzt nach Çağlar 2003: 226), die zwischen dem osmanischen Staat und dem 'Volk' als Steuereinzieher standen und Vertreter der 'würdigen Familien' im Osmanischen Reich waren.

11 Bedeutet „Neuordnung“ und umfasst die Reformen im Staats- und Rechtswesen zwischen 1839 und 1878.

12 Gegründet 1889, Regierungspartei bis zur Kapitulation nach dem 1. Weltkrieg.

Die religiösen und konservativen Gruppen in der Türkei hingegen haben Çaha zufolge bis heute noch keine Legitimation in den Augen der bürokratischen Eliten. Der religiöse Glaube, die Wertvorstellungen und Lebensweisen der islamischen Gruppen werden als „hinterländisch" und reaktionär abgewertet, wodurch sie vom politischen System und der öffentlichen Sphäre ausgeschlossen werden (Çaha 2007: 168f). Çaha schließt hier an die Thesen von Frederic Frey an, der den Elitismus einer intellektuell-bürokratischen Minderheit, die die Mehrheit des Volkes unterdrücke, als das Hauptproblem der türkischen Politik deutet. Die strukturellen Merkmale von elitistischer Politik sind nach Frey zum einen die Tatsache, dass die bürokratischen Eliten de facto die politische Macht besitzen, und zum anderen, dass sie ihre Vormachtstellung in der Gesellschaft dadurch verfestigen, dass sie die Unwissenheit des Volkes immer in den Vordergrund stellen, um ihre intellektuelle „Unentbehrlichkeit" für das Volk zu verdeutlichen (Frey in Çaha 2007: 169).

Zusammenfassend kommt Çaha zu dem Schluss, dass die Zivilgesellschaft im Osmanischen Reich in ihrem historischen Werdegang sich nur in einer abhängigen Beziehung zum Staat entwickeln konnte. Es habe im Osmanischen Reich weder eine allumfassende Herrschaft des Staates noch eine autonome Zivilgesellschaft gegeben (ebd.: 171). Die Modernisierungsprozesse im 19. Jahrhundert interpretiert er als eine Mission zur „Rettung des Staates", die sich dann auf die Gesellschaft übertragen habe. Somit wurde in der Phase der Modernisierung im Osmanischen Reich „die Zivilgesellschaft zu einer homogenen Struktur, die an den Staat angegliedert wurde" (ebd.).

Den Übergang vom Osmanischen Reich in eine konstitutionelle Monarchie und die jungtürkische Revolution von 1908, die in der Herrschaft des *Komitees für Einheit und Fortschritt (İttihat ve Terakki Cemiyeti)* bis 1917 gipfelte, interpretiert Çağlar in einem gramscianischem Sinn als eine „passive Revolution" (Çağlar 2003: 151f). Die jungtürkische Revolution sei in den zivilgesellschaftlichen Netzwerken vorbereitet worden und kein bloßer Militärputsch gewesen, sondern sie beruhe auf einem Konsens der Intellektuellen. Sie basiere ferner auf einem intellektuellen und moralischen Wandel, sie sei eine hegemoniale Tätigkeit in der Zivilgesellschaft und eine Strategie des Osmanismus gegen den steigenden Nationalismus, um den nationalistischen Bewegungen in den traditionellen Millet-Strukturen (Juden, Christen und Orthodoxe) entgegenzuwirken (ebd.). Durch die Politiken der *İttihat ve Terakki* entstand 1917, bedingt durch die Zurückdrängung der armenischen und griechischen Bourgeoisie, eine von den Türken beherrschte Nationalökonomie, die eine neue Klasse, die „türkische Bourgeoisie", hervorbrachte (ebd.: 154; vgl. auch Keyder 2003: 10f).

Anders als die Annahmen der türkischen Historiker und Sozialwissenschaftler, die davon ausgehen, dass es im Osmanischen Reich keine Klassenkämpfe gab und die Interessen der Herrscher und Beherrschten durch psychologisch, soziologisch, kulturell und historisch bedingte Traditionen zusammenfielen, gab es Çağlar zufolge einen „sich wandelnden herrschenden Block" im Osmanischen Reich. Folglich kann für ihn die Existenz einer Zivilgesellschaft im Gramscianischen Sinn, die die Hegemonieapparate des herrschenden Blocks im Osmanischen Reich bildete, nicht bezweifelt werden (Çağlar 2003: 157).

## 2.3 Staat und Zivilgesellschaft im Schatten der Kemalistischen Revolution

Nach dem Ersten Weltkrieg und dem Sieg der Alliierten sollte das Osmanische Reich „auf den Status eines halbkolonialen Kleinstaates" reduziert werden (ebd.: 157). Der Diktatfrieden von Sevres 1920 stellte die offizielle Legitimation der Aufteilungspläne der Alliierten dar. Den „nationalen Befreiungskampf", auf dessen „glorreichen Sieg" die Republik Türkei errichtet wurde, begleitete ein Personenkult um Atatürk, der als Revolutionär und später als nationaler Führer – innerhalb der Weber'schen Einteilung der traditionellen Autorität – national und international als der Inbegriff einer charismatischen Autorität gepriesen wurde (vgl. Başkaya 1999: 324f).

> „Interessant an diesem in der Türkei staatlich gepflegten und verfassungsrechtlich abgesicherten Personenkult sind [...] nicht nur seine Implikationen für die politische Kultur des Landes, sondern vor allem dessen Überpräsenz in Form der Konstruktion einer klassenunabhängigen Zivil- und Militärbürokratie durch die Annahme einer allein handlungsfähigen politischen Gesellschaft mangels einer Zivilgesellschaft." (Çağlar 2003: 159)

Çağlar bewertet den Befreiungskampf, der 1924 in die Errichtung der Republik Türkei mündete, als ein „Ergebnis der Interaktion zwischen Zivilgesellschaft und der politischen Gesellschaft" (ebd.). Atatürk habe versucht, einen Konsens mit der bürgerlichen und traditionellen Zivilgesellschaft herzustellen, wie seine Verhandlungen mit dem islamischen Bektaşi-Orden aufgezeigt haben (ebd.: 160f).

Die Phase nach dem Zerfall des Osmanischen Reiches bis zur Errichtung der türkischen Republik wird von Historikern und Sozialwissenschaftlern insgesamt als eine Phase des „Aufblühens der Zivilgesellschaft" gedeutet, in der sozialistische, sozialdemokratische, islamistische und feministische Gruppen in der politischen Sphäre agierten. In der Phase zwischen 1908 und 1914 erschienen

239 Zeitungen und Zeitschriften, darunter auch feministische Presseorgane der osmanischen Frauenbewegung wie die „Welt der Frauen".[13]

Doch nach der Ausrufung der Republik im Jahr 1923 und mit der Gründung der Republikanischen Volkspartei begann eine jahrzehntelange Einparteiendiktatur, vorerst unter der Staatspräsidentschaft Atatürks. Die Überreste der osmanisch-islamischen Kultur, Traditionen und Institutionen wurden in den folgenden Jahren mit den republikanischen Reformen abgeschafft. Dies führte zu einem plötzlichen Bruch mit der osmanisch-islamischen Tradition und zu einer von oben erzwungenen 'Verwestlichung'. Çağlar interpretiert im Sinne Gramscis die kemalistischen, kulturpolitischen Reformen als:

> „eine Abschlussphase einer passiven Revolution [...], deren Richtung [...] auf die endgültige Durchsetzung und Institutionalisierung der bürgerlichen Gesellschaft, [...] auf die Beseitigung des Widerspruchs zwischen der neuen Struktur und den alten Superstrukturen zielte." (Çağlar 2003: 165)

Çaha hingegen definiert die neuen gesellschaftspolitischen Strukturen, die durch die Reformen der republikanischen Periode geschaffen wurden, aber deren Fundamente bereits in den Modernisierungsprozessen im Osmanischen Reich gelegt worden seien, als eine dreischichtige Konstruktion: Die erste sei die Errichtung einer nationalen Identität als eine „Anatolisch-Türkische", die zweite die Errichtung einer politischen Struktur als Republik und die letzte, als eine Notwendigkeit der Modernisierung, die Errichtung einer institutionellen Bürokratisierung (Çaha 2007: 179). Ihm zufolge haben die traditionellen sozialen Gruppen im Osmanischen Reich ihre sozialpolitische Stellung dem Militär, der Bürokratie und den „neuen" Intellektuellen der Republik übergeben, die die politische Macht an sich zogen (ebd.: 181). Die Gesellschaft der Republik Türkei transformierte sich folglich zu einer Gesellschaft, die von nun an die Ideale, Interessen und die Programme des Staates verwirklichten (ebd.). Die „heilige" Verbundenheit der Individuen zur Nation wurde durch die staatlichen Eliten propagiert (vgl. auch Çağlar 2003: 181; Yerasimos 2002: 17). Diese Auffassung vom Staat als etwas Abstraktem, Gottgegebenem und Metaphysischem fand ihren höchsten Ausdruck in den leitenden Grundsätzen der Verfassung von 1982, die nach dem Militärputsch von 1980 ausgearbeitet wurde und in der vom „heiligen türkischen Staat" gesprochen wird (Çaha 2007: 224). Neben dieser 'Heiligsprechung' des türkischen Staates interpretiert Çaha den Verlust der osmanisch-islamischen

---

13 Zur osmanischen Frauenbewegung und den verschiedenen Frauenvereinen, Frauenzeitschriften, Versammlungen und Protesten der Frauen siehe: Çakir 1996.

Traditionen als einen zentralen Verlust für die „Lebensadern der Zivilgesellschaft" (ebd.: 183; vgl. hierzu auch Yerasimos 2002: 17).

Levent Köker erörtert in diesem Zusammenhang die Paradoxien des kemalistischen Projekts und die Art und Weise, wie das Verhältnis Staat-Gesellschaft in einer historischen Kontinuität vom „Kemalismus" verstanden wird (Köker 1998: 88). Die starke Staatstradition in der Türkei stützt sich Köker zufolge auf die islamische Interpretation der klassischen Legitimation von Herrschaft im Sinne Platons. Die Akteure der staatlichen Institutionen werden als „ethisch korrekte" Individuen verstanden, die „gottgegeben" mit einer politischen Ehrlichkeit und Korrektheit ausgestattet sind, um die „korrekte politische Ordnung" zu errichten und zu leiten. Im Osmanischen Reich fand diese historische Legitimationsmethode der Herrschenden in der Vereinigung von Religion und Staat ihren Ausdruck (ebd.: 89). Der Kemalismus habe in diesem Zusammenhang eine neue Legitimationsformel hervorgebracht, die die Einheit der Nation und des Staates in den Vordergrund rückte. Die proklamierte Einheit von Religion und Staat sei nun durch die Einheit von Nation und Staat ersetzt worden und stelle in diesem Sinne auch keinen Bruch mit der osmanischen Tradition der Herrschaftslegitimation dar, sondern sie ersetze diese (ebd.: 90).

Die nun künstlich errichtete „Einheit" der türkischen Gesellschaft, die durch den neuen Staat innerhalb einer „türkischen" Identitätsbildung propagiert wurde, sollte „treue Staatsbürger" produzieren, die fern von Klassenkämpfen als eine solidarische und „heilige" Einheit durch den Staat repräsentiert und geschützt werden sollten (ebd.: 90f). Köker vertritt aus dieser Argumentation heraus die These, zwischen der osmanischen und kemalistischen Staatstradition bestehe eine Kontinuität (vgl. auch Başkaya 1999: 314f). In diesem Zusammenhang verweist Keyder auf den Laizismus, der das Grundprinzip der Verfassung der türkischen Republik darstelle und nicht die Trennung von Staat und Religion meine, wie der Begriff Laizismus suggeriere. Vielmehr deute er auf den politischen Kontrollmechanismus der Bürokraten über die Religion hin (Keyder 2003: 121f).

Die Türkei wurde zu Beginn der 1930er Jahre aus westlicher Perspektive als ein antidemokratischer Staat und die Errichter der Republik als Diktatoren angesehen. Die Bestrebungen des türkischen Staates, diesen Eindruck zu entkräften, leiteten die Bemühungen um ein Mehrparteiensystem ein. Die islamischen, sozialistischen, liberalen Gruppen, Frauengruppen und viele Bauern- und Arbeitergruppen unterstützten die *Partei der Freien Republik (Serbest Cumhuriyet Fırkası, SCF)*. Atatürk wollte durch die Errichtung dieser Partei einerseits die Unterstützerbasis und die gesamtgesellschaftlichen oppositionellen Kräfte binden und andererseits seinem Ruf als Diktator in der internationalen Weltpolitik entgegenwirken. Zu den Bemühungen Atatürks, den diktatorischen Charakter der kemalistischen Revolution zu mildern, wird von weiten Teilen der Frauenforschung auch der Staatsfeminismus Atatürks gezählt, wobei die Reformen zur Gleichstellung der Frauen in der Gesellschaft als ein politisches Instrument und Symbol der Verwestlichung interpretiert werden (vgl. Tekeli 1986, 1995; Arat 1997, 2000b; Toprak 1986; Arat, Z. 1994; Kandiyoti 1987, 1997; Kadıoğlu 1994).

Die *SCF* wurde bereits nach kurzer Zeit wieder verboten und die *CHP (Republikanische Volkspartei)* verkündete bald, dass die türkische Republik ein Parteistaat sei. Die Partei und die Regierung wurden de facto zusammengeschlossen (Keyder 2003: 139f). Alle politischen Kader wurden von nun an von der *CHP* kontrolliert, wobei vielen Sozialwissenschaftlern zufolge die Hegemonie der CHP über die staatlichen Institutionen aufgrund dieser historisch gewachsenen Strukturen bis heute fortdauert (vgl. Çaha 2007: 216; Başkaya 1999: 312f). Die Phase der Einparteienherrschaft interpretiert Çağlar aber nicht als ein „gänzliche[s] Fehlen der Zivilgesellschaft, sondern [als deren] Absorbierung durch die politische Gesellschaft und ihre Gleichstellung“ (Çağlar 2000: 521).

Mit dem frühzeitigen Tod Atatürks im Jahr 1938 begann die autoritäre und repressive Herrschaft von İsmet İnönü und seinem Kader, die bereits zu Lebzeiten Atatürks gegensätzliche Ansichten über die Implikationen der Revolution hatten. Atatürk hatte İnönü sogar aufgrund der zunehmenden Konflikte vom Amt des Ministerpräsidenten enthoben und seine Position mit dem liberal gesinnten Celâl Bayar besetzt (vgl. Zürcher 2003: 191). Doch nach dem Tod Atatürks holte der spätere 'nationale Chef' İnönü, dessen nationalistisch-faschistische Politiken an 'il duce' Mussolini im faschistischen Italien erinnern, seine repressiven Kader wieder an seine Seite; er hatte bis 1950 das Amt des Staatspräsidenten inne.

Der Wahlsieg der Demokratischen Partei (DP) im Jahre 1950 unter Adnan Menderes, der daraufhin Ministerpräsident wurde, unterbrach İnönüs Herrschaft bis 1960, als der erste Militärputsch in der Geschichte der Türkei stattfand. Danach kam İnönü als Ministerpräsident wieder an die Macht und schickte Menderes an den Galgen[14].

Die Gründung der DP im Jahre 1947 war das Ergebnis wachsender gesellschaftlicher Opposition und Deprivation, ausgelöst von der rigiden Staatsführung von İnönü und seinen politischen Kadern. Der Übergang von der Diktatur in eine Mehrparteiendemokratie zwischen 1945 und 1950 wird aus westlicher

14 Für eine detaillierte Analyse der politischen Geschichte der Türkei zwischen 1945-1980 siehe: Ahmad 2007.

Perspektive oft als eine einmalige friedvolle Machtübergabe in einem 'Entwicklungsland' interpretiert. Nur Zürcher hält dieser Sichtweise entgegen, dass die Türkei seit dem Osmanischen Reich – beginnend mit den Parlamentswahlen im Jahre 1876 – auf demokratische Traditionen verweisen könne und es daher für die Türkei nicht verwunderlich gewesen sei, 'wieder' zu demokratischen Strukturen zurückzukehren (Zürcher 2003: 228). Zürchers Ausführung erscheint etwas leichtgläubig, wenn man bedenkt, dass diese 'quasi-demokratischen' Strukturen in den Jahren 1960 und 1971 und zuletzt durch den gesellschaftspolitisch folgenschwersten Militärputsch von 1980 völlig zerschlagen wurden.

Nach dem Wahlsieg im Jahre 1950 verfolgte die DP eine liberale Politik, in deren Rahmen auch die Verbote der islamistischen Schulen, des Religionsunterrichts und der islamistischen Vereinigungen gelockert und teilweise aufgehoben wurden. In den politischen Bewertungen der Islamisierungswelle in der Türkei in den 1980er Jahren finden sich oft Darstellungen, nach denen DP die antiislamische Haltung des laizistischen Staates gelockert habe. Dabei war bereits die CHP durch den steigenden innenpolitischen und gesellschaftlichen Druck sowie die außenpolitischen Erwartungen des Westens zu einer Demokratisierung gezwungen gewesen. Sie hatte daher nach 1945 wieder die Korankurse legalisiert und theologische Fakultäten eingerichtet (ebd.: 215ff).

Angefangen mit dem NATO-Beitritt im Jahre 1952 schloss sich die Türkei in der Periode der DP-Regierung politisch immer mehr an den Westen an. Die Lockerung und Liberalisierung in der Gesellschaft nach der rigiden Herrschaft der CHP führte zu einem Aufleben der Zivilgesellschaft. Neue Parteien, Gewerkschaften, Zeitungen, Zeitschriften, Vereine, Universitäten und Hochschulen, Moscheen, Imamkurse und Cafés bildeten die zivilgesellschaftliche Sphäre nach dem Übergang zum Mehrparteiensystem bis 1980. Diese 'Demokratisierungswellen', die auch als Hegemoniestrategien verstanden werden können, lassen sich in eine sozialistische, kemalistische, islamistische, neofaschistisch-pantürkische und konservativ-liberale Strömung unterteilen (Çağlar 2000: 527f). Die Frauenvereine und feministischen Gruppen, die sich nach 1876, der Zeit nach der konstitutionellen Monarchie, gebildet hatten, verstummten nach dem Erringen des Wahlrechts im Jahr 1934 und waren innerhalb der zivilgesellschaftlichen Strukturen bis nach 1980 nicht mehr aktiv.

Die strukturellen, gesellschaftlichen und politischen Folgen des Militärputsches von 1980 haben eine weitreichende Bedeutung für die heutige Beziehung zwischen Staat und Gesellschaft. Daher sollen sie im nächsten Abschnitt näher dargestellt werden. In Zusammenhang mit den Zivilgesellschaftsdebatten in der Türkei gilt auch hier festzuhalten, dass eine Zivilgesellschaft ab dem Übergang zu einer Mehrparteiendemokratie bis 1980 – im öffentlichen Raum auch zunehmend sichtbar – durchaus existiert hat.

## 2.4 Staat und Zivilgesellschaft im Rahmen des 'neoliberalen Projektes' nach 1980 bis heute

Die durch die politische Gesellschaft geförderten 'Bürgerkriegsstrategien' zwischen den radikalen nationalistischen Gruppen und der Linken endeten mit dem Übergang zur offenen, faschistischen Militärdiktatur von 1980. Die nationalistischen Bewegungen, die sich nach 1969 unter dem Schirm der *MHP* (Nationalistische Bewegungspartei) organisierten, hatten bereits seit Mitte der 1960er Jahre das Land terrorisiert. Der Kampf gegen Kommunismus und gegen den westlichen Konsumismus zugleich bündelte sich in den staatlich unterstützten, paramilitärischzivilgesellschaftlichen Organisationen, wie beispielsweise die *Grauen Wölfe*, die *Konföderation nationalistischer Arbeitergewerkschaften* usw. Sie betrieben in Zusammenarbeit mit amerikanischen Kräften mit nationalistischer und antikommunistischer Programmatik eine 'Kommunistenjagd', die an die McCarthy-Ära der USA erinnerte (Çağlar 2000: 528f).

> „Nicht nur große Teile der Polizei, sondern auch wichtige Teile des Militärs als originäre Institutionen des Staates im engeren Sinne waren als fördernde Organisationen in diese 'militärische Strategie der zivilfaschistischen Bewegung' eingebunden." (ebd.: 530)

Die Zielscheibe dieser militärischen Strategien waren die Gewerkschaften, die im Sinne Gramscis „originäre Institutionen der Zivilgesellschaft" sind. Sie hatten sich seit Mitte der 1960er Jahre als antifaschistische und sozialistische Kräfte herausgebildet und spielten eine bedeutende Rolle in der Zivilgesellschaft. Die Mitgliederzahl der 1967 gegründeten *Konföderation revolutionärer Arbeitergewerkschaften (DISK)* stieg bis zum Jahre 1980 von 30.000 auf 700.000. Die Mitgliederzahlen der islamistischen und nationalistischen Gewerkschaften hingegen verringerten sich drastisch (ebd.). Neben zahlreichen anderen zivilgesellschaftlichen Bewegungen und Parteien war die *Föderation revolutionärer Jugendvereine (DGDF-Dev-Genc)* eine wichtige Organisation im Kampf der Studenten und Studentinnen für autonome und demokratische Universitäten, welche als Orte der Ideologieproduktion in der Zivilgesellschaft von nationalistischen und faschistischen Lehrkräften und Lehrmaterialien besetzt worden waren.

> „Vor dem Militärputsch 1980 war also im Sinne Gramscis die Hegemoniekrise des herrschenden Blocks schärfer geworden, die sich nicht zuletzt in der zunehmenden

Ausdifferenzierung der Zivilgesellschaft nach den in der Gesellschaft in Konkurrenz befindlichen Hegemoniestrategien äußerte: Die linken und antifaschistischen Kräfte, die islamistische Krisenlösungsstrategie, die pantürkistische extreme Rechte usw. organisierten zunehmend ihre jeweilige Zivilgesellschaft in fast allen Bereichen des gesellschaftlichen Lebens." (ebd.: 531)

Der Militärputsch im Jahre 1980 zerschlug mittels eines militaristisch-faschistischen Terrors die gesamte Linke und alle anderen oppositionellen politischen Bewegungen und demokratischen Kräfte in der Türkei. Çağlar deutet den Militärputsch von 1980 im Sinne Gramscis als eine umfassende Operation zur „Anpassung der Zivilgesellschaft an die ökonomische Struktur" (ebd.: 539).

> „Es ist nämlich nicht so, dass es in der Türkei keine Zivilgesellschaft gäbe, wie in der türkischen Zivilgesellschaftdebatte mehrheitlich behauptet wird: Vielmehr wird die Zivilgesellschaft von der politischen Gesellschaft gegängelt und daran gehindert, sich zwischen die politische Gesellschaft und die Struktur zu schieben, wie Gramsci für die bürgerlichen Demokratien annahm, mit der Folge, dass anstelle von Hegemonie und Konsens der Zwang in den Vordergrund tritt." (Çağlar 2003: 204)

Diesen zwanghaften Anpassungsprozess und seine Folgen für die Linke in der Türkei fasst Çağlar so zusammen:

> „Vor diesem autoritären Anpassungsprozeß der Zivilgesellschaft an die neuen Erfordernisse der Struktur, dessen Initiator die politische Gesellschaft unter Führung des *nationalen Sicherheitsrates (MGK)* war, waren nicht nur die bürgerlichen Parteien betroffen, die sich einige Zeit nach ihrem Verbot unter teilweise neuen Namen reorganisierten, sondern vor allem und primär die Gewerkschaftsbewegung und die politische Linke: Ihre zivilgesellschaftlichen Organisationen und Netzwerke sind auf dem Wege der physischen Vernichtung und gesetzmäßiger Strafverfahren in Massenprozessen vor Staatssicherheits- und Militärgerichten in einem Ausmaße aus der Gesellschaft ausradiert worden, dass ihre Erholung bis heute nicht möglich war. Folter, Hinrichtungen, harte Strafen für bloße Meinungsäußerung, Erschießungen auf offener Straße haben das vor dem Militärputsch insgesamt positive Image der Linken und der Arbeiterbewegung in den Augen der großen Mehrheit der Bevölkerung mit Angst und Schrecken besetzt, so dass die sozialistische Linke und Arbeiterbewegung gegenwärtig nicht nur mit den theoretischen und praktischen Folgen der internationalen Diskreditierung des Sozialismus, sondern auch mit der Tatsache zu kämpfen hat, dass es lebensgefährlich ist links zu denken." (Çağlar 2000: 539f)

Tatsächlich hat der faschistische Terror tiefe gesellschaftliche Wunden hinterlassen, deren soziologische Tragweite weit über die gesellschaftspolitisch folgenschwere Depolitisierung der nachfolgenden Generationen hinausgeht. Das 'Monster' Staat personifizierte sich in den militaristischen Kräften der Soldaten und Polizisten, die durch ihre bewaffnete Präsenz in jeder Straßenecke, jedem Viertel und jedem Platz 'Gehorsamkeit' vom Volk erzwangen, die von den breiten

Massen bis heute psychologisch und politisch dem Staat nicht verwehrt werden kann.

Der Militärputsch war für den herrschenden Block und das Großkapital[15] das Mittel zur Wiederaneignung der Macht und zur Konstruktion der „türkisch-islamischen Synthese", die die Politik der Türkei fortan bestimmen sollte:

> „Die im Namen des Kemalismus und unter dem paternalistischen Vorwand der Beendigung des 'Bruderzwists' unternommene militärische Aktion hatte nichts weniger als eine umfassende Restrukturierung des gesellschaftlichen und politischen Lebens im Sinn. Geplant war eine kulturelle und politische Wende in Richtung einer 'türkisch-islamischen Synthese', einem rechtskonservativen Hegemonieprojekt, das in der Zivilgesellschaft von Aydınlar Ocağı (Heim der Intellektuellen) entwickelt und propagiert wurde, das seit seiner Gründung im Jahre 1970 enge Beziehungen zu ökonomischen und politischen Eliten unterhielt." (ebd.: 532)

Die konstruierte „türkisch-islamische Synthese", der Türkismus und der Islam als vereinte Hegemoniestrategien, wurde nach dem Militärputsch zur tragenden Ideologie des 'nationalen Kulturplans' von 1983. Dieser konnte unter der Ministerpräsidentschaft Özals (der selbst dem *Heim der Intellektuellen* angehörte) und seiner vom Großkapital unterstützten Partei ANAP (Mutterlandspartei) voll ausreifen. Die neoliberale wirtschaftspolitische Umorientierung förderte die Exportorientierung, Auslandsinvestitionen und den Abbau von staatlichen Eingriffen in den Markt. Diese Deregulierungs- und Privatisierungspolitiken wurden ohne Rücksicht auf soziale Kosten betrieben, was in den 1980er Jahren zu einer Verelendung eines Großteils der Bevölkerung führte.[16]

Die Zivilgesellschaftsdebatte in der Türkei kam nach der 'zivilen Regierungsbildung' von Özal im Jahre 1983 auf, als nach dem Trauma der dreijährigen Militärregierung ein großes, gesellschaftliches Vakuum entstanden war. Der Monetarismus und der Neoliberalismus, die das ökonomische Programm der Türkei fortan bestimmten, proklamierten, eine Zivilgesellschaft könne sich nur innerhalb einer freien Marktökonomie entfalten. Der Staat solle sich zurückziehen und die ökonomische Tätigkeit der Zivilgesellschaft überlassen (ebd. 539).

---

15 Das Interesse des Großkapitals am Militärputsch und an der „gewaltsamen Anpassung der Zivilgesellschaft an die Struktur" wird beispielsweise durch einen Brief des türkischen Großindustriellen Vehbi Koç an den Putschistengeneral Kenan Evren belegt. Für den Inhalt des Briefes siehe: Sönmez 1987, 346-352 in Çağlar 2000: 540f.

16 Die Außenverschuldung der Türkei beläuft sich gegenwärtig über 100 Milliarden Dollar, die Binnenverschuldung steigt, die Arbeitslosigkeit und Armut nehmen enorm zu. So sind 22 Millionen Menschen arm, wovon 10 Millionen unter der Armutsgrenze leben (vgl. ebd.: 537).

Angefangen mit der feministischen Bewegung, deren Entstehungsbedingungen im Zusammenhang mit dem Militärputsch in Kapitel 3 erörtert werden, entstanden so nach 1980 zahlreiche 'zivilgesellschaftliche' Gruppen. Sie bildeten ein Mosaik von feministischen, 'grünen', islamistischen, alevitischen, kurdischen, antirassistischen und auch nationalistischen Zusammenkünften, die sich in Vereinen, Stiftungen und Kooperativen organisierten. Das gesellschaftliche Vakuum wurde zwar gefüllt, aber keine dieser Gruppen konnte zu Beginn der 1980er Jahre gesellschaftliche Kritik formulieren, die nicht als 'harmlos' oder 'politisch irrelevant', sondern vom herrschenden Block als 'gefährlich' eingestuft worden wäre.

Der Aufstieg des Islamismus und der Wahlsieg der Wohlfahrtspartei (RP)[17] im Jahre 1995 wird in der Zivilgesellschaftsdebatte der Türkei im Zusammenhang mit der heutigen islamistischen Regierungspartei AKP (Partei der Gerechtigkeit und Entwicklung) aus verschiedenen Perspektiven diskutiert (vgl. Sen 1995; Toprak 2005; Öniş 2001; Silverstein 2005; Heper 2005; Smith 2005; Kadıoğlu 2005; Arat 1999).[18]

Islamisten wie Ömer Çaha[19] räumen dem Islamismus in der Zivilgesellschaft eine Vormachtstellung ein, die sich darauf stützt, dass die Mehrheit der Bevölkerung islamisch sei und die islamischen Organisationen der Zivilgesellschaft, „dadurch dass sie historische und kulturelle Wurzeln besitzen, weitaus mehr

---

17 Zu einer politischen Analyse des Aufstiegs der Wohlfahrtspartei siehe: Sen 1995. Die Wohlfahrtspartei wurde die durch den 'post-modernen coup' der Militärs am 28. Februar 1997 wieder zum Rücktritt gezwungen.

18 Die 'Operation' der militaristischen Kader gegen die islamistische Wohlfahrtspartei am 28. Februar 1997 ging in die Geschichte der Türkei als die '28. Februar-Ereignisse' und als 'postmoderner Coup' ein. Die Bezeichnung des postmodernen Coups wurde gebraucht, da das Militär nicht wie 1980 direkt durch einen militärischen Coup mittels Gewaltanwendung die Regierung übernommen hat, sondern durch einen 'sanfteren Putsch' die Islamisten gestürzt hat. Die 'drohende Gefahr' des Verlustes der laizistischen Grundsätze der Republik aufgrund der reaktionären Aktivitäten der Wohlfahrtspartei, die als solche von den Staatseliten und dem Militär wahrgenommen und propagiert wurden, veranlasste das Militär zu einem Eingriff, der mit der Schließung und dem Verbot der Wohlfahrtspartei endete. Die momentan regierende AKP galt in ihren Anfängen als die Fortsetzungs-bzw. Ersatzpartei der verbotenen Wohlfahrtspartei.

19 Ömer Çaha ist Professor der Politikwissenschaft, der im Vergleich zu anderen islamistischen Theoretikern als 'moderat' eingestuft werden kann. Çaha untersucht und übernimmt die westlichen Begriffsinhalte und Diskussionen von Staat, Zivilgesellschaft und Demokratie und instrumentalisiert diese für seine islamistischen Argumentationen.

Vorteile haben als die anderen zivilgesellschaftlichen Organisationen" (Çaha 2007: 260). Darüber hinaus habe sich kein alternatives Wertesystem zum Islam herausgebildet, das in überzeugender Weise „an die Innenwelt der Individuen appellieren" könne (ebd.: 262). Çaha zitiert die Soziologin Göle (deren dichotome Auffassung der Zivilgesellschaft bereits in Kapitel 2.1 dargelegt wurde). Sie bezeichnet die Ingenieure, die Intellektuellen und die Frauen als die drei Eliten des 'islamischen Erwachens', die in der Lage seien, mittels ihrer modernen westlichen Bildung eine postmoderne Kritik an den kemalistischen Institutionen zu üben (ebd.: 264). Daran anschließend beschreibt Fatmanur Altun, Soziologin und Vorstandsmitglied der islamistisch-konservativen Partei AKP in der Bezirksverwaltung Istanbul:

> „Unsere Auffassung von Zivilgesellschaft in der Türkei ist verglichen mit der westlichen sehr verschieden. Wir haben auch keine althergebrachte Tradition einer Zivilgesellschaft. Ich denke, dass die Zivilgesellschaft stärker und wirksamer sein sollte. Die bestehenden zivilgesellschaftlichen Organisationen in der Türkei stehen in zu engem Kontakt mit dem Staat, das passt nicht in das Konzept der Zivilgesellschaft. Der Staat steht sowieso vor einem; Zivilgesellschaft muss sich da in ihrer Haltung gegen den Staat positionieren, die Stimme des Volkes sein, eine Struktur hervorbringen, die die Rechte des Volkes betont. Ich denke, dass die im Westen das besser gelöst haben. Das kommt von ihren Erfahrungen in den 'communities', durch ihre Bildung. Dort kann man von einer Autonomie der Zivilgesellschaft vom Staat sprechen. Hier hingegen gibt es keine Struktur, die sich vom Staat abgrenzt. Das muss entwickelt werden. Als Beispiele der zivilgesellschaftlichen Organisationen kann ich den *Verein zur Unterstützung des Modernen Lebens (ÇYDD)* und den *Verein des Atatürk'schen Gedankenguts*[20] nennen. Dadurch, dass diese Organisationen in einer zu engen Beziehung mit dem Staat sind, beobachte ich, dass sie Schwierigkeiten haben, das Volk zu kennen, über seine Bedürfnisse informiert zu sein und für das Volk zu sprechen. Daher denke ich, dass nicht alle gesellschaftlichen Forderungen den Anspruch erheben können 'die Zivilgesellschaft' zu sein. In der Türkei gibt es die vermeintliche Fehlinterpretation, die öffentliche Sphäre als eine Sphäre des Staates zu sehen. Diese Auffassung spiegelt sich auch in diesem Zusammenhang wider. Die zivilgesellschaftlichen Organisationen sind somit Institutionen, die nur dort, innerhalb der Sphäre, die ihnen der Staat gewährt und erlaubt, Politik zu machen, aktiv sein können. Dadurch können sie nicht wirksam sein. Die zivilgesellschaftlichen Organisationen müssen unabhängiger sein, in einen Informationsaustausch mit der Gesellschaft treten, die Füße auf dem Boden behalten und ein Gehör für alle gesellschaftlichen Gruppen haben. Sie müssen sich aus der Gesellschaft heraus

20 Diese beiden Organisationen haben die Zielsetzung durch die Verbreitung von den laizistischen, kemalistischen Prinzipien, auf die sie sich stützen, 'das Volk' zu bilden und entsprechend den Atatürkschen Leitgedanken in 'moderne und gebildete Menschen' zu verwandeln.

> bilden. In diesem Zusammenhang müssen auch die rechtlichen Hindernisse, die einem der Staat als zivilgesellschaftliche Organisation in den Weg legt, behoben werden. In der Türkei wird Politik nur in den Parteienstrukturen gemacht, das ist eine sehr enge Sphäre. Politik ist aber eine viel umfassendere, weitere Sphäre, ein Raum, der das Volk mit einschließen muss."[21]

Altun beschreibt die kemalistischen, zivilgesellschaftlichen Institutionen als eine elitäre Gemeinschaft, die von den 'wahren Bedürfnisse des Volkes' entkoppelt ist und somit nicht die Legitimität besitzen kann, für das gesamte Volk zu sprechen. Das 'wahre Volk' bilden auch für sie die islamischen Gemeinschaften, welche die 'Gesellschaft' ausmachen. In ihren Ausführungen tritt eine Auffassung vom türkischen Staat zutage, derzufolge dieser als eine kemalistische Einheit agiert, die sich aus den staatlichen und quasi-zivilgesellschaftlichen Institutionen zusammensetzt. Auch Altuner konstruiert als politisches Ideal Zivilgesellschaft und Staat als einander gegenüberstehende Sphären, wobei nur die Autonomie der islamischen zivilgesellschaftlichen Institutionen vom Staat und ihr zunehmender politischer Einfluss eine Demokratisierung der Gesellschaft herbeiführen könnten. Ihr Plädoyer für die Autonomie der Zivilgesellschaft und ihre Befreiung aus den staatlichen Zwängen ist ein Plädoyer für die Aufhebung der kemalistischen tiefenstaatlichen Strukturen und Kader der politischen Gesellschaft.

Çaha argumentiert diesbezüglich, der gegenwärtige Kemalismus sei im Rückzug, weil das Wertesystem, auf das er sich stütze, nicht mit dem islamischen Wertesystem – das „das Gewissen des Individuums befriedigt, es auf die *andere Welt* vorbereitet, ihm ethische Werte bietet, Normen produziert, die sein gesamtes Leben ansprechen" (Çaha 2007: 264) – konkurrieren könne. Diese Argumentation Çahas erscheint als eine essentialistische Auslegung des Islam, der allein in der Lage sein soll, den Menschen den „Himmel auf Erden" zu bieten. Die Einsicht des Kemalismus, dass sein Wertesystem den religiösen Bedürfnissen der Menschen nicht entsprechen könne, habe den Staat veranlasst, diese „Lücke" mit dem *Alevitismus*[22] zu füllen. Çaha bewertet den „vom Staat unterstützten" Aufstieg der

---

21 Aus meinem Interview mit Fatmanur Altun am 03.09.2009 in Istanbul.

22 Eine Richtung des Islam, die nicht der Lehre des Propheten *Mohammed*, sondern der des Propheten *Alis* folgt. Die *Aleviten* gelten, verglichen mit den sunnitischen Auslegungen des Korans, als fortschrittlicher und moderner in der Interpretation des Korans. Die Sunniten besitzen aber die zahlenmäßige und akademische Hegemonie über alle islamistischen Diskurse. Der alevitische *Bektaşi-Orden* hat allerdings, wie in Kapitel 2.2 und 2.3 ausgeführt wurde, eine wichtige Rolle in der osmanischen und republikanischen Phase gespielt. Weiterhin sind die Aleviten eine religiöse 'Minderheit' in der Türkei, deren anatolische Folkloren, Traditionen und linke politische

*alevitischen* zivilgesellschaftlichen Organisationen in Zusammenhang mit dem Rückgang des Kemalismus in ähnlicher Weise:

> „Der Staat ist bei der Suche, diese Lücke [des Wertesystems des Kemalismus][23] zu füllen, beim *Alevitismus* fündig geworden und hat diesen als eine neue geistliche Quelle für den Islam in den Vordergrund gestellt. Die etatistische Elite hat im Zuge ihres Bestrebens, eine neue islamische Interpretation zu entwickeln, [...] den *Anatolischen Islam* (Anadolu Müslümanligi) als eine neue islamische Interpretation gegen den aufsteigenden Islam hervorgebracht. [...] Wenn der Alevitismus in diese Richtung weitergeht und der Staat *dieses* Verständnis vom Islam weiter in den Vordergrund stellt, dann können wir in Zukunft sehr wohl einem islamisierten-säkularen Staat begegnen!“[24] (Çaha 2007: 265)

Çaha warnt hier vor der Bedrohung durch einen erstarkten Alevitismus, was sich als Widerstand der fundamentalistisch-islamistischen Front interpretieren lässt. Dieser Widerstand ist gegen die Bestrebungen einer 'modernen' Interpretation des Islam gerichtet, die versucht, den Hegemoniestrategien des 'sunnitischen Blocks' entgegenzuwirken. Als weitere Gründe für das Erwachen des Islam listet er folgende Punkte auf: die Linke, die nach 1980 einen Niedergang erlebt habe, habe sich dem Islam 'zugewendet' (ebd.: 263), die ungleiche Lohnverteilung, die gleichzeitige Verelendung des Volkes, der wachsende Reichtum der kemalistischen Eliten und schließlich die politische Unfähigkeit der bürokratischen Eliten (ebd.: 266f). Mit dieser Aufzählung 'erklärt' Çaha nicht nur den Aufstieg des Islam, sondern er sieht ihn auch durch einen von ihm beobachteten 'Rückhalt' in der Gesellschaft legitimiert. Doch wurde fortschreitende Verarmung der Bevölkerung, die Çaha als einen Grund für die „Rückkehr zum Islam“ deutet, unter der Ministerpräsidentschaft von Erdoğan und seiner islamistischen *Partei der Gerechtigkeit und der Entwicklung (AKP)* nicht gebremst, sondern sie hat sich tendenziell beschleunigt. Das Großkapital wurde lediglich vom kemalistisch-laizistischen Block in die Hände der islamistischen Großhändler und Industriellen umgeleitet, was zu der intendierten Stärkung der Vormachtstellung einer „islamischen Bourgeoisie“ beitrug (Akınhay/Tarık 2009: 12f). Diese ökonomische Tatsache verdeutlicht die propagandistische Argumentation Çahas zugunsten des revitalisierten Islam. Dieser hat als solcher der Verarmung der Bevölkerung nicht entgegengewirkt und dies war auch nie beabsichtigt.

---

Positionierungen in den letzten Jahren tatsächlich politisch und wissenschaftlich 'populär' geworden sind.

23 Anmerkung der Verf.

24 Aus dem Türkischen übersetzt von der Verf.

Çağlar merkt in diesem Zusammenhang an, dass die Behauptung islamistischer Intellektueller, der zufolge „es zwischen der legalen Türkei (laizistische Bürokratenherrschaft) und der realen Türkei (islamistische Gemeinschaften) einen fast antagonistischen Widerspruch gebe" (Çağlar 2000: 548), nicht zutreffe. Er stellt fest, dass die islamische Zivilgesellschaft „lange Zeit ein Faktor des erweiterten Staates im Gramscianischen Sinn" gewesen sei und der Islam unfähig war, „zum Ausdruck dieser Zivilgesellschaft zu werden" (ebd.: 548). Die islamische Zivilgesellschaft „fuhr aber seit der Gründung der Republik fort, den Zwiespalt zwischen Staat und Zivilgesellschaft statisch zu erhalten" (ebd.). Kurz: „Nicht nur ist die islamische Gesellschaft, die die Erbakan-Linie politisch repräsentiert, nicht die gesamte Zivilgesellschaft in der Türkei, sondern auch die gesamte islamische Zivilgesellschaft ist das nicht." (ebd.) Das Bemühen der islamistischen Kräfte, sich als die „wahre" Zivilgesellschaft darzustellen, führt er auf die „islamistische Propagandaformel" zurück, welche die reale Türkei zu 99% als islamisch propagiere, obwohl die wahren Statistiken der „realen" Türkei anders aussehen (ebd.: 550).

Das 'Erwachen des Islam', das von den islamistischen Theoretikern als ein gesamtes Erwachen und als Aufschwung der Zivilgesellschaft im Sinne einer Demokratisierung der Türkei durch die Infragestellung der rigiden kemalistischen Grundprinzipien interpretiert und propagiert wird, dominiert den gesamten Zivilgesellschaftsdiskurs in der Türkei nach den 1980er Jahren, wobei das Zivilgesellschaftskonzept von der islamistischen Wissenschaft und Theoriebildung 'besetzt' und 'vereinnahmt' wurde. Der populäre Terminus der Zivilgesellschaft wurde nach dem Wahlsieg der islamistischen *Wohlfahrtspartei* von 1995 und nach dem erneuten Sieg der bis heute noch regierenden Islamisten der *AKP* in den Jahren 2002 und 2007 fester Bestandteil des politischen Vokabulars der islamistischen Intellektuellen und PolitikerInnen.[25] Das politische Vokabular wurde von den führenden Intellektuellen der AKP vom Westen importiert. Sie legen eine Demokratiekritik nach Textbuch vor, allerdings bislang nicht mit dem Ziel einer Etablierung demokratischer Verhältnisse in der Türkei, sondern der ökonomischen und politischen Stärkung ihrer eigenen islamistischen Netzwerke. Die islamistischen Frauen spielen innerhalb der islamistisch-intellektuellen Debatte eine bedeutende Rolle, zumal sie auch 'feministische' Ansätze hervorbringen, die aber wie später in Kapitel 3 ausgeführt werden soll, in einem kritischen Licht gesehen werden müssen.

---

25 Zu einer detaillierten Analyse der politischen und intellektuellen Vereinnahmung der Zivilgesellschaft durch die Islamisten siehe: Navaro-Yashin 1998.

In der zivilgesellschaftlichen Landschaft von 1980 bis heute haben die linken Intellektuellen in der Türkei trotz ihrer organisatorischen Sichtbarkeit in der politischen Öffentlichkeit die Zivilgesellschaftsdebatte im Allgemeinen und den Terminus der Zivilgesellschaft im Besonderen durch den ihm anhaftenden liberalen Konnex stets mit Vorsicht, wenn nicht mit Ignoranz verwendet. In Başkayas markanten und sarkastischen Worten:

> „Die 'Organisationen der Zivilgesellschaft', die nicht zu den politischen Parteien zählen, die unter dem 'Determinismus' der 'wahren Staatspartei' und unter den Bedingungen der offiziellen Ideologie stehen, können sich nicht zu 'Organisationen der Zivilgesellschaft' formieren. Deshalb sind in der Türkei, entgegen dem Gesagten, weder die 'politischen Parteien' noch die sogenannten 'Organisationen der Zivilgesellschaft' die 'unverzichtbaren Bestandteile der Demokratie', sondern Bestandteile, durch deren 'Verzicht' sich nicht allzuviel ändern würde."[26] (Başkaya 1999: 357)

Başkaya interpretiert die politische Geschichte der Türkei von 1923 bis 1999 als eine offene oder quasi Militärdiktatur, da die politischen Parteien, die Wahlen, das Parlament und die Regierung nur der Form halber existiert haben (Başkaya 1999: 330).

Entgegen den liberalen Interpretationen, welche die gesellschaftlichen Entwicklungen in der Türkei nach 1980 als einen Demokratisierungsprozess deuten, vertritt Köker auch in diesem Zusammenhang die Ansicht, dass man in einer kritischen Auslegung der Verhältnisse nach 1980 von einer „Krise der kollektiven Identität und der Staatslegitimität" sprechen kann (Köker 1998: 83). Die Zivilgesellschaft nach 1980 sei mit der freien Marktökonomie gleichgesetzt worden, aber die rechtlichen und sozialen Reformen für die Schaffung einer partizipatorischen Öffentlichkeit seien nicht realisiert worden (ebd.: 94f). Der Nationalismus erscheint hier wieder als ein Instrument der Herrschenden, um die Massen durch die Illusion einer 'Einheit' zusammenzubringen, wobei die *türkisch-islamische Synthese* als die neue Kulturpolitik der Özal-Ära zum Wappen dieser Einheit erklärt wurde.

Die kritischen Stimmen in der Zivilgesellschaftsdebatte sind weit davon entfernt, den *Boom* der zivilgesellschaftlichen Organisationen nach 1980, die im Zusammenhang mit der neoliberalen Wirtschaftspolitik staatlich unterstützt wurden, als ein Zeichen der Demokratisierung der gesellschaftlichen und politischen Verhältnisse zu deuten, sondern sie sprechen vielmehr von einer Hegemoniekrise des herrschenden Blocks. Weder der Militärputsch im Jahre 1980 noch die islamistische Regierung konnten die anhaltende Hegemoniekrise

---

26 Aus dem Türkischen übersetzt von der Verf.

lösen (Çağlar 2000: 543). Die Betrachtung der Zivilgesellschaft als Garant und Korrektiv von Herrschaft im gramscianischen Sinne sollte, anders als in der türkischen Zivilgesellschaftsdebatte, dazu beitragen die Ursachen der „chronischen Hegemoniekrise“ in der Türkei, die gleichzeitig eine Demokratiekrise ist (Çağlar 2003: 215ff), nicht allein in der politischen Gesellschaft zu suchen, sondern in der gesamten Zivilgesellschaft (ebd.: 550).[27]

Diese Schlussfolgerung ist für den weiteren Interpretationsrahmen meiner Arbeit insofern von großer Bedeutung, als ich argumentiere, dass die feministische Bewegung als ein vitaler Bestandteil der türkischen Zivilgesellschaft selbst in einer Hegemoniekrise steckt. Dies erfordert die Suche nach Wegen und politischen Praktiken, die es ermöglichen, sich von diesen hegemonialen Strukturen zu lösen, um eine feministische Redefinition des Politischen und die Errichtung einer antihegemonialen, feministischen Öffentlichkeit gestatten.

---

27 Mit der 'chronischen Hegemoniekrise' wird auf eine strukturelle Krise der Türkei Bezug genommen. Zu dieser Hegemoniekrise zählt mitunter auch die chronische Legitimitätskrise der Regierungen und Regierungsparteien, die durch das Wahlsystem der Türkei mit nur wenigen Stimmen die Mehrheit im Parlament bilden können. Hinzu kommt, dass durch die ständigen ökonomischen Instabilitäten und die Inflation der konfliktreichen Beziehungen zwischen den militärischen und parlamentarischen Autoritäten, Staats- und Rechtspersonen sowie dem Fehlen von demokratischen Traditionen ständig neue Hegemoniekrisen entstehen, die sich innerhalb der Zivilgesellschaft reproduzieren.

# 3 Die Geschichte der Feministischen Bewegung in der Türkei

In diesem Kapitel möchte ich die Entstehungsbedingungen, die chronologische Entwicklung der feministischen Bewegung, die Anliegen und die Organisationsstruktur der verschiedenen feministischen Organisationen und Kollektive darstellen.[1] Die Geschichte, Organisationsstrukturen und politischen Praktiken und Zugehörigkeiten verschiedener Organisationen und Initiativen stellen zentrale Kräfte für die Schaffung einer feministischen Öffentlichkeit dar. Sie sollen in diesem Kapitel chronologisch und skizzenhaft erörtert werden, um so die verschiedenen Ansätze und Identitäten innerhalb der feministischen Bewegung vorzustellen und im Nachhinein die kritische Analyse von feministischen Strategien und Politiken in Kapitel 5 zu ermöglichen.

## 3.1 Entstehungsbedingungen im politischen Kontext der Türkei

Der gesellschaftliche und politische Kontext, aus dem sich die Frauenbewegung nach 1980 entwickelt hat, ist auf spezifische Korrelationen zwischen dem Staat und der politischen und zivilen Gesellschaft zurückzuführen. Nach dem Militärputsch von 1980[2] wurden jegliche demokratische Aktivitäten zerschlagen und die gezielte Entpolitisierung der politischen wie der zivilen Gesellschaft, die

---

1 Für eine detaillierte Geschichte der 'türkischen Frau' und der Frauenbewegung in der Türkei, von der Frühgeschichte in der vorislamischen Epoche bis zum Osmanischen Reich und nach 1980 siehe auch: Somersan (1997): Diplomarbeit: Frauenbewegung in der Türkei – Im Spannungsfeld der Tradition und Moderne. Für eine kurze Darstellung der Traditionslinien und Geschichte der Frauenbewegung in der Türkei siehe auch: Somersan 2008: 344ff.

2 Der Militärputsch 1980 und seine gesamtgesellschaftlichen Folgen wurden in Kapitel 2 dargestellt.

Militäreliten mit Gewalt durchsetzten, führte zu einer tiefen gesellschaftlichen Zerrüttung. Alle politischen AktivistInnen, deren Gesinnung als 'links' und somit 'gegen die Einheit der türkischen Republik' eingestuft wurde, wurden vom Militär als vermeintliche 'Staatsverräter' verschleppt, gefoltert und oftmals ermordet. Der Militärputsch 1980 gilt in der Geschichte der Türkei als eine dunkle Periode, die bis heute tiefe Spuren in der Gesellschaft hinterlassen hat. Das Totschweigen dieser Periode wurde erst in den letzten Jahren durch Spielfilme und Bücher aufgebrochen, die einen schmerzvollen Prozess der Verarbeitung eingeleitet haben. Die erzwungene Entpolitisierung einer ursprünglich politischen Gesellschaft hat zur sozial-psychologischen Entwicklung einer Generation beigetragen, die freie politische Artikulation und politisches Handeln mit Verschleppung und Folter in Verbindung brachte. Dies führte in der weiteren Folge zur Reproduktion der Entpolitisierung in den Nachfolgegenerationen.

Vor diesem Hintergrund ist die Frage, wie in einem so entpolitisierten gesellschaftlichen und politischen Kontext die Frauenbewegung entstehen konnte, von besonderer Brisanz. Die Antworten auf diese Frage zeigen in verschiedenen Formen auch das Verhältnis zwischen Frauenbewegung und Öffentlichkeit bzw. zwischen Zivilgesellschaft und Staat auf. Die Tatsache, dass die Gründerinnen der Frauenbewegung nach 1980 zumeist linke Aktivistinnen waren, die vorher sowohl in kommunistischen als auch in sozialistischen Organisationen der 1970er in aktiver oder unterstützender Weise teilgenommen hatten, ist von grundlegender Bedeutung für das Verständnis der Entstehungsbedingungen der Frauenbewegung.[3] Innerhalb der linken Bewegung hatten diese Frauen gelernt, Politik zu machen, sich zu organisieren und ein Verständnis für Solidarität zu entwickeln. Viele waren auch politisch in leninistisch-marxistischen und sozialistischen 'Untergrundorganisationen' aktiv und beteiligten sich an bewaffneten Straßenkämpfen mit 'rechten Gruppen'.

Im Zuge des politischen Engagements in der linken Bewegung wurden die Frauen aber auch bald mit sexistischen und maskulinistischen Diskriminierungen durch ihre 'Genossen' konfrontiert. Die gesellschaftlich und politisch emanzipatorischen Bestrebungen der Männer in der linken Bewegung übertrugen sich nicht auf ihren Umgang mit den Frauen. Die Erfahrungsberichte der ehemaligen linken Aktivistinnen weisen alle auf geschlechtesspezifische Diskriminierungen durch ihre linken Genossen hin (vgl. Aytaç 2005; Ovadia 200; Acar-Savran 2005b: 120ff).

3 Für eine detaillierte Analyse der Geschichte, der politischen Positionen und der Biographien der Gründerinnen der Frauenbewegung nach 1980 siehe: Amargi 2005.

Die Frauen merkten bald, dass die geschlechtsspezifische Rollenverteilung in den linken Organisationen dem traditionellen Rollenverständnis in der Gesellschaft entsprach. Die Frauen wurden beispielsweise darum 'gebeten', Tee zu machen, sie waren für die Versorgung der männlichen Aktivisten zuständig oder sie wurden wegen ihrer 'unangemessenen' Kleidung gerügt. Aus Erfahrungsberichten (vgl. Interviews in 5.2.1) wird deutlich, wie diese diskriminierenden Praktiken der Männer die Frauen 'entmutigten', gemeinsam mit den Männern für politische Ziele zu kämpfen.

Frauenpolitische Anliegen und Ziele wurden auch innerhalb der Linken vernachlässigt und marginalisiert. Die führenden Männer in der Bewegung proklamierten – im Sinne des Engels'schen Manifests –, dass die Unterdrückung der Frau mit der Errichtung des Sozialismus behoben werde. Es ginge jetzt darum, für die 'gemeinsame Sache', nämlich für die sozialistische Revolution Schulter an Schulter zu kämpfen. Die Schultern der Frauen mussten in diesem Sinn, je nach den Bedürfnissen der Organisationseliten, weiblich fürsorglich oder aber 'männlich stark' und kampfbereit sein. Die Intellektuellen in der linken Bewegung sprachen von einer notwendigen 'Entgeschlechtlichung' im Kampf für den Sozialismus, praktizierten selbst aber vergeschlechtlichte Muster in ihrem täglichen Umgang mit den Aktivistinnen (vgl. Aytaç 2005: 39ff). Das Bewusstwerden dieser männlichen Unterdrückung stärkte die Beziehung der Aktivistinnen untereinander und förderte die Entwicklung eines feministischen Bewusstseins. Die Wut über die diskriminierenden Praktiken der Männer führte dazu, dass viele Frauen aus der Linken Bewegung sich heute „vor allem und vor allen anderen politischen Positionierungen" in erster Linie als 'Feministinnen' bezeichnen (vgl. Interviews in 5.2.1).

Nachdem die Linke völlig zerschlagen worden war und alle Formen politischer Artikulation unmöglich schienen, konzentrierten sich die Frauen auf das Aneignen von feministischen Traditionen, feministischer Theorie und ihrer eigenen, bis dahin verschwiegenen, osmanischen und türkischen Frauengeschichte. Sie setzten sich fortan mit feministischer Literatur auseinander, übersetzten feministische Literatur aus dem Westen und gründeten Zeitschriften wie *Kaktüs*, die als wichtige Antriebskräfte für die Mobilisierung von Frauen und die Entstehung der Frauenbewegung galten (vgl. Bora/Günal 2002). Diese Auseinandersetzung mit feministischen Traditionen hatte bereits in den 1970ern in Form einer spezifischen Frauenforschung angefangen, die sich bewusst von einer 'kemalistisch' geprägten Frauenforschung distanzierte. Letztere ging davon aus, dass die 'Emanzipation der Frauen' mit den Atatürk'schen Frauenreformen bewerkstelligt sei und es daher nur noch darum gehe, diese Reformen in 'allen' Volksschichten zu verbreiten und zu implementieren. Dieser elitäre Ansatz, der vor allem von bürgerlichen Frauen vertreten wurde, beschränkte sich auf eine Frauenpolitik, die auf Bildung der vermeintlich ungebildeten Klassen abzielte, aber keine Politisierung von geschlechtsspezifischer Herrschaft vorsah. Die Frauenforschung und die aufkommende Frauenbewegung in den 1980er Jahren setzte genau an dieser Stelle mit dem Ziel an, alle Formen von sexistischer Gewalt und geschlechtsspezifisch strukturierter Herrschaft aufzuzeigen. Die Rückbesinnung auf historische Traditionen der türkischen Frauenbewegung war in diesem Kontext ein notwendiger Ansatzpunkt, um ein feministisches Bewusstsein auszubilden.

Die weit verbreitete Ansicht, Frauen hätten ihre 'Befreiung' und ihre Emanzipation den Revolutionen und der 'Güte' Atatürks zu verdanken, der sich glücklicherweise als ein 'frauenfreundlicher Revolutionär' erwiesen hatte, wurde durch die 'Wiederentdeckung' der osmanischen Frauenbewegung grundlegend in Frage gestellt (vgl. Çakir 1996). Hinweise auf diese politische Bewegung wurden durch Forschungen in Archiven und in Zeitschriften aus den letzten Jahren des Osmanischen Reiches vor der Gründung der türkischen Republik, also den Jahren des nationalen Befreiungskrieges gegen die imperialistischen Ansprüche Europas, gefunden (vgl. Bora/Günal 2002).

Serpil Çakırs Studie über die *Osmanische Frauenbewegung* (1996) brachte wertvolle Informationen über eine 'verschwiegene' soziale Bewegung ans Licht. Es stellte sich heraus, dass sich – unter dem Einfluss der Frauenbewegungen des Westens – eine vitale, osmanische Frauenbewegung entwickelt hatte, die sich für die sozialen und politischen Rechte der Frauen und für eine Transformation von geschlechtsspezifischen Strukturen in der Gesellschaft eingesetzt hatte. Die osmanische Frauenbewegung war in ihren Ansprüchen in dem Sinne 'feministisch', dass die Frauenbelange und die Unterdrückung der Frauen im Zentrum ihrer Diskussionen standen und sie auf große Erfolge bei der politischen Mobilisierung von Frauen zurückblicken konnte. Ein Beispiel dafür stellt die Demonstration vor dem türkischen Parlament im Jahre 1924 dar, bei der die feministische Forderung, im Parlament als Zuhörerinnen und auch als weibliche Abgeordnete teilzuhaben, propagiert wurde (Çakir 1996: 148).

Die Arbeit Çakirs zeigte in vielfältiger Form auf, dass den Frauen keineswegs ihre Rechte von Atatürk 'geschenkt' worden waren, sondern dass sie diese auf verschiedenen Wegen erkämpft hatten. Lange bevor die Frauen 1934 das Wahlrecht erlangten, kämpften feministische Organisationen im Zuge großer Protestaktionen und feministischer Presseorgane für ihr Wahlrecht. 1923 wurde sogar eine *Frauenvolkspartei* gegründet, die aber später in einen Frauenverein 'umgewandelt' wurde, da ihre Forderungen als „zu radikal" eingestuft wurden (ebd.: 74ff). Darüber hinaus deckte Çakir auf, dass die radikalen feministischen Organisationen nach der Gründung der Republik entweder völlig aufgelöst wurden oder aber ihre radikalen feministischen Vorsitzenden, wie Nezihe Muhiddin, durch Gleichheitsfeministinnen ersetzt wurden, welche die feministischen Organisationen in humanitäre Hilfsorganisationen umwandelten (ebd.: 78). Somit entstand eine 'Lücke' in der Geschichte der Frauenbewegung, die bis 1980 andauern sollte (vgl. Somersan 1997: 58ff). Durch die 'Entdeckung' der osmanischen Frauenbewegung wurde aber deutlich, dass die Frauenbewegung nach 1980 nicht die erste politische Bewegung von Frauen in der Türkei war, sondern dass sie, ähnlich wie im übrigen Europa, als die zweite Welle der Frauenbewegung bezeichnet werden kann.

Ende der 1970er Jahre gründete eine Gruppe von Frauen den *Verein der wissenschaftlichen Mitarbeiterinnen* in den Universitäten und thematisierte feministische Anliegen innerhalb von akademischen Frauenzirkeln (Tekeli 1990: 277). Nach 1980 wurden auch diese Frauengruppen, wie alle anderen 'nichtstaatlichen' Organisationen, vom Militärregime aufgelöst und verboten. Die Mitglieder trafen sich aber weiterhin in informellen Gruppen, die zu einer Art Forum der „feministischen Meinungsbildung" wurden (Tekeli 1992: 59). Diese Zusammenkünfte stellten das Fundament der neuen Frauenbewegung dar. Sie waren informell, autonom und nicht-hierarchisch strukturiert und wurden von der Frauenbewegung und ihren Diskursen im Westen beeinflusst. Der akademische Bildungsgrad dieser Frauen machte es möglich, westliche feministische Literatur zu lesen und durch Auslandsbesuche direkte Kontakte mit der westlichen Frauenbewegung zu knüpfen. 1981, nach der Einführung der *Kommission für Hochschulbildung (YÖK)*, die bis heute die wissenschaftlichen Arbeiten und Abläufe in den Universitäten staatlich kontrolliert und zensiert, wurden diese Akademikerinnen aus den Universitäten ausgeschlossen. Durch das erzwungene Ende ihrer akademischen Laufbahnen publizierten die Frauen fortan in feministischen und linken Zeitschriften und Zeitungen und agierten innerhalb einer 'Gegensphäre' zum Staat. Diese ideologische Haltung ist grundlegend für das Verständnis der heutigen feministischen Bewegung, die sich in ihrer Entwicklung in einer gegen die staatlichen Strukturen gerichteten Öffentlichkeit positioniert hat. Die Frauenbewegung wurde aus diesen Entwicklungen heraus primär von autonomen Akademikerinnen, Künstlerinnen und Journalistinnen gegründet, die sich mittels verschiedener Presseorgane organisierten.

## 3.2 Die Entwicklung der Bewegung

### 3.2.1 Die 1980er Jahre: Die Mobilisierung

Den Beginn der Frauenbewegung in den 1980er Jahren markierte eine umfangreiche politische Mobilisierung von Frauen in Istanbul, die auf die Aktivitäten der *Yazko* (Kooperative der Schriftstellerinnen und Übersetzerinnen) zurückging und die schon bis zu diesem Zeitpunkt zahlreiche feministische Texte publiziert hatte. Ihr Ziel war, mit Hilfe einer feministischen Gemeinschaftspublikation eine breite Öffentlichkeit zu erreichen.

Im April 1982 wurde ein dreitägiges Symposium in der Zentralverwaltung des Istanbuler Pressevereins veranstaltet. Dieses Treffen, zu dem auch Gastrednerinnen wie die französische Feministin Gisele Halimi eingeladen waren, stellte die erste öffentliche politische Zusammenkunft in einer 'nicht-staatlichen' Öffentlichkeit nach dem Militärputsch von 1980 dar und ist in dieser Hinsicht bedeutend für die Beziehung der Frauenbewegung zur Öffentlichkeit und den staatlichen Organisationen (vgl. Tekeli 1992: 59). Die Notwendigkeit, geschlechtsspezifische Praktiken in Gesellschaft und Politik zu artikulieren, wurde von einer breiten Öffentlichkeit unterstützt, und das Symposium fand trotz des Militärregimes großen öffentlichen Rückhalt. Als Hauptgrund für die 'Duldung' durch die Militärkader kann vermutet werden, dass die Frauenbewegung als eine politische Bewegung marginalisiert und nicht ernst genommen wurde. Frauenanliegen wurden als nicht politisch und als nicht gefährlich eingestuft.

Das Symposium regte viele feministische Arbeitsgruppen an, theoretische Streitpunkte und spezifische Lebensumstände der türkischen Frauen zu diskutieren. Die anfänglich bescheidenen Zusammenkünfte formierten sich allmählich zu großen Treffen. Die Feministinnen kaschierten diese Versammlungen als 'Kaffeekränzchen', als unkonventionelle und unpolitische Zusammenkünfte von Frauen, die aber auch 'ohne Tarnung' nicht als Bedrohung wahrgenommen wurden (ebd.). Die Sehnsucht, sich politisch zu artikulieren und zu handeln, und die Möglichkeit, dies ohne gewaltsame Zerschlagung und Loslösung durch das Militär zu realisieren, brachte eine politische Euphorie bei den linken und feministischen Frauen hervor, die in aktiven feministischen Diskussionen ihren Ausdruck fand. Die politische Abwertung und die Nichtbeachtung der sich verbreitenden, informellen Treffen durch das Militärregime waren aber nicht nur in der fehlenden von politischen Diskussionen von Frauen, sondern auch auf den legitimierten 'Staatsfeminismus' Atatürks begründet.

Das Militär in der Türkei gilt gesamtgesellschaftlich und politisch als der Garant für die Aufrechterhaltung der Grundprinzipien der kemalistischen Revolution. Die konfliktreichen Verhandlungsprozesse zwischen islamistischen Regierungsmitgliedern und den Militäreliten in der heutigen Türkei zeigen, wie dogmatisch die Militärkader an den kemalistischen Vorsätzen festhalten. Genau diese Beziehung stellte sich in den 1980er Jahren als ein struktureller Vorteil für die Entwicklung der Frauenbewegung heraus. Atatürk selbst hatte einen 'Staatsfeminismus' (vgl. White 2003) vorangetrieben und die rechtliche und politische Gleichstellung der Frauen in der Gesellschaft als eines der Hauptziele der Revolution festgesetzt. Daher konnte sich das Militär aus ideologischen Grundprinzipien nicht gegen das 'emanzipatorische' Handeln der Frauen stellen.

Die politischen und akademischen Zirkel der linken und feministischen Frauen wollten nun diese informellen Treffen in eine breitere Öffentlichkeit tragen und versuchten in 'offiziellen' und populistischen Tageszeitungen feministische Artikulationsformen zu finden. Ihr Ziel war es, eine autonom-feministische Seite in den Zeitungen und Zeitschriften zu publizieren, um eine breitere Masse zu erreichen. In der wöchentlichen Zeitschrift *Somut*, die von *Yazko* veröffentlicht wurde, bekamen die Frauen endlich eine feministische Kolumne. Die Anliegen von zahlreichen Frauen aus diversen sozialen Gruppierungen wurden hier veröffentlicht (Tekeli 1991: 43).

Gemäß den feministischen Grundprinzipien einer nicht-hierarchischen, informellen und basisdemokratischen Struktur und Praxis innerhalb der Bewegung politisierten die Feministinnen ihre gemeinsamen Belange. Es gab keine formellen Redaktionsvorschriften und dies führte zu einer hierarchisch freien Arbeitsteilung zwischen den Frauen in der Redaktion. Die wichtigsten Themen waren unter anderem Abtreibung, alltägliche Gewalt gegen Frauen, Weltfrauentag, Erfahrungsberichte von Frauen aus dem Berufsleben und 'private' Lebensbedingungen. Alle Themen wurden feministisch-kritisch diskutiert und die 'Feministische Seite' entwickelte sich zum Mittelpunkt der Zeitschrift *Somut*. Doch der neue Vorstand von *Yazko* beschloss 1983, diese Seite einzustellen. Diese Erfahrung mit der Zeitschrift *Somut* zeigte den Feministinnen die Grenzen von feministischer Arbeit und Politik auf. Trotz eines großen Interesses und einer wachsenden Anzahl von Sympathisanten und Sympathisantinnen für die 'Anliegen von Frauen' konnte dieses Potential nicht in eine aktive Unterstützung für die Bewegung umgewandelt werden (vgl. Tekeli 1990: 279; vgl. auch Sirman 1989).

Kritische Reaktionen zur neuen Frauenbewegung kamen nicht nur aus den konservativen Teilen der Gesellschaft, welche die 'private' Sphäre als die Lebenswelt der Frauen sahen, sondern auch von den vermeintlich 'befreiten', kemalistischen Frauen, die diese 'neuen' Formen des Feminismus kritisierten. Auch die gesamte Linke übte Kritik. Die Feministinnen wurden 'bürgerlicher' Denk- und

Handlungsweisen beschuldigt, die reaktionär, kontra-revolutionär und sogar faschistisch seien. Diese Unterstellungen überschneiden sich mit der anfänglichen Kritik der Linken an der zweiten Welle der Frauenbewegung. Gegen diese heftige Kritik konnten die Feministinnen, die anfangs hauptsächlich in den Großstädten Ankara und Istanbul organisiert waren, keine organisatorischen oder materiellen Ressourcen entwickeln, da es ihnen in den Anfängen der Bewegung an Zeit und Geld fehlte, um sich in vollem Ausmaß für die Bewegung zu engagieren.

Die Frauenbewegung war wie keine andere soziale Bewegung von den rigiden Unterdrückungsmechanismen des Militärregimes unbehelligt geblieben, und konnte sich auch nach der Gründung einer, durch das Militär kontrollierten, 'zivilen' Regierung unter Ministerpräsident Turgut Özal im Jahre 1983 politisch organisieren.

Die politischen Debatten, die die gesellschaftliche und politische Stellung von Frauen zum Mittelpunkt ihrer politischen Diskurse machen, stehen bis heute im Zentrum von verschiedenen Ideologien, welche frauenpolitische Thematiken gern als Symbole und Mittel ihrer eigenen politischen Ansätze instrumentalisieren. Die Feministinnen haben es aber trotz struktureller Hindernisse geschafft, bislang dethematisierte Frauenbelange zu politisieren, eine feministische Öffentlichkeit hervorzubringen und entscheidende Frauengruppen zu mobilisieren.

> „Die Phase der Reflexion, die folgte, brachte die Einsicht, dass die Frauen eine autonome politische Kraft unabhängig vom Staat, von politischen Parteien oder anderen sozialen Bewegungen schaffen mussten: Eine, die sich auf Frauen und nur auf Frauen stützt." (Tekeli 1990: 280)[4]

Diese Einschätzung der Soziologin Tekeli bezüglich der Frauenbewegung in den Anfangsjahren bringt die politischen Einstellungen und Aktivitäten der Feministinnen auf den Punkt: Sie waren gegen den Staat, weil sie vor und nach der Gründung der türkischen Republik vom Staat ausgebeutet, diskriminiert, ökonomisch benachteiligt, sozial ausgegrenzt und politisch abgewertet wurden. Die Frauen erlebten 'systematische Männergewalt' als Bestandteil ihres Alltags in Form von direkter körperlicher Gewalt und durch eingeschriebene 'Männlichkeitsstrukturen' in Staat und Gesellschaft, die in 'subtilen' Gewaltformen ihren Ausdruck fanden (vgl. Sauer 2004: 79).

Die Gründung des *Frauenzirkels* (Kadin Cevresi) war grundlegend für die weitere Entwicklung der Frauenbewegung. Er fungierte zugleich als Frauenverlag und Beratungsinstitution und stellte rechtliche und gesundheitliche

4 Aus dem Türkischen übersetzt von der Verf.

Dienstleistungen für Frauen bereit. Der *Frauenzirkel* legte im März 1986 der Regierung Özals eine Petition mit 7000 Unterschriften von Feministinnen aus Ankara und Istanbul zur Aufhebung geschlechtsspezifischer Diskriminierungen von Frauen vor. Gleichzeitig wurde die Implementierung der *CEDAW* gefordert, welche die Türkei 1985 unterzeichnet hatte (vgl. Ovadia 2005: 65f; vgl. Sirman 1990: 61).

Ermutigt durch diese politischen Aktionen wurde 1987 eine weitreichende Kampagne zum Thema *Gegen Gewalt an Frauen* organisiert, die für die weitere Entwicklung der Frauenbewegung sehr bedeutend war, da sie zur längerfristigen, politischen Mobilisierung von Frauen beitrug und große Aufmerksamkeit von der Presse erhielt. Diese Kampagne, im Zuge derer Massendemonstrationen in Istanbul organisiert wurden, wurde sowohl von autonomen Frauengruppen als auch vom *Verein türkischer Akademikerinnen* und dem *Verein türkischer Juristinnen* unterstützt (vgl. Acar-Savran 2005a: 83ff). Die Hymne der türkischen Frauenbewegung: *„Kadinlar Vardir!"*, „die Frauen existieren doch!", welche auf allen Protestveranstaltungen gesungen wurde, offenbarte das feministische Ziel und die Notwendigkeit, Frauen in der Gesellschaft 'sichtbar' zu machen.

In Anlehnung an die Kampagne *Gegen Gewalt an Frauen* veranstaltete im Jahr 1987 eine Gruppe von Feministinnen im Zentrum von Ankara am Muttertag eine Demonstration. Bei dieser Protestveranstaltung griffen sie erneut das Thema der Gewalt gegen Frauen auf, indem sie 'sarkastisch' darauf aufmerksam machten, dass Frauen in der türkischen Gesellschaft zwar als Mütter geehrt, als Ehefrauen aber zumeist misshandelt werden (Sirman 1990: 61). Im Oktober 1987 wurde ein eintägiges Festival in Istanbul zur Sammlung von Spenden für die Errichtung von Frauenhäusern für weibliche Gewaltopfer veranstaltet. Es wurden Diskussionsgruppen und feministische Stände auf den Straßen organisiert. Dabei engagierten sich auch misshandelte Frauen selbst, die Hilfe zur Selbsthilfe boten, Informationsmaterial verteilten und Aufklärungsarbeit leisteten. Durch die Aktionen der Feministinnen wurde häusliche Gewalt enttabuisiert, politisiert und an die Öffentlichkeit gebracht. Die Frauen kritisierten den Staat, indem sie darauf hinwiesen, dass die Gewalt gegen Frauen durch staatliche Institutionen, wie die Justiz oder die Polizei, nicht verhindert und dadurch mitunter legitimiert wurde (vgl. Amargi 2005).

Im Zivilrecht galt in den Achtzigern noch ein Ehegesetz, das den Ehemann als 'Oberhaupt der Familie' über alle anderen Familienmitglieder positioniert. Die Frau und ihr Körper wurden dem Ehemann 'untergeordnet' und 'zur Verfügung gestellt'. Ohne die Einwilligung des Ehemannes konnte die Ehefrau weder eine Abtreibung vornehmen noch einer Erwerbsarbeit nachgehen. Ehebruch der Frau und des Mannes *(Zina)* wurde rechtlich geahndet. Die Bestrafung und Disziplinierung durch den Staat beschränkte sich bei einem Vergehen gegen dieses Gesetz aber in der Regel nur auf die Frauen.

Ende der 1980er Jahre erschien das Buch *Schreie! Alle sollen es hören!* als Gemeinschaftspublikation von verschiedenen Frauengruppen, die an den Anti-Gewaltkampagnen teilgenommen hatten. Erfahrungsberichte von Gewaltopfern, Ratschläge und rechtliche Aufklärung waren die Mittel, um den Frauen Wege zu zeigen, sich aus familiären Gewaltverhältnissen zu befreien. Auch die gesellschaftliche Tabuisierung der familiären Gewalt wurde kritisiert, wie auch der Titel des Buchs deutlich macht. Von ihren Ehemännern geschlagene Frauen wurden aufgefordert, sich nicht länger zu schämen und den Gewalttäter zu schützen, um die 'Würde' der Familie zu wahren. Die Frauen sollten stattdessen so laut schreien, dass es alle hören und so rechtliche Maßnahmen dagegen ergriffen werden konnten. Die Errichtung von Frauenhäusern machte den Frauen Mut und diese Solidaritätsstrukturen legten das Fundament für einen Wertewandel bei den Frauen in Bezug auf männliche Gewalt. Gewalt wurde nicht mehr als 'normal' oder 'selbstverständlich' angesehen (vgl. Acar-Savran 2005a: 89ff).

Zentral ist in diesem Zusammenhang die Entmystifizierung der Institution Familie, die als eine unkontrollierte Sphäre von Gewaltverhältnissen entlarvt wurde. Die breite Resonanz in den Medien und die steigende Anzahl von Fernsehprogrammen, die Gewalt gegen Frauen thematisierten, waren die erfolgreichen Konsequenzen der feministischen Kampagne *Gegen Gewalt an Frauen*. Die Anzahl von Frauen, die sich für die Frauenbewegung engagierten, wuchs stetig an. Feministische Buchstände auf Buchmessen, aktuelle Berichte über die Aktionen und Projekte der Feministinnen und Übersetzungen von feministischer Standardliteratur aus dem Westen fanden zunehmend Verbreitung.

Des Weiteren erhielt eine Ausstellung am Weltfrauentag am 8. März 1988 große Aufmerksamkeit, im Zuge derer in einer Galerie ein *Zeitgenössisches Modernes Frauenmuseum* eingerichtet wurde, das alle Gegenstände – von Küchenutensilien bis Hygieneprodukte – aus dem 'Alltag' von Frauen ausstellte. Frau wollte Frau in ihrer Eigenart, ihren Lebensbedingungen und Thematiken sichtbar machen (Sirman 1990: 62).

Die feministischen Organisationen verbreiteten sich über die Grenzen der Großstädte Ankara und Istanbul hinaus im ganzen Land. In Adana und Izmir wurden Frauengruppen gegen die sexuelle Belästigung von Frauen gegründet. Am Büchermarkt wurde vermehrt feministische Literatur angeboten. Der Roman, der am meisten öffentliches Interesse und Aufsehen erregte, war jener von Duygu

Asena mit dem Titel *Die Frau hat keinen Namen*.[5] Duygu Asena hatte als eine der ersten öffentlichen feministischen Aktivistinnen und als Redakteurin der von ihr gegründeten Zeitschrift *Kadinca* (Fraulich) sehr viele Demütigungen und Abwertungen durch die Presse erfahren. *Die Frau hat keinen Namen* ist die Geschichte einer jungen Frau aus der Mittelschicht, die sich aus den Fesseln ihrer traditionellen und patriarchalen Umgebung löst. Es ist die Geschichte der Emanzipation einer jungen türkischen Frau. Diese Geschichte wurde auch verfilmt. Der Vertrieb des Films wurde allerdings vom *Staatlichen Komitee zum Schutze der Jugend vor Amoralischen Veröffentlichungen* zensiert, das ein Vertriebsverbot über diesen Film verhängte.

Zur selben Zeit begann der Institutionalisierungsprozess der autonomen Frauengruppen. Der *Verein gegen die Diskriminierung von Frauen* in Istanbul und der *Verein für Frauensolidarität* in Ankara stellten die ersten Institutionalisierungen in Form von Vereinen in der Frauenbewegung dar. Ad hoc-Aktionen und öffentliche Konferenzen wurden aber weiterhin abgehalten.

Darüber hinaus wurde der Widerstand gegen die gesetzlich geregelten Jungfrauentests zu einem grundlegenden Anliegen für die Feministinnen. Die Jungfrauentests stellten die staatliche Kontrolle über den Körper der Frau dar, die an ledigen Beamtinnen, Schülerinnen und jungen 'unverheirateten' Frauen auf Wunsch von Bildungsinstitutionen, Arbeitgebern oder der Familie selbst durchgeführt werden konnten.[6] Die feministische Bewegung bekämpfte diese Tests als demütigende und menschenrechtsverletzende Praktiken (vgl. Human Rights Watch 1994) und konnte durch Petitionen, Lobbypolitik und öffentliche Auftritte zu ihrer rechtlichen Aufhebung beitragen.

Die Jungfrauentests haben unzähligen Frauen in der Türkei das Leben gekostet, da viele Opfer nach oder vor den gynäkologischen Kontrollen Selbstmord begingen. Die Demütigung, die sie öffentlich erfuhren, die Denunziation durch die Familie und die gewalttätige Praxis der gynäkologischen Kontrolle selbst, die zumeist von männlichen Ärzten durchgeführt wurde, bedeuteten eine psychologische Belastung für die Frauen, die sie mitunter nicht mehr ertragen konnten. Durch die Bestrafung des außerehelichen Geschlechtsverkehrs von Frauen wurde der Staat zur gesetzlich regelnden, gewalttätigen Instanz, der sich auf geschlechtsspezifische und männlichhegemoniale Praxen stützte (vgl. Parla 2001). Jungfrauentests haben heute keine rechtliche Basis mehr, sind aber als

5 Duygu Asena gilt als eine Ikone der türkischen Frauenbewegung. Sie ist 2008 an Krebs verstorben und wurde von Massen von Feministinnen und Frauen zu Grabe getragen.

6 Zu 'Jungfräulichkeit und Patriarchat' siehe: Mernissi 2003.

eine gesellschaftliche Praxis immer noch üblich, da nach wie vor junge Frauen von ihren Familien dazu gezwungen werden.[7]

Die rigiden Vereins-Gründungsgesetze, die nach dem Militärputsch von 1980 erlassen wurden, machten es selbst Ende der 1980er Jahre immer noch fast unmöglich, politische Vereine zu gründen. Daher gründeten die Initiatorinnen der feministischen Bewegung 1990 eine *Gesellschaft mit beschränkter Haftung* und brachten die Zeitschrift *Feministin* heraus. Auf den Seiten der *Feministin* wurden alle Frauenanliegen kritisch dargelegt und *Feministin* und *Kaktüs* avancierten zu den offiziellen Presseorganen der feministischen Bewegung (vgl. Acar-Savran 2005b).

### 3.2.2 Die 1990er Jahre: Projektfeminismus und Spaltungen

Das Jahr 1990 wird als eine Zeit der 'Stagnation' in der Frauenbewegung beschrieben und die Feministinnen selbst sprachen in den 1990er Jahren vom Ende der Frauenbewegung. Der Rückgang der spontanen Straßenaktionen, die als Motor in der Entwicklungsdynamik der Bewegung entscheidend gewesen waren, signalisierte für viele Feministinnen einen Stillstand der Bewegung. Neben dem allgemeinen Institutionalisierungstrend der Bewegung zog ein entscheidender Kern der feministischen Bewegung es vor, sich weiterhin autonom zu organisieren. Frau wollte nicht nur inhaltlich, sondern auch formell Politik transformieren. Feministische politische Praktiken konnten für diese Frauen nicht durch institutionelle Strukturen gewährleistet werden. Die Debatte über 'Institutionalisierung versus Autonomie' in der feministischen Bewegung hatte sich vom Westen auch auf die Türkei übertragen. Doch die Petition zur Beseitigung von geschlechtsspezifischen Diskriminierungen, die 1986 der Regierung vorgelegt wurde, hatte auch deutlich gemacht, dass Verhandlungsprozesse und ein Kampf auf staatlich-rechtlicher Ebene durchaus mit dem antistaatlichen Charakter der Bewegung zu vereinbaren waren.

Die Distanzierung vom Staat selbst stützte sich auf die strategisch-politische Haltung der autonomen Feministinnen, dadurch die Grenzen der rechtlichen, 'frauenfreundlichen' Reformen Atatürks aufzuzeigen. Die Frauen waren, nur weil sie als Staatsbürgerinnen rechtlich abgesichert waren, nicht von patriarchal-hegemonialen Herrschaftsverhältnissen 'befreit'. Außerdem hatten die politischen Erfahrungen dieser Frauen gezeigt, dass sie durch informelle Strukturen

---

7 Die Jungfrauentests als eine Form der staatlichen und strukturellen Gewalt gegen Frauen werden in Kapitel 4.1 zur hegemonialen Männlichkeit in der Türkei detaillierter dargestellt.

viel effizienter auf die Praxen und Formen des alltäglichen Lebens von Frauen einwirken konnten.

In Ankara gründete eine Frauengruppe ein Café für Frauen, um einen Ort für die Diskussion und Verbreitung von feministischen Anliegen auch in dieser Stadt bereitzustellen. Diese Gruppe setzte sich aus Frauen diverser politischer Ausrichtungen zusammen. Sie alle stimmten aber darin überein, dass eine Transformation der patriarchal-hegemonialen Strukturen in der Türkei nur durch eine autonome Frauenbewegung erreicht werden könne. Die Verbreitung von Frauengruppen, die Frauenthemen autonom in den Mittelpunkt stellten, wurde von vielen unterstützt.

Im Rückblick auf die Aktionen und Diskurse der Frauenbewegung stellt die Anti-Gewalt-Kampagne von 1987 einen zentralen Katalysator der späteren Mobilisierung dar. Die feministischen Aktivistinnen hatten sich endlich von der patriarchalen und männlichen Vorherrschaft in der linken Bewegung losgelöst und machten gezielt Frauenpolitik. Aus dieser Kampagne ging die Gründung der Organisation *Lila-Dach* hervor, die von feministischen Anwältinnen geleitet wird und auch heute noch ein Grundstein der autonomen Frauenbewegung ist. In ihrer Ablehnung jeglicher staatlicher Kooperation und Finanzierung wird *Lila-Dach* in der Bewegung heute einerseits zwar kritisiert, andererseits aber auch als Leitbild autonomer feministischer Politik gesehen.[8]

Im türkischen Kontext haben sich Kämpfe auf der staatlichen Ebene sehr oft als Erfolge für feministische Politik erwiesen, wie beispielsweise die Durchsetzung von frauenfreundlichen Reformen im Rechtssystem. Doch die politische Strategie von *Lila-Dach*, die darauf abzielt, den Staat völlig aus ihrer feministischen Politik auszuschließen, basiert auf der jahrzehntelangen Erfahrung im Umgang mit dem Staat. Daraus resultierte der Entschluss, keine staatlichen Zuschüsse für ihre feministische Projekte anzunehmen, um die Autonomie 'um jeden Preis' zu behalten. Die staatlichen Sozialleistungen für Frauen, die auch Frauenhäuser wie die Institutionen des *SHCEK (Staatliche Institution für Sozialdienste und Kinderschutz)* finanzieren, unterscheiden sich in ihren frauenpolitischen Vorgehensweisen grundlegend von *Lila-Dach*.

Durch den hohen Stellenwert der Familie in der türkischen Gesellschaft und die juristische Verpflichtung zur 'Aufrechterhaltung der Einheit der Familie' konstituiert sich die Familie als ein primärer Ort des Zwanges für die Frauen. Aus diesen Gründen praktizieren die staatlichen Akteure des *SHCEK* in vielen

8 Zu *Lila-Dach* und seinen politischen Strategien und Zugehörigkeiten siehe: Kapitel 5 und Interviews in 5.2.1.

Fallbeispielen eine 'Politik der Familienzusammenführung'[9], die sich gegen die Frauen richtet und es den Frauen nicht erlaubt, aus den häuslichen Gewaltverhältnissen auszubrechen. *Lila-Dach* hingegen, als eine autonome feministische Institution, schützt die Frauen, die Zuflucht vor Gewalttätern suchen, indem die Adressen der jeweiligen Frauenhäuser geheim gehalten werden, um die Frauen und sich selbst vor gewalttätigen, männlichen Übergriffen zu schützen.

In Verbindung mit den Anti-Gewalt-Kampagnen, die durch *Lila-Dach* organisiert wurden, wurde 1990 die *Lila-Nadel-Kampagne* gegen sexuelle Belästigung von Frauen auf der Straße, am Arbeitsplatz und in der öffentlichen Sphäre veranstaltet. „Die Nächte gehören uns und die Straßen auch" war das Motto des Protestes gegen die Verdrängung der Frauen in die Privatsphäre und die Einschüchterung durch männliche Gewalt auf den Straßen. Im selben Jahr wurden auch Demonstrationen gegen den Paragraphen 438 des Strafgesetzbuches organisiert, der bei Vergewaltigung von Prostituierten zwei Drittel Schulderlass gewährte. Um gegen das *Ministerium für Frauen und Familie* zu protestieren, wurde im Zuge der Kampagne eine Scheidungsaktion initiiert, bei der eine 'Massenscheidung' von Ehefrauen durchgeführt wurde, um die Institution der Ehe, das Ehegesetz und die Familie als Sphären der Ausbeutung und Unterdrückung von Frauen zu demaskieren (vgl. Acar-Savran 2005a).

1992 wurde schließlich der Paragraph 159, der die Erwerbsfähigkeit der Ehefrau von der Erlaubnis des Ehemannes abhängig machte, aus dem Zivilgesetzbuch gestrichen. Die Errichtung von weiteren Frauenhäusern, einer Frauenbibliothek in Balat und eines Instituts für Frauenforschung an der Universität Istanbul, wo auch Magister- und Doktorabschlüsse angeboten werden, folgte in den darauffolgenden Jahren. *Pazartesi,* eine feministische Zeitschrift, die seit 1995 regelmäßig erscheint, war das aktivste Presseorgan der Frauenbewegung. Die Zeitschrift wurde von feministischen Aktivistinnen nach feministischen Grundprinzipien geleitet. Sie war jahrelang entscheidend bei der Organisation und Koordination einzelner Kampagnen und Aktionen und galt als eine wichtige Einrichtung der türkischen Frauenbewegung (vgl. Arat 2004; Koçali 2002, 2005; Düzkan 2005).

---

9 Durch die Politik der Familienzusammenführung gilt als erstes Gebot, die Ehefrauen und die Ehemänner wieder als Familie zusammenzubringen. Somit werden oft Ehemänner dazu aufgefordert, ihre Ehefrauen, die in die staatlichen Frauenhäuser geflüchtet sind, wieder 'abzuholen'. Die Frauen werden dann 'überredet', wieder mit ihren gewalttätigen Ehemännern nach Hause zu gehen (mehr zur häuslichen Gewalt in Kapitel 4.1).

Aksu Bora und Asena Güral vermerken in ihrem Vorwort zu dem Buch *Feminismus in der Türkei in den 90ern,* dass über die feministische Bewegung in den letzten zwanzig Jahren „zwar viel gesprochen, aber wenig geschrieben wurde" (Bora/Günal 2002: 7). Ihr Buch, auf das sich die folgende Zusammenfassung der historischen Entwicklung der feministischen Bewegung in der Türkei unter anderem stützt, stelle daher den Versuch dar, die feministische Bewegung historisch in ihrer Reichweite zu dokumentieren.

1989 wird insgesamt von den Feministinnen als das Jahr des Umbruchs für die feministische Bewegung interpretiert. Die Achtziger gelten als eine Epoche, in der Zusammenkünfte in feministischen Zirkeln, die Gründung von Bücherclubs, 'consiousness raising groups' und öffentliche Kampagnen stattfanden. Die Phase nach dem ersten Frauenkongress im Jahr 1989 gilt als eine Zeit, in der nach der Euphorie und der Entdeckungslust der ersten Jahre die politischen Gegensätze unter den Feministinnen sichtbar wurden, die der Bewegung die Grenzen des ideologischen Konsens aufzeigten. Der Schwerpunkt der politischen Arbeit in der Bewegung verlegte sich fortan auf das Ziel, institutionelle Strukturen aufzubauen und nach Kooperationen mit dem Staat zu suchen (ebd.: 8).

Die 1990er Jahre stellen demnach eine Phase der Institutionalisierung dar und werden in Verbindung mit dem allgemeinen politischen Trend in der Türkei gebracht, bei dem sich nach der Depolitisierung durch den Militärputsch allmählich verschiedene soziale Gruppen als Vereine, Stiftungen und Verbände institutionalisierten. Es war gesamtgesellschaftlich und politisch eine Phase der 'Regression', in der die oppositionellen Kräfte in der Gesellschaft verstummten, sich aber in kleinen Zusammenkünften auf legaler Basis organisierten.

Ein wichtiges Merkmal für die 1990er Jahre war aber auch, dass Frauen, die in Verbindung mit der kurdischen und islamistischen Bewegung standen und in den 1980er Jahren nicht in die Frauenbewegung einbezogen waren, feministische Forderungen stellten und sich organisierten. Die kurdischen Frauen hinterfragten den türkischen Nationalismus wie auch den türkischen Feminismus hinsichtlich des politischen Ausschlusses der 'Anderen' und ihrer türkischen Identität (vgl. Çağlayan 2009; Yalçın Heckmann/Van Gelder 2000).

Die islamischen 'Feministinnen' übten hingegen heftige Kritik an der feministischen Bewegung und dem Unverständnis dafür, dass auch 'gläubige' Frauen gegen die Unterdrückung der Frau kämpfen können, ohne dass dieser Kampf einen Widerspruch mit ihrer religiösen Verbundenheit darstellt. Ferner avancierten diese Frauen zu Aushängeschildern islamistischer Politik, die zunehmend in der politischen Öffentlichkeit der Türkei 'sichtbar' wurden (vgl. Secor 2001; Arat 1998b).

Im türkisch-politischen Kontext wurden die kurdischen und islamistischen Diskurse weitgehend als 'bölücülük' (separatistisch) und 'irtica' (rückschrittlich) stigmatisiert und damit auch marginalisiert. Die politischen Formationen dieser Gruppen werden vom Staat in strikter Weise kontrolliert und bei 'Verdacht' auf 'gegenstaatliche Betätigungen' mit Gewalt unterbunden. Das Aufgreifen von diesen Themen innerhalb der feministischen Bewegung hat folglich auch zu einem Bruch innerhalb der Bewegung geführt (Bora/Günal 2002: 8).

In den 1990er Jahren konnten sich die feministischen Organisationen, die vorher in erster Linie auf die Großstadt Istanbul beschränkt waren, auch in vielen anderen türkischen Städten etablieren. Darüber hinaus kam es neben den Spaltungen in der Bewegung auch zu großen solidarischen politischen Aktionen (wie beispielsweise die Kampagne für die Änderungen im Zivilrecht). Die feministischen Organisationen und Plattformen wie die *Strafgesetz-Frauenplattform* konnten politisch als 'pressure-group' in feministischen Belangen agieren.[10]

Der so genannte 'Projektfeminismus'[11] ist ein weiteres Kennzeichen für den Feminismus der 1990er Jahre. Er wurde wegen der Transformation der kämpferischen Handlungsmuster der feministischen Bewegung in 'reformbestrebtere' und 'projektbezogenere' Praktiken kritisiert (Kümbetoğlu 2002; Üstündağ 2006; Sirman 2006); denn durch diese Transformation sei der Radikalismus der feministischen Bewegung verloren gegangen (vgl. Yalçın 2006). Andere wiederum unterstrichen die Erfolge der feministischen Projekte (vgl. Kabasakal Arat 2006, Bora 2006). Bora und Güral interpretieren den Projektfeminismus als ein Problemfeld für die feministische Bewegung, räumen aber auch ein, dass die Annäherung an eine breitere Schicht der türkischen Frauen, wie in ländlichen Gebieten, nur durch diesen Projektfeminismus möglich geworden sei. Doch der politische Kern der feministischen Bewegung verkleinerte sich und die jeweiligen Projekt-Gruppen spalteten die Frauenbewegung (Bora/Günal 2002: 9).[12]

---

10 Die Strafgesetz-Frauenplattform wird von den Feministinnen weitgehend als ein Meilenstein in der feministischen Bewegung betrachtet, welche in Kapitel 5 näher ausgeführt werden soll.

11 Projektfeminismus gilt in der feministischen Bewegung in der Türkei als der Überbegriff für die Phase der vermehrten Projekte in frauenspezifischen Angelegenheiten, die zumeist von ausländischen Fonds finanziert wurden. Somit verlagerte sich die feministische Bewegung weg von der Straße hin zu spezifischen 'Projektecken', wo diverse feministische Gruppen verschiedene Projekte zugunsten der Frauen in der gesamten Türkei entwickelten.

12 Der Projektfeminismus ist eine weitere zentrale Debatte in der feministischen Bewegung, die im Zuge der Analyse der feministischen Strategien in Kapitel 5 diskutiert wird.

Die Beitrittsverhandlungen der Türkei in die EU seit Mitte der 1990er Jahre und die Erlangung des offiziellen Status als Beitrittskandidat der EU am 11. Dezember 1999 haben eine weitreichende 'Demokratisierungswelle' im Land ausgelöst. Im Bereich der Menschenrechte, Frauenrechte und sozialen und kulturellen Rechte wurden in den folgenden Jahren viele Reformen vollzogen. Davon profitierte eine steigende Anzahl von Frauenprojekten, welche von EU-Fonds unterstützt wurden. Diese Demokratisierungswelle hat mit zu dem Projektfeminismus in den 1990er Jahren beigetragen. Die Debatte um die Fonds und Zuschüsse, wie jene, die vom ungarischen Billionär und Geschäftsmann *Soros* zur Verfügung gestellt wurden, war innerhalb der feministischen Bewegung und auch in der linken Bewegung sehr heftig.[13]

Der Rückzug der gesellschaftlichen und politischen Opposition auf allen Ebenen und die Zerschlagung der Links-Intellektuellen in den 1990er Jahren haben sich auch auf die feministische Bewegung ausgewirkt. Dieser Kräfteverlust, der Rückzug und vor allem die Auseinandersetzung damit werden von Bora und Günal als ein zentrales Problem bezeichnet, das für alle sozialen Bewegungen bis in die Gegenwart relevant sei bzw. auch in den nächsten Jahren noch von Bedeutung sein werde (ebd.: 11).

Außerdem wurde eine 'Überalterung' befürchtet, weil die Unterstützung von jungen Feministinnen nachzulassen schien. Diese Demotivation der jungen Feministinnen wurde auf die Erfahrungen ihrer Vorgängerinnen und die Tatsache zurückgeführt, dass die Gründerinnen der Bewegung sich gespalten und mit der Zeit von der Bewegung völlig abgewandt hatten. Für die Rekrutierung von jungen Aktivistinnen für die feministische Bewegung wurden in den 1990er Jahre die Frauenforschungszentren in den Universitäten wichtig. Diese Zentren stellten ein großes Potential für die Bewegung dar, gleichzeitig wurden damit aber auch neue kritische Fragen hinsichtlich der Entwicklung der Bewegung aufgeworfen (ebd.).

---

13 In dieser Debatte ging es darum, dass der Ursprung des privaten Reichtums von Soros unbekannt war und es Spekulationen über seine 'dunklen Geschäfte' gab. Daraufhin wurden die Frauenvereine, die Zuschüsse von Soros bekommen haben, als 'die Frauen von Soros' öffentlich denunziert, was eine heftige Debatte in der feministischen Bewegung auslöste. Die Linken beschuldigten die feministischen Vereine, in Koalition mit den schmutzigen Geschäften der kapitalistischen Weltwirtschaft zu sein. Viele der feministischen Vereine, die zu Unrecht mit Soros in Verbindung gebracht worden waren, verteidigten sich öffentlich gegen die Diffamierung. Die Debatten und Konflikte über die Subventionen von privaten Unternehmen werden als ein zentraler Bezugs- und Konfliktpunkt feministischer Politik in Kapitel 5 detailliert diskutiert.

Die Inklusion der Kategorie Geschlecht in jegliche Strukturen der Wissensbildung erscheint für eine feministisch-politische Strategie als notwendig und kann in diesem Zusammenhang als ein förderndes Potential festgehalten werden. Gleichzeitig kann aber an dieser akademischen Rekrutierung Kritik geübt werden, weil die Verbindung von Theorie und Politik offen lässt, inwieweit die feministische 'Akademie' nicht als eine Sprecherin der staatlichen Ideologie agiert und/oder diese legitimiert (ebd.: 10). Ein Beispiel dafür ist das wachsende Interesse der staatlichen Institutionen und der konservativen politischen Zirkel und Medien an Frauenthemen in diesen Jahren. Die Frauenbewegung musste sich in diesem Fall vor der Gefahr einer Vereinnahmung ihrer Diskurse und Politiken durch staatliche Akteure und Akteurinnen schützen. Für solch eine staatliche Vereinnahmung von Frauenthemen steht der von der Ehefrau des Ministerpräsidenten Turgut Özal, Semra Özal, gegründete *Verein zur Stärkung und Präsentation der Türkischen Frau* im Jahre 1986. Kurz darauf wurde 1991 das *Ministerium für Frauen und Familie* eingerichtet, dessen Gründung und Existenz bis heute Debatten in feministischen Kreisen ausgelöst haben (Amargi 2005: 16f.).[14] Des Weiteren wurde 1990 das an das Staatsministerium angegliederte *Direktoriat für den Status der Frau* gegründet.

Diese staatlichen Institutionalisierungen sind sowohl Beleg der staatlichen Anerkennung wie auch der Vereinnahmung der 'Frauenfrage' und haben zu einer Zersplitterung innerhalb der Frauenbewegung geführt. Die Befürworterinnen der unabhängigen, autonomen Bewegung distanzierten sich vehement von diesen Institutionen, während andere es begrüßten, BündnispartnerInnen im Staat zu suchen. Zeitgleich mit der Errichtung des Direktorats wurden Frauengruppen und Frauenkommissionen in Gewerkschaften, Parteien und Berufsvereinigungen gegründet. Die Erweiterung der Frauenbewegung bedeutete zugleich auch eine Zersplitterung und eine Heterogenisierung. Die Frauenbewegung wurde nicht mehr allein von radikalen Feministinnen getragen, sondern es bildeten sich unterschiedliche Positionierungen heraus, die von verschiedenen Sprecherinnen vertreten wurden.

14 Dabei geht es um den Protest gegen die staatlichen Institutionen, die sich zu Frauenangelegenheiten äußern, Frauenreformen anleiten und frauenbezogene Politiken veranlassen, die sich der feministischen Bewegung zufolge nicht immer zugunsten von Frauen erweisen. Es wird auch kritisiert, dass diese staatliche Vereinnahmung den Radikalismus und die Autonomie der aktivistischen feministischen Bewegung hemmt und verhindert.

Diese Zersplitterung machte spontane Solidaritätszusammenkünfte und Großmobilisationen immer schwieriger. Während der feministische Diskurs sich immer mehr in der politischen Öffentlichkeit verbreitete, verlor er auf der anderen Seite seinen inhaltlichen Wert und seine Bewegungsdynamik. Die Solidarität in der feministischen Politik wurde untergraben und jede verkroch sich in die eigene 'Projektecke'. Ein Kräfteverlust und eine allgemeine psychologische Deprivation innerhalb der Bewegung wurden deutlich.

Ikonen und Gründerinnen der feministischen Bewegung, wie Stella Ovadia und Şirin Tekeli, verabschiedeten sich als Aktivistinnen von der Bewegung, dafür entstanden zahlreiche neue Gruppen[15], die sich aber untereinander nicht kannten. Dadurch fehlten die notwendigen feministischen Netzwerke (Kardam/Ecevit 2002: 92). Einige Frauen, insbesondere diejenigen, die seit dem Entstehen der Bewegung dabei waren, empfanden das Aufkommen neuer feministischer Zirkel als ein positives Potential für die Bewegung. Sie glaubten, dass eine Verbreitung des feministischen Diskurses eine breitere politische Öffentlichkeit für feministische Politik schaffen würde.

In dieser Phase der Institutionalisierung in den 1990er Jahren traten einige Frauenorganisationen in den Vordergrund, die für den Verlauf der feministischen Bewegung von Bedeutung waren und noch immer sind. Ihre Projekte, Netzwerke, Fraueninitiativen und ihr hohes Mobilisierungspotential für die gesamte Bewegung mündeten nach 2000 in eine Solidarität und Zusammenarbeit dieser Organisationen.

Die politisch aktivsten und wichtigsten Organisationen sind chronologisch nach ihrem Gründungsjahr geordnet: *Das Zentrum für Frauenforschung der Universität Istanbul* 1989, die Stiftung *Bibliothek der Frauenwerke und Zentrum für Wissen* 1990, die Stiftung *Lila-Dach Frauenhaus* 1990, die Stiftung *Frauen für Menschenrechte der Frauen – Neue Wege (WWHR)* 1993, das *Zentrum für Frauenforschung der Universität Ankara (KASAUM)* 1993, *Regenbogen-Istanbul Frauenplattform* 1995, *Pazartesi – Frauen, Kultur und Kommunikationsstiftung* 1996, *Fliegender Besen* 1996, die Kooperative *Jijan-Autonome Frauengruppe* 1996, *Ka-Der – Der Verein zur Bildung und Unterstützung von Frauenkandidaten* 1997, *Kamer – Zentrum für Frauen* 1999, Frauenkooperative *Amargi* 2001, *Sozialistisch-Feministisches Kollektiv (SFK)* 2008.

Viele dieser Organisationen sind in Istanbul sowie in den Großstädten Ankara und Izmir errichtet worden. Angefangen mit der Gründung von *Ka-Mer*

15 Einige der politisch einflussreichsten Frauenorganisationen werden im Anschluss vorgestellt.

in Diyarbakır und ihrer aktiven Rolle innerhalb der feministischen Bewegung wurden in den folgenden Jahren zahlreiche Organisationen, Vereine, Stiftungen, Initiativen, Kooperativen, Verbände und Kollektive im Südosten und in allen anderen Teilen des Landes ins Leben gerufen (vgl. Akkoç 2002), von 1990 bis 2000 waren es 278 Frauenorganisationen.[16] Momentan sind 370 Frauenorganisationen in der Datenbank der Organisation *Fliegender Besen* verzeichnet, wo auch Frauenberufsverbände und Frauenorganisationen ohne direkte feministische Anliegen aufgelistet sind. Die oben erwähnten Frauenorganisationen, die nach 1990 gegründet wurden, sind in ihrer Entwicklungsdynamik und Präsenz in der feministischen Öffentlichkeit der Türkei die Trägerinnen der heutigen feministischen Bewegung.[17]

Die ersten Entwicklungen auf dem Wege der Institutionalisierung der feministischen Bewegung im Jahre 1990 waren die Frauenforschungszentren in den Universitäten der Großstädte. Das *Frauenforschungszentrum der Universität Istanbul*, das 1989 eingerichtet wurde, hat zu einer weitreichenden feministischen Wissensbildung und der Aneignung von wertvollen Traditionen der Frauenbewegung beigetragen. Die Leiterinnen Necla Arat und Nermin Abadan-Unat verfolgten zwar kemalistische Grundprinzipien in ihrer akademischen Arbeit, können aber nichtsdestotrotz durch die steigende Anzahl der akademischen Diplome und Doktorabschlüsse im *Frauenforschungszentrum der Universität Istanbul* als Initiatorinnen einer feministischen Wissensaneignung bezeichnet werden. 1993 folgte die Etablierung des Zentrums für Frauenforschung an der Universität Ankara, dessen Rolle und Aufgaben im Wesentlichen denen des Zentrums in Istanbuls gleichen. Die feministische Protagonistin Selma Acuner ist eine der Gründerinnen dieses Zentrums und gilt heute als eine der aktivsten Figuren in der feministischen Öffentlichkeit der Türkei, die den „mühsamen Seiltanz" zwischen autonomer feministischer Politik und institutionalisierter Frauenpolitik bewerkstelligt (Acuner 2002).[18]

*Das Direktorat für den Status der Frau*, das 1990 als eine staatliche Untereinheit des Hauptministeriums errichtet wurde, übernahm die Führungsposition in der

16 Für eine Database der Frauenvereine siehe: http://supurge.bulupe.com/?lang=eng. Zugriff am 09.03.2009.

17 In Kapitel 5 werden die Interviews mit einigen Protagonistinnen dieser Organisationen, die als aktuelle Standortbestimmung der feministischen Bewegung gelten können, detailliert dargestellt und diskutiert.

18 Zu diesem 'Seiltanz', der das Dilemma feministischer Politik in der Türkei darstellt, siehe: Kapitel 5.2.2 und Interview mit Selma Acuner.

offiziellen Frauenpolitik der Türkei und erklärte, wie auch Nermin Abadan-Unat, die Leiterin des Frauenforschungszentrum der Universität Istanbul auf einem Frauenkongress, dass die Gleichstellung von Frau und Mann im Verantwortungsbereich des Staates liegen müsse (ebd.: 122ff.). Diese politische Vereinnahmung hemmte sowohl den Radikalismus der autonomen feministischen Bewegung und teilte umso mehr die Frauenbewegung in kemalistisch und radikal gesinnte Fraktionen, erzielte aber auf vielen rechtlichen Ebenen Erfolge zugunsten der Frauenrechte in der Türkei. Die autonomen Feministinnen lehnten staatliche Institutionen radikal ab, was aber spätere Bündnisse zwischen feministischen Organisationen und der staatlichen Frauenpolitik nicht ausschließen sollte.[19]

Ich möchte mich an dieser Stelle auf eine chronologische Skizzierung der wichtigsten Organisationen und deren Ziele und Ansprüche beschränken, um die politisch effektivsten Institutionen, Kollektive und Plattformen der feministischen Bewegung hervorheben zu können.

Für feministische Wissensbildung war neben den Frauenforschungszentren an den Universitäten die Gründung der Stiftung *Bibliothek der Frauenwerke und Zentrum für Wissen* im Jahre 1990 von zentraler Bedeutung. Die Bibliothek übernimmt bis heute eine Brückenfunktion innerhalb der feministischen Bewegung und hat durch ihre Netzwerke und Ressourcen großes Potential, Feministinnen für gemeinsame Anliegen zu mobilisieren (vgl. Davaz Mardin 2002; Greening 2000).

Zeitgleich mit der Institutionalisierung im akademisch-wissenschaftlichen Bereich, organisierten sich radikale autonome Feministinnen, darunter viele ehemalige sozialistische und kommunistische Aktivistinnen, in Form von basisdemokratischen, nicht-staatlichen und dezentralisierten Vereinen und Stiftungen. 1993 folgte die Gründung der Stiftung *Frauen für Menschenrechte der Frauen – Neue Wege (WWHR)*, die bis heute zu den aktivsten Institutionen der feministischen Bewegung gehört.[20] Die frauenpolitischen Ziele dieser Organisation sind die Integration von Geschlechtergleichheit in die offizielle Politik, das Parlament und die Kommunalverwaltungen, die Durchsetzung von rechtlichen Reformen zugunsten von Frauen und die Implementierung der Menschenrechte der Frauen. Sie arbeiten mit verschiedenen Organisationen der Vereinten Nationen zusammen

19 Diese feministischen Strategien der Politikbildung und des politischen Handelns in der Öffentlichkeit und im Verhältnis zu Staat und Zivilgesellschaft für die Schaffung einer geschlechtersensiblen Öffentlichkeit sollen in Kapitel 5 diskutiert werden.

20 Für die Projekte und frauenpolitischen Strategien der *WWHR* siehe: Interview mit İpek İlkkaracan in Kapitel 5.2.2.

und sind neben vielen anderen Frauenorganisationen für die Erfolge bei den rechtlichen Reformen zur Durchsetzung von Geschlechtergleichheit im Zivil- und Strafgesetz der Türkei verantwortlich. Durch ihre Projekte und Aktionen in ländlichen Gebieten der Türkei versuchen sie Frauen aus allen Bildungsschichten zu erreichen und diese durch die Bereitstellung von Mitteln und Ressourcen wie Geld, Wissen und berufliche Weiterbildung in ihrer gesellschaftlichen und politischen Position zu stärken. Die *Regenbogen – Istanbul Frauenplattform* ist eine weitere autonome Frauengruppe, die soziale Ungleichheiten in der Gesellschaft und zwischen Frauen thematisiert und sich 1995 formierte. Die Zeitschrift *Pazartesi*, die ihre erste Ausgabe 1995 publizierte, wurde von den Initiatorinnen der Frauenbewegung wie Gülnur Acar-Savran und Filiz Koçali gegründet. Die feministische Redaktion der *Pazartesi* war die treibende Kraft der autonomen feministischen Bewegung in den 1990er Jahren und sie war auch die Initiatorin und Organisatorin von großen feministischen Demonstrationen und Meetings dieser Jahre (vgl. Koçali 2005, Düzkan 2005).

Die Gründung der Organisation *Fliegender Besen*, die im Jahr 1996 von akademischen Feministinnen wie Yıldız Ecevit initiiert wurde, förderte ebenfalls die Zusammenarbeit und die strukturellen Netzwerke zwischen den verschiedenen Frauenorganisationen und fungiert als eine organisatorische Stütze der feministischen Bewegung (vgl. Kardam/Ecevit 2002). Die 1996 gegründete Kooperative *Jijan – Autonome Frauengruppe* ist eine politische Organisation von kurdischen Feministinnen, welche die soziale und gesellschaftliche Situation von kurdischen Frauen sichtbar machen möchte. Sie ist mit zahlreichen anderen kurdischen Organisationen vernetzt und thematisiert Armut, Gewalt und Ausgrenzung, die Kurdinnen als eine ethnische Gruppe erfahren (vgl. Halide/Canan 2005). *Ka-Der*, der *Verein zur Bildung und Unterstützung von weiblichen Kandidaten*, wurde 1997 gegründet und verfolgt das Ziel, die Partizipation der Frauen in Politik und in politischen Entscheidungsprozessen zu erhöhen, indem er Frauen, die sich für politische Ämter bewerben, durch effizientes Lobbying und feministisch-politische Wissensbildung unterstützt.

Die Tatsache, dass auch die türkische Politik 'bemannt' und der Anteil der weiblichen Parlamentsabgeordneten aufgrund struktureller und materieller Hindernisse sehr gering ist, ist ein zentraler Ausgangspunkt für die politische Arbeit von *Ka-Der*. Ihr Vorsatz, alle politisch ambitionierten Frauen unabhängig von ihrer politischideologischen Zugehörigkeit für die Erlangung politischer Ämter zu unterstützen, führte mit der Zeit dazu, dass vor allem Politikerinnen von Mitte-Rechts-Parteien von *Ka-Der* unterstützt wurden. Eine Förderung von Vertreterinnen von radikaleren oder islamistischen Parteien wurde zunehmend abgelehnt (vgl.

Bora 2002). Trotz großer Kritik an *Ka-Der* hat sich die Organisation in den letzten Jahren zu einer Kernorganisation für die feministische Bewegung entwickelt. Sie hat politisch starke Netzwerke zwischen Parlamentarierinnen, Parteien, autonomen Frauengruppen und Frauenorganisationen aufgebaut. Die feministische Ausrichtung der Kandidatinnen verschiedener Parteien ist für *Ka-Der* obligatorisch. Ihr feministisches Bewusstsein wird als Vorbedingung gesehen. Momentan leitet die feministische Anwältin Hülya Gülbahar *Ka-Der*. Sie hat vorher in unzähligen Organisationen als feministische Aktivistin und Anwältin gearbeitet und unter anderem die *TCK* (Türkisches Strafgesetz) *Frauen-Plattform* initiiert, die zu zahlreichen Reformen im Zivil- und Strafrecht beitrug.[21] Aksu Bora zufolge stellt *Ka-Der* den ersten Versuch dar, zwei verschiedene und vielleicht auch miteinander unvereinbare Frauenpolitiken zu verbinden: Traditionelle und vom Staatsfeminismus in der Türkei beeinflusste Frauenpolitik werde mit einem politisch-gesellschaftlich oppositionellen Feminismus zusammengeführt (Bora 2002: 113).

Die letzte Organisation, die Ende der 1990er Jahre gegründet wurde und hinsichtlich ihrer landesweiten Reichweite erwähnt werden muss, ist der 1999 von Nebahat Akkoç gegründete Verein *Kamer*, ein Frauenzentrum in Diyarbakır. Diyarbakır ist eine politisch und gesellschaftlich pulsierende Stadt in Südostanatolien, ein Ort mit vielen sozialen und politischen Problemen und Ungleichheiten. Die Gründung solch einer Frauenorganisation in dieser Stadt wurde von vielen feministischen Kreisen unterstützt. Kamer leitet zusammen mit anderen Organisationen wichtige Projekte in diesen sozioökonomisch schwachen bzw. 'vernachlässigten' Gebieten. Sie engagieren sich für die Stärkung der soziokulturellen Lage der Frauen in Südostanatolien, der Aufwertung von Frauenerwerbsarbeit und für Projekte gegen Ehrenmorde und Gewalt an Frauen (vgl. Akkoç 2002).

### 3.2.3 Nach 2000: Zusammenarbeit und Solidarität

Die Periode nach 2000 kann als eine Zeit der Solidarität und Zusammenarbeit verschiedener Frauenorganisationen und insgesamt als eine Zeit der politischen Stärkung der feministischen Bewegung bezeichnet werden.

Die erste und aus einer feministisch-politischen Perspektive eine der wichtigsten Institutionen, die nach 2000 gegründet wurden, ist die Organisation *Amargi – Frauenkooperative*. Die Initiatorin ist die Soziologin und Aktivistin Pınar Selek, eine der bedeutendsten feministischen Protagonistinnen in der Tür-

21 Für die frauenpolitische Bedeutung von *Ka-Der* und Interview mit Hülya Gülbahar siehe: Kapitel 5.2.2.

kei. Seit ihrer Gründung im Jahre 2000 hat sich *Amargi* heute als eine führende Organisation innerhalb der feministischen Bewegung etabliert. Als eine der zentralsten Organisationen in der feministischen Öffentlichkeit fördert sie eine Zusammenarbeit zwischen den feministischen Gruppen „Women's acquisition of the necessary equipment for finding solutions to the problems they directly experience" formuliert *Amargi* als Gründungsziel.[22] Hier steht also die Stärkung der Frau durch feministische Netzwerke und Frauensolidarität im Vordergrund.

Die gleichnamige feministische Zeitschrift *Amargi*, die seit 2003 vierteljährlich erscheint, ist heute eines der einflussreichsten feministischen Presseorgane der gesamten feministischen Bewegung. *Amargi* hat diese Position von der Zeitschrift *Pazartesi* übernommen, die in den Anfangsjahren der feministischen Bewegung als ein effizientes Presseorgan agiert hatte. Die wissenschaftlichen Beiträge in *Amargi* von feministischen Soziologinnen, Akademikerinnen, Aktivistinnen, Journalistinnen, Dichterinnen und Schriftstellerinnen können als eine Momentaufnahme der aktuellen feministischen Bewegung gelten.

Die feministische Bücherei und das *Café Amargi*, die im Jahre 2008 in Beyoğlu eingerichtet wurden, sind Treffpunkte der aktiven feministischen Szene in Istanbul. Dort finden zahlreiche Seminare, Diskussionsgruppen und Vorlesungen zu feministischen und frauenspezifischen Themen statt. *Amargi* ist als eine Kooperative in ihrer Organisationsstruktur autonom und basisdemokratisch, da sie keine offiziellen Leiterinnen oder Führungspersonen hat.[23]

Eine weitere Kooperative, die zur geschichtlichen und kulturellen Bewusstseinsbildung der Feministinnen beiträgt, ist die *Lilafilm Frauenkooperative*. Sie wurde 2004 gegründet. Die Partizipation von Frauen in den Medien und im Kino und das Sichtbarmachen der Arbeit, Produkte und Lebenserfahrungen von Frauen im medialen Bereich gehört zu ihren primären Aufgaben. Die Sichtbarmachung von sexistischen und patriarchalen Inhalten und ihre geschlechtergerechte Implementierung im türkischen Kino bildet einen weiteren Schwerpunkt dieser Kooperative. Die Dokumentation der Geschichte der feministischen Bewegung in der Türkei, die *Lilafilm* produziert hat, belegt die Tradition der feministischen

22 Siehe: http://supurge.bulupe.com/?sayfa=3&lang=eng&alt_sayfa=detay&kod=34070001. Zugriff am 11.03.2009.

23 *Die* feministischen Kollektive wie *Amargi* und das *Sozialistisch Feministische Kollektiv*, welche ich als eine zentrale Kraft in der Schaffung einer kritischen feministischen Öffentlichkeit bewerte, werden hinsichtlich ihrer politischen Strategien in Kapitel 5.2 analysiert.

Theorie und Praxis, die so an jüngere Generationen von Feministinnen weitergegeben werden können.

Die *Frauenplattform des Türkischen Strafgesetzes* (TCK-Kadin Platformu) kann als eine der größten und weitreichendsten Erfolge in der Geschichte der feministischen Bewegung gelten. Diese Plattform, die seit 2002 besteht und sich aus dreißig verschiedenen Frauenorganisationen zusammensetzt, hat durch ihren politischen Aktivismus bewirkt, dass 2005 viele geschlechterspezifische und frauenfeindliche Bestimmungen aus dem Strafgesetz herausgestrichen oder in eine geschlechtsneutrale Form umgeändert wurden.

Die Mobilisierung der Feministinnen im Zuge der *TCK-Plattform* gilt bis heute als ein Meilenstein in der Bewegung, die verschiedene Frauenorganisationen zusammengebracht hat und durch die eine feministische *Kerngruppe* entstanden ist. Diese kann auch für weitere feministische Politiken mobilisiert werden und in diesem Sinne als eine beständige Aktivistinnenbasis abrufbar sein.[24]

Der Erfolg der frauenfreundlichen Reformen des Strafrechts[25] ist ein Ergebnis des konsequenten, politischen Lobbyings von Feministinnen. Er löste eine breite Euphorie in der feministischen Bewegung aus. Feministische Beiträge und Diskussionsgruppen wurden in den Medien immer präsenter und Frauenangelegenheiten und Frauenrechte wurden sowohl in der politischen Öffentlichkeit als auch im Unterhaltungssektor mittels Spielfilmen und Fernsehserien verstärkt diskutiert.

Das feministische Netzwerk breitete sich auch durch eine steigende Anzahl von E-Gruppen (wie e-groups, yahoogroups, etc.) im Internet aus, die sich effiziente Kommunikations- und Mobilisierungsinstrumente verschiedener feministischer Frauengruppen erwiesen. Sie organisierten sich entlang einzelner Themenschwerpunkte. Elektronische Mailinggruppen der Feministinnen, wie *Frauen und Grundgesetz, EU-Watch, Medien-Watch* und viele andere, tragen bis heute zur Bildung von feministischen Netzwerken und zu organisierter, feministischer Mobilisation bei. Aktuelle feministische Politiken, Praktiken, Erfolge, Verhandlungen, Nachrichten und Treffen werden über diese E-Gruppen an eine feministische und aktivistische Unterstützerbasis weitergeleitet. Verschiedene staatliche Institutionen und die Medien werden feministisch-kritisch beobachtet und frauenfeindliche sowie maskulinistische Inhalte und Praktiken werden öffentlich kritisiert. Die steigende Geschlechtersensibilität in den Medien oder die Tatsache, dass männliche Me-

24 Die *TCK-Frauenplattform* und die Erfahrungen der Aktivistinnen und Protagonistinnen innerhalb dieser Plattform sollen in Kapitel 5.2 anhand der Interviewauszüge erörtert werden.

25 Diese Reformen werden in Kapitel 4.1 näher beschrieben.

dienakteure, wie Journalisten und Redakteure, zunehmend 'vorsichtiger' in ihrer maskulinistischen Sprache geworden sind, kann als ein Erfolg von feministischen Gruppen, wie die *Medien-Watch-Gruppe* betrachtet werden.

Die nach 2000 immer stärker gewordene Solidarität der Feministinnen verleiht der feministischen Bewegung eine politische Durchsetzungskraft, die sie in dieser Form bis heute nicht gehabt hat. Doch wie die Feministinnen selbst dieses politische Potential bewerten und inwieweit sie dieses für emanzipatorische politische Zwecke umsetzen können, soll im Verlauf der Arbeit analysiert werden.

## 3.3 Unterschiedliche Gruppierungen und ihre Differenzen: Identitäten innerhalb der feministischen Bewegung

Die Frauenbewegung in der Türkei lässt sich im Wesentlichen in zwei Gruppierungen unterteilen: Die erste Gruppe umfasst die kemalistischen Frauen, die eine rechtliche und gesellschaftliche Gleichstellung aller Frauen und die Implementierung der kemalistischen Reformen landesweit einfordern. In diesem Zusammenhang muss noch einmal erwähnt werden, dass diese Frauen Mitglieder der oberen Mittelschicht sind und eine 'westliche' Ausbildung genossen haben. Sie sind davon überzeugt, dass durch 'Bildung' der 'ungebildeten' Volksschichten und die Verbreitung der kemalistischen Grundprinzipien landesweit alle Frauen 'befreit' werden können (vgl. Düzkan 2001: 45f). Die zweite Gruppe sind die autonomen Feministinnen, die sich aus sozialistischen, radikalen und kurdischen Feministinnen zusammensetzt. Sie grenzen sich von der staatlichen Sphäre ab.[26] Arat argumentiert, dass die Beziehung dieser Frauengruppen zueinander das Spannungsverhältnis der Frauenbewegung nach 1980 bestimmt hat (Arat 1996: 115).

Aus einer hegemoniekritisch-feministischen Perspektive kann für mich nicht die gesamte Frauenbewegung in der Türkei, sondern nur die feministische Bewegung mit ihren unterschiedlichen feministischen Gruppierungen als eine politische emanzipatorische Bewegung gelten. Die Mehrheit der Kemalistinnen, die sich für die rechtliche Gleichstellung der Frauen einsetzen, gehört meiner Einschätzung nach nicht zur feministischen Bewegung, da ihre Ansätze und politischen Inhalte wesentlich von hegemoniekritischen und feministischen Grundsätzen abweichen. Es ist aber wichtig zu betonen, dass 'einige' kemalistisch gesinnte Frauen zeitweise in der feministischen Bewegung aktiv sind, manche sogar zu den maßgeblichen Aktivistinnen der rechtlichen Reformen im Strafgesetz

26 Siehe Kapitel 3.2

gehören. Diese Frauen sind aufgrund ihrer feministisch politischen Positionierung und ihrer Selbstdefinition als 'Feministin' auch durchaus entscheidende Figuren in der feministischen Bewegung. Die Tatsache, dass ihr Politikverständnis und ihre politisch-ideologische Haltung traditioneller ist als die der autonomen radikalen Feministinnen oder dass sie Verfechterinnen der kemalistischen Revolution sind, bedeutet nicht, dass sie die maskulinistisch-patriarchalen Strukturen in der Türkei weniger scharf kritisieren als die radikalen Feministinnen. Im Gegenteil weisen sie auf staatlicher und rechtlicher Ebene zeitweise mehr politische Durchsetzungskraft und Verhandlungsmacht für feministische Ziele auf, da ihre politischen Netzwerke besser im politischen System verankert sind, als die der radikalen Feministinnen, wodurch sie auch zeitweise als Protagonistinnen der feministischen Bewegung agieren und durch diese politischen Netzwerke die feministische Bewegung unterstützen.[27]

Aus meiner feministisch-politischen Positionierung betrachtet setzt sich jener Teil der feministischen Bewegung, dessen politische Strategien auf grundsätzliche gesellschaftspolitische Transformationen abzielt, aus sozialistischen, radikalen und kurdischen Feministinnen zusammen. Bevor ich aber diese Identitäten und Gruppierungen innerhalb der feministischen Bewegung diskutiere, möchte ich zunächst skizzenhaft die *frauenpolitischen Positionen* der islamistischen und kemalistischen Frauen darstellen, da sie zeitweise in politischer und diskursiver Interaktion und Wechselwirkung mit der feministischen Bewegung sind und die Debatten innerhalb der feministischen Bewegung beeinflussen.

Obwohl einzelne Aktivistinnen aus den islamistischen und kemalistischen Gruppierungen zeitweise aktiv in der feministischen Bewegung tätig waren oder noch sind und sich mit autonomen Feministinnen bei politischen Aktionen solidarisieren, bleiben es doch nur einzelne Symbolfiguren oder Persönlichkeiten. Daher kann nicht von einer politisch feministischen Positionierung der gesamten kemalistischen und islamistischen Frauen gesprochen werden. Im Folgenden sollen zuerst einige Personen aus diesen Gruppierungen vorgestellt werden, die durchaus feministische Ansätze und Praktiken aufweisen und zeitweise an die feministische Bewegung anschließen. Danach soll die *Frauendebatte* der kemalistischen und islamistischen Frauen skizziert und aufgezeigt werden, warum diese Debatten keine feministischen Ansprüche erheben können.

---

27 Die Frage, ob feministische Bündnisse mit Repräsentanten oder Repräsentantinnen der formalen Politik zukünftig effektiv für feministische Politiken genutzt werden können oder ob sie den Radikalismus von feministischer Politik abschwächen, soll in 5.2 diskutiert werden.

### 3.3.1 Kemalistische und Islamistische Frauen – Der Stoff, aus dem keine Feministinnen gemacht sind?

Die kemalistischen Frauen sind aufgrund ihrer politischen Konzepte und Inhalte zur gleichheitsfeministischen Bewegung zu zählen, die entlang von liberalen Gleichheitsgrundsätzen für rechtliche Reformen zur Gleichstellung von Frauen im Bildungs- und Arbeitsbereich und für die ausreichende Repräsentation von Frauen im Parlament kämpft. Ihre Treue zu den kemalistischen Grundprinzipien und der kemalistischen Revolution, die sie als zentral für die Befreiung der türkischen Frau aus den islamischen Gesetzen des Osmanischen Reichs ansehen, führte dazu, dass sie zu den stärksten Verfechterinnen des laizistischen Staates wurden. Sie wandten sich somit vom autonomen und kritischem Feminismus ab und identifizierten sich ausschließlich mit dem Kemalismus, durch den sie eine bessere Bildung, bessere Positionen im Berufsleben und eine elitäre Position in der Gesellschaft erhalten hatten. Die herrschenden patriarchalen Verhältnisse und hegemoniale Männlichkeiten in der türkischen Gesellschaft wurden von ihnen nicht thematisiert, da sie sich selbst als 'befreite' und 'freie' Frauen sahen und diese Freiheit durch Bildungsmöglichkeiten auch an die ländlichen Frauen weitergeben wollten (vgl. Tekeli 1991: 41). Diese politische Haltung beinhaltet aber keineswegs feministische, kritische Ansätze, die staatliche Politiken kritisch hinterfragen und traditionelle Rollenzuweisungen für die Frauen in der Türkei in Frage stellen würden. Die Sprecherinnen dieser elitären, kemalistischen Frauenbewegung haben sich auch öffentlich gegen den Feminismus gestellt und deutlich gemacht, dass ihnen der 'neue' Feminismus zu 'radikal' in seinen Anforderungen erscheint, zumal die kemalistischen Frauen sich selbst auch sehr ungern als Feministinnen bezeichnen.

Die kemalistischen Frauen organisieren sich zumeist in kemalistischen Wohltätigkeitsvereinen und Klubs, wie die *ÇYDD (Der Verein zur Unterstützung des Modernen Lebens)* oder den *Klub des Atatürk'schen Gedankenguts*. In diesen Vereinen setzen sich die Frauen für die Bereitstellung von Bildungsmöglichkeiten und Beratungsstellen für Frauen in den ländlichen Teilen der Türkei ein und unterstützen die Chancengleichheit von Frauen im Berufsleben und in der staatlichen Politik. Geschlechtersensible Reformen in diesen Bereichen stehen unter vielen anderen Themen auch auf der Agenda der Feministinnen, aber die Frauenpolitiken und -projekte der Kemalistinnen beschränken sich auf diese Themenbereiche und gehen nicht über diese hinaus. Kemalistische Frauen würden in diesem Sinne den Militarismus in der Türkei frauenperspektivisch nicht als eine benachteiligende Struktur für Frauen deuten oder kritisieren, da sie entsprechend den kemalistischen Grundprinzipien die militärischen Strukturen als eine Sicherheit für die Erhaltung ihrer Freiheit und Emanzipation sehen, die ihnen Atatürk gewährte. Außerdem ist ihre Haltung gegenüber den islamistischen Frauen von rigiden und ausschließenden Praktiken geprägt, wobei sie insbesondere 'Frauen mit Kopftuch' als eine Bedrohung des laizistischen Staates sehen. Ihre Haltung in der Kopftuchdebatte, als es darum ging, Studentinnen mit Kopftuch in die Universitäten einzulassen[28] war dementsprechend ablehnend.

Die kemalistischen Frauen sehen die kemalistischen Grundprinzipien und den Erhalt eines säkularen Staates als Garant ihrer Freiheit. Ein Zerfall oder eine Transformation dieser Grundprinzipien würde die Frauen und ihre Lebensbedingungen in Gefahr bringen. Aus dieser politischen Treue zu den kemalistischen Revolutionen heraus, auf die sich die Prinzipien des heutigen türkischen Staates stützen, fühlen sich die kemalistischen Frauen in enger Verbundenheit zum türkischen Staat. Dabei übersehen sie die statistisch belegbare Tatsache, dass von den Reformen Atatürks nur ein geringer Teil der türkischen Frauen – meist Frauen aus der mittleren Oberschicht – profitiert hat (vgl. Selek 2009: 118). Die 'Anderen' leben in jenen Teilen des Landes, welche die kemalistische Revolution nie erreichte. Außerdem muss darauf hingewiesen werden, dass die Gleichstellung der Frauen zwar formal durchgesetzt wurde, diese sich aber nicht im Bewusstsein und in den Praktiken der Frauen und Männer widerspiegelt (vgl. Demirović 2006). Das Hinwegsehen über die Lebensumstände der 'Ungebildeten' weist auf einen elitären Ansatz hin und verhindert die Glaubwürdigkeit der kemalistischen Frauen, für 'alle' Frauen zu sprechen.

Zwei Interviews mit kemalistischen Frauen, die über ihre eigenen politischen und frauenspezifischen Zugehörigkeiten berichtet haben, sollen die Standtpunkte der Kemalistinnen veranschaulichen. Beide Frauen sind in der kemalistisch gesinnten *Organisation zur Unterstützung des modernen Lebens* (ÇYDD)[29] tätig

---

28 Aufgrund des Artikels im Grundgesetz dürfen öffentliche Plätze wie alle staatlichen Institutionen, militärische Anlagen, Bildungsinstitutionen, Parlament etc. nicht mit Kopftuch betreten werden.

29 Die *Organisation zur Unterstützung des modernen Lebens* ÇYDD, gegründet 1989 von Prof. Dr. Türkan Saylan, erhielt den internationalen Gandhi-Preis für ihre weltweite Arbeit gegen Lepra. Diese Organisation definiert sich selbst so: „Eine zivilgesellschaftliche Organisation, die sich zum Ziel gesetzt hat die Atatürkschen Leitideen und Revolutionen zu beschützen, weiterzuentwickeln, mittels einer modernen Erziehung [...] eine moderne Gesellschaft zu errichten und die erlangten Rechte zu beschützen und zu entwickeln." (http://www.cydd.org.tr/default.asp?sayfa=biz) (Zugriff am 03.05.2009) Die Organisation vergab insbesondere

und engagieren sich 'auch' in Frauensachen und machen zeitweise auch feministische Aussagen, obwohl sie sich explizit nicht als Feministinnen bezeichnen wollen, „weil dies eine abschreckende Bezeichnung ist, die eine falsche Vorstellung gibt".

Die Kemalistin Gülen Ataç sagte im Interview, ihr gehe es nicht darum, die Frauen den Männern anzugleichen, da frau darüber hinausgehen müsse. Für sie liege das Hauptproblem in der gesellschaftlichen „Zähmung" der Frau durch einen Sozialisierungsprozess in der Familie, dem „ein Ende bereitet" werden müsse. Sie selber bezeichnet sich nicht als jemand, die „Politik macht". Politik sei „high politics", und in diesem Sinne sei die *ÇYDD* eine Vereinigung „fern von Politik". Gülen Ataç und Nilüfer Serdarlı stimmen darin überein, dass Männer in der Vereinigung nicht aktiv seien. Ataç hält Männer für egoistischer und ihre Diskurse für egozentrischer, Frauen hingegen würden „gesellschaftsbezogen denken". Beide definieren ihre politische Zugehörigkeit als „kemalistisch" und dem „Atatürkschen Gedankengut verhaftet", wobei Serdarlı vermerkte: „Wenn man in meine Haut schneiden würde, würde statt Blut CHP[30] fließen."[31]

---

Stipendien für arme Schülerinnen und Studentinnen und errichtete landesweit zahlreiche Schulen. Türkan Saylans Wohnung und die landesweiten Büros der ÇYDD wurden innerhalb der 'Ergenekon-Ermittlung' – wegen des Verdachts der vermeintlichen Terrorgruppe *Ergenekon* anzugehören und sich innerhalb dieses Netzwerkes in einer staatsfeindlichen Verschwörung und der Planung eines militärischen Komplott gegen die türkische Republik zu befinden – untersucht. Saylan verstarb im Mai 2009 während der Ermittlungen an einer Krebserkrankung. Ihr Tod mobilisierte viele Menschen, die die 'Ergenekon-Ermittlung' und die Verhaftungen seit Januar 2009 als einen Kreuzzug der islamistischen Regierung und ihrer Netzwerke gegen die Kemalisten deuten. Andere Stimmen beurteilen die 'Ergenekon-Ermittlung' als einen Demokratisierungsprozess im Land, der mit dem 'tiefen Staat' und den korrupten, komplott- und machtsüchtigen hegemonialen politischen und militärischen Netzwerken abrechnet. Die zahlreichen Festnahmen von PolitikerInnen, Offizieren, Generälen, ProfessorInnen, AkademikerInnen, SchriftstellerInnen, JournalistInnen und Intellektuellen, die aufgrund von unschlussreichen Anklagen und einer 1300 Seiten langen Anklageschrift fortgesetzt werden, weisen undemokratische und juristisch unbegründete Verfahrungsweisen auf, die eine politische Instabilität und einen allgemeinen Legitimitätsverlust der Regierung mit sich bringen.

30 Republikanische Volkspartei: Einer der Oppositionsparteien im heutigen Parlament; die von Atatürk gegründete Partei, die innerhalb einer Einparteiendiktatur die politische Geschichte der Türkei bis 1946 bestimmte. Die Anhängerschaft und Wählerschaft der heutigen CHP kann als eine kemalistischlaizistische und antiislamistische Front zusammengefasst werden.

31 Aus meinem Interview mit Nilüfer Serdarlı am 02.09.2005 in Istanbul.

Obwohl beide Frauen am Anfang des Gespräches einen Vorbehalt gegen den Begriff Feminismus formulierten, beobachtete ich im Interview, dass beide durchaus geschlechtersensible und zeitweise höchst selbstkritische Aussagen machten. Ataç vermerkte in diesem Zusammenhang:

> „Meine Generation (geb. 1939) brachte für die Atatürksche Revolution solch eine Begeisterung auf, dass sie glaubten, sie hätten alles sichergestellt, praktisch unter Garantie. Sie glaubten also, dass die Gleichheit zwischen Frauen und Männern hergestellt war und die Revolution vollendet. Sie glaubten, es würde sich nichts mehr ändern. Somit wurde unsere Generation zu einer Generation, die nichts mehr in Frage stellte, und das war unser allergrößter Fehler".[32]

Damit verweist sie auf die „islamistische Bedrohung", wobei sie die AKP als ihr größtes politisches Feindbild empfindet, die die Grundsätze der kemalistischen Revolution bedrohe, aber auch auf die „Bequemlichkeit" ihrer eigenen Generation, die meinte, mit der rechtlichen Angleichung seien die Frauen praktisch „befreit". Ataç glaubt, dass eine „informelle Hilfestellung" für Frauen in Form von Selbsterfahrungsgruppen und consciousness raising-Projekten, die durch verschiedene Frauennetzwerke gewährleistet werden könne, der effektivste Weg sei, Frauen zu „helfen". Sie drückt im Rahmen einer kemalistisch-elitistischen Positionierung aber auch aus, dass „das gesellschaftliche Niveau der Türkei für Demokratie noch nicht bereit" sei. Weil die „Demokratiekultur der Türkei" sich neu entwickle, seien die Demokratiediskurse der AKP höchst gefährlich.

Auch für Nilüfer Serdarlı von der *ÇYDD* ist die AKP eine politische Ideologie, von der sie sich am meisten „distanziere". Sie sei auch „fern" von feministischen Ansätzen, wie sie am Anfang des Gespräches feststellt:

> „Wir wollen nicht nur eine Veränderung im Leben der Frauen in der Türkei, sondern wir streben eine Veränderung in der Lage der Menschen allgemein an. [...] Ich glaube auch, dass die Frauen genauso viele Chancen haben, in die politische Sphäre zu gelangen, wie die Männer. [...] Obwohl, nun ja, sogar die Männer werden im Parlament unterdrückt. Das System trägt bei einigen unseren Freunden, den männlichen Abgeordneten der CHP, oft zu einem 'Gefühl der Ohnmacht' bei. Innerhalb solch eines Systems können die Frauen ja wohl nicht viele Chancen haben."[33]

In dem Interview mit Serdarlı war es für mich sehr aufschlussreich zu beobachten, wie sie am Anfang 'einstudierte' Aussagen ohne frauenspezifische Perspektive machte – im Sinne von 'politisch-korrekten' Aussagen, die im Rahmen der politischen Positionierung der *ÇYDD* blieben. Diese wandelten sich aber im Verlauf

32 Aus meinem Interview mit Gülen Ataç am 12.08.2005 in Istanbul.

33 Aus meinem Interview mit Nilüfer Serdarlı am 02.09.2005 in Istanbul.

des Gesprächs immer mehr in 'persönlichere' und 'radikalere' Aussagen, als ob sie selbst eine innere Wandlung und Infragestellung durchlief:

> „Lasst uns auf die Straßen gehen, um zu protestieren. Ich meine, es muss sich so viel ändern. Wenn ich aber die Gewalt sehe, die die Polizisten auf den Straßen anwenden, das macht mich unendlich traurig. Aber vielleicht muss man da durch. Vielleicht gehört das auch dazu für eine Veränderung, obwohl es niemals auszureichen scheint. Ich würde auch auf die Straßen gehen, wenn es notwendig ist."[34]

Es folgten Aussagen, die eine Sensibilität in Bezug auf Themen wie die frauenfeindlichen Gesetzesregelungen über Vergewaltigung im Strafrecht und Gewalt gegen Frauen zeigten und durchaus feministische Inhalte aufwiesen. Darüber hinaus bezeichnete sie Tansu Çiller, die einzige weibliche Ministerpräsidentin in der Geschichte der Türkei, als eine „Schande" für die Frauen und merkte an, sie denke von Zeit zu Zeit daran, selbst in die Politik zu gehen. Der Begriff Feminismus sei für sie so abschreckend, weil er eine „Überlegenheit der Frauen über die Männer" konstatiere und versuche, Frauen auch in überlegene Positionen zu bringen. Dank der Tatsache, dass Feministinnen die Reformen zugunsten von Frauen im Strafgesetz errungen haben, könne sie sich durchaus vorstellen, in einem Frauennetzwerk zu agieren, das eine „gemeinsame Sprache" hervorbringen könne. Die *ÇYDD* habe außer der Unterstützung der Schulbildung von jungen Mädchen und Frauen in diesem Sinne keine frauenspezifischen Projekte, sollte diese aber ihrer Meinung nach verstärkt entwickeln.

Zusammenfassend bleibt festzustellen, dass beide kemalistische Mitglieder der *ÇYDD* kein spezifisches Bewusstsein für Frauenangelegenheiten hatten. Ihre Auffassungen vom Feminismus zeugen von einer allgemeinen Diskreditierung dieses Begriffs innerhalb der populistischen politischen Debatten, die sie als solche unhinterfragt verinnerlicht haben. Außerdem ist eine generelle elitäre Haltung gegenüber 'dem Volk' zu beobachten, da sie meinen, dieses durch 'richtige Bildung' zu 'modernen' Menschen umerziehen zu können. Darüber hinaus ist in ihrer Kritik an den männlichen Mitglieder der *ÇYDD* und ihrem als ungenügend empfundenen gesellschaftlichen Engagement ein Glauben an die gesellschaftliche und politische Kraft der Frauen zu erkennen. Beide zeigen eine Sensibilität für gesellschaftliche Missstände und Ungerechtigkeiten und ihr gesellschaftliches Engagement – das beide definitiv nicht als eine 'politische', sondern eine 'zivilgesellschaftliche' Tätigkeit definieren – kann in diesem Sinne auch in geschlechtersensiblen und frauenspezifischen Projekten eingesetzt werden. Eine gesamtgesellschaftliche Kritik im Sinne

34 Ebd.

eines herrschafts- und geschlechterkritischen Ansatzes ist von diesen Frauen nicht zu erwarten, doch sie können als Unterstützerinnen für feministische Anliegen gelten, solange eine 'gemeinsame Plattform' geschaffen werden kann wie die *TCK-Frauenplattform*.

Diese Polarisierung zwischen den Frauen in frauenpolitischen Debatten wird am Beispiel der islamistischkemalistischen Gegenüberstellung noch deutlicher (vgl. Göle 1997; Gellner 1997; Kandiyoti 1991a). Innerhalb der islamistisch-feministischen Debatten gibt es auch 'autonome' islamische Frauen, die fern von männlich bestimmten und von Männern geführten Debatten über die Frauen ihre eigenen Interpretationen der 'Frauenfrage' hervorbrachten, unter denen manche durchaus als feministisch gelten können. Diese Frauen machen nicht den Kapitalismus, den Modernismus, die Verwestlichung oder den Islam für die Benachteiligung von Frauen verantwortlich, sondern allein die Männer und die patriarchalen Praktiken, die sie reproduzieren. Die autonomen und radikalen Feministinnen setzen genau hier für eine mögliche Solidarität mit den islamistischen Frauen an. Tatsächlich ist in den letzten Jahren eine steigende Solidarität zwischen den islamistischen Frauen und den autonomen Feministinnen zu beobachten. Stimmen innerhalb der feministischen Bewegung, die sich sowohl in der Kopftuchdebatte als auch innerhalb des islamistischen Frauendiskurses teilweise mit den islamistischen Frauen solidarisierten, weisen hingegen eine große Distanz zu den kemalistischen Frauen auf, mit denen sie nicht gemeinsam politisch handeln können.

Das Agieren der islamistischen Frauen in der öffentlichen Sphäre seit 1990 stellte das Fundament der Politisierung der islamistischen Frauen dar (vgl. Merçil 2009, Ramazanoğlu/Tuksal 2005). Das Vordringen in die Öffentlichkeit setzte vor der Regierungsübernahme der islamistischen *RP* (Wohlfahrtspartei) und *AKP* (Regierungspartei der Gerechtigkeit und Entwicklung) ein, als in den nationalen Debatten über das Kopftuch 'bedeckte' Studentinnen vehement für ihr 'Menschenrecht' eintraten, mit Kopftüchern bei den Vorlesungen an den Universitäten eingelassen zu werden.

Durch diese Politisierung begannen die 'religiösen Frauen', wie sie sich selbst nennen, sich innerhalb des feministischen Diskurses zu artikulieren. Aussagen wie „Ich bin eine religiöse Feministin" in feministischen Zeitschriften führten zu Meinungsverschiedenheiten über die Inklusion der Islamistinnen oder 'religiösen' Frauen in die Frauenbewegung. Viele vertraten die Ansicht, Religion an sich und der Islam legitimiere die Unterdrückung der Frau und dies sei unvereinbar mit feministischen Ansätzen. Andere wiederum unterstützten die Vielfalt in der Frauenbewegung und sahen in diesem islamistischen Diskurs eine Möglichkeit, die Frauenbewegung von einer einseitigen, autoritär-hierarchischen und ausschließenden Haltung und Praxis zu befreien.[35]

Die Wahlkampagne der *RP* (*Wohlfahrtspartei*) 1994 brachte eine große Mobilisierungswelle unter den islamistischen Frauen mit sich. Die rekrutierten 'Parteisoldatinnen' der Wohlfahrtspartei waren bei der öffentlichen Arbeit im Zuge der Wahlkampagne der *RP* sehr erfolgreich in der Politisierung islamischer Frauen. Diese öffentliche Sichtbarkeit der 'Frauen mit Kopftuch' entfachte wieder heftige Kontroversen innerhalb der Frauenbewegung. Die radikalen Feministinnen unterstützten die Sichtbarkeit der islamischen Frauen als politische Akteurinnen, die Kemalistinnen empfanden dies als einen Angriff auf den säkularen Staat.[36]

Die Hauptargumentation der Islamistinnen ist essentialistisch und besagt, dass im Zuge des Modernisierungs- und Verwestlichungsprozesses die Frau ihre 'wahre' Natur verloren habe. Durch die Doppelbelastung in Beruf und Familie, die den Frauen vom kapitalistischen System aufgezwungen werde, würde die Frau selbst zur 'Ware' werden. Diese Argumentation schließt auch an die sozialistischen Ausführungen der Frauenfrage an, die die Befreiung der Frau im Niedergang des Kapitalismus sehen. Die Befreiung der Frauen liegt für die Islamisten in der Rückkehr zur Privatsphäre und in der Rollenübernahme der fürsorgenden Ehefrau und Mutter.

Fatmanur Altun, eine dreißigjährige Soziologiestudentin, Mutter von zwei Kindern und Vorstandsmitglied der Bezirksverwaltung Istanbul der konservativ-islamistischen Partei AKP (Partei für Gerechtigkeit und Entwicklung) vermerkte in diesem Zusammenhang:

> „Ich kann dem Gleichheitsprinzip des Feminismus nicht zustimmen, das besagt, dass Frauen und Männer in allen Sphären und Bereichen gleichgestellt sein müssen. Anstatt Gleichheit steht für mich der Begriff der Gerechtigkeit mehr im Vordergrund. Es muss eine Perspektive geben, welche die Differenzen zwischen den Frauen und Männern und auch die Rechte der Frauen und Männer anerkennt. Ich möchte zum Beispiel in manchen Punkten den Männern überlegen sein. Zum Beispiel, wenn ich Mutter bin, wenn ich Kinder habe, wenn ich eine Schwangerschaft durchlebe und aufgrund dessen bestimmte Probleme habe, möchte ich den Männern überlegen sein. Also das Sprachrecht in diesen Sphären haben. Und die Männer wollen vielleicht in anderen Bereichen mir überlegen sein. Mit Überlegenheit meine ich

35 Zu der Interaktion zwischen autonomen Feministinnen und islamistischen Frauen als vermeintliche Agentinnen einer Transformation der politischen Sphäre in der Türkei siehe: Arat 1998b.

36 Für eine Analyse des 'Aufstiegs der islamistischen und sunnitisch-konservativen zivilgesellschaftlichen Frauenorganisationen in der Türkei' siehe: Pusch 2002.

keine ontologische Überlegenheit im Sinne, dass die Männer als den Frauen überlegen geschaffen wurden, sondern dass Männer in ihren eigenen Lebensbereichen auch einige Vorteile haben müssen, wobei ich andere Vorteile in meinen eigenen Lebensbereichen haben muss. Das ist der Punkt, bei dem ich mit dem Feminismus auseinander gehe. Denn manche Gewinne, die sich aus dieser Gleichstellung für mich ergeben, führen zu anderen Verlusten. Ich glaube, dass mit der Industriegesellschaft und dem Kapitalismus die wichtigsten Thesen des Feminismus erschüttert wurden. Die Frauen können nur insoweit erfolgreich in der Arbeitswelt sein, wie sie ihre Weiblichkeit aufgeben. Können sie dies Gleichheit nennen? Eine Welt, wo es keine Kinder, keine Familien gibt. Ich glaube auch nicht, dass die Frauen in dieser Weise glücklich sind. Die Männer können so glücklich werden, nur mit Geldverdienen, sich damit einen Status aufbauen und nach ihrer eigenen Bestimmung leben, doch die Frauen können nur bis zu einem gewissen Grad damit glücklich werden. Wenn du erstmal vierzig, fünfundvierzig bist, dann fangen die Bedrängnisse an. Du hast kein Kind, hast keine eigene Familie. In meinen Augen ist das eine große Ungerechtigkeit. Es kann sein, dass die rechtliche, zahlenmäßige, statistische Gleichstellung der Frauen bewerkstelligt wurde; doch muss man fragen, ob diese Frauen glücklich sind. Ich kann auf diese Weise allein nicht glücklich sein. Zumindest muss ich mein 'fitrat'[37] ausleben."[38]

Altun deutet hiermit auf die göttliche Erschaffung und Rolle der Frauen und Männer hin, die sich von Natur aus unterscheiden. Die Erfüllung dieses gottgegebenen, heiligen Plans durch die Frauen und Männer verspricht dann jeder einzelnen Frau und jedem einzelnen Mann das wahre 'Glück auf Erden'. Die Islamistinnen argumentieren, Frauen und Männer seien vor Gott gleich und dadurch der 'wahre' Feminismus bereits im Islam verankert. Einer anderen gebräuchlichen Argumentation zufolge haben nicht der Koran selbst, sondern die 'irrtümlichen' gesellschaftlichen Interpretationen, Traditionen und 'falschen' Auslegungen des Korans die Frauen unterdrückt und untergeordnet.

Kandiyoti bemerkt diesbezüglich, dass der feministische Diskurs in den Ländern, wo der kulturelle Nationalismus vorwiegend in islamischer Form auftritt, vor allem zwei inhaltliche Ausprägungen aufweist: Vertreterinnen der einen Richtung behaupten, dass islamische Praktiken nicht per se repressiv sein müssen, während die Vertreterinnen der anderen Strömung darauf hinweisen, dass repressive Praktiken nicht unbedingt islamisch sein müssen (Kandiyoti: 1991b: 433).

---

37 'Fıtra' bedeutet arabisch Natur, Veranlagung; Schöpfung. 'Fıtrat' ist ein islamisches Konzept von der Natur des Menschen, die so angelegt ist, dass jeder Mensch bei seiner Geburt und gemäß seiner Natur ein 'Muslim', ein – dem koranischen Sprachgebrauch entsprechend – dem einzigen Gott ergebener Mensch sei. Denn Gott hat den Menschen so erschaffen, dass er Kenntnis *ma'rifa* von der Existenz seines Herrn hat.

38 Aus meinem Interview mit Fatmanur Altun am 03.09.2009.

Die erste Argumentation hebt den Schutz und die Unantastbarkeit der Frau, die nach islamischen Grundsätzen lebt, hervor; letztere stützt sich auf den Mythos eines 'nicht korrupten', reinen, originären Islam. Obwohl die erste Argumentation eine konservative und die zweite eine fundamentalistische ist, agieren beide in derselben diskursiven Sphäre, die vom nationalistischen Diskurs produziert wird (ebd.). Aus der Sicht der Islamisten kann der Begriff der Gleichheit kein Konzept für die islamische Frau darstellen, da dieser Begriff ein Produkt des westlichen Humanismus sei, der auf einem rationalistischmaterialistischen Weltbild beruhe (Sirman: 1990: 68).

Die islamistischen Frauen, die sich von diesen Diskursen entfernt haben, sind auch diejenigen, die zeitweise mit der feministischen Bewegung kooperieren, wie beispielsweise Yıldız Ramazanoğlu:

> „Wenn ich für mich selbst spreche, dann muss ich sagen, dass ich die feministischen, anarchistischen Frauen, mit denen ich zusammen demonstriert habe, vielen Musliminnen, die sich selbst als Muslime bezeichnen, den ganzen Tag beten aber dafür passiv und unempfindsam sind, vorziehe, weil das tugendhafte, herzensoffene und gnadenvolle Menschen sind." (Ramazanoğlu/Tuksal 2005: 254)[39]

Islamistische Frauen, die tatsächlich innerhalb ihres islamischen Glaubens emanzipatorische Forderungen haben, schlossen sich also mit den autonomen Feministinnen zusammen. Sie solidarisierten sich 1995 auf feministischen Protestmärschen mit linken und autonomen Feministinnen und riefen lauthals Slogans wie: „Wir werden uns keinem Prediger (*hoca*), keinem Ehemann (*koca*) und keinem General (*paşa*) unterwerfen" (ebd.: 246).[40]

Islamistische Frauen, wie beispielsweise Ramazanoğlu und Tuksal, die sich selbst als religiöse Frauen bezeichnen, organisieren sich innerhalb der *Hauptstadt-Frauenplattform* und solidarisieren sich nach eigener Aussage auch mit säkularen Frauen für gemeinsame Anliegen (Tuksal 2008: 42). İpek Merçil vertritt in ihrem Artikel *Islam und Feminismus* die Ansicht, dass man weder von islamistischen Feministinnen in der Öffentlichkeit der Türkei noch von einer institutionalisierten Frauenbewegung innerhalb der islamistischen Bewegung, sondern nur von einzelnen Persönlichkeiten sprechen kann, die durch die kritischen Debatten,

39 Aus dem Türkischen übersetzt von der Verf.

40 Dieser einfache Slogan veranschaulicht auch in einer scharfen rhetorischen Klarheit, durch welche Akteure und die damit verbundenen Institutionen hegemoniale Männlichkeit in der Türkei ausgeübt und reproduziert wird, was in Kapitel 4.3.1 ausführlicher dargestellt werden soll.

die sie über den Status der Frau im Islam eröffnen, auch junge Generationen von islamistischen und gläubigen Frauen beeinflussen ( Merçil 2009: 116).

Nur intellektuelle Frauen wie Yıldız Ramazanoğlu, Mualla Gülnaz oder Hidayet Şefkatli Tuksal, unterstützen in diesem Falle einen konstruktiven Dialog mit den Feministinnen und sprechen dies auch offen aus. Ihr Schwerpunkt liegt, wie bei den radikalen Feministinnen, auf der Tatsache, dass Frauen aus verschiedenen Lebenslagen, Klassen und unterschiedlichen Glaubensrichtungen durch ihr Frausein denselben Problemen unterworfen sind:

> „Somit ist es eine natürliche Konsequenz, dass die Anliegen und Probleme, die von den Feministinnen aufgeworfen wurden, von Frauen aus allen Schichten geteilt wurden. [...] Somit sollten wir uns nicht scheuen, von dem reichen feministischen Wissen Gebrauch zu machen." (Gülnaz zitiert nach Merçil 2009: 114)[41]

Ramazanoğlu stellt fest:

> „Die muslimischen Frauen in der Türkei sind von der feministischen Bewegung beeinflusst worden, sie [die muslimischen Frauen] haben für ihre Argumentation von den Werken dieser Frauen [der Feministinnen] profitiert. Die Informationen, welche die Feministinnen bereitstellten, waren sehr wertvolle Instrumente in ihrer [der muslimischen Frauen] Selbstfindung. Wir müssen uns aus den Fallen, die durch Polarisierungen aufgestellt werden, befreien und aus unseren gegenseitigen Erfahrungen Nutzen ziehen." (Ramazanoğlu, zitiert nach Merçil 2009: 114f)[42]

Eine andere populäre islamistische Figur ist Ayşe Böhürler. Sie ist in der Parteielite der AKP politisch aktiv, weist aber eine oppositionelle Haltung gegenüber der feministischen Bewegung auf. In ihrem Artikel *Die Ketten der Frauenbewegung* schreibt sie:

> „Als wir die Auffassung aufgaben, gläubige Frauen und gläubige Männer seien gegenseitige Freunde und Teilhaber einer Einheit, und uns jener Auffassung genähert haben, die gläubige Frauen und Männer in anders gesinnte Bewegungen untergeordnet haben, haben wir nicht merken können, dass wir den Befehlen des Korans direkt unseren Rücken zukehren." (Böhürler zitiert nach Merçil: 2009: 115)[43]

Böhürlers Auslegungen entsprechen mehr dem eines konventionellen islamischen Ansatzes, wobei Ramazanoğlu und Gülnaz innerhalb des islamistischen Frauendiskurses als radikal eingestuft werden können, weil sie in ihren Auslegungen

---

41 Aus dem Türkischen übersetzt von der Verf.

42 Aus dem Türkischen übersetzt von der Verf.

43 Aus dem Türkischen übersetzt von der Verf.

nicht explizit auf den Koran zurückgreifen, sondern eingestehen, dass Frauen auch im Islam unterdrückt werden und Wege suchen, die Frauen zu 'befreien'.

Fatmanur Altun bemerkt zu den „intellektuellen Frauen in der muslimischen Gemeinschaft, die sich als Feministinnen bezeichnen":

> „Diese Frauen definieren sich in der muslimischen Gemeinschaft als Feministinnen, wie Ramazanoğlu und Tuksal. Ich habe da keinen Vorbehalt. Ich meine, ich habe da meine Einwände in einigen Punkten, aber ich verstehe sie. Ich möchte mich aber nicht mit einem bestimmten 'ismus' einschränken, mit einer bestimmten Ideologie in eine bestimmte Position drängen, oder dadurch kategorisiert werden. Ich möchte verschiedene Standpunkte zu verschiedenen Themen einnehmen können. Jedes Thema erfordert eine andere, flexible Denkart und ich finde da keine Benennung, die auf meine Positionierungen zutreffen würde. Ich kann sie aber wirklich verstehen, obwohl ich manche ihrer Perspektiven zu rigide finde."[44]

Somit distanzieren sich auch manche politisch aktive Frauen aus der 'muslimischen Gemeinschaft' und von den 'feministischen Intellektuellen der muslimischen Gemeinschaft', weil die Argumente dieser Frauen zu oft als 'rigide' und 'zu radikal' aufgefasst werden. Doch muss frau einräumen, dass die Standpunkte einiger Persönlichkeiten und Aktivistinnen der islamistischen Frauen, wie die Erfahrungen aus der Vergangenheit gezeigt haben, sich an manchen Stellen mit dem feministischen Diskurs überschneiden. In diesem Zusammenhang kann eine 'themenbezogene' Zusammenarbeit und Solidarität zwischen Feministinnen und islamistischen Frauen durchaus möglich sein.

### 3.3.2 Die Aktivistinnen der feministischen Bewegung: Autonome Feministinnen

Die Analyse des historischen Verlaufs der Frauenbewegung nach 1980 macht deutlich, dass die Bewegung bis heute von den autonomen Feministinnen getragen und vorwärts gebracht wird. Diese setzen sich aus den sozialistischen Feministinnen, einer großen Basis der radikalen Feministinnen sowie aus kurdischen Feministinnen zusammen.

Die politische Positionierung innerhalb eines radikalen Feminismus bringt es mit sich, dass viele Frauen neben ihren geschlechtersensiblen Perspektiven und ihrer Patriarchatskritik sich auch mit hegemoniekritischen, antinationalistischen, antimilitaristischen und antirassistischen Fragen auseinandersetzen. Weitere Themenbereiche, die von diesen Frauen aus einer feministischen Perspektive

---

44 Aus meinem Interview mit Fatmanur Altun, Vorstandsmitglied der Bezirksverwaltung der AKP von Istanbul am 03.09.2009 in Istanbul.

diskutiert werden, sind beispielsweise Homophobie, aber auch Fragen, die sich im Kontext der Klassengesellschaft stellen. Obwohl sich die Positionen der autonomen Feministinnen aufgrund ihrer politischen Ideologien, ihrer ethnischen oder sexuellen Zugehörigkeiten unterscheiden können, findet diese Gruppe der Feministinnen immer einen gemeinsamen Nenner, aufgrund dessen gemeinsame Aktionen initiiert und solidarische Anliegen formuliert werden können, da sich ihre Grundsätze meist überschneiden.

Diesem Bekenntnis zu gemeinsamen Grundsätzen würden die radikalen und sozialistischen Feministinnen, die sich auf dem Frauenkongress (Kadın Kurultayı) 1989 „zerstritten" haben (vgl. Paker 2005), vehement widersprechen. Aber im Lichte der heutigen Entwicklung der feministischen Bewegung und ihrer vergangenen Aktionsformen, Handlungsstrategien und Erfolge stellen diese feministischen Gruppierungen für mich eine Einheit dar. Denn sie konnten bei wichtigen feministischen Themen und bei großen politischen Aktionen eine gemeinsame Handlungsbasis finden.

#### *3.3.2.1. Sozialistische und radikale Feministinnen*

Die sozialistischen Frauen stehen als Initiatorinnen und treibende Kräfte der feministischen Bewegung im Mittelpunkt der feministischen Mobilisationen und Aktionen, insbesondere in den Anfangsjahren der Bewegung nach 1980. Sie stellen bis heute den Kern der feministischen Bewegung dar. In den Gründungsjahren waren es fast ausschließlich sozialistische Frauen, die in den 1970ern in den marxistischen Untergrundbewegungen, wie beispielsweise *Kurtuluş (Die Befreiung)*, aktiv waren. Die Redaktionen der feministischen Zeitschriften wie *Feminist, Kaktüs* und *Pazartesi* setzten sich alle aus populären und bekannten Frauen der sozialistischen Bewegung zusammen. Die Frauenfrage wurde in der *Kurtuluş*-Bewegung zum ersten Mal von *Mahir Sayın*, einem der Gründer der Bewegung, in seinem Buch *Die Frauenfrage ist auch eine Männerfrage*, das er unter einem Pseudonym veröffentlichte, erörtert. Das Aufgreifen der Frauenfrage durch einen Mann hat zur feministischen Bewusstseinsbildung der Sozialistinnen beigetragen. Die Auslegungen der Frauenfrage durch sozialistische Männer waren marxistisch-orthodox gekennzeichnet und konnten den feministischen Positionierungen der linken Frauen nicht entgegenkommen.

*Der Verein der progressiven Frauen* (İlerici Kadınlar Derneği) war eine der ersten sozialistisch feministischen Organisationen. Saadet Özkal, ein Gründungsmitglied, berichtet, dass sie als sozialistische Frauen primär die Arbeiterinnen organisieren wollten. Obwohl sie auch einsahen, dass bürgerliche Frauen ausgebeutet werden, dominierte die Klassenperspektive in ihren Praktiken und Auslegungen (Özkal 2005: 25). Die 'Frauenfrage' (kadın sorunu) innerhalb eines orthodoxen Marxismus und nicht das 'Frau-sein' (kadınlık durumu) stand bei den Sozialistinnen im Zentrum ihrer Diskussionen.[45]

Die sozialistischen Frauen stellten erst nach der Zerschlagung der linken Bewegung in den 1980er Jahren die Frau als Subjekt und die weiblichen Lebensbedingungen in den Mittelpunkt der Diskussionen. Die Tatsache, dass der Feminismus historisch nach der brutalen Zerschlagung der Linken entstanden ist, hat zu einer belasteten Beziehung zwischen der Linken und der feministischen Bewegung beigetragen, die bis heute problematisch geblieben ist. Für viele orthodoxe marxistische Männer sind die sozialistischen Frauen, die sich heute als Feministinnen definieren, Verräterinnen der gemeinsamen Sache und des gemeinsamen Kampfes gegen Kapitalismus und Imperialismus. Die Loyalität der sozialistischen Frauen zu ihren männlichen Genossen, zum sozialistischen Gedankengut und die Beschuldigung durch ihre Genossen, sie seien 'bürgerlich', hat auch dazu beigetragen, dass sie sich in den Anfangsjahren stärker sozialistischen als feministischen Themen widmeten (vgl. Ovadia 2005: 71f, Aytaç 2005: 40f).

Gülnur Acar-Savran, eine bekannte linke Intellektuelle, sozialistische Feministin und eine der Initiatorinnen der feministischen Bewegung, drückt die Zersplitterung der Feministinnen so aus: „Wir konnten es weder den Linken noch den Feministinnen recht machen; unsere Einstellungen wurde von beiden Fraktionen heftig kritisiert, und das hat uns zeitweise sehr in die Ecke gedrängt" (Acar-Savran 2005b: 122). Sie übt auch Selbstkritik, indem sie darauf hinweist, dass die Bewegung hinsichtlich der kurdischen Frauen nicht offen genug war und deren Interessen nicht vertreten wurden. Gleichzeitig argumentiert sie aber, dass es in den Anfangsjahren noch keine Politik der verschiedenen Identitäten unter den einzelnen feministischen Gruppierungen gegeben habe. Dementsprechend wurden auch die Interessen der lesbischen Frauen oder der armenischen Frauen nicht repräsentiert. Die kurdische Frauenbewegung war Acar-Savran zufolge die erste Subgruppe der feministischen Bewegung und hat sich durch einen speziellen politischen Elan ausgezeichnet (ebd.: 123). Acar-Savran analysiert auch selbstkri-

45 Die 'Frauenfrage' impliziert in der marxistischen Tradition, dass die Befreiung der Frau durch die Errichtung des Sozialismus verwirklicht werden wird. Das 'Frau-sein' hingegen stellt die Lebenslagen der Frauen und alle Formen der Unterdrückung und Ausbeutung von Frauen, 'nur' weil sie Frauen sind, in den Mittelpunkt. Diese Annäherung schließt nicht aus, dass Frauen auch im Sozialismus unterdrückt und ausgebeutet werden können.

tisch ihre eigene Ablehnung gegenüber den Anliegen der kurdischen Frauen, die sie auf die Angst zurückführt, feministische Ansprüche könnten von anderen politischen Interessen vereinnahmt werden (ebd: 124).

Radikale Feministinnen versuchten, sich von der Formulierung der Frauenfrage innerhalb der marxistischen Tradition abzugrenzen und autonome feministische Diskussionen einzuleiten, in denen die Ausbeutung und Unterdrückung der Frauen auch außerhalb der klassenspezifischen Paradigmen im Zentrum stand.

Der historische Frauenkongress im Jahr 1989 (Kadın Kurultayı), bei dem es schließlich zu einem Bruch zwischen den sozialistischen und radikalen Feministinnen kam (vgl. Paker 2005: 188ff.), wurde von diesen inhaltlichen Standortbestimmungen und Diskussionen der Feministinnen dominiert. Alle Frauen, die sich zur Frauenfrage äußern wollten bzw. Interesse daran zeigten, wurden zu diesem ersten Frauenkongress eingeladen, unabhängig davon, ob sie sich als Feministinnen bezeichneten oder ob sie sozialistisch oder bürgerlich waren. Unter den Frauen, die auch aus anderen Städten und Gebieten der Türkei nach Istanbul reisten, herrschte eine große Euphorie. 2500 Frauen nahmen an dem Kongress teil, es wurden 70 Präsentationen eingereicht und es gab 150 Rednerinnen (vgl. ebd.).

Der Konflikt entstand zwischen den sozialistischen Feministinnen, die ihre Jahre der Inhaftierung und der Folter nach dem Militärputsch 1980 thematisierten, und den radikalen Feministinnen, die meinten, dass dadurch der feministische Inhalt des Kongresses untergraben werde. Einige radikale Feministinnen, wie Stella Ovadia, bezeichneten – im Interview mit mir – den Frauenkongress von 1989 als einen „Kongress der sozialistischen Frauen".[46] Die Tatsache, dass alle sozialistischen Frauen den Kongress am zweiten Tag verließen, führte zu einem großen Bruch innerhalb der Bewegung, wobei die sozialistischen Frauen als Auslöserinnen dieses Bruchs galten. Banu Paker erklärt rückblickend: „Beide Seiten waren sich gegenüber sowohl blind als auch stumm. Wir wollten, dass sie [die sozialistischen Frauen] sofort Feministinnen wurden, und sie erwarteten, dass 'diese bourgeoisen Frauen sie verstehen sollten.'[47] Es sei sehr naiv gewesen zu erwarten, dass alle 'Hand in Hand' den Kongress verlassen würden" (ebd.: 194).

Für viele Feministinnen war der schwierige Verlauf des Kongresses absehbar, da alle den Umgang miteinander erst erlernen mussten und die ideologischen Positionierungen der verschiedenen Frauen noch nicht klar waren. So führte der Kongress zu unüberwindbaren Spaltungen innerhalb der Bewegung. Dieser Bruch wurde teilweise erst nach 2000 durch die wachsende Solidarität zwischen

46 Interview mit Stella Ovadia am 09.03.2004 in Istanbul.

47 Aus dem Türkischen übersetzt von der Verf.

verschiedenen feministischen Organisationen überwunden. Somit stellt der Kongress von 1989, nach dem viele Frauen der Bewegung ihren Rücken zukehrten, historisch sowohl einen Meilenstein als auch ein dunkles Kapitel in der Geschichte der feministischen Bewegung dar. Stella Ovadia erwähnt im Interview, sie sei von den unendlichen Kämpfen der Frauen untereinander so enttäuscht gewesen, dass sie sich seither nicht mehr innerhalb der feministischen Bewegungen verorten könne, zumindest nicht als Aktivistin.[48] Für viele radikale Feministinnen sind auch sozialistische Grundsätze wichtig, aber wie schon erwähnt, stehen für sie feministische Interessen und Ansätze im Zentrum ihrer Debatten, die sie jedoch auch innerhalb eines marxistischen Theorie- und Handlungsrahmens führen.

Die jüngste Organisation der sozialistischen Feministinnen ist das *Sozialistisch-Feministische Kollektiv (SFK)*. Es wurde am 3.11.2008 gegründet und veröffentlicht seit Ende 2008 auch die vierteljährliche Zeitschrift *Feministische Politik*. Obwohl Zeitschrift und Organisation noch relativ neu sind, wird dieses Kollektiv von vielen Feministinnen unterstützt. Ikonen der sozialistisch-feministischen Bewegung wie Gülnur Acar-Savran gehören zu den Gründerinnen dieser Organisation. Die Gründe für solch eine Solidarisierung und Revitalisierung als sozialistisch-feministisches Kollektiv sind auf der Website der Organisation ausgeführt:

> „Sozialistischer Feminismus ist ein politischer Standpunkt, der für verschiedene Richtungen nutzbar gemacht werden kann und dem verschiedene Bedeutungen zugesprochen werden können. Aus unserer Sicht ist der sozialistische Feminismus nicht eine Politik oder eine Haltung, die zwischen Sozialismus und Feminismus angesiedelt werden kann: Der sozialistische Feminismus ist der Kampf für die Befreiung der Frau und eine Richtung innerhalb des Feminismus. Der Boden, auf dem wir uns bewegen, ist ein feministischer Boden. Diese Tatsache wird aber von jenen, die nicht zu uns gehören, nicht immer anerkannt. Deshalb steht für uns in all unseren Politiken und Aktivitäten die Autonomie und Unabhängigkeit der feministischen Bewegung von anderen gesellschaftlichen Bewegungen im Vordergrund. Somit sehen wir es als unsere Pflicht, diese Sensibilität zu zeigen, und in jedem Schritt, den wir tun, dies den anderen zu erklären."[49]

Diese Erklärung unterstreicht die Zugehörigkeit der sozialistischen Feministinnen zum Feminismus und nimmt damit auf die alten Wunden und Streitigkeiten von 1989 Bezug. Es wird hier deutlich, dass es ein großes Anliegen für sie ist, ihren politischen Standort als primär feministisch zu definieren und, wie sie

48 Interview mit Stella Ovadia am 09.03.2004 in Istanbul.

49 Aus dem Türkischen übersetzt von der Verf. In: http://sosyalistfeministkolektif.org/bizkimiz.

weiter ausführen, ein Fundament für die Zusammenarbeit mit verschiedenen feministischen Gruppen herzustellen:

> „In diesem Zusammenhang sieht sich das sozialistisch-feministische Kollektiv als eine der vielen feministischen Initiativen und Gruppen. Wir glauben, dass wir unsere Kraft aus der Solidarität mit anderen feministischen Frauen und Gruppen schöpfen werden und dass wir durch unsere Existenz auch ihnen Kraft geben. Wir sind uns bewusst, dass wir in unserer politischen Praxis diesen Glauben an eine gemeinsame Stärkung als Feministinnen, also unser Verständnis von einer feministischen Pluralität mit einer hohen Sensibilität wahren müssen. [...] Die Bezeichnung unseres Kollektivs als *Sozialistisch-Feministisches Kollektiv* und *Feministische Politik* für unsere Zeitschrift können als ein Zeichen dieser Sensibilität gesehen werden. Deshalb sehen wir unsere Räumlichkeiten als einen neuen Platz für alle Feministinnen an. Wir haben nun einen neuen Platz, wo wir unsere gemeinsamen Politiken zusammen diskutieren, unsere Kampagnen zusammen organisieren und wo wir uns gemeinsam unterhalten können."[50]

Diese Erklärung zur Gründung des Kollektivs kann als eine 'solidarische' Annäherung an die gesamte feministische Bewegung interpretiert werden.

Die sozialistischen Feministinnen hatten sich nach langen Jahren zum ersten Mal gegen die neuen Regelungen der *Sozialversicherungen und Allgemeinen Krankenversicherung* (SSGSS)[51] solidarisiert und politische Aktionen initiiert. Sie hatten sich auch diesbezüglich mit anderen feministischen Gruppen zusammengeschlossen. Die jüngsten Veränderungen im sozialstaatlichen Bereich bewirkten die Mobilisierung einer neuen Frauenplattform, die gegen die Regelungen, welche die Frauen ökonomisch benachteiligen, vehement protestierte. Landesweite Proteste von den Gewerkschaften[52] und anderen Akteuren und Akteurinnen gegen diese Gesetzesnovelle wurden veranstaltet, weil viele errungene Rechte im Zuge einer neoliberalen Politik wieder entzogen wurden. Hiervon sind Frauen in doppelter Weise negativ betroffen. Die sozialen Rechte von Witwen, unverheirateten Frauen und arbeitenden Müttern wurden von diesen neuen Regelungen drastisch eingeschränkt. Die gesetzliche Vorschrift für Arbeitgeber, die über 150

---

50 In: (http://sosyalistfeministkolektif.org/bizkimiz), Zugriff am 17.06.2009. Aus dem Türkischen von der Verf. übersetzt.

51 Am 31. Mai 2006 wurden die Reformen im Sozialversicherungsgesetz vom Parlament verabschiedet. Diese Reformen sind – wie auch die Kopftuchregelung – noch nicht in Kraft getreten, da das *Hohe Gericht* einige Paragraphen des neu verabschiedeten Gesetzes geändert hat. Dadurch muss das Reformpaket dem Parlament erneut zur Beschlussfassung vorgelegt werden.

52 Für eine Studie über die Frauen in den türkischen Gewerkschaften siehe: Toksöz/Erdogdu 1998.

Arbeitnehmer beschäftigen, Kindertagesstätten bereitzustellen, wurde aufgehoben. Die Regierungspartei AKP 'versprach' stattdessen, für jedes Kind bis zum fünften Lebensjahr 300 Türkische Lira zu zahlen. Diese politischen Maßnahmen der Regierungspartei spiegeln neokonservativ-liberale und patriarchale Politik wider, die beabsichtigt, Frauen aus dem öffentlichen Raum ins Private und in die Rollen als Ehefrauen und Mütter zurückzudrängen. 'Ledige' Frauen fallen gemäß den neuen Regelungen nach dem 18. Lebensjahr aus der Sozialversicherung ihrer Väter heraus. Von der Rücknahme sozialstaatlicher Rechte sind Frauen besonders hart betroffen, weil sie aufgrund ihres Geschlechts stärker von Armut bedroht sind. Das höhere Armutsrisiko für Frauen durch die Benachteiligung aufgrund von vergeschlechtlichten staatlichen Strukturen und einer maskulinistischen Sozialpolitik trägt auch unmittelbar zur Reproduktion der patriarchalen Familie und zu geschlechtsspezifischen Unterschieden auf dem Arbeitsmarkt bei (vgl. Jessop 1997: 286f.).

Für die sozialistischen Feministinnen steht die Thematisierung der Frauenerwerbsarbeit im Zentrum ihrer politischen Arbeit, welche auch im Rahmen des Protests gegen den *SSGSS* artikuliert wurde (vgl. Toksöz 2009; Acar-Savran 2008). Sie betonen außerdem, dass sich ihre finanziellen Ressourcen auf keine staatlichen, privatwirtschaftlichen oder ausländischen Fonds stützen, sondern durch die Frauen des Kollektivs aufgebracht werden. Ihre Erfahrungen in der politischen Opposition gegen den *SSGSS* fassen sie wie folgt zusammen:

> „Die Feministinnen hatten keine Organisation, die die Energie und die Dynamik, die diese Kampagnen [SSGSS u.a.] auslösten, weitertragen und fortsetzen würden. Dieser Zustand hat uns [...] auf eine neue Suche gebracht. Die Probleme, die im Zuge unserer Kampagnen aufgegriffen wurden, zeigten in direkter Weise, dass die patriarchale Herrschaft und Ausbeutung in vieler Hinsicht mit dem Kapitalismus verwoben ist und sich gemeinsam mit ihm fortschreibt. Für uns war es glasklar, dass die Kämpfe gegen die Unterdrückung der Frauen gleichzeitig eine antikapitalistische Haltung aufweisen müssen. Wir definieren die Strukturen, mit denen wir konfrontiert sind, als einen patriarchalen Kapitalismus und sehen die Existenz einer politischen Haltung innerhalb dieser Definition im Befreiungskampf der Frauen für notwendig an."[53]

Zusammenfassend kann die Gründung des *SFK* Ende 2008 als eine politische Mobilisierung gedeutet werden, deren Kraft und Dynamik sie aus den vorangegangenen Protesten und Kampagnen gegen das *SSGSS* oder *TCK* (Türkisches Strafrecht) geschöpft hat. In den Ansätzen des Kollektivs ist ein Wille zur Ko-

53 In: www.sozialistfeministkolektif.org, Zugriff am 17.06.2009. Aus dem Türkischen übersetzt von der Verf.

operationsbereitschaft mit anderen feministischen Gruppen zu spüren, der in dieser Form vorher nicht immer existiert hat.

Diese Transformation ist meiner Meinung nach auch der Erfolg von feministischen Kooperativen wie *Amargi*, die seit ihrer Gründung im Jahr 2001 als eine radikale, feministische Organisation für eine Zusammenarbeit zwischen allen feministischen Gruppierungen arbeitet und auch viele Gruppen für gemeinsame Anliegen mobilisiert hat. Bei der Schaffung der Frauenplattformen wie *TCK* oder *SSGSS* haben Gruppen wie *Amargi* und einzelne feministische Persönlichkeiten wie Pınar Selek, Hülya Gülbahar, Selma Acuner und Pınar İlkkaracan eine große Rolle gespielt.[54] Diese Annäherungen und die steigende Solidarität nach 2000 führten zu einer Selbstkritik vieler Feministinnen, einer Verarbeitung der schmerzvollen Vergangenheit der feministischen Bewegung und zu einer Suche und vor allem zu einer Sehnsucht nach einer neuen gesamtfeministischen Solidaritätsbewegung.

Das Buch *Auf der Suche nach Freiheit*, das von der Frauenkooperative *Amargi* 2005 veröffentlicht wurde, ist eine geschichtliche Darstellung (sözlü tarih) der gesamten feministischen Bewegung, in der die persönlichen Sichtweisen und Einschätzungen der Initiatorinnen, der leitenden Persönlichkeiten, Aktivistinnen und Zeuginnen der Anfangsphase der feministischen Bewegung dokumentiert sind (vgl. Amargi 2005). Das Buch ist schon insofern bedeutend, als es die Ansichten von verschiedenen Feministinnen, die alle unterschiedliche Interpretationen einer Geschichte präsentieren, sammelt. Diese selbstkritische Verarbeitung der feministischen Vergangenheit bewirkte, dass viele Feministinnen, die sich von der Bewegung abgewendet hatten, wieder für gemeinsame feministische Politiken gewonnen werden konnten. In diesem Buch wurde sowohl den sozialistischen Feministinnen, den radikalen Feministinnen als auch den islamischen und kurdischen Feministinnen Platz eingeräumt. Sie alle wurden als Teile eines gemeinsamen Ganzen vorbehaltlos und auch 'anerkennend' berücksichtigt. Dies hat das Fundament für die politische Arbeit in den folgenden Jahren gelegt.

#### *3.3.2.2 Kurdische Feministinnen*

Im Rückblick auf die feministische Bewegung üben viele Frauen heute Kritik daran, dass die Anliegen von bestimmten Frauengruppen marginalisiert wurden. Zu diesen Gruppen gehören auch die kurdischen Feministinnen, obwohl sie sich

54 Für die Interviews mit Hülya Gülbahar, İpek Ilkaracan und Selma Acuner siehe: Kapitel 5.2.2.

später als eine der politisch stärksten Gruppierungen innerhalb der feministischen Bewegung erwiesen haben. Ayfer Ekin und Gülşen Bozan, zwei Feministinnen aus der kurdischen Bewegung, stellen fest:

> „Aus der Perspektive der kurdischen Frauen hatten die feudalen Traditionen auf der einen Seite und die nationalen Probleme des kurdischen Volkes auf der anderen Seite weitreichende Auswirkungen auf das Familienleben und auf die Beziehungen zwischen Frauen und Männern." (Bozan/Ekin 2005: 205)[55]

Der Einschätzung von Ekin und Bozan zufolge stellt die Partizipation der kurdischen Frauen in der feministischen Bewegung in den 1990er Jahren einen Anfang für „eine demokratische Lösung" dar. Sie weisen aber darauf hin, dass die kurdischen Frauen vorher mit einer „traditionellen" Identität an der Bewegung teilnahmen (ebd.: 205). Die kurdische Frauenbewegung durchlief parallele Entwicklungsphasen wie die sozialistischen Feministinnen. Auch die kurdischen Frauen wurden von ihren männlichen Genossen dafür kritisiert, dass sie eine von der Bewegung abgesonderte Frauenzeitschrift herausgaben und autonome, feministische Diskussionen führten. Diese Debatten in der kurdischen Bewegung dauerten fast fünf Jahre, danach erst konnten sich die kurdischen Feministinnen wirklich von der gesamten kurdischen Bewegung 'emanzipieren'. Auch die kurdischen Feministinnen wiesen auf die Diskriminierungen und Ausbeutungen der Frauen in der Türkei hin und betonten, dass es aus einer feministischen Perspektive nicht darauf ankomme, ob es eine 'türkische' Frau oder 'kurdische' Arbeiterin sei, wenn doch die Erfahrungen von männlicher Gewalt, Kontrolle und Ausbeutung dieselben seien (ebd.: 210). Sie kritisierten allerdings das Desinteresse und die fehlende Unterstützung der verschiedenen Frauenorganisationen, wie beispielsweise von *Ka-Der*, an einer Zusammenarbeit mit ihnen.

Die Solidarität unter den kurdischen Frauen führen sie auf die gemeinsamen Erfahrungen in Bezug auf ihre ethnische Zugehörigkeit, ihren politischen Flüchtlingsstatus und die daraus resultierenden rassistischen Diskriminierungen zurück. All dies veranlasste sie, sich zu schützen, sich um 'ihre' eigenen Probleme zu kümmern und zueinander zu finden. Die kurdischen Frauengruppen erhielten großen Zuspruch und eine breite Unterstützung in Diyarbakır. Ihre Zeitschriften wie *Roza* und *Jujin* wurden hier am meisten gelesen und diskutiert und sie erfuhren hier großen Rückhalt für ihre Anliegen (vgl. Halide/Canan 2005: 230).

2007 hat Handan Çağlayan die erste Forschungsarbeit, eine Dissertation, über die kurdische Frauenbewegung in der Türkei veröffentlicht. Die Veröf-

55 Aus dem Türkischen übersetzt von der Verf.

fentlichung wurde von zahlreichen sozialistischen und radikalen autonomen Feministinnen unterstützt und begrüßt, vielleicht als eine Wiedergutmachung der Versäumnisse der vergangenen Jahre. Das Buch erhielt auch den PEN Duygu Asena Buchpreis 2008.

*Mütter, Genossinnen und Göttinnen – Frauen in der kurdischen Bewegung und die Entwicklung einer Frauenidentität* diskutiert in vielen Dimensionen die kurdische Frauenbewegung (vgl. Çağlayan 2009). Der Schwerpunkt Çağlayans liegt darin, die Authentizität der kurdischen Frauen als politische Akteurinnen und ihre Eingebundenheit in die kurdische Bewegung vor dem Hintergrund des nationalen Kontextes der Türkei zu analysieren. Çağlayan untersucht die Entwicklung einer kurdischen Frauenidentität, deren Anfänge sie in der Politisierung der kurdischen Bewegung nach 1980 lokalisiert. Ihren theoretischen Rahmen bilden die sozialen Bewegungstheorien sowie die Analysen der ethnischen oder nationalistischen Konstruktionen aus einer Geschlechterperspektive.

Das Auftreten der kurdischen Frauen in der politischen Öffentlichkeit wurde in den kurdischen politischen Zirkeln als ein „Zeichen der Emanzipation der kurdischen Frauen" gedeutet (ebd.: 19). Die Autorin kritisiert an dieser Stelle auch die Zurückhaltung der akademischen Sphäre gegenüber den kurdischen Frauen. Obwohl zeitgleich viele akademische Publikationen über die islamistischen Frauen veröffentlicht wurden, erstreckte sich das akademische Interesse nicht auf die kurdischen Frauen. Çağlayan führt diese Distanzierung auf die politische 'Sensibilität' des 'kurdischen Themas' zurück (ebd.: 20).

Die Instrumentalisierung der Frauen durch die vom Staat zerschlagenen politischen Bewegungen, wie die sozialistische, kurdische oder islamistische Bewegung, war eine politische Praxis dieser Bewegungen, die zeitweise aus politischer 'Notwendigkeit' angewandt wurde. Dadurch, dass die Frauen die einzigen staatlich 'legitimen' oder 'legitimierten' Akteurinnen der depolitisierten türkischen Öffentlichkeit nach 1980 waren, wurden sie auf der einen Seite zu den Sprecherinnen und Verteidigerinnen der Interessen und Anliegen dieser 'unterdrückten' Gruppen und darüber hinaus auch von anderen sozialen Bewegungen. Auf der anderen Seite wurde diese politische Instrumentalisierung der Frauen durch verbannte politische Bewegungen vom Staat als Rechtfertigung zur Zerschlagung von radikalen feministischen Protesten durch staatliche Gewaltinstanzen herangezogen. Frauen würden, so die gängige Argumentation, für die Propaganda von 'verbotenen' politischen Bewegungen benutzt und dies müsse unterbunden werden (vgl. ebd.).

Wie auch Çağlayan ausführt, wurden (nicht nur) die kurdischen Frauen im Spannungsfeld dieser Polarisierung zwischen 'Opfern' und 'Befreiten', wie auch schon zuvor in der türkischen Republik, ihrer 'eigenen' Positionen und Inhalte beraubt (ebd.: 20). Frauen waren stets nur die analytischen 'Objekte' und 'Probleme' in einer von Männern konstruierten und geführten Frauendebatte (vgl. auch Vargün 2009a; Açık 2002).

In den Ausführungen von Çağlayan wird deutlich, welchen gemeinsamen maskulinistischen Ausschließungs- und Instrumentalisierungsmechanismen Frauen aufgrund ihres Geschlechts ausgesetzt sind. Somit unterscheidet sich in meinen Augen der Entstehungsprozess der kurdischen Frauenbewegung oder die Entwicklung eines kurdischen Frauenbewusstseins und Frauenwissens, das sich aufgrund spezifischer Erfahrungen mit maskulinistischen Praktiken entwickelte, nicht wesentlich von den Entwicklungsphasen der gesamten feministischen Bewegung in der Türkei.

Zusammenfassend kann sowohl die Arbeit Çağlayans als auch der heutige Stand und die Positionierungen der kurdischen Frauen innerhalb der feministischen Bewegung als eine konstruktive Infragestellung der homogenisierenden Ansätze innerhalb der feministischen Bewegung gedeutet werden. Herrschaftsformen existieren auch zwischen den Frauen als politische Akteurinnen; und die Kritik und Analyse dieser herrschaftlichen Praktiken in der feministischen Bewegung wird in den letzten Jahren von Seiten des akademischen und politischen Feminismus in der Türkei vorangetrieben (vgl. Bora 2008b).

Die Unterschiede zwischen den Frauen in ihren Lebensbedingungen, Klassenzugehörigkeiten und ethnischen Zugehörigkeiten muss anerkannt werden, ohne diese Unterschiede zu unüberbrückbaren Differenzen zu erklären. Die Entwicklung der feministischen Bewegung nach 2000 lässt durch ihre konstruktive Selbstkritik und ein 'Aufeinanderzugehen' auf die Erfüllung solch eines feministischen Anspruchs hoffen. Die Gründung der kurdischen feministischen Organisation *DÖKH* (Demokratische Freie Frauenbewegung) wird als eine weitere Entwicklung der Autonomisierung der kurdischen Feministinnen von der kurdischen Bewegung gedeutet, wobei die *DÖKH* wirksame feministische Politiken generiert (vgl. Karakuş 2009).

Die Darstellung der Entstehungsbedingungen und der geschichtlichen Entwicklung der feministischen Bewegung im spezifischen politischen Kontext der Türkei sowie der verschiedenen Identitäten und Zugehörigkeiten innerhalb der Bewegung sollten einen Überblick über die strukturellen Zusammenhänge innerhalb der Bewegung sowie auch zwischen der feministischen Bewegung und anderen zivilgesellschaftlichen Formationen geben. Dabei ist insbesondere die Vereinnahmung feministischer Politik und des frauenbewegten Aktivismus durch staatliche Politiken und andere soziale Bewegungen hervorzuheben. Im folgenden Kapitel sollen nun die strukturellen hegemonialen Männlichkeitsformen in der Türkei und die feministisch-politischen Praktiken im Kampf mit diesen maskulinistisch-hegemonialen Einschreibungen in Gesellschaft und Politik dargestellt werden, um hieraus die feministischen Strategien für eine Entmächtigung männlicher Vorherrschaft herausarbeiten zu können.

# 4 Hegemoniale Männlichkeit in der Türkei

Robert W. Connell greift mit dem Begriff der hegemonialen Männlichkeit auf Gramsci und dessen Terminus der Hegemonie zurück, der „auf die gesellschaftliche Dynamik, mit welcher eine Gruppe eine Führungsposition im gesellschaftlichen Leben einnimmt und aufrechterhält", verweist (Connell 2006: 98):

> „Hegemoniale Männlichkeit kann man als jene Konfiguration geschlechtsbezogener Praxis definieren, welche die momentan akzeptierte Antwort auf das Legitimitätsproblem des Patriarchats verkörpert und die Dominanz der Männer sowie die Unterordnung der Frauen gewährleistet (oder gewährleisten soll). [...] Aber diese Hegemonie entsteht trotzdem nur, wenn es zwischen dem kulturellen Ideal und der institutionellen Macht eine Entsprechung gibt, sei sie kollektiv oder individuell. Die Führungsebenen von Wirtschaft, Militär und Politik stellen eine recht überzeugende korporative Inszenierung von Männlichkeit zur Schau, die von feministischen Angriffen und sich verweigernden Männern immer noch ziemlich unberührt scheint." (ebd.)

In Bezug auf hegemoniale Männlichkeit kann im Fall der Türkei sowohl von einem kulturellen Ideal als auch von einer institutionellen Macht gesprochen werden. Diese entsprechen sich sowohl kollektiv als auch individuell. Zu den Institutionen, in denen und durch die sich hegemoniale Männlichkeit produziert und ständig reproduziert, zählen sowohl das Parlament, in dem der Anteil der männlichen Abgeordneten mehr als 90% beträgt, als auch der militärische Apparat mit seinen rigiden Herrschaftsstrukturen, der mit der Politik verschmilzt bzw. diese sogar dominiert, und sexistische und frauenabwertende Berichterstattung, Aussagen, Debatten, Sendungen, Werbungen und die gesamte misogyne visuelle Symbolik der Medien. Darüber hinaus (re)produziert sich hegemoniale Männlichkeit durch geschlechterhierarchische Gewaltverhältnisse in den Familien und im Privaten, wo Frauen eingesperrt, geschlagen, ihrer Erwerbslöhne beraubt und jeden Tag aufs Neue entmächtigt werden. Hegemoniale Männlichkeit wird in den männlichen Führungskadern und durch das männliche, wirtschaftlich-kapitalistische Führungsverständnis nationaler und internationaler Betriebe und Konzerne hervorgebracht, welche die Lebenslagen der Frauen explizit unbeachtet lassen. Aber auch durch die Dominanz der Männer in öffentlichen Räumen wie Cafés, Fußballstadien, Bussen, Straßen und auf Autobahnen, wo Frauen dazu genötigt werden, sich täglich mit sexueller Belästigung, Abwertung und Nicht-Beachtung auseinanderzusetzen, wird hegemoniale Männlichkeit sichtbar.

Zu den prägnantesten strukturellen Dimensionen und Orten dieser hegemonialen Männlichkeit, ihren Praktiken und ihren spezifischen Ausformungen im Alltag der Frauen zählen zum einen die herrschaftlichen Gewaltverhältnisse in der Familie, die als der primäre Ort der Ausübung von Gewalt gegen Frauen verstanden werden können, an dem ihre Arbeitskraft, ihre Sexualität und ihre Freiheit insgesamt kontrolliert wird. Diese werden durch die strukturellen Gewaltverhältnisse und -praktiken in staatlichen Institutionen bedingt, deren alltägliche Anwendung durch staatliche AkteurInnen garantiert wird. Diese AkteurInnen der staatlichen Institutionen und Öffentlichkeit sollen als ProduzentInnen hegemonialer Männlichkeit in den Blick genommen werden und es soll untersucht werden, inwieweit diese durch staatlich praktizierte 'Jungfrauentests', frauenfeindliche Gerichtsentscheide, belästigende und nötigende Polizeibeamte und durch diskriminierende Grundgesetzregelungen und Sitten tagtäglich „Weiblichkeit benachteiligen" (Sauer 2001: 52).

Die zweite strukturelle Dimension von hegemonialer Männlichkeit stellt der eingeschriebene Militarismus dar, der mittels einer Verherrlichungspropaganda des Militärs seit der Gründung der türkischen Republik im Jahre 1923 alle bildungspolitischen und sozialen Räume machtpolitisch durchdrungen hat. Darüber hinaus sollen die hegemonialen Männlichkeiten in Politik, Ökonomie und den Medien diskutiert werden. Die niedrige Repräsentation der Frauen in der Politik, die politischen Praktiken der männlichen Politiker gegenüber Frauen und die frauenpolitischen Einstellungen von Politikerinnen sollen anhand von Ausschnitten aus Interviews mit Politikerinnen diskutiert werden. Des Weiteren soll die strukturelle und ökonomische Benachteiligung und die zunehmende Verarmung von Frauen als eine Praxis hegemonialer Männlichkeit dargestellt werden. Vor dem Hintergrund dieser politischen und ökonomischen Strukturen kommt auch den Medien eine große Bedeutung zu. Darauf deuten einerseits die eng verschmolzenen Beziehungen zwischen Medien-, Holding- und Staatschefs sowie die erschreckenden Statistiken über den Fernsehkonsum von verschiedenen sozialen Gruppen hin und andererseits die Tatsache, dass die Medien als ideologische Produzenten, Vertreiber, Propagandisten, Manipulatoren und als kommunikative Machtblöcke in das alltägliche Leben der Individuen eingreifen (vgl. Adaklı 2008; Çağlar 2003).[1]

1 Für eine weitreichende Studie zu *Fernsehen und Familie in der Türkei* siehe: T.C. Başbakanlık Aile Araştırma Kurumu 1995a.

## 4.1 Gewalt als strukturelle Entmächtigung der Frauen „Mann darf den Stock auf dem Rücken und den Knirps im Bauch der Frau niemals fehlen lassen!"

Die Gewalt an Frauen in der Türkei ist erschreckend: Jeder vierte Mann in der Türkei schlägt entweder seine Mutter, Ehefrau, Tochter, Schwester oder andere weibliche Verwandte. Diese Quoten betragen bei Männern mit Hochschulabschluss bis zu 18% (vgl. Mor Çatı 1996; T.C. Başbakanlık Aile Araştırma Kurumu 1995 b [Staatliche Familienforschungsinstitution]). Die erschreckenden Statistiken über 'Ehrenmorde'[2] sowohl in Südostanatolien als auch in den Großstädten der Türkei an meist jungen Frauen, die der sexuellen Aktivität vor der Ehe, der Untreue während der Ehe, der 'Entehrung' durch Vergewaltigung oder auch nur durch Gerüchte des 'Herumflirtens' beschuldigt und durch ihre männlichen Verwandten 'exekutiert' werden, steigen trotz der breiten öffentlichen Kampagnen gegen häusliche Gewalt und 'Ehrenmorde' stetig an (vgl. WWHR 2006: 32f). Gewalt an Frauen ist in der Türkei eine alltägliche Praxis, die weder von Männern noch von Frauen hinterfragt wird. In diesem Zusammenhang argumentiert Robert W. Connell:

> „Patriarchale Definitionen von Weiblichkeit (abhängig, ängstlich) führen zu einer Art kultureller Entwaffnung, vermutlich ebenso wirkungsvoll wie die tatsächliche physische Entwaffnung. In Fällen häuslicher Gewalt findet man oft misshandelte Frauen, die rein physisch durchaus in der Lage gewesen wären, sich zu verteidigen, die aber die Zuschreibung des misshandelnden Mannes akzeptierten, dass sie hilflos und unfähig seien" (Connell 2006: 104).

Connell spricht von zwei Formen von Gewalt. Die erste Form sei, wenn „viele Mitglieder der privilegierten Gruppe Gewalt [benutzen], um ihre Dominanz zu sichern", da sie sich von einer „Ideologie der Suprematie" ermächtigt fühlen (ebd.). Zum zweiten spricht er von Gewalt zwischen Männern selbst, die dazu diene, „Männlichkeit zu versichern oder diese zu demonstrieren" (ebd.: 104f).

> „Gewalt ist Teil eines Unterdrückungssystems, gleichzeitig ist sie aber auch ein Maß für seine Mangelhaftigkeit. Eine vollkommene legitimierte Herrschaft hätte Einschüchterung wenig nötig. Das derzeitige Ausmaß an Gewalt deutet auf die 'Krisentendenz' (um einen Begriff von Jürgen Habermas zu verwenden) der modernen Geschlechterordnung." (ebd.: 105)

Birgit Sauer spricht in diesem Zusammenhang von einer „systematischen Unsicherheit" der Frauen, da Gewalt und Bedrohung „genuine Bestandteile herr-

---

2 Für eine Studie über Ehrenmorde siehe: T.C. Başbakanlık KSSGM 1999.

schaftlicher Geschlechterverhältnisse“ seien und die Bedrohung der Frauen durch Gewalt „eine immanente Dimension moderner Staaten“ sei (Sauer 2004: 75):

> „Im Nahraum der sogenannten Privatheit garantiert das staatliche Gewaltmonopol nicht die Sicherheit, aus der es seine Rechtfertigung bezieht. Im Gegenteil: Ehegesetze, Polizei und Rechtsprechung können bis in die neunziger Jahre des 20. Jahrhunderts hinein als Opportunitätsstruktur von Männergewalt gegen Frauen gelten. Anders ausgedrückt: Staatsverhältnisse sind geschlechtsspezifische Gewaltverhältnisse“ (ebd.: 75f).

Diesen theoretischen Ausführungen und Definitionen zufolge können die Ehegesetze, Polizei und Rechtsprechung in der Türkei als eine direkte Form der Macht- und Gewaltanwendung gegen Frauen verstanden werden. Die Einschüchterung der Frauen erfolgt nicht nur durch gewalttätige Ehemänner, sondern durch die strukturell verfestigten, maskulinistischen und hegemonial männlichen Praktiken der staatlichen AkteurInnen, wie z.B. Richter und Polizeibeamte. Seit vielen Jahren ist es eine übliche Praxis von Richtern, in Scheidungsfällen Frauen vor Gericht zu ‘überreden’, wieder zu ihren missbrauchenden Ehemännern zurückzukehren, um die ‘Einheit der Familie’ zu bewahren. Die gängige Argumentation ist, solche ‘Vorfälle’ gebe es in jeder ‘normalen’ Familie und Frauen müssten dies ‘aushalten’ (vgl. Arın 1996, 1998; Levine 1982). Solch eine ‘Überredungskunst’ wandten üblicherweise auch Polizeibeamte an, die Frauen, welche Schutz vor der Gewalt ihrer Ehemänner oder Väter auf Polizeistationen suchten und eine Anzeige erstatten wollten, wieder mit den Ehemännern – die sie persönlich kontaktierten – ‘versöhnten’. Die Normalisierung der Männergewalt durch staatliche Akteure und besonders die Stärkung dieser strukturellen Gewaltverhältnisse durch die alltägliche Handlungspraxis derselben Akteure und Gesetzesparagraphen im Ehegesetz (vgl. Yüksel 1996; Arın 1996) – welche den Ehemann als ‘Oberhaupt der Familie’[3] bestimmten – entmächtigte die Frauen und schüchterte sie strukturell ein. Eine „kulturelle Entwaffnung“ (Connell) fand statt, mit dem Ergebnis einer totalen gesellschaftlichen Unterordnung und „Beschädigung“ der Frauen als Subjekte.

Die legislative und exekutive Produktion und Anwendung von Gewalt gegen Frauen wurde unmittelbar von den staatlichen Institutionen und ihren Akteuren selbst impliziert (vgl. Keskin/Yurtsever 2006).[4] Wenn der Frau als Bürgerin

3 Für eine Strukturanalyse der Familie in der Türkei siehe: Duben 1982. Vgl. auch: Özbay 1998.

4 Für ein Interview mit Eren Keskin über „Staatliche Geschlechtergewalt“ in der Türkei siehe: Sönmez/Demirler 2008.

nicht mehr die 'schützenden' Funktionen der staatlichen Institutionen gewährt werden, sondern staatlich abgestützte Gewalttechniken sich im Alltagsleben der Frauen verfestigen, dann legitimiert sich hieraus die 'private häusliche Gewalt' gegen Frauen, die von einzelnen Männern ausgeführt wird. Anders gesagt: Die strukturellen Gewaltverhältnisse des staatlichen Vorfeldes bestärken, verfestigen und legitimieren die individuelle Gewaltanwendung im Privaten.

Der wachsende Protest der Frauenbewegung gegen männliche Gewalt[5], die Thematisierung dieser strukturellen Herrschaftsverhältnisse in öffentlichen Debatten, Kampagnen, Fernsehsendungen, 'Soap-Operas' und der erfolgreiche rechtliche Kampf der Feministinnen für geschlechtergerechte Reformen im Ehe- und Strafgesetz hat zu einer Sensibilisierung der Öffentlichkeit und der staatlichen Institutionen gegenüber Männergewalt und zu bedeutenden rechtlichen Reformen zugunsten der Frauen beigetragen. Allerdings hat dies nicht zur Beseitigung von Gewalt gegen Frauen als einem bestimmenden Strukturmerkmal der türkischen Gesellschaft geführt (vgl. Ovadia 1996).

Solange die staatlichen 'Rechtspersonen', die Frauen zu ihrem Schutz aufsuchen, offen zugeben, dass „manche Frauen es verdienen, vergewaltigt zu werden", wie in einer Studie herausgefunden wurde (Kerestecioğlu 2003: 8f), kann wohl kaum auf eine baldiges Aufbrechen der Gewaltverhältnisse gehofft werden. „Manche Frauen verdienen es, vergewaltigt zu werden", meinen 4% von 50 Gerichtsmedizinern, 6% von 85 Psychologen, 10% von 100 Anwälten, 17% von 80 Richtern und Staatsanwälten und 33% von 100 Polizisten. In derselben Studie wird mit etwa denselben Prozentsätzen der befragten Berufsgruppen folgende Aussage bestätigt: „Das Aussehen und die äußere Erscheinung von Frauen kann zur Vergewaltigung führen" (ebd.: 9).

Die unzureichenden Implikationen der rechtlichen Reformen, wie das *Gesetz zum Schutz der Familie* (Gesetz 4320)[6], das erst durch einen enormen rechtlichen

---

5 Die wichtigsten Initiatorinnen für die Thematisierung von Gewalt gegen Frauen waren die Gründerinnen und Aktivistinnen der Stiftung *Lila-Dach*. (s. Kapitel 3) Die Stiftung gilt heute noch als die stärkste Befürworterin einer Autonomie der Frauenbewegung gegen staatliche und populistische Vereinnahmungen des Gewaltdiskurses und unterstützt misshandelte Frauen ökonomisch und juristisch in ihren autonomen Frauenhäusern. Für die Erfahrungen der *Lila-Dach*-Aktivistinnen im Kampf gegen Gewalt an Frauen, siehe: Kerestecioğlu/Kaşker 2005. Für die weitere politische Positionierung der *Lila-Dach* Aktivistinnen siehe: Interviews in Kapitel 5.2.1.

6 Zum Gesetz 4320 siehe: Akyüz Öztürk 2003. Dieses Gesetz trat am 14.1.1998 in Kraft und wurde am 26.4.2007 zugunsten der Frauen korrigiert und erweitert.

Kampf feministischer Anwältinnen im Jahre 1998 verabschiedet wurde und zum Ziel hat, familiäre Gewalt zu unterbinden, werden u.a. von den feministischen Anwältinnen Hülya Gülbahar und Filiz Kerestecioğlu in einer Publikation der Anwaltskammer Istanbul eingehend diskutiert (vgl. İstanbul Barosu Yayınları [Anwaltskammer Istanbul] 2003). Obwohl nun Frauen, die misshandelt werden, eine einstweilige Verfügung über den gewalttätigen Ehemann verhängen und ihn aus der gemeinsamen Wohnung weisen lassen können, wird diese Möglichkeit juristisch und polizeilich de facto nicht umgesetzt.

Die 41. Klausel im Grundgesetz der türkischen Republik besagt:

> „Die Familie ist das Fundament der türkischen Gesellschaft und stützt sich auf die Gleichheit zwischen den Partnern (ebd.: 254) [...]. Um den Frieden und die Wohlfahrt der Familie und insbesondere der Mutter und der Kinder zu wahren, trifft der Staat die nötigen Vorkehrungen und richtet die nötigen Organisationen ein."[7] (ebd.: 25)

Hier fällt zuerst auf, dass nicht das Individuum, sondern die Familie als die fundamentale Einheit der Gesellschaft festgelegt wird. Suad Joseph definiert dieses Merkmal der primären gesellschaftlichen Stellung von Familie und Verwandtschaft als eine Gemeinsamkeit vieler arabischer Länder (Joseph 1996: 16). Die Türkei weist in diesem Zusammenhang keinen Unterschied zu den arabischen Gesellschaften auf, in denen in patriarchalen, verwandtschaftlichen und familiären Beziehungen Frauen den Männern stets untergeordnet werden. Außerdem wird in diesem Grundgesetz die schützende Rolle des Staates betont. Doch der „schützende Staat", der von der feministischen Kritik auch aufgrund anderer Charakteristiken bemängelt wird (vgl. Gerhard 1999), war und ist nicht in der Lage zu *schützen* und die reformierten Gesetze zu implementieren. Solange die Exekutive die populäre türkische Redewendung unterstützt, dass Man(n) *„den Stock auf dem Rücken und den Knirps im Bauch der Frau niemals fehlen lassen"* darf und wutentbrannte Mörder zum Zwecke des 'Schutzes der Familienehre' – oder auch nur zur Verarbeitung ihrer Wut – Frauen sogar in öffentlichen Krankenhäusern ermorden können[8], besteht wenig Hoffnung auf strukturelle Veränderungen.

---

7 Aus dem Türkischen übersetzt von der Verf.

8 Der Fall von *Güldünya* mobilisierte die gesamte Frauenbewegung und leitete neue Wellen von weitreichenden Anti-Gewaltkampagnen ein. Güldünya wurde nach ihrer Flucht aus ihrem Dorf von ihren Brüdern bis nach Istanbul verfolgt, im Frauenhaus aufgespürt und verletzt und schließlich in ihrem Krankenbett im Krankenhaus

Das Gesetz, das 'Ehrenmördern' einen Schulderlass gewährte, wurde durch Gesetzesreformen zwar gestrichen, aber die reibungslose und rechtmäßige Umsetzung der Gerichtsentscheide und einstweiligen Verfügungen zum Schutze von Frauen vor häuslicher Gewalt, die auf die Zusammenarbeit mit den Exekutivkräften wie die Polizei angewiesen sind, erweist sich aufgrund der mangelnden individuellen Bereitschaft der Exekutivbeamten als mühsam. Genau dieser Missstand wird im Schreiben der Ministerin Aysel Çelikel im Jahre 2002 an die Staatsanwaltschaft der Republik aufgezeigt (Çelikel 2003: 254f) und mit der Forderung verbunden, die de facto-Implikation der Gerichtsentscheide zu gewährleisten (ebd.: 255):

> „[...] In Anbetracht der Tatsache, dass die Familie das Fundament der türkischen Gesellschaft bildet, und im Rahmen des Gesetzesparagraphen zum Schutz der Familie bitte ich, wenn die Staatsanwälte der Republik über einen Fall häuslicher Gewalt unterrichtet werden sollten, dies, ohne auf eine Beschwerde zu warten, sofort dem Friedensrechtgericht (sulh hukuk mahkemesi) zu melden. Im Falle einer Entscheidung des Gerichts für eine einstweilige Verfügung zum Schutz der Frau ersuche ich – damit der Gerichtsbeschluss in angemessener Weise ausgeführt werden kann – um die enge Zusammenarbeit mit den Polizeikräften, um die notwendige Vorsicht und Gewissenhaftigkeit während der Ausführung der rechtlichen Prozeduren gegen diejenigen, die sich nicht an die einstweilige Verfügung halten, und darum, beliebige *Willkür* den Staatsanwaltschaften der Republik (Cumhuriyet Başsavcilikari) in ihrer Nähe und den Gerichten zwecks Information zu melden."[9] (ebd.)

Eine amtierende Ministerin bittet in einem offiziellen Schreiben an die republikanische Staatsanwaltschaft darum, *willkürliches Handeln* der Streit- und Rechtskräfte oder, anders formuliert, *unterlassene* Hilfe zum Schutze der Frauen bei der Ausführung der Gerichtsentscheide den Gerichten zu 'melden'. Dieses Schreiben weist in sehr dramatischer Klarheit auf, wie tief hegemoniale Männlichkeit in den gesellschaftlichen und staatlichen Strukturen der Türkei verankert ist und dass Gleichheit vor dem Gesetz keine soziale und materielle Gleichheit garantiert (vgl. Demirović 2006: 3).

In diesem Zusammenhang wird auch die Bezeichnung des Gesetzes als „Schutz der Familie" und nicht als „Schutzmaßnahmen gegen Gewalt", wie die Regelung in anderen Ländern genannt wird, von feministischen Anwältinnen und Aktivistinnen kritisiert (vgl. Kerestecioğlu 2003; Gülbahar 2003). Es scheint, als ob im Falle von Gewalt nicht die Frau geschützt werden soll, sondern die Familie

ermordet, um die Familienehre zu retten. Güldünya wurde damit zum Symbol der daraufhin initiierten Antigewaltkampagnen.

9 Aus dem Türkischen übersetzt von der Verf.

als wertvollste gesellschaftliche Kategorie, um deren Erhalt es letztendlich geht. Das offizielle Argument lautete, dass der Schutz von Kindern auch in diesen Gesetzesrahmen gehöre, und daher habe man das Gesetz zum Schutz der Familie benannt. Doch in Anbetracht der Tatsache, dass Frauen statistisch am häufigsten Opfer von Gewalt sind, wird deutlich, dass die Bewahrung der Einheit der Familie und nicht der individuelle Schutz der misshandelten Frau im Vordergrund steht. Sogar in einem Fall von Missbrauch geht es immer noch primär darum, die Familie zu retten. Diese maskulinistische und patriarchale Tradition ist auch in anderen Gesetzen der Türkei zu finden. Im Strafgesetz wurden bis zu den Reformen 2004 die Strafregelungen bei Vergewaltigung unter dem Titel *Straftaten gegen die allgemeine Moral, Sitte und Familienordnung* geführt (vgl. ebd.; Arın 1996: 134). Dies bedeutete, dass nicht die individuellen Rechte, wie das Recht auf Schutz vor körperlichen Angriffen, im Vordergrund standen, sondern die 'Ehre' der Familie, wobei Vergewaltigung als eine gesellschaftliche *Entehrung* galt und der individuelle körperliche und psychologische Schaden, den die Frau erlitt, völlig unbeachtet blieb. Ebenso gilt „Vergewaltigung in der Ehe"[10] nicht als eine Straftat, da die sexuelle „Entladung" des Mannes als eine „gesellschaftliche Notwendigkeit" angesehen wurde, die in der ehelichen Beziehung ausgelebt werden solle (WWHR 2006: 54ff).

Eine rechtliche Regelung sah für den Straftäter eine gemilderte Strafe vor, falls die versuchte (außereheliche) Vergewaltigung „nicht ganz ausgeführt worden" sei und somit die allgemeine Moral „als geringer geschädigt" gelte. Außerdem bestimmte das Gesetz einen Straferlass, falls der Vergewaltiger sein Opfer heirate und dadurch die „allgemeine Moral" wiederhergestellt werde (ebd.). So war und ist es eine alltägliche Begebenheit in den traditionellen Familien in der Türkei, dass Frauen dazu 'überredet' wurden und noch immer werden, ihre Vergewaltiger zu heiraten. Das Maß an Gewalt, das die Frauen dadurch erfahren, ist immens und führt zu folgenschweren psychologischen Schäden, die nicht selten mit dem Selbstmord junger Frauen enden (vgl. Mor Çatı 1996: 182ff). Tod oder lebenslange Versklavung und Entmächtigung stehen hier zur Wahl – eine Wahl, die vom Staat und seinen Akteuren vorgegeben und von der Familie ausgeführt wird.

In diesem Sinn begreift Birgit Sauer in ihrem Entwurf eines geschlechtersensiblen Gewaltbegriffs den Staat als ein geschlechtsspezifisches Gewaltverhältnis:

---

10 Zur ehelichen Vergewaltigung in der Türkei, siehe: Kaya 1996.

> „Der moderne Staat etablierte sich somit als ein männliches Gewaltverhältnis. Staatliche Amtsgewalt ('potestas') sicherte Geschlechterverhältnisse als Gewaltverhältnisse ab. Die 'unpersönliche' Ordnung des Staates besaß nur für die Öffentlichkeit Gültigkeit, in der Privatheit existierte persönliche Herrschaft weiter. [...] Das Geschlechterverhältnis blieb ein *persönliches* Herrschafts-, Unterordnungs- und Gewaltverhältnis. Der moderne Staat kann als 'bounded civilisation', eine begrenzte Zivilisierung bezeichnet werden, in der Frauen die ambivalente Doppelrolle der Zivilisiererinnen einerseits, andererseits aber jene der zu Züchtigenden zugeschrieben bekommen. Frauen wurden in Staatsbildungsprozessen zur 'beherrschbaren Naturgrundlage' und mithin keine autonomen (politischen) Subjekte (Rumpf 1995: 227). Sie sollen die Zivilisierung der männlichen Triebkräfte und die Herstellung des guten moralischen Lebens in der Familie garantieren ... Frauen waren aufgrund des zweigeteilten Herrschaftsprinzips in doppelter Hinsicht männlicher Herrschaft unterworfen: der Herrschaft männlich-staatlicher Agenturen wie auch der des männlichen Familienoberhauptes." (Sauer 2004: 87)

Gewalt ist in diesem geschlechtersensiblen Sinn ein weit gefasstes Konzept, das über die körperliche Verletzung hinausgeht. Gewalt ist nicht nur körperliche Verletzung, sondern auch Abwertung, ökonomische Benachteiligung, vorenthaltene Anerkennung, soziale Ausgrenzung, Armut, soziale Not von Alleinerzieherinnen, sexuelle Belästigung, Abtreibungsverbot, gewaltsame Rede, sexuelle Gewaltandrohung und Einschüchterung und umfasst schließlich auch symbolische Gewalt, bei der die Frau als schwach und verletzlich dargestellt wird und „dadurch real verletzungsgefährdet ist". Diese hegemonialen Praktiken „produzieren Gewaltsamkeit" (ebd.: 79f).

Canan Arın, Feministin, Anwältin und eine der Gründerinnen der Stiftung *Lila-Dach*, sieht den Staat als den einzigen Verantwortlichen für die Gewalt gegen Frauen. Sie weist dem Staat die Aufgabe zu, alle nötigen Handlungen und die Produktion und Anwendung von geschlechtergerechten Politiken für die Behebung der Gewalt voranzutreiben (Arın 1998: 209f). Es war auch der Staat, der die weitreichenden und bedeutenden Reformen im Strafgesetz im Jahr 2004 in Kraft treten ließ, jedoch als Ergebnis und Erfolg eines/r jahrzehntelangen, feministischen Aktivismus und Politik. Seit 2004 gilt gemäß den neuen Regelungen des Strafgesetzes Vergewaltigung als ein Kapitalverbrechen gegen das *Individuum* und nicht als eine Straftat gegen die *Gesellschaft,* wobei der Mann heute für eheliche Vergewaltigung eine Haftstrafe bis zu zwölf Jahren erhalten kann. Es gibt allerdings keine gesonderte Regelung in Bezug auf häusliche Gewalt gegen Frauen, wobei Gewalttäter, die Kinder und Familienangehörige körperlich angreifen, drei- bis sechsjährige Haftstrafen erhalten können.

Ein weiteres politisches Anliegen der feministischen Bewegung sind die staatlich angewandten 'Jungfrauentests', die nach einer 1995 in Kraft getretenen

Verordnung des Bildungsministeriums von den Disziplinarräten der Gymnasien und Schulen durchgeführt wurden.[11] Die Gesetzesbestimmung, die mittlerweile modifiziert wurde, besagte, dass ein 'Beweis der Unkeuschheit' unmittelbar einen Grund darstelle, junge Frauen aus dem Schulbildungssystem auszuschließen. Aufgrund des 'Verdachts der Unkeuschheit' wurden junge Frauen von den SchulleiterInnen unter Hinzuziehung der Familie zu gynäkologischen Untersuchungen – die meist von männlichen Frauenärzten durchgeführt wurden – 'gezwungen', wobei diese erzwungene medizinische Untersuchung oft die erste frauenärztliche Erfahrung im Leben dieser jungen Frauen darstellten (vgl. WWHR 2006: 59ff).

Diese Praxis stellte eine Art der staatlichen Gewaltanwendung dar, die in einer grausamen Art und Weise in die Leben und Körper junger Frauen eingriff. Bedenkt man die Tatsache, dass Sexualität in breiten Teilen der türkischen Gesellschaft ein gesellschaftliches Tabuthema ist und junge Mädchen bis zum Abschluss ihres Ehevertrages von ihren Eltern 'beauftragt' werden, ihre Jungfräulichkeit und ihren 'Anstand' zu bewahren, wird das Ausmaß der psychischen Kränkung und Demütigung durch solch eine Beschuldigung sexueller 'Unanständigkeit' offensichtlich. Nicht selten nahmen sich junge Frauen vor den gynäkologischen Eingriffen das Leben, um der Herabwürdigung zu entfliehen, und wurden dann in den gerichtsmedizinischen Autopsien als 'märtyrerische Jungfrauen' wieder 'gewürdigt'. In einer Gesellschaft, in der Eltern Jungfrauentests sogar an ihren verstorbenen Töchtern vornehmen lassen, um in 'Ehre' und in 'Ruhe' weiterleben zu können, erscheinen alle Gewaltformen, gewalttätigen Eingriffe und Praktiken gegen Frauen als Gewaltverhältnisse und als legitimierte Herrschaftsverhältnisse, da die 'Ehre' der Gesellschaft, der sozioökonomische und politische Status der Gesellschaft und die Gesellschaft insgesamt strukturell und räumlich am Körper und am Hymen der Frau festgemacht werden.

> „Gewalt ist niemals nur Handeln, sondern auch Struktur. [...] Gesellschaftliche Strukturen produzieren, vermehren oder vermindern Verletzungsoffenheit und Verletzungshandeln; dies macht ihr Gewaltpotential aus. [...] Der Begriff der 'Gewaltverhältnisse' versteht unter Gewalt nicht nur individuelle, intendierte Akte der Verletzung, sondern macht auf soziale Verhältnisse und Beziehungen aufmerksam, auf Strukturen, in deren Kontext Gewalt ausgeübt wird, die Verletzungsoffenheit herstellen und Menschen Gewalt antun" (Sauer 2004: 80f).

11 Für eine detaillierte Analyse der Jungfrauentests und der Einstellungen und Ausführungen der Mediziner und der „Modernen Türkischen Medizin" in diesem Zusammenhang, siehe: Cindoğlu 2003.

Birgit Sauer macht in ihrem Entwurf eines geschlechtersensiblen Gewaltbegriffs darauf aufmerksam, dass Gewaltverhältnisse Herrschaftsverhältnisse seien und „dass Herrschaftsverhältnisse den Gewaltverhältnissen nicht nachgelagert sind, sondern dass sie sich gegenseitig hervorbringen" (ebd.: 81). Sie unterstreicht, dass es einer geschlechtersensiblen Gewaltdiskussion nicht nur um die Ursachen von Gewalt gehen solle und auch nicht „um eine 'Entlastung' von Tätern durch eine 'Belastung' von Strukturen", sondern um den „Schutz vor Verletzung und Beschädigung" (ebd.). Es geht ihren Ausführungen zufolge darum zu verstehen, dass Geschlechtergewalt selbst ein Ausdruck von Herrschaftsverhältnissen sei und Frauen nicht nur Opfer von individueller Männergewalt seien: „Geschlechterverhältnisse sind latente Gewaltverhältnisse, denn sie produzieren systematisch die 'Verletzbarkeit' von Frauen" (ebd.).

Sauer entwirft den Begriff der „institutionalisierten Gewaltverhältnisse" als „Benachteiligungs-, Ausschließungs- und Marginalisierungszusammenhänge", die staatlich-rechtlich abgesichert seien (ebd.: 83) und in denen Gewalt als eine soziale Praxis, ein hegemonialer Diskurs und politische Ordnungsstruktur definiert werden könne. Sexistische Gewalt sei daher als „ein mithin historisch institutionalisiertes Gewaltverhältnis" zu verstehen (ebd.). Nur in diesem Rahmen könne frau soziale, kulturelle und individuelle Gewalt kritisieren und analysieren, um dann durch den Abbau von Herrschaft und den gleichberechtigten Zugang zu Ressourcen das „empowerment" der Frauen einzuleiten (ebd.: 81f).

Gewalt ist in der Türkei ein Herrschaftsverhältnis, das sich durch Gewalt gegen Frauen ausdrückt, legitimiert und durch die systematische Benachteiligung von Frauen staatlich und rechtlich institutionalisiert ist. Die rechtlichen Reformen und die Vorkehrungen gegen Männergewalt *werden*, wie ich darzustellen versucht habe, trotz des Appells einer amtierenden Staatsministerin nicht implementiert bzw. verschiedene staatliche und institutionelle Akteure *wollen* diese nicht implementieren. Bei den Jungfrauentests wurde 2004 auch eine Reform zugunsten der Frauen im Strafrecht durchgesetzt, bei welcher der Begriff „Jungfrauentest" gestrichen und durch den der „genitalen Untersuchung" ersetzt wurde. Sie kann als solche nur durch einen richterlichen Beschluss und bei Gerichtsprozessen, bei denen es um Mord, Vergewaltigung etc. geht, als gerichtsmedizinische Notwendigkeit durchgeführt werden (WWHR 2006: 60f). Personen, die eine genitale Untersuchung ohne einen richterlichen Beschluss vornehmen, können bis zu einjährige Haftstrafen erhalten. Doch die feministische Lobby ist nicht ganz zufrieden mit dieser Regelung, da nicht explizit ein Verbot der Jungfrauentests im Gesetz deutlich wird und die genitale Untersuchung nicht von der Einwilligung der Betroffenen, sondern vom Richter abhängig gemacht wird, was willkürliche und erzwungene genitale Untersuchungen zwecks Kontrolle der Sexualität der Frau nicht ausschließt (vgl. ebd.). Im Falle der Disziplinarräte in Schulen wurde die Aussage über „Unkeuschheit" aufgrund des massiven Protests von feministischen Gruppen geändert. Die neu eingeführte Formulierung umfasst nurmehr ein „Verhalten, das gegen die allgemein gültigen sozialen Werte verstößt und die Bildungsatmosphäre in einer negativen Art beeinflusst" (ebd.), wobei auch hier die Verwaltungsgewalt über das Subjekt Raum zur Willkür lässt.

„Ehrenmorde"[12] wurden als strukturelles und institutionalisiertes Gewaltverhältnis ebenfalls staatlich und rechtlich abgesichert, da Frauenmorde, die als „Ehrenmorde" – sprich Morde für die Erhaltung der Familienehre durch die Kontrolle der Sexualität der Frau – begangen wurden, durch die Verteidigung der Straftat als „ungerechte Provokation"[13] strafrechtlich entweder nicht verfolgt wurden oder den Tätern Strafminderung und in manchen Fällen sogar Freispruch gewährt wurde (vgl. KSSGM 1999). Die Gesetze, die zu solch einer Unterlassung und Strafminderung führen konnten, wurden aus dem neuen Strafrecht von 2004 gestrichen. Daher sind nurmehr die folgenden beiden Gesetzesbestimmungen hinsichtlich der Frage von „Ehrenmorden" von Relevanz: Die Klausel der „ungerechten (unjust) Provokation", die nun als „ungerechte Handlung" bezeichnet wird, gilt nicht mehr für den Fall von Ehrenmorden. Es wird aber angemerkt, dass „in manchen Fällen von Ehrenmorden" immer noch von „ungerechter Provokation" gesprochen werden kann. Dies lässt jedoch Raum dafür, willkürliche und auf allgemeine Moral und Sitten beruhende Menschenrechtsverletzungen zu legitimieren (WWHR 2006: 62f). In Artikel 82 gilt das „Töten im Namen der Sitte" als ein erschwerender Umstand. Doch durch die Tatsache, dass der Terminus „Ehrenmord" mit dem der „Sitte" ausgetauscht wurde, ist es möglich, dass der Mörder in Fällen der „ungerechten Provokation" einer lebenslangen Haftstrafe entgeht (ebd.: 63).

---

12 Für einen „Versuch einer philosophischen Analyse" der Ehrenmorde, siehe Özbek 2009.

13 „Ungerechte Provokation" bedeutet hier unangemessene, asymmetrische Provokation in dem Sinne, dass der Täter durch die 'gesellschaftlich unakzeptable', außereheliche sexuelle Aktivität der Frau (meist seiner Schwester, Cousine, Tante oder Tochter) in berechtigter Weise so provoziert wurde, dass es rechtlich mildernde Umstände gibt bzw. dass es rechtlich anerkannt und 'wohlbegründet' ist, dass er durch die Gefahr der gesellschaftlichen Abwertung, die ihm und seiner Familie durch diese 'Entehrung' widerfahren kann, sich 'genötigt' fühlt, diesen Mord zu begehen. Die „ungerechte Provokation", welche die Frau verursacht, berechtigt somit rechtlich ihren Tod.

Die Reichweite von Ehrenmorden als einem strukturellen gesellschaftliches Merkmal erstreckt sich bis in die türkischen Migrantenfamilien nach Deutschland. Die Tatsache, dass zwei der Täter nach der Strafrechtsreform von 2004 in der Türkei zu lebenslanger Haft verurteilt wurden, lässt die feministische Bewegung auf weitere Implikationen der Gesetzesreformen hoffen. Die strafrechtlichen Reformen beinhalten auch Regelungen zur Vergewaltigung von Sexarbeiterinnen, bei denen menschenrechtsverletzende Klauseln, wie die, dass dem Vergewaltiger ein Drittel Strafminderung gewährt wurde, falls das Opfer eine Sexarbeiterin war, gestrichen wurden.

Zwar wird bei diesen Reformen private Männergewalt im Sinne der Demokratisierung und Modernisierung unterbunden, doch gleichzeitig wird auf diese Weise auch die sichernde Staatsgewalt „re-privatisiert und kommerzialisiert" (Sauer 2004: 96):

> „Die Regulierung und Bestrafung physischer Geschlechtergewalt, Sicherheit im Nahbereich durch die Durchsetzung des Gewaltmonopols, korrespondiert mit Entsicherung im öffentlichen Bereich, mit der Deregulierung bzw. Re-Privatisierung sozialer Sicherung und Re-Etablierung ökonomischer Gewaltförmigkeit." (ebd.)

Somit werden Birgit Sauer zufolge „die geschlechtsspezifischen Gewaltverhältnisse wohlfahrtsstaatlicher Regulierung [...] nicht abgebaut, sondern restrukturiert" (ebd.). In diesem Zusammenhang machen Meghana Nayak und Jennifer Suchland auf die hegemonialen Projekte des Staates aufmerksam, die durch Geschlechtergewalt entstehen (Nayak/Suchland 2006: 467). Auch sie argumentieren, dass die hegemonialen Diskurse des Neoliberalismus, der Männlichkeit und des Staates mittels Geschlechtergewalt operieren (ebd.: 468f). Doch sie weisen zum einen auf die Ambivalenz von „violence against women approach" als einem repräsentativen Verständnis von Geschlechtergewalt hin, indem sie unterstreichen, dass dadurch potentiell die vergeschlechtlichte Gewalt gegen Männer und andere Gruppen nicht beachtet werde (ebd.: 472). Zum anderen betonen sie, dass die Debatten über Geschlechtergewalt zwischen Feministinnen und kritischen TheoretikerInnen „mehr als jede andere politische Kategorie" Rassismus, Imperialismus und Orientalismus hervorgebracht und aufgewertet haben. Sie machen so auf den westlichen Kulturimperialismus in der Geschlechtergewaltdebatte aufmerksam:

> „For example, the obsession with 'Islamism' as the explanation *par excellence* for gender troubles around the world as well as the romanticization and infantilization of indigenous and/or marginalized women, belie feminist concerns about hierarchy. [...] Feminists participate in these problematic discourses about gender violence when we presume that the only reason a woman may die elsewhere is because of

her (monolithically) oppressive culture in contrast to the choices and freedom of women in the West." (ebd.)

Diese Hervorhebung ist auch für die Analyse der Geschlechtergewalt in der Türkei von Bedeutung, zumal frau nicht in diese Paradigmen der Ost-West- und Unterdrückte-Befreite-Dichotomie verfallen darf, die als solche nur einen oberflächlichen und unkritischen Analysezugang bieten können. Hinzu kommt, dass das Ausmaß der Männergewalt im Privaten auch in den europäischen Ländern, den USA und anderen Teilen der Welt nicht viel geringer als in der Türkei ist (vgl. Arın 1998: 202). In Frankreich sind z.B. 95% der Gewaltopfer Frauen und 51% davon erfahren Gewalt durch die Männer, mit denen sie zusammenleben. In den USA wird jede sechste Minute eine Frau vergewaltigt, in Österreich sind bei 1500 Scheidungsfällen 59% der Scheidungsgründe häusliche Gewalt gegen Frauen (ebd.). Diese Statistiken zeigen, dass private und öffentliche Geschlechtergewalt nicht nur ein 'Problem' der Entwicklungsländer oder undemokratischen, islamischen Gesellschaften ist, sondern dass Gewalt gegen Frauen international ein problematisches Thema darstellt.

Nayak und Suchland machen in diesem Zusammenhang auf eine dritte ambivalente Dimension des „violence against women approach" aufmerksam:

„Ironically, it may be such limited understandings of gender violence that unintentionally keep the topic of gender on the sidelines of political science. If gender violence is just an effect of power and does not substantively contribute to how we understand the operations of power, then the issues that gender violence raises may be dismissed as 'women's issues' rather than instrumental to knowledge in political science." (Nayak/Suchland 2006: 472)

Somit werde auch feministische Wissenschaft „ghettoisiert" und Gewalt als eine Randgruppen- und subalterne Kategorie bei politischen und gesellschaftlichen Analysen exkludiert und ignoriert. Des Weiteren sehen Nayak und Suchland Geschlechtergewalt als konstitutiv für die produktiven Kräfte der hegemonialen Projekte (ebd.: 472f; vgl. auch Kronsell 2005). Die Konstruktion von Differenzen werde in post-kolonialen Theorien anhand von „how a fixation on violence 'over there' sidesteps how power works via international hierarchy" deutlich gemacht (Nayak/Suchland 2006: 473). Feministische Wissenschaft müsse in diesem Zusammenhang diese hegemonialen Konstruktionen vom Selbst und dem Fremden kritisch durchleuchten, um einen feministischen, antihegemonialen Widerstand, der über diese Konstruktionen der Differenzen hinausgeht, organisieren zu können (vgl. ebd.: 478ff).

Die türkischen Gewaltdebatten der Feministinnen werden von der Soziologin Nükhet Sirman kritisch hinterfragt. Sie argumentiert, dass die Familie als der primäre Ort der Gewalt gegen Frauen von der feministischen Bewegung festgelegt, theoretisiert und kritisiert worden sei, wobei später auch die Gewalt gegen Frauen in der öffentlichen Sphäre und durch den Staat ins Zentrum der Gewaltdebatten gerückt sei (Sirman 2007: 15). Doch Sirman zufolge soll eine effiziente feministische Politik der Gewalt über die Feststellung hinausgehen, Gewalt gegen Frauen gehe sowohl von der öffentlichen als auch von der privaten Sphäre aus. Sie weist darauf hin, dass es der feministischen Forschung in der Türkei bisweilen nicht gelungen sei aufzuzeigen, wie zum einen beide Sphären miteinander verbunden und wie zum anderen die Gründe für diese Verbindung zwischen der öffentlichen und privaten Gewalt und die Gründe für die Gewalt gegen Frauen insgesamt zu hinterfragen und zu erforschen seien (ebd.). Die weitverbreiteten Analysen über die Verwandtschaftsbeziehungen, Stammesbeziehungen und die Strukturen der ländlichen Großfamilien (vgl. İlkkaracan, P. 1998; Kağıtçıbaşı 1998; Erman 1998) legen fest, dass diese familiären Strukturen Frauen de facto als Subalterne bestimmen und Geschlechtergewalt erzeugen, die dazu dienen solle, Frauen allgemein zu kontrollieren. Es sei irrtümlicherweise angenommen worden, der Übergang von den ländlichen Großfamilien zu den städtischen Kernfamilien habe die Lebenslage der Frauen verbessert. Stattdessen sei die Gewalt und der Zwang gegen Frauen in den Städten noch gewachsen (vgl. Sirman 2007: 15).

Sirman schlägt für die analytische Untersuchung der Gründe für diese Gewalt gegen Frauen vor, den Unterschied zwischen struktureller und konjunktureller Gewalt herauszuarbeiten (ebd.). Um Widerstand gegen die Gewalt gegen Frauen leisten zu können, müsse die feministische Forschung die Quellen dieser Gewalt erforschen, wobei es nicht ausreiche, die Familie als den primären Gewalttatort zu bestimmen und die Gewalt gesamtgesellschaftlich zu lokalisieren (ebd.: 17). Sie warnt außerdem die Feministinnen davor, in die „Fallen der Modernisierung" zu treten, wo im Zuge des „Projektes der Moderne" Gewalt gegen Frauen zwar öffentlich gemacht, skandalisiert und staatlich reguliert worden sei, aber auch gleichzeitig eine Vereinnahmung der feministischen Rhetorik der Geschlechtergewalt durch den Staat stattfinde (ebd.; vgl. Sauer 2004: 95f). Sirman zufolge ignoriert die Skandalisierung der „Ehrenmorde" durch die Medien andere Gewaltformen gegen Frauen wie sexuelle Belästigung und Vergewaltigung in der Ehe bewusst und sie hat die Dimension der Ehrenmorde als „Morde der Sitte", die insbesondere von reaktionären kurdischen Stammesfamilien ausgetragen worden seien, bewusst skandalisiert (Sirman 2007: 17; vgl. auch Koğacıoğlu 2008). Dadurch, dass diese Morde als traurige Einzelfälle in den Lebenssphären „zurückgebliebener" und „traditioneller" Stammeskulturen in der Türkei dargestellt worden seien, seien die Kurden auf der einen Seite zur Zielscheibe modernistischer und rassistischer Angriffe geworden und auf der anderen Seite werde die Gewalt, welche die Kontrolle über die Sexualität der Frau, der 'Ehre der Frau', des *namus* hervorbringe, in den Hintergrund gedrängt:

> „Nur die Demaskierung von Machtbeziehungen innerhalb von Traditionen macht es möglich, einen Widerstand gegen jegliche Gewalt gegen Frauen zu leisten. Jedoch sollte man sich währenddessen nicht in Diskursen verfangen, die andere Formen von Machtbeziehungen hervorbringen, und man sollte weiterhin kritisch gegenüber Modernisierungsansätzen bleiben, die andere benachteiligen."[14] (Sirman 2007: 17)

Hier wird noch einmal deutlich, wie 'verletzlich' Frauenthemen sind und wie tief der strukturelle Habitus in der Türkei verankert ist, Frauenthemen für 'andere' politische Ansätze zu vereinnahmen und zu instrumentalisieren. Feministische Forschung muss gegenüber solchen politischen Praktiken, die feministische Anliegen gezielt in den Hintergrund drängen und versuchen, Feministinnen zu mutmaßlichen Alliierten ihrer eigenen hegemonialen politischen 'Kreuzzüge' zu machen, besonders aufmerksam sein.

Gewalt ist eine strukturelle und eine die Gesellschaft strukturierende Kategorie in der Türkei. Die kritische feministische Analyse dieser Kategorie im Rahmen einer antihegemonialen feministischen Rhetorik ist grundlegend in der Sichtbarmachung von und für den Widerstand gegen hegemoniale Männlichkeit in der Türkei.

## 4.2 Militaristen und Nationalisten von Geburt an: *„Jeder Türke wird als Soldat geboren!"*

> „Kleine Ayse, kleine Ayse, sag mir was du machst, Ich gucke nach meinem Baby, ich singe ihm ein Schlaflied. Kleiner Soldat, kleiner Soldat, sag mir was du machst, Ich gucke nach meinem Gewehr, ich schiebe seine Bajonette ein."[15]

Dies sind die Verse eines sehr bekannten Kinderliedes. Es war auch mein Lieblingslied als Kind, ich habe es fröhlich und sehr oft vor mich hingesungen und

14 Aus dem Türkischen übersetzt von der Verf.

15 Anonymes Kinderlied. Aus dem Türkischen übersetzt von der Verf.

seine Melodie ist bis heute in meiner Erinnerung[16]. Die patriarchalen und militaristischen Indoktrinationen in diesem Lied liegen auf der Hand. Die Sozialisierung nicht nur einer Generation von Kindern mit diesem Lied ist nicht zufällig, sondern eine beabsichtigte Strategie und Konsequenz der strukturellen militaristischen und patriarchalen Machtblöcke in der Türkei. Dieses Lied ist de facto das Produkt des nationalistischen Projektes, demzufolge *„jeder Türke als Soldat geboren wird"*. Zu diesem Text marschieren Soldaten im Marschrhythmus in der Kaserne und Schulkinder im Pausenhof.

Die feministische Bewegung und die feministische Theorie setzten sich in der Türkei seit den 1990er Jahren verstärkt mit Militarismus auseinander (vgl. Altinay 2000, 2004; Selek 2006; Karakaşlı 2006; Taş 2006; Acar-Savran 2006a; Burke 2006). Sie bilden heute den Kern einer antimilitaristischen Front, die sich öffentlich gegen Krieg, Militär, Soldatentum und Waffenverherrlichung äußert. Pınar Selek unterstreicht hier, dass die Linke in der Türkei nicht in der Lage gewesen sei, antimilitaristische Diskurse zu führen und sogar zeitweise selbst Militarismus vorangetrieben habe (Selek 2006: 27). Aus diesem Grund sieht sie insbesondere die Rolle der feministischen Bewegung im Kampf gegen den strukturell eingeschriebenen Militarismus in der Türkei als zentral an.

Innerhalb der feministisch-theoretischen Auseinandersetzungen mit dem Militarismus in der Türkei stellt Ayşe Gül Altinays Forschung über die türkische Militärnation eine vielschichtige und umfangreiche Analyse dar, in der sie die Verbindung zwischen Militarismus, Nationalismus und Maskulinismus diskutiert und versucht aufzuzeigen, wie diese Konstrukte durch geschichtliche, kulturelle, politische und diskursive Praktiken seit dem Osmanischen Reich und seit der Errichtung der türkischen Republik Männer in Soldaten verwandeln (Altinay 2004). Sie verbindet in ihren Studien geschichtliche Textanalysen mit anthropologisch-empirischen Forschungen über die aktuellen Verhältnisse. Sie weist darauf hin, dass die Männer der Nation als die naturgegebenen Beschützer ihrer Familie und ihres Landes konstruiert werden, wobei sich der nationale Stolz auf den männlichen Stolz stütze, der innerhalb der Wehrdienstpflicht konstruiert und gestärkt werde (ebd.: 6). Anhand von empirischen Interviews mit Männern, die Wehrdienst geleistet haben, untersucht sie, inwieweit diese Männerbünde errichten, die sich auf die nostalgischen Erinnerungen ihrer Wehrdienstzeit stützen (ebd.: 31). Pınar Selek hat in diesem Zusammenhang ebenfalls eine qualitative empirische Forschung vorgelegt, die sich auf Erzählungen von Wehrdienst leis-

16 Dieses Lied haben auch Ayşe Gül Altinay und Inci Ağlagül in Verbindung mit dem Militarismus in der Türkei aufgegriffen, siehe: Altinay 2006: 25f; Ağlagül 2006: 34.

tenden Soldaten stützt und deutlich macht, wie Maskulismus und Militarismus in der Türkei strukturell in den 'Köpfen' der Männer eingeschrieben sind (Selek 2008). Mann wird in der Türkei nur dann zum 'richtigen Mann', wenn Mann seinen Militärdienst geleistet hat. Wehrdienst erscheint als eine rituelle Initiation in die 'wahre' Männerwelt der 'harten' Burschen und Kämpfer.

Die Wehrpflicht der Männer als eine strukturelle Vorbedingung der Erlangung des Status eines Staatsbürgers macht aus Frauen strukturell Subalterne, die niemals in der Lage sein werden, die 'volle' Staatsbürgerschaft zu erlangen (vgl. Demirović/Pühl 1997).

> „Die politische Logik ist androzentrisch und männerbündisch. Sie orientiert sich an der Entscheidung über den Ernstfall, also am Übergang in den Krieg, die Sphäre der männlichen Bewährung – Männlichkeit ist die Bewährung im Ernstfall. Die Entscheidung über den Ernstfall selbst, die eigentliche Handlung der souveränen Macht, ist [...] eine Entscheidung für den Phallus und gegen die Sehnsucht nach dem weiblichen Geschlecht und der Mutter." (ebd.: 223f)

Dadurch können ausschließlich Männer als bewaffnete und abwehrende Aktivbürger, deren nationale Staatsbürgerpflicht den Schutz von Familie und Nation diktiert, den wahren Kern des Nationalstaates bilden. Heroische Geschichten aus der Wehrdienstzeit, die an Stammtischen erzählt werden, gehören in der Türkei zu den häufigsten Gesprächsthemen von Männern. Diese Konstruktion von Männlichkeit, die nur durch den Ausschluss von Frauen gewährleistet werden kann, entwirft und stärkt 'Männerbünde'; auf ihrer Basis wird auch Politik an runden Tischen zu späten Abendstunden gemacht (vgl. Kreisky 1995; Sauer 2001; Demirović/Pühl 1997).

Der Militarismus wurde von der feministischen Theorie als einer der Hauptgründe für die Aufrechterhaltung und Reproduktion von Männergewalt, Patriarchat und hegemonialer Männlichkeit angesehen und im wissenschaftlichen Bereich der Internationalen Beziehungen aus feministisch-theoretischer Perspektive analysiert (Enloe 2003, 2004, 2006; Zalewski/Papart 1998; Hooper 2001; Tickner 1992, 2001; Peterson 1992; Sylvester 2002; Youngs 2004; Wasmuth 1997). Der Militarismus kann als ein Komplex von soziokulturellen, politischen und ökonomischen Praxen einer Gesellschaft oder einer Institution bezeichnet werden, der sich über die Verherrlichung und Verbreitung von militärischen Werten definiert. Cynthia Enloe diskutiert in ihren Forschungen seit Jahrzehnten die *Manöver-Militarisierung der Leben von Frauen* (Enloe 2006). Sie zeigt auf, wie *Bananen, Strände und Stützpunkte* (2003), sprich die Ausbeutung von Frauenarbeit, unentlohnte Frauenarbeit, die Sexualisierung der Frauen als Sexobjekte an Stränden und militärischen Stützpunkten tagtäglich Frauen strukturell entmächtigen und die Stützen einer hegemonialen Männlichkeit errichten und reproduzieren.[17] Darüber hinaus hat sie auch erforscht, wie Frauen als Ehefrauen von Soldaten, hohen Offizieren und Diplomaten zu bedeutenden politischen Akteurinnen und damit zu Reproduzentinnen des Militarismus werden, deren Macht in den Theorien der Internationalen Beziehungen unterschätzt werde. Sie stellt die Frage: „Wo sind die Frauen?" und kommt zu dem Schluss, dass diese für die Internationalen Beziehungen entweder „nicht da" seien oder sich in diversen vermachteten Strukturen wiederfinden (ebd.).

In *Maneuvers* werden Staat, Gewalt und internationale Politik in ihrem Verhältnis zueinander theoretisiert und es wird aufgezeigt, wie Feministinnen aus aller Welt ganz unterschiedlich über Militarisierung denken und diskutieren (Zalewski/Enloe 1999: 144). Enloe zeigt auf, wie verschiedene Gruppen, wie die Gay und Lesbische Bewegung oder die Friedensbewegung, selbst militarisiert werden konnten und wie jeder Militarisierungsprozess versuchte, sowohl Frauen als Individuen als auch das Feminine als eine Idee zu „manövrieren" (ebd.). Der Autorin zufolge ist der Militarismus eine dominierende Ideologie, die sich durch „Normalisierungsmanöver" in einem hegemonial-männlichen Sinn „unsichtbar" mache und „normalisiere". Das bedeutet, der Militarismus wird als selbstverständlich wahrgenommen, weil er alles, was nicht dazu gehört, in einer wirkungsvollen Weise „manövriert". Wir normalisieren damit die Militarisierung unserer Lebenswelt, die sich über die Kultur, Politik, Bildung bis in unseren Alltag und unsere Liebesbeziehungen erstreckt.

> „Ich habe herausgefunden, dass die Beziehungen zwischen den Regierungen nicht nur von Kapital und Waffen, sondern von der Kontrolle der Frauen als Symbole, Konsumentinnen, Arbeiterinnen und als Trösterinnen in einem emotionalen Sinn abhängen."[18] (Enloe 2003: 25)

Die Aufdeckung dieser verdichteten Strukturen bedarf einer feministischen Neugier, die bereit ist, alte und neue Fragen zu stellen. Mit der *neugierigen Feministin* (Enloe 2004) geht Cynthia Enloe wieder auf die Suche nach Frauen in einer Gesellschaft eines neuen Zeitalters. Das „normale", „traditionelle" und „immer" Dagewesene hält uns davon ab, die Legitimität, Unvermeidlichkeit und die Zeitlosigkeit, auf die diese „normalisierten" Machtstrukturen einen Anspruch erheben, zu hinterfragen (ebd.: 3):

---

17 Für ein Interview mit Cynthia Enloe über ihre Bücher *Bananas, Beaches and Bases* (2003) und *Maneuvers* (2006), siehe: Zalewski/Enloe 1999: 138-141.

18 Aus dem Türkischen übersetzt von der Verf.

„'Military spouses', 'child soldiers', 'factory managers', 'sweatshop workers', 'humanitarian aid workers', 'rape survivors', 'peace activists', 'warlords', 'occupation authorities'. Each of these conventional ungendered terms serves to hide the political workings of masculinity and femininity. Each dampens our curiosity about where women are and where men are, about who put women there and men here, about who benefits from women being there and not some place else, about what women think themselves about being there and what they do with those thoughts when they try to relate to men and to other women. Any time we don't pursue these questions, we are likely to miss patriarchy. It will glide right by us like an oil tanker on a foggy night. The fog is uncuriosity. Yet if we miss patriarchy when it is in fact operating as a major structure of power, then our explanations about how the world works will be unreliable." (Enloe 2004: 4)

Mit Patriarchat bezeichnet Enloe nicht ein starres, „fixes" System, sondern sie meint damit, im Sinne von Wendy Brown und Birgit Sauer, dass sich ständig erneuernde und „modernisierende" Strukturen die Männlichkeit privilegieren und dem Patriarchat einen „deceptive new look" verleihen (ebd.: 6f; vgl. Sauer 2001: 52). Sie unterstreicht darüber hinaus, dass patriarchale Strukturen nicht ausschließlich von Männern oder vom Männlichen hergestellt werden, sondern diese Strukturen so grundlegend seien, dass Frauen, anstatt ihre marginalen Positionen in diesen Strukturen zu hinterfragen, sich darin sicher, beschützt und geschätzt fühlen (Enloe 2004: 5f). Somit werden Frauen zu den Komplizinnen und Unterstützerinnen derselben männlich-hegemonialen Strukturen. Sie warnt allerdings auch davor, wie riskant es für die feministische Forschung sein könne anzunehmen, die einzigen Machtstrukturen und die damit verbundenen ideologischen Rechtfertigungen, die frau demaskieren müsse, seien Kapitalismus, Militarismus, Rassismus und Imperialismus (ebd.: 7). Genauso müsse sich frau die Frage stellen:

„How much of what is going on here is caused by the workings of patriarchy? Sometimes patriarchy may be only a small part of the explanation. Other times patriarchy may hold the causal key. We will never know unless we ask, unless we seriously investigate how and why masculinity is privileged – and how much of that privileging depends on controlling women or drawing them into complicity." (ebd.)

Es geht also darum, diese Bevorzugung von Männlichkeit, die das Patriarchat ausmacht, in ihren alltäglichen Handlungspraktiken zu lokalisieren und aufzudecken.

Enloe spricht in ihren Vorwort zum *The Curious Feminist* insbesondere von türkischen Feministinnen, die herauszufinden versuchen, wie der Konnex von Patriarchat und Militarismus in der Türkei mit U.S.-amerikanischen Konstruktionen derselben Termini zusammenfallen und internationale Bündnisse errichten, die zur Aufrechterhaltung und Stärkung der Privilegierung bestimmter Männlichkeitsformen international beitragen (ebd.: 9).

Tatsächlich wurden durch die feministischen Militarismusforschungen die Dimensionen des militarisierten Lebens in der Türkei, die sehr weit reichen und in einer 'normalisierten' Art und Weise in den Alltag aller eindringen, sichtbar gemacht. In der Türkei wird das Militär als ein guter 'Freund in der Not' konstruiert, auf den immer Verlass ist. Der Wache stehende Soldat an der Kaserne ist der 'asker abi', der *große Bruder Soldat*, der zu Hilfe eilen kann. Diese Indoktrinierungen beginnen während der Grundschulbildung, bei der Militärdienstunterricht als Pflichtfach gelehrt und wo in militaristischen Zeremonien in türkischen Pausenhöfen große Lobeshymnen auf Volk, Nation und Vaterland gesungen werden. Bei den 'Flaggenzeremonien' der staatlichen Schulen jeden Montagmorgen vor Schulbeginn und jeden Freitagnachmittag nach Schulende wird den Kindern und Jugendlichen ein 'nationaler Stolz' vermittelt, den sie mit Ehre zu tragen haben. Die türkische Nationalität wird so zu einer Zugehörigkeitskategorie, mit der Kinder von klein auf indoktriniert werden und die dadurch alle anderen nationalen und ethnischen Zugehörigkeiten ignoriert und angleicht. Die Rollen von Vater und Mutter verschmelzen mit dem 'Mutterland' (dem türkischen Begriff für 'Vaterland'), welches uns nährt, beschützt und heilig ist. Atatürk wird hier als der 'Urvater' *aller* präsentiert, der große Vater, dessen Personenkult von einem Großteil der *Türken* mitgetragen wird. Er wird wie ein metaphysischer Gott dargestellt, unsichtbar, aber allgegenwärtig, dem, gemäß den Pflichten eines 'guten' Staatsbürgers, Treue und Verbundenheit erwiesen werden muss.

Somit ist jedes Kind tatsächlich stolz darauf, lauthals zu schreien: *„Welch Glück für die, die sagen können: Ich bin ein Türke!"* Diese erschreckenden Militarisierungsprozesse wurden bis vor kurzer Zeit nur von den wenigsten in Frage gestellt und diskutiert, da die „Normalisierung" der militaristischen Strukturen, von der Cynthia Enloe spricht, im türkischen Fall die gesamte Gesellschaft, Kultur, Bildung, Politik und Ökonomie durchdringt und somit auch strukturell 'unsichtbar' wird. Mit der *Heiligsprechung* der türkischen Nation und des türkischen Volkes werden gleichzeitig parallel dazu Feindbilder entworfen, die im populären Volksspruch *„Der Türke hat keinen wahren Freund, außer einem Türken"* ihren Ausdruck finden und nicht selten auch Dimension und Reichweite der türkischen Außenpolitik bestimmen (vgl. Altinay 2004).

Die gesellschaftspolitischen und psychologischen Konsequenzen der Militärputsche und der Militärdiktaturen der folgenden Jahre wurden in Kapitel 2 dargestellt. Durch das gesellschaftliche Chaos und die vorherrschenden alltäglichen Gewaltverhältnisse zwischen den linken Gruppen und den faschistischen und staatlichen Milizen der Türkei in den 1970er Jahren erschien für viele der Militärcoup als eine *Rettung* bzw. eine *Entspannung* einer aussichtslosen, politischen und gesellschaftlichen Lage, durch welche wieder 'Ruhe ins Land kehren' werde. In Verbindung mit der gesamten militaristischen Sozialisation und der Rolle des Militärs im politischen Leben der Türkei sieht heute ein großer Teil der Bevölkerung – insbesondere der kemalistisch-laizistische Teil – das Militär als einen Garant von Recht, Ordnung und Freiheit (vgl. Çağlar 2000, 2003). Die Komplexität dieser gesellschaftlichen und psychologischen Zusammenhänge, die aus der spezifischen politischen Geschichte der Türkei entstanden sind und die Staatsbürger in diesem Sinne 'hervorgebracht' haben, weist auf die Mangelhaftigkeit und die Paradoxien des Demokratieverständnisses in der Türkei hin.

Die wachsende Kritik an der mangelnden Demokratie in der Türkei, die seit dem Aufkommen der islamistischen Bewegung und im Zuge des EU-Beitrittsprozesses bislang normalisierte und traditionelle Institutionen wie die *MGK*[19] in Frage stellt, kann nur zögerlich eine Lockerung dieser Spannungsverhältnisse einleiten. Die Normalisierung militaristischer Strukturen erstreckt sich auch räumlich auf die Stadtzentren in der Türkei, da Militärkasernen und Stützpunkte sich in den lebendigsten und überfülltesten Stadtvierteln befinden, an denen jede(r) im alltäglichen Leben vorbeigeht. Weiterhin schmücken die Denkmäler der im Krieg gefallenen Helden die öffentlichen Plätze und Boulevards der Städte,

19 Die *MGK* (Milli Güvenlik Kurulu) ist der *„Rat der Nationalen Sicherheit"*, der aus Hauptgenerälen der Streitkräfte zusammengesetzt ist, ein Vetorecht gegen Regierungsentscheide hat und somit einer der mächtigsten politischen Akteure in der türkischen Politik ist. Die wachsenden Konflikte zwischen der *MGK* und der islamischen Regierungspartei *AKP* führten zu einigen spannungsreichen Krisensituationen in der türkischen Innenpolitik. Kritische Stimmen bezeichnen die *MGK* als eine faschistische und militaristische Institution, deren Macht eingeschränkt werden müsse, um sich einem westlichen demokratischen Ideal nähern zu können. Die Angriffe auf die *MGK* werden von den elitärkemalistischen Führungskadern als eine Strategie der islamistischen Kräfte und der Regierungspartei gedeutet, durch die sie im Namen von demokratischen Grundsätzen ihre eigenen Vollmachten für eine Islamisierung der Türkei erweitern wollen. In diesem Zusammenhang habe ich in Kapitel 2, in Verbindung mit einer Kritik der kemalistischen Kader, auch auf die Gefahr der Vereinnahmung der Demokratiedebatten durch die islamistischen Intellektuellen aufmerksam gemacht, die häufig (wie im Fall der Zivilgesellschaftsdebatte) westliche Begriffsinhalte für ihre eigenen, opportunistisch-politischen Zwecke instrumentalisieren. Zum Zweck der Sichtbarmachung jeglicher hegemonialen Verhältnisse und Machtstrukturen in der Türkei ist es entscheidend, jegliche politisch strategische Vereinnahmungen und Belagerungen emanzipativer Ansprüche und Begriffe aufzudecken.

um ständig daran zu erinnern, dass das Sterben fürs 'Mutterland' den Männern einen Heiligenstatus als Staatsbürger verleiht und den 'Müttern dieser Nation' durch den Märtyrer-Tod ihrer Söhne die größte Ehre als Staatsbürgerinnen zuteil wird (vgl. Altinay 2003: 12).

Die zunehmende Offenlegung der militaristischen Strukturen durch die feministische Forschung in der Türkei hat eine Reihe von Forschungen und Analysen initiiert, die insbesondere von Cynthia Enloes Arbeiten inspiriert wurden. Ihre Forschung über die Frauen von hohen Militäroffizieren und Diplomaten als Komplizinnen und Bestandteile einer hegemonialen Männlichkeit in den USA führte in der Türkei zu einer ähnlichen Studie über die Ehefrauen von hohen Offizieren. Mahinur Taş fragt sich in ihrem Artikel über *„die patriotischen Frauen der Armee"*: „Wie ist es möglich, dass diese Frauen sich mit den hohen Positionen ihrer Ehemänner bekleiden und dadurch zulassen, dass der Militarismus sich nicht nur in ihren Körpern, sondern auch in ihrem Geist einschreibt?"[20] (Taş 2006: 47f) Sie beschreibt, wie die Offiziersfrauen als Ehefrauen von ehrbaren Offizieren durch den ehelichen Vertrag nicht nur ihren Männern, sondern der gesamten Armee verpflichtet werden. Diese Frauen lernen durch ihre Rolle als Ehefrauen von Offizieren, wo sie bei Protokollempfängen zu stehen haben, wie sie zu sprechen und wie sie ihre Männer insgesamt für die Ausführung ihres 'ehrenhaften Berufes' zu unterstützen haben (ebd.). Sobald die Offiziere befördert werden, bekommen die Offiziersfrauen einen offiziellen Brief, in dem ihnen mitgeteilt wird, was die Armee von ihnen als Offiziersfrauen 'erwartet' und wie sie sich dementsprechend als wichtige Repräsentantinnen der Armee zu verhalten haben, wobei „die Heimat allem voransteht", wie der Hauptspruch der Armee „Önce Vatan!" besagt (ebd.). Ferner wird in den Seminaren der Offiziersschulen für führende Kommandanten unter dem Titel *„Das Privatleben und Führungsbeziehungen"*, den Offizieren nahe gebracht, worauf sie bei der Auswahl ihrer Ehefrauen achten müssen.[21] Dieses offizielle Dokument aus den Seminarbüchern belegt die Bedeutung und die Kriterien für die „Ehefrauenauswahl" und eine „gute Familie" für die Förderung der Offizierskarrieren. Sogar die Eigenschaften einer „erwünschten" Offiziersfrau werden vorgegeben:

---

20 Aus dem Türkischen übersetzt von der Verf.

21 Dieses Dokument wurde in Amargi, Nr. 2, Herbst 2002: 49 veröffentlicht.

„Führung und Befehlshabung erfordern gewissenhafte Verantwortlichkeit und harte Arbeit der Soldaten. Um dies zu verhindern[22], [sollten] die Wünsche eines jeden Soldaten an seine Ehefrau [folgende sein];

(a) dass sie auf Vorkommnisse nüchtern reagiert
(b) dass sie ein Verhalten aufweist, das Geduld und Verständnis bestärkt
(c) dass sie ein ruhiges und ausgeglichenes Wesen besitzt
(d) dass sie eine fröhliche Natur hat
(e) dass sie tüchtig ist
(f) dass sie die Lage ihres Mannes begreift
(g) dass sie die Bedürfnisse spürt
(h) dass sie fühlen lässt, wie wichtig ihr der Beruf und die Talente ihres Mannes sind
(i) dass die Liebe und der Respekt fortdauern
(j) dass gegenseitiges Verständnis besteht.

Damit die Ehefrau des Soldaten diese Qualitäten entwickeln kann, muss sie folgende Eigenschaften besitzen;

(a) Eine starke Persönlichkeit
(b) Eine überlegene und zukunftsweisende Intelligenz
(c) Einen starken Willen, der fern von Egoismus ist, 'Das Nest macht das Frauchen'.

Die Soldatenfrau darf von ihrem Mann erwarten;

(a) Gegenseitiges Verständnis
(b) Eine kleine Anerkennung
(c) Anzeichen dafür, dass er an sein Heim denkt
(d) Aufopferung für das Fortbestehen des Familienlebens
(e) Die bewusste Verantwortlichkeit für die Familie".[23]

In diesem Dokument werden die Richtlinien und Rollenzuweisungen einer Offiziersehe bis in die kleinsten Details beschrieben. Diese sehr präzise definierten Eigenschaften der Offiziersfrauen zeugen von einem traditionellen und konservativen Bild der Frauen, das im Zuge einer erschreckenden, faschistischen Indoktrination den Soldaten vermittelt wird. Die übrigen Überschriften des Dokuments befassen sich mit Themen wie „Die Rolle einer guten Ehe bei der Ausbildung von Führungskräften", „Die Erwartungen an die Soldatenfamilie",

---

22 Im türkischen Original steht tatsächlich „verhindern", obwohl „ermöglichen" gemeint sein sollte. Tatsächlich ist hier gemeint: „Um die Verantwortung und harte Arbeit ihres Ehemannes entlasten zu können, sollte eine Offiziersfrau folgende Eigenschaften aufweisen" (vgl. ebd.).

23 Ebd. Aus dem Türkischen übersetzt von der Verf.

etc. Hierin wird durchgehend gemäß den *türkischen Sitten* die Rolle der Frau *neben* ihrem Mann unterstrichen, die bewusst in seinem 'Schatten' bleiben und sich „sanft und edel" verhalten soll, ohne ihr Umfeld zu „dominieren".[24] Hier wird in erschreckendem Maße deutlich, wie die Offiziersfrauen im Vergleich zu anderen öffentlichen Akteurinnen, wie Diplomatenfrauen oder Frauen von offiziellen Repräsentanten, „einer viel systematischeren und effektiveren Geschlechterpolitik unterworfen werden" (Taş 2006: 47). Von ihnen wird außerdem die „ehrbare" Aufgabe der Bewahrung von militärischen und staatlichen Geheimnissen erwartet, die sie – wie auch ihre private Beziehung zu ihrem Ehemann – in Würde tragen müssen (ebd.).

Auch Mahinur Taş sieht diese Frauen nicht nur als Opfer einer männlich-hegemonialen Vergeschlechtlichungspolitik, sondern im Sinne von Cynthia Enloe auch als Komplizinnen derselben Praktiken (ebd.: 48). Die Offiziersfrauen werden gegenüber anderen Frauen ermächtigt, bekommen gestützt auf die Positionen ihrer Männer eine gesellschaftliche Vormachtstellung, in der sie als die 'Besseren', die 'Machtvolleren' und 'Auserwählten' erscheinen und wodurch neue Machtbeziehungen entstehen. Dabei unterstreicht Taş aber, dass die feministische Kritik an der Geschlechterpolitik der nationalistischen und militaristischen Institutionen auch die Hinterfragung der Erfahrungen und Positionierungen der Frauen innerhalb dieser Institutionen beinhalten müsse. Denn diese Frauen seien nicht nur die Reproduzentinnen dieser militaristischen und nationalistischen Diskurse, sondern „viel mehr" (ebd.). Feministische Forschung solle sich daher die Frage stellen, in welchem Sinn und Zusammenhang diese Frauen als vermachtete Subjekte erscheinen, deren politische Präsenz weit über die Rolle der Komplizenschaft der hegemonialen Männlichkeit hinausgehe. Denn genau die Erkundung dieser Dimensionen, die sowohl Ausdruck der Macht als auch der Machtlosigkeit der Frauen seien, sollen in eine feministische Praxis transformiert werden (ebd.). Die feministische Sichtbarmachung und Kritik dieser vermachteten Strukturen treibt in der Türkei eine Infragestellung umfassender hegemonialer Verhältnisse voran, von denen in einem emanzipatorischen Zusammenhang nicht nur die feministische Bewegung profitiert.

Eine weitere antimilitaristische Bewegung in der Türkei ist die Bewegung der „Wehrdienstverweigerung aus Gewissensgründen", die auch mit der feministischen antimilitaristischen Bewegung zusammenarbeitet. Der Fall von Mehmet Tarhan, der am 8. April 2005 wegen „Ungehorsam vor versammelter Mannschaft" – wie die offizielle Begründung nach Artikel 88 des Türkischen Strafgesetzbuches

---

24 Ebd.

lautet – verhaftet wurde, erregte internationale Aufmerksamkeit. Obwohl die Türkei ein Mitgliedstaat der UNO ist, welche die Wehrdienstverweigerung als ein Menschenrecht anerkennt, wird dieses Recht in der Praxis verweigert. Mehmet Tarhans zweifache Inhaftierung und seine überraschende Freilassung im März 2006 aufgrund des zunehmenden internationalen Drucks von Menschenrechtsorganisationen und -gerichten führte in der Türkei zu lebhaften Debatten über Militarismus, Homophobie und Gewalt (vgl. Tarhan 2008, Biricik 2008).

Männer mit einer sogenannten „Leistungsfunktionsstörung", sprich „psychosexuellen Störung wie Homosexualität", die von einem „affektiven femininen Auftreten" begleitet werden, dürfen laut Militärgesetz der Türkei nicht in die Armee rekrutiert werden, weil das die militärische 'Ordnung' gefährde. Somit gilt „erwiesene Homosexualität" für das Militär als ein gültiger Nachweis der *Untauglichkeit* für die Wehrdienstpflicht, wodurch man de facto davon freigestellt wird. Der 'Beweis' der Homosexualität erfolgt jedoch durch höchst erniedrigende Prozeduren, wie Rektaluntersuchungen der *potentiell Schwulen* durch Militärärzte, die wochenlang in den *Rosa Stationen* der Militärkrankenhäuser festgehalten werden (vgl. Biricik 2008: 240f). Außerdem werden Photos als Beweisstücke verlangt, die den homosexuellen Geschlechtsverkehr des *potentiell Schwulen* abbilden, wobei derjenige, der als untauglich fürs Militär gelten soll, als das *passive Geschlecht* während des Geschlechtsverkehrs abgebildet sein muss. Somit ist der *passive* Homosexuelle der 'wahre Schwule' für das Militär, da er ein *weibliches* Sexualverhalten aufweist, wobei der aktive homosexuelle Partner noch immer einen *männlichen* Akt vollzieht. Sehr oft werden Männer, die sich offen zu ihrer Homosexualität bekennen, trotzdem zum Wehrdienst genötigt, weil ihr Auftreten nicht ausreichend „feminisiert" erscheint (ebd.: 239ff).[25]

Mehmet Tarhan wollte allerdings, obwohl er sich öffentlich zu seiner Homosexualität bekannt hatte, diese erniedrigenden Prozeduren nicht durchlaufen und verweigerte einen Antrag auf Untauglichkeit aufgrund seiner Homosexualität. Er bestand auf seinem Menschenrecht auf Wehrdienstverweigerung aus Gewissensgründen und wurde aufgrund dessen ins Militärgefängnis gesperrt, wo er bis zu seiner Freilassung bedroht und misshandelt wurde.[26]

25 Zu Erfahrungsberichten von homosexuellen Männern in der Türkei und deren Behandlung im Zuge von militärischen Musterungen siehe: LambdaIstanbul 2006

26 Für ein Interview mit Mehmet Tarhan und seinen Erfahrungen als ein Wehrdienstverweigerer siehe: Connection e.V./ Internationale Arbeit für Kriegsdienstverweigerer und Deserteure/ http://www.connection-ev.de/z.php?ID=322 (24.07.2009).

In seinem Artikel *Wehrdienstverweigerung aus Gewissensgründen als Widerstand gegen Militärpflicht und Zivilen Alternativdienst*[27] betont Mehmet Tarhan (Tarhan 2008), dass im Zentrum der Debatten über die Zivildienstpflicht als eine Alternative zum Militärdienst immer noch die Verherrlichung des Militärs stehe (ebd.: 252). Der Zivildienst werde in der Türkei als eine „Strafe" diskutiert und konstruiert, im Zuge dessen harte und „erniedrigende" Arbeiten verrichtet werden sollen. Dadurch solle die Entscheidung zur Wehrdienstpflicht anstatt zum Zivildienst erleichtert werden. Somit bedeutet für Tarhan „Verweigerung aus Gewissensgründen" die „totale Verweigerung" eines Systems, das Dichotomien von Männlichkeit und Männlichkeitsformen aufstelle (ebd.: 253).

Zahlreiche Journalisten, Aktivisten und Zivilgesellschaftsorganisationen in der Türkei solidarisierten sich mit Mehmet Tarhan, wobei die Position des Militärs zum Thema Homosexualität als ein bislang gesellschaftliches Tabuthema kritisch in die Öffentlichkeit getragen wurde. Bekannte Journalistinnen wie Perihan Mağden, die sich mit Tarhan solidarisierten und in ihren Zeitungskolumnen darüber schrieben,[28] wurden wegen der „Entfremdung der Menschen vom Militärdienst" angeklagt und mussten sich für die Solidarität mit Mehmet Tarhan vor Gericht verantworten.[29]

Die Bewegung der Wehrdienstverweigerer aus Gewissensgründen wird von feministischen Aktivistinnen und Theoretikerinnen unterstützt, zumal viele von ihnen den Militarismus als eine der Hauptideologien zur Aufrechterhaltung und Produktion von Patriarchat und hegemonialer Männlichkeit deuten (Gedik 2006; Ağlagül 2006; Karakaşlı 2006; Yurdalan 2006; Altinay 2006; Ülker 2006).

Gülnur Acar-Savran allerdings kritisiert in der feministischen Zeitschrift *Amargi* in ihrem Artikel *Ist Sexismus immer militaristisch?* (Acar-Savran 2006a: 34f) die Zusammenarbeit der antimilitaristischen Bewegung mit der feministischen Bewegung. Sie unterstreicht, dass die Verbindung von Sexismus und Antimilitarismus Gefahr laufe, Sexismus de facto mit Militarismus gleichzusetzen; dadurch würden unterschiedliche dominante Männlichkeitsformen in

---

27 Aus dem Türkischen übersetzt von der Verf.

28 Für den Zeitungsartikel von Perihan Mağden mit dem Titel: *„Wehrdienstverweigerung aus Gewissensgründen ist ein Menschenrecht!"*, der mit dem Ausdruck beginnt: „Ich sage 'Nein Mensch', nicht jeder Türke wird als Soldat geboren!" (Ben diyorum ki, hayır kardesim Her Türk Asker Dogmaz!) siehe: (http://bianet.org/bianet/medya/80091-vicdani-red-bir-insan-hakkidir--2) (24.07.2009)

29 Siehe: http://www.savaskarsitlari.org/arsiv.asp?ArsivTipID=5&ArsivAnaID= 33367 (Zugriff am 24.07.2009).

verschiedenen Gesellschaften und Zeitabschnitten und die Dimensionen der Ausbeutung der Frauen durch Kapitalismus und unbezahlter Hausarbeit ignoriert (ebd.: 34). Wenn Militarismuskritik und Wehrdienstverweigerung durch die feministische Theorie als der Inbegriff des Widerstandes gegen männliche Hegemonie konzeptualisiert würden, bleibe kein Raum mehr für die ideologische Besonderheit, Spezifität und politische Autonomie des Feminismus (ebd.: 35). Militarismus könne zwar Sexismus bestärken und reproduzieren, ihn aber nicht errichten, konstruieren und ausmachen (ebd.).

So löste Acar-Savran wieder eine Debatte bei den feministischen Theoretikerinnen und Aktivistinnen in der Türkei aus, die ihren Schwerpunkt in den letzten Jahren auf den strukturellen Militarismus in der Türkei gelegt hatten. Zahlreiche Feministinnen betonten in Bezug auf Acar-Savrans Artikel nachdrücklich, dass die Sichtbarmachung und Analyse des Militarismus ohne die Betrachtung und Hinzuziehung der strukturellen Dimensionen und Wirkungen des Kapitalismus, des Patriarchats und des Nationalismus nicht möglich seien, dass aber der Widerstand gegen hegemoniale Männlichkeit und eine feministische Positionierung eine antimilitaristische Haltung voraussetzt (vgl. Toker 2007; Direk 2007). Auch Cynthia Enloe betont in diesem Zusammenhang im Interview mit Aslan/Uzun in Istanbul, „ein Antimilitarismus ohne Feminismus [sei] undenkbar" (vgl. Enloe/Aslan/Uzun 2008: 116).

Es sollte darum gehen zu verstehen, dass hegemoniale Männlichkeit und das Patriarchat sich aus verschiedenen Institutionen, AkteurInnen und Praktiken zusammensetzen, die alle in einem Wechselspiel sowohl zu der Aufrechterhaltung dieser männlichhegemonialen Strukturen beitragen als auch zu ihrer Abschaffung beitragen können. In Connells Worten: „Es gibt ja kein Hauptquartier des Patriarchats, mit Flaggen und Limousinen, wo die Strategien ausgearbeitet werden." (Connell 2006: 237) Daher muss der Kampf gegen die verschiedenen Institutionen, in denen hegemoniale Männlichkeit hergestellt, reproduziert und verbreitet wird – und dazu zählen definitiv das Militär und seine militaristischen hegemonialen Praktiken –, ins Visier jeglicher feministischer Konzeptualisierung und feministischem Aktivismus genommen werden. Obwohl es Konflikte und konfliktreiche Aushandlungen zwischen den verschiedenen hegemonialen männlichen Institutionen und Gruppen gibt,

> „[muss man] festhalten [...], dass hegemoniale Männlichkeit aktiv verteidigt wird und dass heterosexuelle Männer sich in einer wirtschaftlich, ideologisch und sexuell dominierenden Position befinden." (ebd.)

Die Verteidigungsmaßnahmen basieren Connell zufolge auf „hervorragenden Ressourcen", welche die Ausmaße der hegemonialen Männlichkeit wie die „Destruktivität des militärisch-industriellen Komplexes" noch mehr verschärfen (ebd.; vgl. auch Kronsell 2005). Connell stellt des Weiteren fest, dass die Strukturen und Institutionen des Patriarchats zwar nicht so bald in sich zusammenbrechen werden, die „Legitimation des Patriarchats" in den Industriestaaten jedoch untergraben werde (Connell 2006: 248). Nun müssen also Homophobie und Sexismus gegen Frauen aufgrund der wachsenden Kritiken gemeinsam gerechtfertigt werden (ebd.: 249). Die Entwicklungen und Veränderungen, die einen solchen Zusammenbruch der Legitimation des Patriarchats und einen Wertewandel einleiten, sind durchaus auf feministischen und homosexuellen Aktivismus und Forschungsarbeiten zurückzuführen, die hegemoniale Männlichkeit in Frage stellen und gezielt den Argumenten des hegemonial-männlichen Blocks „eine hysterische Qualität" verleihen (ebd.). So muss die Zusammenarbeit von feministischen Bewegungen und LGBT Bewegungen in antimilitaristischen Aktionen nicht im Sinne Savrans als eine Gefährdung der politischen und ideologischen Autonomie des Feminismus gedeutet werden, sondern es muss nach zusätzlichen gemeinsamen Artikulationen und Aktionen gegen die hegemoniale Männlichkeit gesucht werden, um die „Hysterie" des hegemonialen Blocks noch schärfer zu schüren.

Wenn vor diesem Hintergrund das Militär als „Idealtypus des maskulinistischen 'Anstaltsbetriebs'" (Sauer 2004: 84) gelten kann, der durch die staatliche „doppelte Absicherung von Gewalt", nämlich in Form von bürokratisch-militärischer und hausväterlicher Gewalt als „männliche Gewaltoligopole" (ebd.: 86), hegemonial männliche Legitimation erhält, so muss diese Legitimation durch die feministische Forschung umso mehr in Frage gestellt werden.

## 4.3 Politik, Ökonomie und Medien als hegemonial männlicher Block: *„Kommt schon ihr Süßen!"*

### 4.3.1 Politik

Politik in der Türkei ist „Männersache". Dies belegen nicht nur die niedrigen Frauenanteile in der lokalen und nationalen Politik, sondern auch die maskulinistischen und strukturellen Hindernisse und Praktiken, mit denen Frauen, die politisch tätig sind, konfrontiert werden (vgl. Kardam/Acuner 2007; Kovanlıkaya 2001; Yaraman 1999; Arat 1989; Güneş-Ayata 1998).

Politische Partizipation bedeutet in formaler Hinsicht,

> „dass darunter nur solche Handlungen gefasst werden, die motivational (im Sinne von zweckrational) bewusst mit der Erreichung eines politischen Ziels verknüpft

> sind.[...] Jene Verhaltensweisen von Bürgern/Bürgerinnen [...], die sie allein oder mit anderen freiwillig mit dem Ziel unternehmen, Einfluss auf politische Entscheidungen auszuüben." (Hoecker 1995: 17)

Politische Beteiligung macht Hoecker von drei Determinanten abhängig: kulturelle, sozialstrukturelle sowie institutionelle Einflussfaktoren, wie die politische Kultur eines Landes, das Regierungs-, Wahl- und Parteiensystem und personelle Rekrutierungsmuster (ebd.: 17f.; vgl. auch Lovenduski/Norris 1993; Bystydzienski 1992). Darüber hinaus arbeitet sie heraus, dass es unterschiedliche Begründungen für die „politische Einmischung" von Frauen gibt (vgl. auch Phillips 1998a). Ein „Rechtfertigungsmuster" ist erstens der Paritätsansatz, der von einer demokratischen Gerechtigkeit ausgeht und für die „Verwirklichung des theoretischen Prinzips der politischen Gleichberechtigung" plädiert. Der Differenzansatz als zweites stützt sich auf den Grundsatz der unterschiedlichen politischen Interessen von Männern und Frauen. Das bedeutet, dass mit der Vertretung „weiblicher" politischer Standpunkte eine „Erweiterung" der männlichen Sichtweise angestrebt wird (vgl. Hoecker 1995: 17). Beide Ansätze weisen allerdings verschiedene Mängel auf. So beabsichtigen sie keineswegs eine Redefinition des Politischen, sondern sie bringen innerhalb des bestehenden Machtgefälles lediglich „Verbesserungsvorschläge" ein. Der dritte dieser Ansätze – der „Emanzipationsansatz" – kann in meinen Augen nur als eine Vorbedingung des feministischen Konzeptes angenommen werden. Er stützt sich auf die Redefinition des Politischen und geht davon aus, dass zum einen die patriarchale Gesellschaft das Machtgefälle zwischen Frauen und Männern reproduziert und zum anderen das Ziel in der Überwindung der patriarchalen Strukturen, d.h. in einem Wandel zu einer Gesellschaft ohne Geschlechterhierarchie, liegt (ebd.).

Als Gründe für den niedrigen Frauenanteil in staatlich-politischen Institutionen werden innerhalb des traditionellen Gleichheitsansatzes die „Lebenszusammenhänge" von Frauen identifiziert, da das „Muttersein" und die Rolle als Ehefrau als Ausschlussfaktoren aus der öffentlichen Politik gelten. Auch der Mangel an Bildung und geringere Qualifikationen im Vergleich zu Männern wie auch die Tatsache, dass der Bereich der Erwerbsarbeit von Männern dominiert wird, habe zur Konsequenz, dass Männer wenig Vertrauen in Frauen zeigen und bei Wahlen das eigene Geschlecht vorziehen (Lovenduski/Norris 1993; Nelson/Chowdhury 1994; Hoecker 1998a).[30]

---

30 Für eine Studie über das Wahlverhalten der Frauen in der Türkei siehe: Keskin 1997. Für weitreichende Analysen über Frauen in der Politik siehe: Lovelace Duke 1996.

Hoecker kritisiert in ihrer Ausführung „das Desinteresse der feministischen Forschung an der alltäglichen Lebenswirklichkeit wie an politischen Handlungsalternativen", das sich in ihrem „distanzierten Verhältnis zur politischen Bildung" widerspiegle (vgl. Hoecker 1998b: 18). Das Vorhaben, der „politischen und gesellschaftlichen Machtlosigkeit der Frauen" (ebd.: 19) ein Ende zu bereiten, könne nur durch eine Dekonstruktion von männlich dominierten „Machtnetzwerken" ermöglicht werden. Darüber hinaus gibt es eine Kontroverse darüber, *wie* Frauen Macht in der Politik ausüben sollen. Der erste Ansatz stützt sich wiederum auf den Leitgedanken der „gleichen Rechte" und argumentiert, dass Frauen aus diesem Grundsatz heraus an dem von Männern beherrschten Terrain in gleichberechtigter Art und Form teilhaben *müssen*, um an politischen Entscheidungsmechanismen mitwirken zu können (vgl. Nelson/Chowdhury 1994; Arat 1989; Maihofer 1990).

Der Differenzansatz legt als Annahme die Verschiedenheit von Frauen und von Männern zugrunde und sieht darin die Stärke von Frauen. Er postuliert, dass Frauen ihre Macht *anders* praktizieren sollen als Männer. Diese Argumentation unterstreicht die Bedeutung der privaten Sphäre als eine Sphäre, in der Frauen ihre ganz spezifische *Macht* konstituieren können und woraus sich neue Handlungsmuster und Strategien ergeben können, um dem Androzentrismus effektiv entgegenzuwirken (vgl. Rosenberger 1997; Lang 1995).

Abgesehen von bestehenden Differenzen zwischen dem postmodernen und dem modernistischen Ansatz (vgl. hierzu Zalewski 2000) über Praktiken und Funktionen der verschiedenen Politikverständnisse kann man aber mittlerweile von einer Einsicht sprechen, dass für die Aufhebung bestehender patriarchaler Strukturen sowohl ein Kampf *außerhalb* wie auch *innerhalb* herrschender Machtstrukturen notwendig ist (vgl. Bystydzienski 1992). So kann z.B. die so genannte gläserne Decke („glass ceiling"), also „[the] invisible but inpassible barrier, formed out of biased work conditions and the male coorparate culture" (vgl. United Nations 1995), die den Frauen den Zugang zu Entscheidungsmechanismen versperrt, nur durch eine Analyse dieser herrschenden Machtstrukturen durchbrochen werden.

Zusammenfassend kann das feministische Partizipationsverständnis folgendermaßen definiert werden:

> „Das feministische Partizipationsverständnis hat nun zwei Bezugspunkte: erstens die Steigerung der Partizipationschancen für Frauen innerhalb repräsentativer Institutionen. [...] Der zweite Bezugspunkt ist das basis- bzw. versammlungsdemokratische Ideal der Frauenbewegung jenseits etablierter Politikstrukturen. Damit ist ein normativer, nicht-instrumenteller Partizipationsbegriff verbunden: Partizipation wird im Unterschied zur bloß interessenorientierten Beeinflussung der politischen Entscheidungsträger als ein Prozess der Interaktion und der Kommunität sowie Demokratisierung der Lebenswelt konzipiert." (Sauer 2004: 31)

1935, als Atatürk 18 Frauen einen Sitz im Parlament gab, machte der Anteil der Frauen im Parlament 4,6% aus. Dieser Prozentsatz wurde im Jahre 2007 zum ersten Mal in der Geschichte der türkischen Republik übertroffen (Aydın 2008: 105f). Bis zu den Wahlen im Jahr 2007 betrug der Anteil der Frauen im nationalen Parlament 4,4%, nach dem erneuten Wahlsieg der *AKP* im Juli 2007 stieg die Zahl auf 9,1%. Der symbolische Charakter der weiblichen Parlamentsabgeordneten in den Anfangsjahren der türkischen Republik, der die *Modernität* der Türkei gegenüber westlichen Mächten *beweisen* sollte, währt bis heute (vgl. Arat 1997). 50 Parlamentarierinnen, im Gegensatz zu 550 männlichen Parlamentsabgeordneten können kaum einen Anspruch auf ein demokratisches Staatsmodell erheben. Frauen erscheinen im Modernisierungsprozess der Türkei durchgehend lediglich als zentrale Symbolfiguren (vgl. Kadioğlu 1994, Arat 1997, Kandiyoti 1997).

Bei den Landesbezirkswahlen im Jahr 2004 stellte die regierende konservativ-islamistische Partei *AKP (Partei der Gerechtigkeit und Entwicklung)* keine einzige Kandidatin auf. Die Oppositionspartei *CHP (Republikanische Volkspartei)*, die von Atatürk gegründet wurde und dem Anspruch nach eine sozialdemokratische Partei ist, die Atatürks laizistische Doktrin aufrechterhält, hatte in 81 Bezirken lediglich zwei weibliche Kandidatinnen aufgestellt. Nur eine Frau, Songül Erol Abdil, wurde als Kandidatin der linken prokurdischen Partei *HADEP (Demokratiepartei des Volkes)*, die immer die Mehrheit der Stimmen im überwiegend von Kurden und Kurdinnen bewohnten Südosten erhält, zur Bürgermeisterin von Tunceli gewählt.

In meinen Interviews mit verschiedenen Frauen, die „Politik machen", konnten basierend auf den Erfahrungsberichten und politischen Positionierungen und Praktiken der Frauen strukturelle Hindernisse hegemonialer Männlichkeit identifiziert werden. Weiterhin standen für mich die Fragen im Vordergrund, wie offen die Politikerinnen für Frauenthemen sind, ob sie eine frauenpolitische Perspektive haben oder mit verschiedenen Frauenorganisationen zusammenarbeiten, wie die Politikerinnen zueinander stehen, ob eine Solidarität zwischen ihnen besteht und ob sie schließlich selbst männlich-hegemoniale Machtverhältnisse reproduzieren.

Im Gespräch mit der Bürgermeisterin von Tunceli, Songül Erol Abdil wurde offensichtlich, dass sie keine explizit feministische Politik vertritt, dafür aber eine hohe Sensibilität für die Anliegen der Frauen in Tunceli aufweist. Sie initiierte nach eigener Aussage die Errichtung von Frauenhäusern und solidarisierte sich mit den Frauen. Da sie selbst als kurdische Bürgermeisterin täglich die Erfahrung von selektiven Praktiken verschiedener staatlicher Institutionen gegenüber der kurdischen Partei macht, erscheinen feministische Ansprüche oder Politiken für sie als unrealistisch und undurchführbar. Außerdem erklärte sie, dass sie nicht den konventionellen Weg eines Aufstiegs durch die Parteiränge verfolgt habe, sondern von einem sehr einflussreichen, männlichen Parteikader direkt auf den ersten Platz in der Wahlliste gesetzt und schließlich gewählt worden sei[31]. Dieselben Erfahrungen machte auch die Parteichefin der konservativen Partei *ANAP (Mutterlandspartei)*, Nesrin Nas:

> „Es wäre für mich niemals möglich gewesen, zur Parteispitze aufzusteigen, wenn ich wie irgendeine Frau in der Partei versucht hätte, für eine gute Platzierung in den Parteilisten zu kämpfen. Ich war ein Protegé vom ehemaligen Parteiführer, der mich in diese Position brachte und dem Parteikader verdeutlichte, dass ich die Favoritin wäre. Somit sicherte ich mir die Unterstützung der Parteimitglieder und Parteiführer, die ich sonst nie bekommen hätte. Meine Expertise in der Wirtschaft als ehemalige Wirtschaftsministerin und der allgemeine Brauch in der Partei, sich für Zukunftsprognosen der wirtschaftlichen Entwicklung an mich zu wenden und mir zu vertrauen, sicherten mir die Unterstützung und den *Respekt* in dieser Führungsposition."[32]

Ähnliche Erfahrungen sind bei Tansu Çiller, der einzigen Premierministerin in der 85jährigen Geschichte der türkischen Republik, zu beobachten. Es war allgemein bekannt, dass sie unter dem Schutz von Süleyman Demirel stand, dem früheren Chef ihrer Partei – der konservativen *Partei des Rechten Weges (DYP)* –, der auch Staatspräsident war und als einer der einflussreichsten Männer in der politischen Geschichte der Türkei gilt (vgl. Arat 1998a; Ağduk-Gevrek 2000).

Die Frauen, die in den obersten Positionen des Staates *Macht* erlangten, wendeten alle ähnliche Strategien an, um in die Ebenen der *hohen* Politik eingelassen zu werden.

Die Parteichefin erzählt:

> „Ich hatte niemals Probleme, mich in männlichen Zirkeln zu artikulieren, das gleiche gilt auch für die Politik. Es ist meine Art, laut zu sprechen, meine Gesten sind dynamisch und ich habe eine hartnäckige Natur. Die männlichen Parteimitglieder bezogen mich immer mit ein, ich wurde zu ihren Abendessen oder sonstigen Treffen eingeladen. Also ich glaube schon, dass ich im engen Kreis der Partei war."[33]

---

31 Aus meinem Gespräch mit Songül Erol Abdil am 13.09.2004 in Istanbul. Das Gespräch fand im Rahmen des internationalen Symposiums „Women in Turkey and the EU – Towards a Mutual Understanding", Albert Long Hall, Bogazici University statt.

32 Aus meinem Interview mit Nesrin Nas am 15.10.2005 in Istanbul.

33 Ebd.

Die Laufbahnen vieler dieser Politikerinnen zeigen auf, dass Frau nicht nur einen starken Mann aus der Parteielite zur Seite haben muss, um politisch erfolgreich zu sein, sondern dass Frau auch eine *maskuline* – oder zumindest *keine weibliche* – Art und Sprache als Requisite benötigt, um in staatlichen Machtstrukturen erfolgreich zu agieren und zu überleben.

Die Einbeziehung in die männlichen Zirkel als Frau kann, wie im Fall der Parteichefin und der ehemaligen Staatsministerin nur erfolgen, wenn die Frau dem männlichen Verständnis von Macht und Machtausübung entspricht und weibliche politische Inhalte und Praktiken vermeidet. Die konservative Partei *DYP* nominierte unter derselben Parteivorsitzenden – die den Anspruch erhebt, eine Feministin zu sein – nur zwei Frauen für die Parteiliste der Lokalwahlen im Jahr 2004. Später initiierte Nesrin Nas einige frauenfreundliche Reformen in der Partei und brachte feministische Ansprüche und Interessen auf die Agenda, wie z.B. die Durchsetzung der 33%-Quote für Frauen in den Parteirängen.

> „Ich habe darauf bestanden, fünf Frauen in die ersten fünf Plätze der Parteiliste zu bringen, was ich auch durchgesetzt habe. Es war für mich ein vorrangiges, politisches Ziel, die Anzahl der Frauen in der Partei zu erhöhen. Am nächsten Morgen erhielt ich einen Anruf vom mächtigsten Parteibürokraten: 'Ich weiß, du ziehst Frauen vor und ich hatte bis jetzt nichts dagegen einzuwenden, aber wirklich Nesrin, versuchst du jetzt die Partei in eine Frauenpartei umzuwandeln?' Ich wurde wild vor Wut. Ich sagte, zeig mir doch eine einzige Frau, die bis jetzt gewählt wurde."[34]

Obwohl Nesrin Nas als Parteichefin in der Hierarchie über diesem Parteibürokraten steht, scheint sie für ihn keine Bedrohung darzustellen, sie erscheint gestützt durch politisch machtvolle Männer der Partei und durch ihre maskulinistischen Auftritt als geschlechtslos. Sie engagiert sich für ökonomische Angelegenheiten und formuliert die aktuellen politischen Tagesordnungen, die keine spezifische Frauenperspektive aufweisen. Sie unterscheidet sich in diesem Sinne nicht von den männlichen Parteimitgliedern und Parlamentariern und wird dadurch nicht vergeschlechtlicht.

Obwohl die interviewten Politikerinnen unterschiedliche Konzepte und Auffassungen von Politik, Staat und der Kategorie *Frau* haben, zeichnen sich die Ausführungen der Politikerinnen durch zwei Gemeinsamkeiten aus, die sie alle als Frau zumeist in derselben Art und Weise erfahren haben: Ausschließung und Abwertung. „Den Freunden stehen also die Fremden als die Feinde gegenüber, fremd sind die, die existentiell anders sind" (Demirović/Pühl 1997: 223). Anders sind diejenigen, die nicht in maskulinistischen Formen denken, handeln

34 Ebd.

und Politik machen. Alle Formen der Einschließung gelten nur für die, die sich bereit erklären, ihre weibliche und feministische Identität aufzugeben. Somit ist die Inklusion selbst nur eine partielle. Anhand der Erfahrungsberichte der politischen Akteurinnen lässt sich beobachten, dass weibliche Subjekte entweder hinsichtlich ihrer symbolischen Funktion als Expertinnen, Gefährtinnen oder als harmlose Aktivistinnen wahrgenommen werden.

> „Männerfreundschaften vernetzen den Entscheidungsprozess durch die Vielzahl informeller Gespräche und geteilter Erfahrungen; Frauen sind an diesen Freundschaften nur marginal beteiligt. [...] Die Freundschaft der Männer konstituiert sich über den Ausschluss der Frauen, die zum Gegenstand des Tausches zwischen den Brüdern werden und damit zur Kohäsion von deren sozialen Beziehungen beitragen." (ebd.: 224)

Çiğdem Aydın, Feministin, Vorstandsmitglied der *SHP (Sozialdemokratische Partei)* und ehemalige Vizepräsidentin von *Ka-Der*, berichtet über ihre Erfahrungen in der Partei:

> „Auch wenn Frauen im Vorstand der Partei sind, wollen die Männer Frauen von der Politik fernhalten. Die Frauen werden nicht informiert darüber, was in der Partei vor sich geht. Die Männer kommunizieren untereinander in einer verschlüsselten Sprache, telefonieren abends miteinander oder sprechen in so einer Art und Weise, dass die Frauen nicht am Gespräch teilnehmen können. Wenn sie fragen, worum es geht, heißt es: Du verstehst nichts davon. Obwohl sie an dem Tisch sitzt, wo die ganzen Entscheidungen getroffen werden, hat sie keinen Plan, was wirklich passiert. [...] Es gibt eine Strategie, um diese verschlüsselte Sprache aufzubrechen. Eine davon ist, die Männer telefonisch zu kontaktieren, einfach anzurufen. Die Frauen scheuen sich davor, weil auf den Frauen das Vorurteil lastet, dass sie *tratschsüchtig* wären. Außerdem rate ich den Frauen vor den Sitzungen, sich Informationen zu verschaffen, worum es wirklich geht, und sich nicht zu scheuen nachzufragen. Es ist nämlich so, dass die Männer meistens schon vor der Sitzung alles untereinander ausdiskutieren. Die Frauen müssen auch in den Sitzungen das Wort ergreifen, sie müssen Stellung nehmen. [...] Es kommt das Problem hinzu, dass die Männer in den Parteien die Frauen, die das Wort ergreifen, einfach ignorieren. Als hätte sie keine Stellungnahme abgegeben. Da bewegen sich nicht mal die Gesichter, nachdem die Frauen gesprochen haben. Keiner der Männer reagiert auf die Aussagen der Frau. Als hätten sie sie nicht gehört. So verhindern sie, dass sie ein zweites Mal spricht. Um diesen *Mauereffekt* zu durchbrechen, rate ich allen Frauen, dass sie während ihrer Vorträge jedem einzelnen in die Augen schauen, Fragen stellen und die Männer zwingen zu antworten. Die Männer müssen gezwungen werden, eine Reaktion zu zeigen, sonst ergreifen die Frauen nicht mehr das Wort."[35]

35 Interview mit Çiğdem Aydın, aus Mutluer 2007b: 30ff. Aus dem Türkischen übersetzt von der Verf.

Diese Erfahrungsberichte offenbaren durch eine präzise, drastische und bildhafte Darstellung der Handlungsmuster der männlichen Politiker die ausschließenden, herabsetzenden und missachtenden Praktiken der Männer gegenüber den weiblichen Parteimitgliedern. Sie machen deutlich, dass Politik aus Männerfreundschaften besteht, der politische Aushandlungsprozess an Männer*stammtischen* ausgetragen wird und *Männerbünde* eine „männergemäße, männerbezogene, exklusiv von Männern geprägte Form der Gesellung" darstellen (Kreisky 1995: 94f; vgl. Demirović/Pühl 1997: 222f). Die Erfahrungen der Politikerinnen zeigen:

> „Staat und Öffentlichkeit bleiben männliche Institutionen, selbst wenn Frauen dort Positionen innehaben: Die Räume sind 'männlich' codiert, und Frauen können deshalb nicht 'als Frauen' teilnehmen, sondern müssen das männlich soziale Geschlecht übernehmen." (Sauer 2001: 52)

Die Parteichefin Nesrin Nas stellte außerdem fest, dass sie ohne ihr gut fundiertes, ökonomisches Expertenwissen in der Partei nie so respektiert worden wäre. Viele Biographien von Politikerinnen und Parlamentarierinnen dokumentieren einen sehr hohen Bildungsgrad. Viele werden als Professorinnen und Expertinnen in diversen Fachbereichen aus den Universitäten rekrutiert. Der durchschnittliche Bildungsgrad der Männer hingegen ist nicht mit dem der Frauen zu vergleichen.

> „Wenn wir die Frauen betrachten, die bei uns in der Partei sind, dann sehen wir Professorinnen, Ärztinnen, Expertinnen auf ihren spezifischen Gebieten, wie in meinem Fall die Ökonomie. Alle haben Hochschulabschlüsse oder mehr und sprechen mindestens eine Fremdsprache. Doch wenn wir die Männer betrachten, sehen wir ein ganz anderes Bild. Manche haben nicht mal einen richtigen Schulabschluss. [...] Ich und meine Partei wünschen uns, dass Frauen aus allen sozioökonomischen Schichten und Bildungsgraden in die Partei eintreten und Kandidatinnen werden. Ein großer Teil der Frauen sehen uns an wie Außerirdische, wir sprechen nicht ihre Sprache, haben nicht dieselben Lebenserfahrungen usw. Doch alle Frauen haben etwas zu sagen. Viele ungebildete Frauen aus ländlichen Gebieten sind sogar viel offener für Politik und schlagen viel effizientere politische Lösungen vor. Diesen Frauen sollte Gehör verschafft werden. [...] Es gibt eine altes Märchen über Politikerinnen, das besagt, dass Frauen in der Politik wie Männer handeln, sprechen und Politik machen müssen, um anerkannt zu werden. Ich finde, das ist absurd. Zumindest habe ich persönlich niemals eine solche Erfahrung gemacht. Ich bin eine Frau, ich muss nicht männliche Gestik und Körpersprache anwenden, um mir Gehör zu verschaffen. Ich habe vielmehr die Erfahrung gemacht, dass ich politisch wirksam bin, weil ich etwas zu sagen habe. Weil die Inhalte meiner Argumentation und Standpunkte gefragt sind."[36]

---

36 Aus meinem Interview mit Bihlun Tamaylıgil, am 17.08.2009 in Istanbul

Bihlun Tamaylıgil ist Vizepräsidentin der *CHP* und Abgeordnete im Parlament. Sie kann auf eine erfolgreiche politische Karriere zurückblicken. Mit 24 Jahren war sie bereits Generaldirektorin einer Investmentgesellschaft und wurde mit 35 Jahren Parlamentsabgeordnete der *CHP*. Sie stellte fest, dass entgegen den Vorstellungen, in der *CHP* werde den jungen Menschen kein Platz in der Partei eingeräumt, sie ein Beispiel dafür sei, dass sie durchaus gefördert werden.

Tamaylıgil verfügt wie die Parteivorsitzende und ehemalige Wirtschaftsministerin Nesrin Nas über Expertenwissen in Ökonomie. Tamaylıgil und Nas wurden beide von den männlichen Präsidenten ihrer Partei persönlich unterstützt und gelangten so in den politischen Kern der Partei. Der Aufstieg zu den Parteispitzen hat somit eine Entgeschlechtlichung zur Folge. Das bedeutet, weder die Frauen selbst noch die männlichen Politiker in der Partei stellen die Weiblichkeit in den Vordergrund. Der politische Aufstieg in der Partei als Frau produziert aber auch Herrschaftsverhältnisse zwischen den Frauen der Partei. Die Frauen sind sich bewusst, dass sie eine Minderheit sind, fühlen sich aber nicht zu dieser Minderheit zugehörig, da sie selbst in den obersten Rängen der Machthierarchien innerhalb der Partei ihre Plätze einnehmen. Tamaylıgil vermerkte:

> „Leider fehlt eine Solidarität zwischen den Frauen. Was ich unter den Frauen selbst beobachte, ist eine Konkurrenz um Macht. Ich kann aber momentan von einem Solidaritätsgefühl zwischen den Frauen innerhalb der CHP sprechen. Wir halten zusammen. Aber allgemein ist diese Konkurrenz zwischen den Frauen etwas, was ich auch in meiner professionellen Berufserfahrung vor meiner politischen Karriere beobachtet habe. Vielleicht weil wir so wenige sind, weil wir in der Minderheit sind, ist der Kampf um Macht intensiver.“[37]

Auf einer Versammlung zum 8. Gründungsjahr von *Ka-Der* am 5. März 2005 habe ich im Gespräch mit den Mitgliedern der Frauenabteilung der *CHP* von einer Protestkampagne der *CHP*-Frauenabteilung gegen die Parteikader erfahren. Die Frauen hatten im Monat zuvor eine Protestkampagne mit dem Slogan „Wir sind keine Schafe“ gegen die Blindheit der Partei gegenüber Frauenanliegen gestartet und entsprechende Flugblätter in der Partei verteilt. Sie kritisierten die Geschlechterblindheit der Partei und die Isolation der Frauenabteilung innerhalb der Partei. Ein Vergleich der Aussagen der Frauen aus der CHP-Frauenabteilung mit jenen der Parteivorsitzenden und Parlamentarierinnen bestätigen, dass Frauen, die in hohe Machtpositionen in der Partei aufsteigen, sich nicht mit den Frauenthemen der Frauenabteilungen in den Parteien auseinandersetzen wollen. Die Konkurrenz um Macht und hegemoniale Machtverhältnisse zwischen den

37 Ebd.

Frauen finden somit sowohl auf den Ebenen der Parteielite statt als auch in der gesamten Partei und ihren Abteilungen. Obwohl Frauen in den verschiedenen Parteiebenen über diese Machtkämpfe unter den Frauen klagen, scheinen sie selber bewusst oder unbewusst Machtverhältnisse zu reproduzieren.

Ähnliche Muster der Distanzierung von der Frauenabteilung der Partei und von ausschließlich frauenspezifischen Themen weist auch Sibel Çarmıklı – eine Frau der oberen Eliteschicht und zwischen 2005 und 2007 Bezirksvorsitzende der konservativen Partei *ANAP*, die später ihre Partei wechselte und Bürgermeisterkandidatin der *AKP* in den Lokalwahlen 2007 für den Bezirk Beşiktaş wurde – in ihren Aussagen auf:

> „Ich habe es abgelehnt, in der Frauenabteilung der ANAP zu arbeiten. Ich bin aber Schritt für Schritt in der Partei aufgestiegen, wobei ich von Schlüsselfiguren der Partei sehr viel Unterstützung erhalten habe. Männer haben mich immer unterstützt. Wenn man in seiner politischen Rhetorik immer wieder das Wort 'Frauen' in den Vordergrund stellt, dann ruft das einen Widerstand bei den Männern hervor. Politik mit einer Schwerpunktverlagerung auf Frauen bringt eine politische Isolation mit sich. [...] Man sollte nicht das Geschlecht in den Vordergrund stellen. [...] Ich bin sowieso keine Feministin. Aber Frauen müssen an der Politik teilnehmen. Doch sie verhindern sich selbst. Frauen verhindern Frauen. Man muss den Weg öffnen für Frauen und Jugendliche, sie für Politik motivieren. Männer sind sowieso gegen Quotenregelungen zugunsten der Frauen. Ich setze mich zum Beispiel für eine Quotenregelung ein. Wir wollten mehr Frauen in die Partei aufnehmen und als Kandidatinnen aufstellen. Doch sie stellten sich nicht für eine Kandidatur zur Verfügung. Die Frauen haben es wegen ihren Rollenzuweisungen als Mütter und Ehefrauen natürlich sehr schwer in der Politik. Ich rate Frauen mit kleinen Kindern davon ab. Die Kinder sind die heiligsten Wesen. Politik wird abends gemacht. Wie soll dann eine Frau mit einem Kleinkind daran teilnehmen? Oder die Frauen, die wirklich mit der Parteiarbeit zusammengewachsen sind, können dann keine Mütter sein."[38]

In den Aussagen von Çarmıklı werden konservative und traditionelle Rollenzuweisungen für Frauen deutlich, die auch von den beiden konservativen Parteien *ANAP* und *AKP*, in denen sie aktiv war, repräsentiert werden. Çarmıklı vertritt im Gegensatz zu Tamaylıgil, die sich als eine Sozialdemokratin bezeichnet, keine frauenpolitische Perspektive. Feminismus ist für sie ein „abschreckender" Begriff, der den Widerstand der Männer gegen Frauen als politische Akteurinnen noch mehr verstärke. Çarmıklı stellt wieder ein klassisches Beispiel einer türkischen Politikerin der Oberschicht dar, die bedingt durch ihre sozialen, politischen und ökonomischen Netzwerke bis in die Parteispitzen aufgestiegen ist. Ihre politische Karriere wurde aber 2007 auf Eis gelegt, als sie den Wahlkampf als

38 Aus meinem Interview mit Sibel Çarmıklı am 11.07.2005 in Istanbul.

Bürgermeisterkandidatin der *AKP* für den Bezirk Beşiktaş gegen den Kandidaten der *CHP* verlor.

Die Politikerinnen stellen sich in ihren Aussagen nicht gegen eine Kooperation mit Frauenorganisationen und sie treten für eine Repräsentation von frauenpolitischen Standpunkten und eine Quote für Frauen in Parteien und im Parlament ein. Sie distanzieren sich aber alle explizit vom Feminismus als Begriff. In diesem Zusammenhang vermerkte Tamaylıgil ähnlich wie Nesrin Nas:

> „Unbezahlte Hausarbeit, die neuen Gesetzesregelungen des SSGSS[39], die beabsichtigen, Frauen von ihren Ehemännern und Familien ökonomisch abhängig zu machen, all diese Thematik ist auf meiner politischen Agenda. In der Partei haben wir bestimmte weibliche Abgeordnete, die spezifisch für Frauenpolitik eintreten und als Sprecherinnen der verschiedenen Frauenorganisationen agieren, wie Gaye Erbatur. Frau Erbatur nimmt an allen internationalen Frauenkommissionen und Konferenzen teil, wie Peking + 5 und anderen Gremien. Ich unterstütze all diese frauenpolitischen Engagements. [...] Feminismus ist aber für mich ein Begriff, den ich mit Konflikt assoziiere. Es kommt mir vor, als ob Feministinnen auf eine Konfliktaustragung abzielen, ohne wirklich nach gemeinsamen Lösungen zu suchen. Ich beobachte auch einen starken Konflikt in den Frauenorganisationen selbst. Sie können nur selten einen gemeinsamen Standpunkt artikulieren, eine gemeinsame Sprache entwickeln, die sie an die Politikerinnen weiterleiten können. Deshalb erscheint Feminismus für mich als etwas Marginales, was nicht alle Menschen inkludiert, wobei ich gesellschaftliche Ungleichheiten in den Vordergrund stellen möchte. Ich will damit nicht über die strukturellen Benachteiligungen der Frauen wie in den SSGSS Gesetzesregelungen oder den Gesetzen im Strafrecht hinwegsehen; es ist nur so, dass manche feministische Slogans der Protagonistinnen zu provokativ für mich sind. Ich habe auch meine Einwände gegen die Bart-Kampagne von Ka-Der[40], die ich ihnen auch persönlich mitgeteilt habe. Ich weiß, dass die Plakate mit den Frauengesichtern mit Schnurrbärten versuchten, die provokative Frage zu stellen: Müssen wir wie Männer aussehen, damit wir Parlamentssitze erhalten? Die Kampagne ist aber meiner Meinung nach fehlgeschlagen. Viele nahmen diese Kampagne anders wahr, so als ob Frauen vermännlicht werden müssten, um als politische Akteure

39 SSGSS: (Sosyal Sigortalar ve Genel Sağlık Sigortası) *Sozialversicherungen und Allgemeine Krankenversicherung*. Am 31. Mai 2006 wurden die Reformen im Sozialversicherungsgesetz vom Parlament verabschiedet und aufgrund der ökonomische Benachteiligung von Frauen durch diese neuen Gesetzregelungen zur Zielscheibe frauenbewegter und feministischer Kritik, die auch in den Interviews mit den Feministinnen in Kapitel 5.2 zum Ausdruck gebracht und diskutiert werden.

40 Die Bart-Kampagne von *Ka-Der* wird in den folgenden Seiten diskutiert.

akzeptiert zu werden. Als ob Frauen damit einverstanden wären, ihre Weiblichkeit aufzugeben, weil Politik etwas Männliches ist."[41]

Im Gespräch mit Tamaylıgil fiel sehr auf, wie gut sie über alle frauenpolitischen Diskurse und über die Lobbypolitik der verschiedenen Frauenorganisationen informiert war. Sie nimmt so gesehen durchaus eine geschlechtersensible Perspektive in der Politik ein, stellt dies aber nicht in den Vordergrund ihrer politischen Rhetorik. Sie pflegt auch selbst engen Kontakt mit feministischen Protagonistinnen wie Hülya Gülbahar und Selma Acuner[42] und unterstützt ihre frauenrechtlichen und frauenpolitischen Engagements. Sie hat außerdem ein Grundwissen in feministischer Theorie, das in ihrer Argumentation in Bezug auf frauenpolitische Perspektiven in der Politik zum Ausdruck kommt:

> „Zum Beispiel hat Iran eine höhere Frauenquote im Parlament als die Türkei. Doch aus meiner politischen Positionierung heraus stellt sich für mich die Frage, was bringen höhere Frauenquoten, wenn doch das Parlament, in dem sie sich befinden, für die Versklavung und Ausbeutung der Frauen eintritt und dementsprechende Politiken herstellt und generiert. Ich spreche für eine Quotenregelung für Frauen in den Parlamenten und trete für eine 'positive action' ein, aber ich beobachte auch bei den weiblichen AKP-Abgeordneten, wie Frauen für frauenfeindliche Politiken stimmen. Wir tragen eine Verantwortung, als die Repräsentantinnen des Volkes zuallererst auch die Interessen unseres eigenen Geschlechts zu vertreten. Doch was passiert? Zum Beispiel hat Nimet Çubukçu, die ehemalige Frauen- und Familienministerin der AKP, die Frauenorganisationen verklagt, weil diese sie kritisiert haben. Das muss man sich mal vorstellen. Wie können dann frauenfreundliche Politiken hergestellt werden, wenn Frauen selbst als die Feinde der Frauen agieren. Wir haben auch versucht, uns mit den weiblichen AKP-Abgeordneten zusammenzusetzen. Als Güldal Akşit [AKP] Frauenministerin war, hat sie versucht, die Frauen zusammenzubringen. Doch es wurde nur ein einziges Frühstück organisiert, woran auch nur sehr wenige AKP-Frauenabgeordnete teilnahmen, sie erschienen einfach nicht. Darauf hin gab es keine gemeinsamen Treffen mehr."[43]

Im Gespräch mit den Politikerinnen wird deutlich, dass viele von ihnen eine frauenpolitische Perspektive einnehmen und in diesem Sinne zu Bündnispartnerinnen für feministische Anliegen werden können, da sie eine Kooperation mit der Frauenbewegung prinzipiell unterstützen. Die Diskreditierung des Feminismus als Konzept, Begriff und politische Praxis erfordert jedoch eine neue feministische

---

41 Aus meinem Interview mit Bihlun Tamaylıgil, Vizepräsidentin der CHP und Parlamentarierin, am 17.08.2009.

42 Für die Interviews mit Hülya Gülbahar und Selma Acuner siehe: Kapitel 5.2.2.

43 Ebd.

Rhetorik, durch deren Anwendung stärkere Koalitionen mit frauenpolitischen Akteurinnen in Parteien und staatlichen Institutionen eingegangen werden können. Sowohl in den Aussagen der autonomen Feministinnen, der feministischen Protagonistinnen[44] als auch der Politikerinnen ist immer der Name von Gaye Erbatur, einer geschlechterpolitisch aktiven Parlamentsabgeordneten der *CHP*, als eine Bündnispartnerin für frauenpolitische Angelegenheiten erwähnt worden.

Bihlun Tamaylıgil bewertet den Einsatz ihrer Parteikollegin Gaye Erbatur für frauenpolitische Angelegenheiten und die Wirksamkeit ihrer Kolleginnen wie folgt:

> „Frau Erbatur ist in Frauenangelegenheiten eine Expertin. Eigentlich ist sie Professorin für Chemie. Sie macht aber die eigentliche Arbeit in Frauenpolitik. Sie ist da sehr wirkungsvoll und erfolgreich. Doch die weiblichen Abgeordneten in unserer Partei werden nicht nur Experten in Belangen der Frauen, sondern in ihren eigenen Feldern. Es ist auch wichtig, zeigen zu können, dass die Frauen in allen Sphären erfolgreich sind. Ich z.B. in Ökonomie, Oya Arasli ist Rechtsprofessorin, insbesondere bezüglich des Grundgesetzes verfügt sie über Fachwissen und hat sehr erfolgreich Kritik gegen die Grundgesetzänderungen der AKP eingebracht. Canan Arın ist Ärztin. Jede von uns bringt ihr Fachwissen im Parlament ein, ist aber auch informiert über die Frauenprobleme. Es ist auch ein Thema, das höchste Sensibilität benötigt."[45]

Tamaylıgil unterstreicht sehr oft, dass die Frauen „nicht nur" in Frauenfragen Expertinnen sind, sondern „insbesondere" in wichtigen Branchen wie Ökonomie, Recht, Medizin etc. Obwohl sie Gaye Erbaturs Engagement in Frauensachen ideell unterstützt und für wichtig erachtet, ist es für sie bedeutender, wenn das Expertenwissen der weiblichen Abgeordneten in „wichtigen" Angelegenheiten in den Vordergrund gestellt wird. Es scheint so, dass eine bestimmte Zensur besteht, eine Angst vor Nichtbeachtung und Isolation, wenn die Frauen ihren Schwerpunkt auf Frauenpolitik legen. Doch die Frauen können auch nicht der politischen Praxis der Männer und der Parteien entgehen, welche die weiblich Abgeordneten meist nur in frauenpolitischen Belangen in den Vordergrund stellen und als Sprecherinnen agieren lassen. Tamaylıgils persönliche Erfahrung unterstützt trotz ihrer Betonung, dass Frauen Expertinnen in „wichtigen" Feldern seien, die Tatsache, dass Frauen durch die Parteiführung für frauenpolitische Stellungnahmen instrumentalisiert werden:

> „Meine erste öffentliche Rede im Parlament war über die Familiengerichte. Die AKP hatte ein Gesetz erlassen, das besagte, RichterInnen der Familiengerichte

44 Für diese Interviews siehe: Kapitel 5.2.

45 Interview mit Bihlun Tamaylıgil am 17.08.2009 in Istanbul.

müssen verheiratet sein und Kinder haben. Ich habe in meiner ersten Rede versucht aufzuzeigen, was für eine falsche Annäherung das ist. Dass die RichterInnen, die unverheiratet sind, sogar viel objektiver Urteile fällen könnten usw. Im Nachhinein wurde diese Gesetzesklausel geändert."[46]

Es ist kein Einzelfall, dass Frauenabgeordnete am häufigsten zu Frauenbelangen Stellung nehmen oder Frauen meistens nur Ministerinnen für Frauenangelegenheiten werden. Die Frauen, die tatsächlich Expertinnenwissen in verschiedenen Feldern wie Ökonomie und Recht aufweisen, bleiben meistens als Beraterinnen von Parteivorsitzenden und Ministern im Hintergrund, wie auch im Fall von Tamaylıgil.

Frauen werden zwar auch, mitunter um der EU gegenüber ein demokratisches Modell vorzeigen zu können, in den Vordergrund der Parteien gestellt, wie im Fall der *AKP*, doch männliche Parteimitglieder, Politiker und Minister weisen ein traditionelles Verständnis über die gesellschaftlichen Rollen von Frauen und Männern auf und schließen sogar Frauen, die nicht die hegemonial männlichen Politiken unterstützen, aus den Parteien aus:

„Als Ali Babacan [AKP] als Staatsfinanzminister amtierte, habe ich ihn darauf angesprochen, dass er ständig von den Beschäftigungsraten der Frauen spricht, obwohl die Frauenquote in der Vollzeitbeschäftigung seit der AKP-Regierung auf 22% gesunken ist. Da hat er mir doch tatsächlich geantwortet: 'Was wollen Sie mehr? Ist doch gut so. Das bedeutet doch, dass ihre Ehemänner Arbeit finden und die Frauen es sich leisten können, zu Hause zu sitzen'. Ich kann solch einem Verständnis nicht folgen. Außerdem haben die weiblichen Abgeordneten der AKP für die frauenfeindlichen Gesetzesentwürfe der SSGSS gestimmt. Wie kann ich in diesem Fall mit diesen Frauen, die gegen die Rechte und Freiheiten der Frauen agieren, eine gemeinsame Basis finden? Auch wenn die Anzahl der weiblichen Abgeordneten in der AKP höher ist, was bringt das, wenn diese Frauen z.B. gegen den Gesetzentwurf stimmen, eine Klausel der positiven Diskriminierung ins Grundgesetz aufzunehmen? Nur zwei Frauen aus der AKP haben dafür gestimmt und waren sehr nachdrücklich in ihrem Standpunkt, beide wurden später aus der Partei ausgeschlossen."[47]

Fatmanur Altun von der *AKP* Bezirksverwaltung Istanbul bemerkte hinsichtlich der politischen Haltung der weiblichen *AKP*-Parlamentabgeordneten und ihrem Mangel an frauenpolitischen Perspektiven:

„In der Politik gibt es dieses Problem, als 'weibliche Politikerin' abgestempelt zu werden. Aber das ist eine allgemeine Praxis in der Gesellschaft. Das gibt es in der Arbeitswelt auch, wenn sie Auto fahren usw. Als 'Fahrer' werden die gesamten Männer im Verkehr bezeichnet, aber dann gibt es noch diese 'weiblichen Fahrer', als

46 Ebd.

47 Aus meinem Interview mit Bihlun Tamaylıgil am 17.08.2009 in Istanbul.

wären sie eine besondere *Spezies*. Das gibt es auch in der Politik. Wir sagen niemals männliche Politiker, der Begriff Politiker umfasst alle, doch wenn Sie eine Politikerin sind, wird Ihnen das immer deutlich gemacht. Sie sind dann ein 'weiblicher Politiker'. Diese Abstempelung ist nicht korrekt, das ruft auch einen bestimmten Widerstand bei den Menschen hervor. Und ab diesem Punkt geraten Frauen in die Falle, sich beweisen zu müssen. Denn die Misserfolge von Männern werden nicht durch ihr Mannsein erklärt, doch wenn Frauen nicht so viel Erfolg haben, wird das immer mit ihrem Frausein in Zusammenhang gebracht. Wenn Frauen mittels der Quotenregelungen in die Politik eindringen, dann heißt es auch, du bist nicht hier, weil du es verdienst, sondern nur, weil du eine Frau bist. Ich meine, da ist es ganz normal, dass die Parlamentarierinnen es vermeiden wollen, als Politikerinnen gesehen zu werden, die nur frauenpolitisch aktiv sind. Daher vermeiden sie es insbesondere als Verteidigerin von Frauenrechten aufzutreten. Dann heißt es nämlich wieder, die können ja sowieso nichts anderes als Frauenrechte zu politisieren, das ist eine Herabsetzung. Die Frauen wollen so durch die Vermeidung frauenpolitischer Themen bezeugen, dass sie das 'Normale' repräsentieren. Wenn frauenpolitische Themen aktuell sind, ziehen sich die Politikerinnen dabei immer zurück, nehmen keine Stellung dazu. Durch die Widerstände der Männer glauben die Frauen, dass sie nur einen angesehenen Status erhalten können, sofern sie sich vermännlichen. Obwohl ich finde, dass eine Frau, gerade weil sie eine Frau ist, die Frauenrechte viel besser verteidigen kann und auch sollte. Damit müssen sich die Frauen erstmal auseinandersetzen. Das müssen sie in ihren eigenen Köpfen lösen, sich selbst mit ihrem Frausein auseinandersetzen und sich dieser Einschränkungen bewusst werden."[48]

Diese Zensur, die Politikerinnen in frauenpolitischen Anliegen praktizieren, erscheint nicht als ein Einzelfall, sondern als ein Muster und eine erzwungene Praxis, welche sich auf die gesamte Parteienlandschaft ausdehnt. Zur politischen Praxis der Parteien, die einen enormen Stimmenverlust erfahren haben, keine Sitze im Parlament erlangen konnten und generell auf dem 'Abstieg' sind, scheint es ferner zu gehören, Frauen als Vizepräsidentinnen oder gar als Präsidentinnen der Parteien zu rekrutieren. Im Fall der konservativen Partei *ANAP* hatte die Partei, als Nesrin Nas Parteivorsitzende wurde, ihre historische Niederlage erlitten und erhielt keine Sitze im Parlament. Unter ähnlichen Bedingungen wurde auch Serpil Çarmıklı die Vizepräsidentin derselben Partei, Çiğdem Aydın die Vizepräsidentin der sozialdemokratischen Partei *SHP* und momentan Selma Acuner die Vizepräsidentin der konservativen Partei *DP*[49].

48 Aus meinem Interview mit Fatmanur Altun am 03.09.2009 in Istanbul. 133

49 *DP (Demokratische Partei)* ist die Nachfolgepartei der *DYP (Partei des Rechten Weges)*, welche viele Jahre unter Ministerpräsident Süleyman Demirel und später unter Tansu Çiller – der ersten und bisweilen letzten Ministerpräsidentin in der Türkei – die Regierungspartei in der Türkei war. Heute hat die *DP* keinen Sitz im Parlament.

In diesem Rahmen stellt sich die Frage, inwieweit Politikerinnen es tatsächlich schaffen, als autonome politische Subjekte, die mit einer Frauenperspektive ausgestattet sind, zu agieren. Frauen wie Selma Acuner und Çiğdem Aydın zählen weiterhin zu den bedeutendsten feministischen Protagonistinnen in der Türkei. Oft hat es aber den Anschein, dass in der politischen Konjunktur der Türkei politische Karrieren gemacht werden, die wenig mit der eigenen politischen Zugehörigkeit in Verbindung stehen. Die politische Tradition und Praxis der Parteiabgeordneten und -mitglieder, häufig die Parteizugehörigkeit zu wechseln, gehört zu den Demokratiedefiziten der Türkei und wird sowohl von Männern als auch von Frauen praktiziert. So passiert es, dass ein/e Abgeordnete/r, der/die mit dem Stimmenanteil einer bestimmten Partei ins Parlament kommt, während seiner/ihrer Amtszeit zu einer anderen Partei übergeht und zum/zur Abgeordneten dieser Partei wird. So ist es auch nicht erstaunlich, dass im Fall von Serpil Çarmıklı ein Wechsel von der *ANAP* zur *AKP* stattfand, wobei beide Parteien aus dem konservativen Lager sind. Dieser Wechsel zwischen den Parteien stützt sich auf ein Eigeninteresse der persönlichen Profitmaximierung im Hinblick auf die politische Karriere und den politischen Einfluss.

Viele Politikerinnen scheinen sich in diesem Sinn nicht aus diesen politischen Machtverhältnissen und der Verfolgung persönlicher Interessen befreien zu können. Der Einstieg in eine lukrative politische Karriere erfolgt für Frauen auch öfters über die Kanäle von zivilgesellschaftlichen Institutionen. Frauen, die als Sprecherinnen und Akteurinnen von frauenpolitischen Angelegenheiten in nationalen und internationalen Arenen auftreten, haben es später leichter, in die oberen Ränge der Parteien zu gelangen oder gar Parlamentsabgeordnete zu werden. So muss auch in diesem Zusammenhang die Aufrichtigkeit der frauenpolitisch aktiven Akteurinnen hinterfragt und untersucht werden. Werden diese Frauen genauso wirksam für frauenpolitische Perspektiven eintreten, wenn sie zu mächtigen Positionen in Parteien und im Parlament gelangen? Denn von den weiblichen Abgeordneten engagieren sich nur sehr wenige tatkräftig für die Durchsetzung frauenbewegter Anliegen, wie aus den Gesprächen mit Politikerinnen und aus den politischen Tagesordnungen dieser Frauen deutlich wird.

> „Diese Neigung zu Führerschaft ist in der Frauenbewegung sehr ausgeprägt. Für Frauen, die als Anführerinnen und Protagonistinnen aufsteigen wollen, ist die Frauenbewegung eigentlich ein sehr fruchtbarer Boden. Mühsam, aber fruchtbar. Sogar die Frauen, die gegen eine Hierarchie und dieses Anführerverständnis sind, helfen manchmal bei der Errichtung von bestimmten Führungsmechanismen. Ich war z.B. sehr erstaunt, als ich von den oppositionellen Frauen aufrichtige Unterstützung erhielt, als ich zur Präsidentin von Ka-Der gewählt wurde. Die Frauen, die

eine institutionelle Perspektive vertraten, haben mir weniger Unterstützung gezeigt. Das hat mich insgesamt sehr verwundert."[50]

So kann sich Frauenpolitik für politisch ambitionierte Frauen als ein Sprungbrett in die 'hohe Politik' erweisen. Die politischen Laufbahnen, Diskurse und Interessen der Frauen, die sich als Protagonistinnen der Frauenbewegung einen Weg in die Politik geebnet haben, müssten in den kommenden Jahren eingehender beobachtet und analysiert werden, um herauszufinden, inwieweit diese Frauen ihr frauenbewegtes und frauenpolitisches Engagement wirklich fortsetzen.

In ihrer Forschung *The Patriarchal Paradox* (1989) hat Yeşim Arat anhand von Interviews mit Politikerinnen die strukturellen Hindernisse für den Eintritt von Frauen in die Politik herausgearbeitet. Der Mangel an Ressourcen, wie Geld, Zeit, politische Netzwerke, ausschließende Praktiken wie männerbündische Zusammenkünfte an Stammtischen oder die politische Isolierung und Marginalisierung der Frauen in Bezug auf „Frauenthemen" stellen enorme Barrieren für die politische Partizipation von Frauen dar (Arat 1989). Das traditionelle Rollenverständnis in der türkischen Gesellschaft, welche die Rolle der Frauen auf die der Ehefrau und Mutter beschränkt, ist ein weiteres strukturelles Merkmal, das auch für Politikerinnen entscheidend ist, da diese mit dieser Doppelbelastung in ihren politischen Handlungsmöglichkeiten fundamental eingeschränkt sind.

Die Frauen, die in der Türkei erfolgreich „in die Politik gehen", sind – wie auch in den Interviews deutlich wurde – meist aus elitären Kreisen, die selber starke politische Traditionslinien in der Familie besitzen und einflussreiche und 'berühmte' politische Persönlichkeiten in ihren Familien haben. Frauen, die sich nicht auf solche Netzwerke berufen können, haben – wie der Verlauf ihrer politischen Laufbahnen zeigt – nur sehr geringe Chancen, politische Positionen zu erhalten, Abgeordnete zu werden oder in den Parteien aufzusteigen (vgl. Güneş-Ayata 1998).

Der gängige Spruch von männlichen Politikern, dass, obwohl jeder Frau die Türen zum politischen Engagement offen stehen, es keine Frauen in der türkischen Politik gebe, weil die Frauen sich nicht für Politik „interessieren", ist unglaubwürdig, da Politik nur für bestimmte Frauen leicht zugänglich ist. Hochgebildete Frauen, die aus *guten* Familien kommen, mehrere Fremdsprachen sprechen und wenn möglich noch „reiten und Klavier spielen" (Üstün 2007b: 19), sind in der türkischen Politik als Aushängeschilder gefragt (vgl. Aydın 2008). Inwieweit diese Frauen aber in der Lage sein können, aus dieser politischen und

50 Aus meinem Interview mit Hülya Gülbahar, Vorsitzende von *Ka-Der*, am 05.07.2008 in Istanbul.

gesellschaftlichen Positionierung heraus die Interessen der Mehrheit der Frauen in der Türkei zu repräsentieren, ist fragwürdig. Darüber hinaus waren diese Elitepolitikerinnen in der Geschichte der türkischen Politik niemals in solchem Ausmaße vertreten, dass sie politisch einflussreich gewesen wären.

Eine weitere Frage, die im Rahmen einer feministischen Analyse diskutiert werden muss, ist jene nach der substantiellen Repräsentation von feministischen Anliegen. Anders formuliert heißt dies, dass hervorgehoben werden muss, *wer* unsere Repräsentantinnen sind bzw. welche Inhalte sie vertreten (Phillips 1998b). Dadurch wird ersichtlich, dass die steigende Partizipation der Frauen in der öffentlichen Politik nicht mit der Durchsetzung feministischer Anliegen gleichzusetzen ist bzw. dass dies nicht eine notwendige Folge davon ist. Dass aber eine Quotenregelung im Sinne einer *positive action* für Frauen eine Vorbedingung für den Eintritt der Frauen in die Politik sein muss, steht für weite Teile der feministischen Bewegung und Forschung in der Türkei nicht mehr zu Debatte. Eine Quotenregelung für Frauen von mindestens 33% in allen politischen Parteien und im Parlament ist eine Forderung der feministischen Bewegung, die mittels Kampagnen von *Ka-Der* öffentlich formuliert wurde (vgl. Bora 2002). Doch in der politischen Praxis werden die Quotenregelungen zugunsten der Frauen, wie innerhalb der *SHP (Sozialdemokratische Partei)* mit einer 25% Frauenquotenregelung, nur selten umgesetzt.

Ein weiteres Beispiel für eine mächtige Politikerin, die als Protegée eines machtvollen türkischen Politikers und ehemaligen Minister- und Staatspräsidenten an die Macht kam, ist Tansu Çiller. Sie wurde als erste Frau in der Geschichte der Türkei zur Ministerpräsidentin gewählt. Yesim Arat hat basierend auf der Analyse der politischen Praktiken von Tansu Çiller festgestellt, dass sich diese während ihrer Amtszeit hegemonial-männlicher Praktiken bedient hat (Arat 1998; vgl. auch Ağduk-Gevrek 2000). Çiller hat nicht nur keine frauenfreundliche politische Agenda gehabt, sondern sie hat im Rahmen der konservativen Ideale ihrer Partei *DYP* Frauen durch neue Gesetzesvorschriften immer mehr auf ihre familiären Rollen verwiesen und sogar die Schließung von Frauenhäusern beantragt, da sie zum Zerfall der *Einheit der Familie* beitragen würden.

Fraueninitiativen und feministische zivilgesellschaftliche Organisationen versuchen in den letzten Jahren verstärkt, frauenpolitisch auf die weiblichen Abgeordneten im Parlament einzuwirken und mit ihnen zusammenzuarbeiten. Der Fall von Nimet Çubukçu, der jetzigen Bildungsministerin und ehemaligen Frauenministerin, hat wie im Falle Çillers belegt, dass Politikerinnen in entscheidenden und mächtigen Positionen selten zur Zusammenarbeit mit Fraueninitiativen bereit sind und noch weniger ein feministisches Bewusstsein besitzen. Obwohl Çubukçus politisches Auftreten und ihr Unwille zur Solidarität mit feministischen Kreisen scharf kritisiert wurden (vgl. Amargi Vol. 2: 4f), hat sich ihr Desinteresse an Frauenthemen nicht verändert. Um sich in den maskulinistisch definierten, politischen Arenen behaupten zu können, ziehen es Frauen vor, wie im Fall von Nesrin Nas und Bihlun Tamaylıgil, sich mit „wichtigeren" politischen Themen als „Frauenfragen" zu befassen, um politisch nicht marginalisiert und abgewertet zu werden.

Der Verein *Ka-Der* wurde vor diesem Hintergrund als eine überparteiliche Organisation mit der Selbstverpflichtung gegründet, Politikerinnen ein feministisches Bewusstsein nahe zu bringen, bevor sie ihnen ihre Unterstützung für deren politische Kampagnen gewähren. Ziel war und ist es, diesen Frauen geschlechtersensibles politisches Wissen zu vermitteln, um so eine Frauenperspektive in der Politik zu gewährleisten. Die anfängliche Zielsetzung, Frauen aus allen Parteien zu unterstützen, hat sich im Laufe der Zeit in eine kemalistische Gesinnung verwandelt. Das bedeutet, dass nunmehr nur mehr jene Kandidatinnen unterstützt werden, die dem „Mainstream" entsprechen und keine radikalen politischen Ansprüche erheben (vgl. Bora 2002). Dazu vermerkt Fatmanur Altun von der AKP:

> „Ich denke, dass Ka-Der nicht so objektiv sein kann, wie sie vorgeben. Da werden ungewollt politische Reflexe und Vorurteile projektiert. Also in meinen Augen haben sie auf keinen Fall ein Image als eine objektive Institution, die sich mit der Ideologie von allen Parteien anfreunden könnte. Außerdem hatte Ka-Der damals auch keine aktive Rolle in der Kopftuch-Bewegung[51]."[52]

Die derzeitige Leiterin von *Ka-Der*, Hülya Gülbahar, ist eine bekannte, radikale feministische Aktivistin und Anwältin, was auf eine Transformation der politischen Praktiken und „Reflexe" von *Ka-Der* hinsichtlich der Unterstützung von Politikerinnen hoffen lässt.

*Ka-ders* „Schnurrbartkampagne" für die Kommunalwahlen im Jahr 2007 mit dem Slogan „Muss man einen Schnurrbart haben, um Politik zu machen?", für die sich viele bekannte Frauen mit einem Schnurrbart abbilden ließen, er-

---

51 Als „Kopftuchbewegung" bezeichnet Altun die politische Mobilisierung sowohl der islamistischen Kreise als auch von Frauen und StudentInnen, die für die Aufhebung des Kopftuchverbots in den Universitäten und den öffentlichen Institutionen eintraten. Diese Protestkampagnen wurden von zahlreichen feministischen Gruppen und Organisationen unterstützt.

52 Aus meinem Interview mit Fatmanur Altun am 03.09.2009 in Istanbul.

regte große Aufmerksamkeit.[53] Ziel der Kampagne war es, mithilfe des Symbols des Schnurrbarts auf die männliche Hegemonie in der Politik aufmerksam zu machen. Die Kampagne führte trotz der Unterstützung durch verschiedene Medien zu erhitzten Debatten in feministischen Kreisen. Zum einen wurde der Gebrauch des Schnurrbarts in einer feministischen Kampagne als ein Symbol des traditionellen türkischen Mannes kritisiert. Das Auftreten der Frauen mit Schnurrbart könne in diesem Sinne eine Anpassung der Frauen an die männlichen politischen Praktiken signalisieren. Zum zweiten wurde die Auswahl der Frauen, die auf den Kampagnepostern erschienen, kritisiert, insbesondere weil viele davon mächtige und reiche Elitefrauen waren, deren Solidarität mit den Frauen in Frage gestellt wurde.

Die Schnurrbartkampagne löste allerdings eine Gegenkampagne aus, die im Zuge der Kritik an *Ka-Der* als eine „die Anderen" ausschließende laizistische Kampagne wahrgenommen wurde. In islamistischen Zirkeln wurde als Reaktion auf die Schnurrbartkampagne die Frage aufgeworfen, inwieweit diese Frauen, die bereit waren, Schnurrbärte zu tragen, auch bereit sein würden, Kopftücher zu tragen, um sich mit ihren islamischen „Schwestern" zu solidarisieren. Diese provokative Frage wurde von der bekannten kritischen Kolumnistin Nuray Mert, die sich nicht gerne mit Feministinnen solidarisiert, an die *Ka-Der*-Aktivistinnen gestellt.[54]

Diese Debatte ist wieder ein prägnantes Beispiel dafür, wie Aktionen und politische Diskurse, die von Feministinnen für feministische Anliegen gestaltet werden, von männlichen politischen Zirkeln vereinnahmt werden. Die ursprüngliche Haltung *Ka-Ders*, die auch islamische Frauen mit Kopftuch als politische Kandidatinnen unterstützte, veränderte sich in der Praxis durch die zunehmende islamistische Instrumentalisierung der Frauen als politische Subjekte und ihren, von islamistischen Kadern erzwungenen Vorstoß in die Öffentlichkeit, der seit der Wahlkampagne der Wohlfahrtspartei 1994 vorangetrieben wurde (vgl. Arat 1998b; Kalaycıoğlu 2005). Obwohl die Schnurrbartkampagne gezielt und ausschließlich auf die männliche Besetzung der Politik durch die „Schnurrbartträger" aufmerksam machen wollte, um für die Erhöhung des Frauenanteils im Parlament zu plädieren, wurde sie durch die aktuelle politische Dichotomie von Islamismus versus Laizismus 'erstickt'. Der feministische Inhalt ging dabei völlig verloren und

53 Siehe: http://www.milliyet.com.tr/2007/03/16/siyaset/axsiy03.html. Zugriff am 09.07.2009.

54 Siehe: http://bianet.org/bianet/kadin/94622-biyik-turban-pusi--2. Zugriff am 09.07.2009.

die feministischen Gruppen, die auf diese islamistischen Reaktionen politisch reagieren mussten, spalteten sich in entgegengesetzte Lager von Unterstützerinnen und Gegnerinnen des Kopftuches auf. Einige Feministinnen ließen sich als Zeichen der Solidarität mit Kopftüchern abbilden.

Nach dem erneuten Wahlsieg der *AKP* im Jahre 2007 entbrannte die Diskussion über die islamistische Politik der Regierung wieder. Sie führte zu einer neuerlichen Kopftuchdebatte, die zuerst in den 1980er Jahren aufgekommen war (vgl. Arat 2000a). Der Körper und das äußere Erscheinungsbild der Frau wurden abermals zum Brennpunkt elitär-laizistischer und islamistischer Ideologiekämpfe (vgl. Kalaycıoğlu 2005). Die aktuelle Änderung im Grundgesetz aus dem Jahre 2008, die nun das Tragen von Kopftüchern in den Universitäten zulässt[55], spaltete die Gesellschaft und auch die Frauenbewegung in verschiedene Fraktionen (vgl. Merçil 2009; Ramazanoğlu/Tuksal 2005; Eraslan 2002). Dem Glauben an eine Demokratisierung des Staates und der Gesellschaft durch das Erlangen von Grundrechten, wie die Freiheit ein Kopftuch zu tragen, steht die Angst gegenüber, die durch die kemalistische Revolution erlangten Freiheiten, insbesondere die Gleichstellung der Frau, durch eine islamistische *Revolution*, wie diese Tendenzen von den Kemalisten bezeichnet werden, zu verlieren. Beide Diskurse werden hauptsächlich von Männern geführt und implementieren eine maskulinistische Sprache, in der die Frau nur als Objekt und Instrument erscheint (vgl. Özyürek 2000: 342ff). Die männlich kodierte politische Sprache polarisiert Frauen innerhalb der Terminologien, wie gläubig gegen ungläubig, für und gegen Glaubensfreiheit, Türbanisten[56] gegen Anti-Türbanisten, Freiheitsverteidiger gegen Unterdrücker oder gar *Faschisten, Befreite* gegen Gefangene und Unterdrückte. Die Frauen vergessen hierbei, dass sie trotz ihrer Differenzen einen *gemeinsamen* Ausschluss, eine Abwertung und Instrumentalisierung erfahren. Die Unfähigkeit, eine weibliche Sprache innerhalb dieses Diskurses zu entwickeln, eine Sprache, die das gemeinsame *Frau-Sein* zum Schwerpunkt macht, hemmt das Potential, im

55 Dieses Gesetz wurde zwar vom Parlament mit den Mehrheitsstimmen der *AKP* erlassen, ist aber formaljuristisch bis heute nicht in Kraft getreten, weil es noch vom Obersten Gerichtshof bestätigt werden muss. Das Gesetz beschränkt sich lediglich auf den Zugang zu Hochschulen mit Kopftüchern und umfasst keine anderen gesellschaftlichen Bereiche.

56 Der *türban* ist die islamistische Kopfbedeckung, die in einer bestimmten Art und Weise auf dem Kopf gebunden wird. *Başörtüsü* hingegen ist das Kopftuch, das keine *islamistische* sondern eine *traditionelle* Art der Kopfbedeckung ist. Die *Kopftuchdebatte*, wie es im deutschsprachigen Raum bezeichnet wird, ist eigentlich die *Türbandebatte*.

Rahmen einer *gemeinsamen* Plattform zu agieren. Eine Plattform, die in den letzten zehn Jahren durch die Zusammenarbeit, Aushandlungen, Annäherungen und *Entdämonisierungen* von eingefahrenen Ängsten auf beiden Seiten der religiösen und autonomen Feministinnen mühsam aufgebaut wurde (vgl. Coşar 2008: 9ff).

Die Solidarität der Feministinnen mit islamischen und islamistischen Frauen sowohl in akademischen Zirkeln als auch innerhalb eines feministischen Aktivismus wird seit dem Auftreten der islamistischen Frauen in der Öffentlichkeit unterstützt. Obwohl auch dieser Ansatz von verschiedenen Feministinnen kritisiert wurde, fördern viele feministische Zirkel diese Annäherung und Zusammenarbeit jedoch u.a. auch die feministischen Netzwerke der Zeitschrift *Amargi*.

Im dritten Kapitel habe ich versucht darzulegen, warum die Ansätze der islamistisch-intellektuellen Frauen für meinen Standpunkt nicht als feministisch gelten können, obwohl in manchen Aktionen islamistische und radikale Feministinnen durchaus für gemeinsame Zwecke zusammenarbeiten können. Der Solidaritätsmarsch der islamistischen und radikalen Feministinnen im Jahre 1995 war in dieser Hinsicht ein Indiz dafür, dass gemeinsame Plattformen mit einer gemeinsamen Sprache von diesen Frauen geschaffen werden konnten. Jene religiösen Frauen, die tatsächlich innerhalb ihres islamischen Glaubens emanzipatorische Forderungen hatten, solidarisierten sich auf feministischen Protestmärschen mit den linken und autonomen Feministinnen und riefen lauthals Slogans wie:

„Wir werden uns keinem Prediger (*hoca*), keinem Ehemann (*koca*) und keinem General (*paşa*) unterwerfen." (Ramazanoğlu/Tuksal 2005: 246)[57] Dieser einfache Slogan veranschaulicht in seiner scharfen rhetorischen Klarheit, durch welche zentralen Akteure und Institutionen – hoca, koca, paşa – hegemoniale Männlichkeit in der Türkei ausgeübt und reproduziert wird.

Der *paşa* steht für den strukturell eingeschriebenen, hegemonialen Militarismus in der Türkei, der in Kapitel 4.2 ausführlich dargestellt wurde. Das Militär agiert seit der Gründung der Republik als die machtvollste staatliche Institution innerhalb des hegemonialen Kräfteverhältnisses. Somit steht die Geringschätzung und Ausschließung von Frauen als politische Akteurinnen in bedeutendem Zusammenhang mit der maskulinistischen und militärisch-politischen Kultur der Türkei. Die Ankündigung des Ungehorsams gegenüber dem *paşa* in dem feministischen Slogan symbolisiert zugleich auch einen Anspruch auf Demokratisierung, den die Feministinnen erheben. Sie beziehen sich zum einen auf die zahlreichen Militärputsche in der türkischen Geschichte, bei denen die Militärregimes durch repressive und herrschaftliche Regelungen und Praktiken

57 Aus dem Türkischen übersetzt von der Verf.

demokratische Strukturen in der Türkei mehrfach ausgelöscht haben. Zum anderen steht der militärische Kader als Garant der kemalistischen Grundprinzipien, wie z.B. des Laizismus, den Islamisten gegenüber. Militärische Akteure und Institutionen argumentieren und handeln insbesondere gegen die Zulassung des Kopftuches in öffentlichen Institutionen. Der Slogan der Feministinnen lehnt somit auch diese militärische Haltung ab und spricht für alle möglichen Formen von demokratischen Freiheiten und macht somit die Solidarität der autonomen Frauenbewegung mit religiösen und islamistischen Frauen sichtbar.

Der Begriff *koca* – Ehemann – steht auch für die Institution Familie und die darin eingeschriebenen patriarchalen Strukturen, die durch das Rechtssystem und die staatlichen Institutionen, wie z.B. die Polizei, aufrechterhalten werden.[58] Das *Gesetz zur Aufrechterhaltung der Familie* als Grundbestandteil des Familienrechts in der Türkei erweist sich in der Praxis als frauenfeindlich.

> „Familie ist auch in der Sicht der heutigen konservativen Theoriebildung ein genuin politischer Begriff. Denn von ihrem Bestandteil soll die Stabilität der Werteorientierungen und der Bestand des staatlichen Gemeinwesens selbst abhängen." (Demirović/Pühl 1997: 225)

Der Familienmythos, der durch Praktiken des modernen Staates konstituiert wird, verweist die Frau somit auf ein traditionelles Rollenverständnis und unterstützt die Reproduktion von Männlichkeit.

Das letzte Subjekt, das im oben zitierten Slogan erwähnt wird, ist der *hoca*, der islamische Prediger. Spannend ist, dass gerade auf der Solidaritätsveranstaltung der religiösen und autonomen Feministinnen dieser Spruch aufgekommen ist. Er soll aufzeigen, dass auch religiöse Frauen den *hoca* und die damit verbundenen religiösen Normen und Praktiken als patriarchal ansehen. Religiöse Praktiken drängen die Frau ebenfalls in die private Sphäre, aus der die religiösen Feministinnen versuchen herauszutreten.

Diese Aufzählung der männlich hegemonialen Subjekte und die damit verbundenen Institutionen und Sphären, in denen sich diese Männlichkeit verdichtet, zeigt die Distanzierung der autonomen Feministinnen zu männlich-hegemonialen Diskursen der Politik. So sind Frauen durchaus in der Lage, innerhalb ihrer eigenen Paradigmen und Diskurse Politik zu machen, obwohl die Gefahr der strukturellen Vereinnahmungen durch die offizielle *hohe* Politik des Landes – wie es in der Schnurrbartkampagne zutrage trat – weiterhin fortbesteht. Feministische Politik muss in diesem Sinne nicht Wege einer Angleichung an

58 Diese wurden in Kapitel 4.1 dargestellt.

die maskulinistischen politischen Praktiken und Aushandlungsprozesse suchen, um politisch wirkungsvoll zu sein. Genauso wenig soll sie versuchen, sich in die existierenden politischen Dichotomien einzuordnen. Vielmehr soll sie ihre politische Stärke aus den eigenen autonomen Bündnissen und Artikulationen heraus entwickeln, die letztendlich die Basis einer autonomen feministischen Politik bilden können.

### 4.3.2 Ökonomie und Frauenarmut

Es ist weithin bekannt, dass Frauen das *ärmere* Geschlecht sind. Frauen sind weltweit in einem viel größeren Ausmaß von Armut betroffen als Männer, weil sie aus sozioökonomischen Gründen und aufgrund ihrer ökonomischen Abhängigkeit von Männern von einem größeren Armutsrisiko bedroht sind und de facto auch verarmen. Der Prozentsatz der geschiedenen, verwitweten oder getrennt lebenden Frauen unter den 'absoluten Armen' in der Türkei beträgt sowohl in ländlichen und städtischen Gebieten, als auch im landesweiten Durchschnitt 90% (vgl. Hattatoğlu 2007). Die zahlreichen Studien über Frauenarbeit und Frauenbeschäftigung in der Türkei (İlkkaracan, I. 1998; Acar 1998; Ecevit 1998; Kalaycıoğlu/Rittersberger 1998; Bora 2008; Hattatoğlu 2001) weisen nach, inwieweit Frauen aufgrund der ökonomischen Bedingungen, wie Lohnungleichheiten, Ausbeutung ihrer Arbeit, Zwangsarbeit, unbezahlte Hausarbeit, fehlende sozialstaatliche Absicherung und ökonomische Gewalt in Form von Lohnentzug und Beschlagnahme ihrer Erwerbslöhne durch ihre Ehemänner und männlichen Verwandten, strukturell benachteiligt werden.

Die Statistiken über hohe Quoten der Frauenbeschäftigung in bestimmten Arbeitsfeldern wie Hochschulen (vgl. Acar 1998), Akademien, Schulen, Krankenhäusern oder hohen Positionen in multinationalen Unternehmen etc., die in manchen Fällen wie beispielsweise den Hochschulen sogar höhere Quoten als im Westen aufweisen, werden von der offiziellen staatlichen Politik und dem Arbeitgeberverband *(TÜSIAD)* als Zeichen der gesellschaftlichen und ökonomischen Gleichstellung der Frauen propagiert. Es liegt auf der Hand, dass dieser teilweise überproportionale Frauenanteil in manchen Erwerbsbereichen sich nicht auf die Gesamtlage der Frauen übertragen lässt, zumal 25,9% der Menschen in der Türkei unter der Armutsgrenze leben. Ein genauerer Blick auf die Berufe mit sehr hohen Frauenanteilen zeigt zudem auf, dass sich dahinter traditionelle Rollenverständnisse über die Frau verbergen, die als naturgegebene Mutter auch die Rolle der Lehrerin und Pflegerin übernehmen kann, ohne mit ihrer familiären Rollenzuweisung in Konflikt zu geraten (ebd.: 316ff).

Den Zahlen des türkischen Statistikamts zufolge arbeiten 70% der Frauen in der Türkei als unbezahlte Familienarbeiterinnen. Die Arbeitslosenrate von Frauen in den Städten liegt bei 20%, wobei die Arbeitslosenrate der Männer 9% beträgt. 73% der Immobilien in der Türkei gehören Männern und nur 8,7% Frauen, davon sind nur 5,6% der Immobilien als gemeinsames Eigentum eingetragen.[59] Die Vereinten Nationen beklagten in diesem Zusammenhang den Mangel an geschlechterdifferenzierten Statistiken in der Türkei und forderten die Förderung von Statistiken, die Daten differenziert nach Geschlechtern erfassen. Feministische Kritiken bemängelten vor diesem Hintergrund, dass die Frauen in der Türkei nicht einmal „statistisch existieren".[60]

Im Kontext des globalen Kapitalismus hat sich die Türkei in den letzten zehn Jahren für die Investitionen von multinationalen Konzernen der Industriestaaten als ein profitreiches Land mit niedrigen Steuerpflichten, hohen Bankzinsen und billigen Arbeitskräften erwiesen. Das post-fordistische Produktionssystem, das sich die Abwertung der Arbeit zum Ziel gemacht hat, hat dazu beigetragen, *atypische* Arbeitsverhältnisse in Form von Teilzeitarbeit, Saisonarbeit, Produktion und Heimarbeit etc. zu normalisieren (vgl. Ecevit 2007: 14; Hattatoğlu 2007: 19; Acar-Savran 2009). Dies brachte geringere Löhne, einen Mangel an sozialstaatlicher Absicherung und gewerkschaftlich nicht organisierte Arbeitskräfte mit sich, da gewerkschaftliche Vereinigungen systematisch zerschlagen wurden. Diese 'Entwaffnung' der ArbeiterInnen und ihrer organisatorischen Solidarität hat die systematische Verarmung der Arbeiterklasse vorangetrieben. Es ist gängiger Brauch von Arbeitgebern und Großindustriellen in der Türkei, ArbeiterInnen, die Gewerkschaftsmitglieder sind, nicht einzustellen oder gar zu entlassen, falls solch eine Mitgliedschaft 'bekannt' wird.

Die Statistiken belegen außerdem, dass seit der Regierungsübernahme der islamistischkonservativen *AKP* im Jahre 2002 die ökonomische Benachteiligung der Arbeiterklasse ständig gewachsen ist. Die Verteilung von Lebensmitteln und notwendigen Konsumgütern wie z.B. Kohle und Kleidung an die Armen durch die *AKP*[61] während ihrer Wahlkampagne konnte nicht nur der Armut entgegenwirken, sondern sie stellte auch politisch die verarmten Volksschichten ruhig.

---

59 Siehe: www.tuik.gov.tr. Zugriff am 21.06.2009.

60 Vgl.: http://eski.bianet.org/2006/02/01_k/74236.htm. Zugriff am 21.06.2009.

61 Diese Strategie der *AKP*, ökonomische Hilfe gegen das *Versprechen* der Wählerstimmen zu leisten, spielte nicht nur eine große Rolle für den Wahlsieg der *AKP* im Jahre 2002, sondern sie produzierte auch patrimoniale Beziehungen zwischen dem *armen* Volk und der *AKP*, wobei die *AKP* als der informelle Garant von Wohlstand und sozialer

Gesellschaftliche Opposition und politische Solidarität mit gewerkschaftlichen Organisationen oder Frauengruppen galten als *Verrat*, da doch die mächtige Regierungspartei alle *umsichtig* versorgte. Diese strategische Politik der *AKP* wird als „Almosenpolitik" bezeichnet. Sie macht die Sozialhilfen nicht von gesetzlichen Regulierungen abhängig und sichert sie nicht als ein soziales Recht *aller* StaatsbürgerInnen ab, sondern sie praktiziert eine willkürliche, diskriminierende und politisch vorbelastete Sozialhilfenverteilung (vgl. Gökçeoğlu-Balcı 2007: 39). Wegen der scharfen Konkurrenz in den Armenvierteln um die Hilfsgüter zerstört diese *Almosenverteilung* der Regierungspartei darüber hinaus die Solidarität unter den Frauen (vgl. Kardam/Yüksel 2007: 32).

Die Willkür und Unregelmäßigkeit der Ressourcenverteilung durch Sozialhilfeprogramme und Fonds in der Türkei hat zur Folge, dass Armut nicht strukturell bekämpft wird, sondern dass den Armen nur zeitweise Unterstützung im täglichen Kampf ums Überleben geboten wird. Dies wiederum verleiht den Hilfsprogrammen eine reduktionistische und protektionistische Dimension, was schließlich die „Armutskultur" verfestigt und Ungleichheiten produziert (ebd.: 31).

Der Rückgang der Lebensqualität und des Lebensstandards durch die steigende Inflation, die sogar den Kauf von elementaren Konsummitteln unmöglich macht, hat die Arbeiterschicht und breite Teile der Mittelschicht in der Türkei hart getroffen. Arme, Frauen und Kinder sind diejenigen, die am meisten von dieser strukturellen Verarmung betroffen sind (vgl. Coşkun 2007). Die steigende Arbeitslosigkeit unter Männern hat zusätzlich die Gewalt an Frauen vorangetrieben. Ein Grund liegt mitunter darin, dass viele Männer in der Türkei ihre Männlichkeit über eine Arbeit und einen guten Lohn definieren (vgl. hierzu Sancar 2009). Serpil Sancars empirische Studie über hegemoniale Männlichkeit in der Türkei belegt, wie konstruierte Männlichkeiten wie die des „gut verdienenden, 'ernährenden' Familienvaters" zentrale Bezugspunkte im männlichen Leben sind (ebd.: 59ff). Der Verlust dieses „ehrenhaften" und ermächtigenden Status als umsorgendes Familienoberhaupt und die psychologische Deprivation, die daraus entsteht, verleitet viele Männer mitunter auch zur Gewalt gegen ihre Frauen und Kinder.

Im Lichte dieser ökonomischen Bedingungen fordert die feministische Akademikerin und Aktivistin Yıldız Ecevit die Feministinnen dazu auf, Widerstand gegen die gesellschaftlichen Folgen dieser neoliberalen Politiken und die zunehmende Verarmung der Frauen in der Türkei zu leisten (Ecevit 2007: 15). Somit

---

Gerechtigkeit gesehen wurde, was auch die Treue zu der Partei und ihren Akteuren stärkte.

sollte die strukturelle Verarmung von Frauen und die Suche nach feministischen Lösungswegen ein Grundbestandteil der feministischen Agenda sein. Frauen konstituieren als illegale und „informelle Arbeitskräfte", die für Großkonzerne zu Hause Teppiche weben, Textilstücke und andere Konsummittel zu sehr geringen Tages- oder Stücklöhnen produzieren, einen großen Anteil der Produktionskraft in der Türkei (vgl. Ecevit 1998; İlkkaracan, I. 1998). Diese geschlechtsspezifische ökonomische Ausbeutung und Verarmung verleitet Frauen dazu, in Industriestaaten abzuwandern, wo sie wiederum als billige Arbeitskräfte vom internationalen Marktkapitalismus ausgebeutet werden. Der Rückgang der sozialstaatlichen Absicherungen drängt die Frauen auch in die Rolle der unbezahlten Pflegerinnen und Versorgerinnen von Kranken, Alten und Behinderten, die von ihren Männern genötigt werden, mit sehr geringen ökonomischen Ressourcen die gesamte Versorgung der Familie zu gewährleisten (vgl. Ecevit 2007: 15).

Ecevit versucht, einen feministischen Plan bzw. eine feministische Strategie zu entwerfen, die den Anspruch erhebt, „mehr" zu sagen zu haben als die gängigen Strategien und Diskurse der neoliberalen Politiken gegen Armut, die keine strukturellen Veränderungen herbeiführen und somit die Ursachen der Armut an sich nicht bekämpfen können, sondern nur versuchen, die Folgen der neoliberalen Politiken zu mildern. Man müsse, so Ecevit, aus einer feministischen Perspektive heraus Armut, welche aufgrund der mehrfachen Benachteiligung der Frauen durch geschlechtsspezifische, klassenspezifische und patriarchale Muster verursacht werde, mit berücksichtigen (ebd.: 16). Für solch eine Perspektive müsse man die Lebenslagen von Frauen in Armut aufzeigen und versuchen, diese zu verstehen und zu verinnerlichen. Man müsse herausfinden, welche Lebensbereiche der Frauen am meisten betroffen werden und in welcher Weise Frauen verarmt und entmächtigt werden. Dies sei aber nicht durch eine äußerliche, strukturelle Analyse möglich, wie sie bislang gemacht werde, sondern nur durch eine „innerliche Lesung" dieser Armut. Damit meint Ecevit eine Sensibilität für die spezifischen Lebenserfahrungen und Wahrnehmungen von Frauen, aus denen heraus eine genuine feministische Strategie im Kampf gegen Armut und Ausbeutung von Frauenarbeit entstehen könne. Nur solch eine Annäherung könne auch den Staat dazu bringen, regulierende Mechanismen in Zusammenarbeit mit zivilgesellschaftlichen Organisationen voranzutreiben (ebd.: 17). Die Armen dürfen aber in diesem Sinne nicht zu Objekten der neoliberalen und wohlfahrtsstaatlichen *Wiedergutmachungsmechanismen* werden, sondern die Strategien müssen von den Armen selbst als Subjekte in Zusammenarbeit mit Frauenorganisationen gestaltet werden.

Dass der Staat sich durch die feministische Infragestellung und die Kritik der ökonomischen Politiken sowie der Abschaffung von wohlfahrtsstaatlichen

Leistungen mehr als durch alle anderen Kritikpunkte der Feministinnen – die nicht direkt das Kapital und den Staat angreifen – bedroht fühlen werde, liegt für Ecevit auf der Hand (ebd.). Daher sollen die Feministinnen nicht wie im Fall der Thematisierung von Gewalt, auf eine solidarische Haltung von Staat und Medien hoffen, weil dieser Angriff auf die Armut und auf die ökonomische Benachteiligung praktisch ans *Eingemachte* gehen werde und eine allumfassende Infragestellung des bestehenden, maskulinistischpolitischen und ökonomischen Systems bedeute.

Die Erforschung von Armut und speziell der Frauenarmut sollte aus einer feministischen Perspektive heraus die wissenschaftliche Motivation besitzen, die jeweils spezifischen und unterschiedlichen Lebenslagen der Frauen zu *verstehen* und zu *verinnerlichen*. Aus solch einer feministischen und wissenschaftlichen Ambition heraus haben Filiz Kardam und Ilknur Yüksel eine Armutsstudie über Frauen in den Armutsvierteln von Ankara gemacht (Kardam/Yüksel 2007):

> „Wir haben angefangen, Frauenarmut nicht als eine allgemeine Kategorie wahrzunehmen, sondern als Ayse, Feride, Remziye, Yeter, die als Frauen versuchen, unterschiedliche Mittellosigkeit mit unterschiedlichen Methoden zu bekämpfen." (ebd.: 31)[62]

Die beiden Autorinnen haben ihre qualitativen Forschungsergebnisse im theoretischen Rahmen des „capability approach" von Amartya Sen[63] analysiert. Dabei unterschieden sie in Bezug auf den „Mangel an Möglichkeiten" zwischen drei Kategorien von Frauen. Die ersten seien diejenigen, die nur mühsam „überleben", die zweiten die, die begrenzte Möglichkeiten haben, und die dritten die, die ihre potentiellen Kräfte und Möglichkeiten in Funktionalität umwandeln können (ebd.: 31). Zentral für ihre Studie ist es, Frauen nicht als Opfer zu begreifen, sondern als Akteurinnen, die selbst in der Lage seien, Lösungswege für ihre Probleme zu artikulieren und als politische Subjekte zu agieren. (ebd.: 32). Diese Annäherung solle aber nicht die sozialstaatlichen Mängel legitimieren und bestärken, sondern im Gegenteil ein Fundament dafür bereiten, den Kampf gegen

62 Aus dem Türkischen übersetzt von der Verf.

63 Amartya Sens kritische Auseinandersetzung mit Armuts- und Ungleichheitsstudien definiert innerhalb des „capability approach" *capability* (Fähigkeiten, Möglichkeiten) als die Freiheit von Personen, Funktionalitäten zu schaffen, die wertvoll für sie sind. Während Funktionalitäten die Aktivitäten der Personen sind, wie gesund sein, wohnen, arbeiten, Andere versorgen etc. ist „capability" die Freiheit, diese Aktivitäten zu vollziehen. Capability ist die Existenz dieser potentiellen Macht (Kardam/Yuksel 2007: 30).

frauenspezifische Armut mit den betroffenen Frauen selbst zu gestalten. Darüber hinaus solle Armut nicht ausschließlich als ein Mangel an Einkommen und als ein ökonomisches Hindernis betrachtet werden, sondern als eine kulturelle Bedingung und ein Lebensstil, welche einen Ausschließungsprozess mit sich bringen (vgl. Mutluer 2007c: 35; Gökçeoğlu-Balcı 2007: 38). Die kulturelle Konstruktion von *Gariban* (armes Wesen) und das Mitleid mit diesen Menschen verschärfen die Armutsstrukturen in der Türkei, ohne die Suche nach strukturellen Lösungen voranzutreiben (Mutluer 2007c: 35).

Überdurchschnittlich viele Frauen in der Türkei sind arm, verelendet, zu Mindestlöhnen ohne Sozialversicherung beschäftigt und sie erfahren dadurch ökonomische Gewalt. Ökonomische Gewalt gegen Frauen drückt sich sowohl mittels öffentlicher wie staatlicher Gewalt aus, in Form von ungleichen und geringen Löhnen und in der Ausbeutung von Frauen als billige Arbeitskräfte als auch privat durch die Beschlagnahme der Frauenlöhne durch die Ehemänner und durch die ökonomische Abhängigkeit der Frauen von ihren Ehemännern.

Eine der Hauptstützen von hegemonialer Männlichkeit sind geschlechtsspezifische ökonomische Benachteiligungs- und Ausschließungsmechanismen. Sozialpolitik und die Auseinandersetzung mit bestehenden, sozialpolitischen Maßnahmen muss daher auf der Agenda von oppositioneller und feministischer Politik stehen (vgl. Üstündağ 2007: 43). Ein Kampf gegen hegemonial-männliche Strukturen und Praktiken ist auch zugleich ein Kampf gegen post-fordistische und neo-liberale Produktionsverhältnisse und kapitalistische Ökonomiepolitiken. Innerhalb des sich ständig reproduzierenden hegemonialen Blocks des profitorientierten und kapitalistischen Systems gibt es eine weitere Dimension, nämlich die Medien, denen eine besondere Bedeutung insbesondere auch im Zusammenhang mit der strukturellen Benachteiligung von Frauen zukommt. Daher werde ich mich mit diesem Thema im folgenden Abschnitt auseinandersetzen.

### 4.3.3 Medien

Kommunikative Macht wurde unter anderem von den Theoretikern der Frankfurter Schule im Zuge ihrer kritischen Kommunikationsforschung als ein hegemoniales und propagandistisches Mittel zur Machterhaltung der herrschenden Interessen und Klassen demaskiert (vgl. Adorno 2007; Habermas 1990; Negt/Kluge 1988, 1990; Demirović 1997).

Die Rolle der Medien in der gesellschaftlichen und politischen Konsens- und Öffentlichkeitserzeugung liegt auf der Hand. Während der Özal-Ära in den

1980er Jahren wurden in der Türkei im Rahmen des *neoliberalen Projekts* – unter der Führung des Ministerpräsidenten und späteren Staatspräsidenten Turgut Özal – neoliberale gesellschaftliche, politische und ökonomische Umwälzungen eingeleitet. Diese gesellschaftlichen Transformationen führten zu einer Anpassung an die Globalisierungsprozesse und an den Weltmarkt, im Zuge derer die ausländischen Investitionen in der Türkei kontinuierlich wuchsen. Im Verlauf dieser Prozesse und der politischen *Lockerung* nach der Militärdiktatur wurden auch private Medienkonzerne errichtet, die sich neben den öffentlich-rechtlichen Fernsehkanälen zu gigantischen Medienholdings entwickelten, welche die politische Öffentlichkeit in der Türkei produzieren und lenken (vgl. Yaylagül/Korkmaz 2008: 105ff). Die großen Medienkonzerne wurden zu den mächtigsten Gestaltern und Bestimmern der politischen Konjunktur der Türkei (vgl. Adaklı 2006). In Anbetracht der Tatsache, dass der Fernsehkonsum in der Türkei überdurchschnittlich hoch ist[64], liegt es auf der Hand, dass die Medien speziell in der Türkei eine besonders große Rolle bei der Ideologieproduktion des hegemonialen Blocks und der öffentlichen Konsenserzeugung spielen.

Mit steigender Anzahl der Privatfernsehkanäle wurden Frauen zwar zunehmend als gut aussehende Nachrichtensprecherinnen, Moderatorinnen, langbeinige Boulevardpressekorrespondenten etc. in die Medien rekrutiert (vgl. Minibaş 1995). Der Frauenanteil in den Entscheidungsgremien der Medienkonzerne ist allerdings bemerkenswert niedrig, abgesehen von zahlreichen Töchtern der Medienchefs, die entweder Vorstandsmitglieder sind oder Positionen in den Verwaltungsräten der verschiedenen Medienverwaltungen innehaben. Im Gegensatz zu diesen werden angestellte Frauen aufgrund ihres Geschlechts als Objekte und Produkte des Fernsehens vergegenständlicht und dazu benutzt, durch reizvolles Aussehen die Einschaltquoten zu erhöhen. In den Hauptnachrichtenteams sind Frauen nur mit 16% vertreten und es gibt keine *anchorwoman*. Alle Chefredakteure sind männlich und die Nachrichten über Frauenrechte und die Frauenbewegung betragen in den gesamten Medien nur 3%.[65] 52% der Nachrichten in der Türkei über Frauen erscheinen in Lifestylemagazinen, dafür sind nur 12% der Kolumnisten Frauen. Diese Statistiken belegen sowohl die Unsichtbarkeit von Frauen in den Medien als auch die speziellen Lebensbereiche, in denen sie als *Objekte* und *Güter* mit hohem Nachrichtenwert gezielt sichtbar gemacht werden.

---

64 Für eine Studie über „Fernsehen und Familie in der Türkei" siehe: T.C. Başbakanlık Aile Araştırma Kurumu (Staatliche Institution für Familienforschung) 1995a.

65 In: http://www.mediz.org/Yazi/98/1/14/The-Research-on-the-Forms-of-Representation-of-Women-inMedia.aspx. Zugriff am 21.06.2009.

Die feministische Forschung hat im Zuge ihrer geschlechtersensiblen Gesellschaftskritik auch die Medien als Institutionen der Reproduktion von Männlichkeit und als einen zentralen Ort der Macht- und Konsenserzeugung, der Frauen und ihre Lebenszusammenhänge als spezifische Kategorie nicht anerkennt, aufgedeckt (vgl. Marshment 1997; Kaplan 1997; Bordo 1997; van Zoonen 1997). In Verbindung mit der internationalen Frauenforschung beschäftigt sich auch die feministische Forschung und Bewegung in der Türkei seit einigen Jahren nicht nur mit der Konstruktion von Frauen als Objekte durch die Medien, sondern sie übt strukturelle und organisierte Kritik an allen frauenabwertenden, -ausschließenden, -missachtenden und -instrumentalisierenden Praktiken der Medien (vgl. Saktanber 1990; Aziz/Köker 1994; Tokgöz 1996; Alemdar 1996; Alankuş/İnal 2000; İnceoğlu/Korkmaz 2002; Ağduk 2009).

Aufgrund der wachsenden geschlechtersensiblen Kritik an den Medien wurde durch die Zusammenarbeit von zahlreichen Feministinnen im Jahre 2006 *Mediz* (Media Watch – Medienverfolgung) gegründet[66] mit dem Ziel, den Sexismus in den Medien der Türkei zu bekämpfen und, wie ihre Kampagne „Schluss mit dem Sexismus in den Medien“ im Jahr 2008 deutlich gemacht hat, zu beenden. *Mediz* thematisiert die Rollenzuschreibungen der Frauen in den Medien als Mütter, Ehefrauen und Sexsymbole einerseits bzw. die totale Nichtbeachtung von Frauen andererseits[67]:

> „Wir haben es satt, das 'Seite-3-Mädchen'[68], das 'Opfer' oder das 'Monster' in Frauentalkshows, die 'selbstlose Mutter', das 'anständige Mädchen' oder die 'Femme Fatale' in TV-Serien zu sein; auf Politikseiten in 'Flaggen' oder 'Kopftücher' eingewickelt zu werden und generell 'hinter der Bühne' und 'unsichtbar' zu sein. Genug ist genug! Tatsächlich war es nicht notwendig Forschungen zu machen, um die sexistische Haltung der Medien offen zulegen.“[69]

*Mediz* hat auf die „Bemanntheit“ der Medien, das Fehlen von Frauen in Entscheidungsmechanismen und die Unsichtbarkeit von Frauen auf der politischen

66 Siehe: http://www.mediz.org. Zugriff am 24.06.2009.

67 Vgl.: http://www.mediz.org/Yazi/98/1/14/The-Research-on-the-Forms-of-Representation-of-Womenin-Media.aspx. Zugriff am 24.06.2009.

68 „Seite-3-Frauen“ ist das Boulevardzeitungskonzept, das von England und den USA übernommen wurde, wobei auf „Seite 3“ der populären Zeitungen täglich „leicht bekleidete“ Frauen in Bikinis oder tiefen Ausschnitten abgebildet werden.

69 Aus dem Türkischen übersetzt von der Verf. In: http://www.mediz.org/Yazi/98/1/14/The-Researchon-the-Forms-of-Representation-of-Women-in-Media.aspx. Zugriff am 24.06.2009.

Agenda aufmerksam gemacht. Die Gruppe hat darüber hinaus auf den Sexismus in Fernsehsendungen und Werbekampagnen hingewiesen und diesen durch effektive Verhandlungen mit den Werbeauftraggebern und Verantwortlichen der Fernsehkanäle politisch öffentlich gemacht und kritisiert. Fernsehsendungen wie *„50 Blonde"* oder *„Komm schon, Süße"*[70] (Ah be güzelim), die Frauen abwerten und als irrationale, unlogische, dumme, aber schöne Personen darstellen, wurden scharf kritisiert. Eine der aktuellsten Kampagnen von *Mediz* richtet sich gegen die Werbekampagne der *Boyner-Holding*. Die Werbeplakate zeigen Frauen in Bikinis mit dem Aufdruck „zu verkaufen" oder „nur für eine Nacht". Die Aktivistinnen und Mitglieder von *Mediz* haben durch öffentliche Presseerklärungen die Zurücknahme der Werbekampagne gefordert und sich mit den Verantwortlichen in Verbindung gesetzt, woraufhin *Boyner* als Vorstandsvorsitzender der Holding selbst eine Erklärung abgegeben hat.

Die wachsende feministische Kritik an den maskulinistischen und frauenabwertenden Medien hat in den letzten Jahren eine geschlechtersensible Selbstzensur bei den männlichen Medienakteuren und Moderatoren bewirkt. Sie achten in ihren Sendungen nun mehr darauf, diskriminierenden Formulierungen zu vermeiden, weisen auf Frauenperspektiven hin und betonen, wie Man(n) seine sexistische Sprache und Haltung ändern müsse. *Mediz* letzter Satz in ihrer Presseerklärung „We will be watching you, until this picture changes!" hat tatsächlich

70 Ah be güzelim!" (Komm schon, Süße!) ist ein Konzept, das auf der Basis der Herabwürdigung von Frauen große Zuschauerraten erzielt. Drei Männergruppen (aus je 15 Männern) treten gegeneinander an, wobei ihre Aufgabe darin besteht zu erraten, ob die jeweilige Frauengruppe (bestehend aus nur 2 Frauen) in der Lage sein wird, die Antwort auf die gestellte Frage zu geben. Die gestellten Fragen sind meist sehr einfach, die Allgemeinwissen erfordern, die aber selbst die Männer meist nicht beantworten können. Doch da ihre Aufgabe lediglich darin besteht zu erraten, ob die Frauen die Antwort wissen werden, wird ihnen keine Unwissenheit vorgeworfen. Die Frauen hingegen, die sich in sehr einstudiert wirkenden Aussagen „dumm stellen", werden von den Zuschauern und den konkurrierenden Männergruppen meist nur ausgelacht. Die Moderatorin dieser Sendung ist ironischerweise eine Frau, die eine populäre Fernsehseriendarstellerin ist. Mediz und andere Frauengruppen fordern aufgrund des Verstoßes gegen die 'Prinzipien der Verlagsethik', die gesetzlich die Bewahrung der Menschenehre und das Verbot gegen ethnische, religiöse, sprachliche und geschlechtliche Diskriminierungen und Abwertungen in den Medien festlegt, die sofortige Einstellung dieser Fernsehsendung (http://www.mediz.org/Yazi/138/1/1/ATV-Televizyonuna-Çağrı--Ah-BeGüzelim-Yarışması-Yayından-Kaldırılsın-.aspx). Zugriff am 24.06.2009.

dazu geführt, dass die maskulinistischen Medien sich überwacht fühlen und sich vor öffentlichen feministischen Kritiken scheuen.[71]

Der Widerstand gegen die sexistischen Medien ist damit jedoch noch lange nicht hinfällig geworden. Die strukturelle, hegemoniale Männlichkeit in den Medien ist so tief verankert, dass die Feministinnen von *Mediz* und anderen Organisationen einen kontinuierlichen Kampf gegen frauenfeindliche Mediensendungen führen müssen. Dank der wachsenden feministischen Kritik hat sich die feministische und geschlechtersensible Perspektive zu einer *anerkannten* Dimension der gesellschaftlichen Kritik entwickelt. Medienchefs und Holdingvorstände müssen sich heute de facto – auch in Anbetracht des EU-Beitrittsprozesses und des demokratischen Legitimationsbestrebens der Türkei – mit Frauengruppen, Frauenrechtlerinnen und feministischen Aktivistinnen zur Ausarbeitung geschlechtersensibler Politiken gemeinsam an den Verhandlungstisch setzen. Die Demokratisierungswellen in der Türkei, die durch die EU-Kandidatur eingeleitet wurden, bieten so strukturelle Vorteile auch für die Durchsetzung feministischer Anliegen.

Die Betrachtung von Politik und Ökonomie, die Analyse von Medien und von gesellschaftlichen Einschreibungen, Bedingungen und Praktiken in der Türkei macht eine hegemoniale Männlichkeit sichtbar, die sich in diesen Strukturen sowie in Staat und Zivilgesellschaft reproduziert und durch die Wechselwirkung dieser Strukturen ständig bestärkt. Die andauernde feministische Kritik an diesen maskulinistischen, hegemonialmännlichen und bemannten Strukturen hat in den letzten Jahren zu einer steigenden Sensibilisierung für eine Geschlechterperspektive beigetragen. Die Reformen im Strafgesetz, Zivilrecht und Familienrecht haben strukturelle Ungleichheiten zwischen den Geschlechtern in Form von Bevorzugung von Männern und Männlichkeiten und von Benachteiligung von Frauen und Weiblichkeiten – trotz aller Schwierigkeiten bei der Implementierung dieser Gesetze – ansatzweise aufgehoben. Solange jedoch staatliche Akteure wie Polizisten, Staatsanwälte, Gerichtsmediziner, Politiker etc. mit misogynen Wertvorstellungen geschlechtsspezifisch agieren, können auch die Gesetzesreformen keine strukturellen Änderungen zugunsten der gesellschaftlichen Gleichstellung der Frauen herbeiführen. Diese männliche Hegemonie kann Connell zufolge nur entstehen, „wenn es zwischen dem kulturellen Ideal und der institutionellen Macht eine Entsprechung gibt, sei sie kollektiv oder individuell" (Connell 2006: 98), wobei auch im Falle der Türkei „die Führungsebenen von Wirtschaft,

71 In: http://www.mediz.org/Yazi/98/1/14/The-Research-on-the-Forms-of-Representation-of-Women-inMedia.aspx. (Zugriff am 24.06.2009).

Militär und Politik [...] eine recht überzeugende korporative Inszenierung von Männlichkeit zur Schau [stellen], die von feministischen Angriffen und sich verweigernden Männern immer noch ziemlich unberührt scheint" (ebd.).

Für die Anerkennung der Notwendigkeit einer Frauenperspektive in Gesellschaft und Politik durch die hegemonialen Machtzentren in der Türkei müssen feministische Frauengruppen und Aktivistinnen den Widerstand gegen hegemoniale Männlichkeit politisch und theoretisch fortsetzen. Die wissenschaftliche, theoretische und politische Kritik und die feministische Dekonstruktion von gesellschaftlich tabuisierten oder 'heilig gesprochenen' Institutionen wie dem Militär sind gegenhegemoniale politische Ansätze, die zur Stärkung und Bereicherung einer gesellschaftlichen Opposition gegen hegemoniale Machtverhältnisse beitragen.

Konkurrenz, Macht- und Profitmaximierung als Leitideen in Politik, Ökonomie und in der Gesellschaft sind Männlichkeitskonstruktionen – entworfen von Männern mit männlichen Wertesystemen für Männer (vgl. Baur/Luedtke 2008; Hooper 2001; Connell 2006; Kreisky 1995; Sancar 2009). Eine strukturelle feministische Kritik und Redefinition dieser Männlichkeitskonstruktionen kann nur dann möglich sein, wenn die feministische Bewegung und Theorie selbst nicht mehr diese maskulinistischen Praktiken wie Konkurrenz und Machtmaximierung reproduziert. Feministische Grundprinzipien wie Gleichheit, Dezentralismus und Solidarität, auf deren Basis auch die feministische Bewegung in der Türkei entstanden ist und sich in ihrem Verlauf politisch *ermächtigt* hat, müssen wieder ins Zentrum feministischer Politik rücken, um hegemoniale Männlichkeit strukturell und theoretisch bekämpfen zu können.

Daher sollen im folgenden Kapitel die politischen Praktiken und Positionierungen der Feministinnen im Kampf gegen diese hegemonial-männlichen Strukturen dargestellt werden. Die Frage, inwieweit die Feministinnen eine wirksame Politik der Einmischung durchsetzen können, soll im Rahmen ihrer feministischen Tagesordnung und der Erfahrungsberichte feministischer Aktivistinnen und Protagonistinnen behandelt werden.

# 5 Protagonistinnen der feministischen Bewegung – Politische Tagesordnungen, Standpunktverortungen und Praktiken

## 5.1 „Was sollte auf der Tagesordnung der feministischen Bewegung stehen?" Die feministischen Debatten in der Türkei

In Bezug auf die Darstellung der strukturellen hegemonialen Männlichkeiten in der Türkei und der feministischen Strategien, die auf deren Aufhebung zielen, muss die Frage gestellt werden, die die feministische Zeitschrift *Amargi* im Herbst 2008 zur Diskussion stellte: *„Was sollte auf der Tagesordnung der feministischen Bewegung stehen?"* (Öz 2008: 23). Um die Selbstpositionierung der Feministinnen in der politischen Sphäre deutlich zu machen und ihre politischen Praktiken und Bündnisse untereinander und mit dem Staat und der Zivilgesellschaft analysieren zu können, stehen im folgenden Kapitel die Aussagen und Erfahrungen der feministischen Aktivistinnen und Protagonistinnen über ihre Methoden zur Gestaltung feministischer Politik und die Konflikte, die daraus entstehen, im Zentrum meiner Ausführungen. Dabei dienen als empirische Quellen sowohl die Aussagen der Feministinnen in feministischen Zeitschriften wie *Amargi* als auch Ausschnitte aus meinen Interviews.

Die Frage, was auf die aktuelle feministische Tagesordnung gehöre, wurde von zahlreichen aktivistischen Feministinnen als Repräsentantinnen verschiedener feministischer Organisationen beantwortet; sie bietet eine Übersicht über die aktuellen politischen Positionierungen der feministischen Bewegung. Die feministische Aktivistin und Soziologin Pınar Selek reagiert auf diese Frage mit der Gegenfrage: *„Warum machen wir Politik?"*, die sie in einem ihrer Artikel (Selek 2008b) sehr persönlich und subjektiv erörtert. Dabei macht sie auf den zentralen Stellenwert der Antwort aufmerksam:

> „Weil wir in Anbetracht der Tyrannei, die wir bezeugen, nicht anders können. Um uns der Gerechtigkeit, der Freiheit und dem Glück zu nähern. Um das Leben zu

verschönern. Um in unserem kurzen Leben etwas zu tun, was bedeutsam ist und bei dem wir uns wohl fühlen." (Selek 2008b: 5)[1]

Diese Erklärung von einer der führenden feministischen Aktivistinnen und Wissenschaftlerinnen in der Türkei sollte nicht als politisch naiv empfunden, sondern vielmehr als ein ehrliches Postulat einer kritischen Feministin aufgefasst werden, die sich mit der Frage beschäftigt, die für eine feministische politische Standortbestimmung und Praxis zentral sein sollte: Was ist unser Verständnis von Politik? Wie und warum machen wir Politik? Sind unsere politischen Praktiken wirklich 'anders' als die der Männer? Diese Fragen sollten im Vordergrund aller antihegemonialen und hegemoniekritischen Perspektiven stehen.

In ähnlicher Weise argumentiert auch Demirović: „Man muss sich vom Zwang zur Politik befreien" (Demirović 1997: 162). Seleks Antwort auf die Frage, warum frau Politik macht oder machen sollte, erscheint in diesem Sinne tatsächlich vom Zwang befreit und artikuliert normative Leitideen, die, wenn sie als solche die wahren Motive zum Politikmachen wären, tatsächlich „das Leben schöner" machten. So ist Politik für Selek eine existenzielle Tätigkeit, aus der heraus der Mensch seine Existenz konstruiert (Selek 2008b: 5). Wenn also „die Menschen ihre Geschichte selbst machen könnten", wie Gramsci es sich in einer „regulierten Gesellschaft" vorstellt und wie Demirović ausführt:

> „[...] und nicht zusätzlich – neben Markt und Staat – auch noch in der Zivilgesellschaft zu Konkurrenz und Selbstbehauptung gezwungen werden – einer Selbstbehauptung, die notwendig zu Herrschaft von Menschen über Menschen und immer wieder zum Ausschluss von einzelnen Individuen und Gruppen führen muss" (Demirović 1997: 161),

dann würde frau sich dem normativen und antihegemonialen Verständnis von Politik, das Selek beschreibt, nähern. Seleks Politikverständnis ist nicht eines, das „ergebnisorientiert" ist, sondern es ist ein Verständnis von Politik, das alle Machtbeziehungen in Frage stellt und „Politik für Freiheit" macht. Es ist eine Politik, die „im Leben" selbst verankert ist (Selek 2008b: 5f). Damit spricht sie nicht von einer politischen Usurpation aller Lebensbereiche, sondern von der Notwendigkeit, die Verbindung zwischen den „gesellschaftlichen Problemen", die uns beschäftigen, und unserem eigenem Leben und unseren Existenzweisen herzustellen (ebd.: 6). Nur aus diesem verinnerlichten Konnex heraus könne ein genuiner politischer „Eingriff" entstehen, der nicht darauf abziele, „Andere zu

1 Aus dem Türkischen übersetzt von der Verf.

retten", sondern sein eigenes Leben zu verändern, das zutiefst mit dem Leben *aller* verbunden sei und zu einem kollektiven Aktivismus führe (ebd.: 5f).

Für Selek liegt das zentrale Problem der feministischen Politik nicht im Zugang zur politischen Sphäre, sondern vielmehr in der Schwierigkeit, in derselben politische Subjekte zu werden, als solche zu agieren und wahrgenommen zu werden (ebd.: 6):

> „Im Kampf für 'andere Frauen' geschieht es manchmal, dass wir uns von denen neben uns abkoppeln. Das kommt wohl daher, dass wir mit uns selbst nichts mehr zu tun haben. [...] Vielleicht wird deswegen in der feministischen Bewegung vom 'consciousness-raising' nur noch wie von einem Märchen erzählt. Aber wir dürfen uns kein Unrecht tun: Wir haben keine Zeit mehr." (ebd.)[2]

Damit meint Selek einfach nur, dass die feministische Politik nicht in die Falle geraten dürfe, Politik als *Arbeit* zu sehen, obwohl so viel zu tun ist, so viel gesellschaftlich anzupacken ist. Im Rahmen des fortgeschrittenen „Projektfeminismus" nach den 1990er Jahren, bei dem feministischer Aktivismus zeitweise durch staatliche Projekte, durch den Kampf um Subventionen und durch zeitaufwändige Kampagnenplanungen erstickt wird, bleibt der Bezug der Frauen zu ihren eigenen Lebensbedingungen und zu denen der anderen Frauen oft auf der Strecke. Daher stellt Selek die essentielle Frage, die in vielen Dimensionen für die feministische Bewegung richtungweisend sein sollte: Warum machen wir Politik und was sollte auf der feministischen Tagesordnung stehen? Die Beantwortung dieser Fragen muss unweigerlich eine kritische Auseinandersetzung mit den eigenen politischen Praktiken und Zugehörigkeiten mit sich bringen.

Canan Arın, eine der Gründerinnen der Organisation *Lila-Dach* und eine der Initiatorinnen der feministischen Bewegung nach 1980, spricht von einem Euphorie- und Kreativitätsverlust in der Bewegung. Die Begeisterung, die bei den Vorbereitungen zur Änderung des Zivilrechts und des Strafrechts herrschte, sei lange verschwunden. Hinzu komme, dass sich die Kampagnen, wie die *Lila-Nadel-Kampagne* gegen Gewalt, nach 20 Jahren wiederholten, ohne etwas Neues beizusteuern (Arın in: Öz 2008: 24).

Filiz Karakuş, sozialistische Feministin, Mitgründerin der *SFK* (Sozialistisch-Feministisches Kollektiv) und vor fast dreißig Jahren auch eine der Mitbegründerinnen der feministischen Bewegung, klagt über die ökonomischen Benachteiligungen von Frauen durch die kapitalistischen Produktionsverhältnisse und durch neue Gesetzesregelungen, wie die der *Sozialversicherungen und Allgemeinen Krankenversicherung (SSGSS)*, die 2006 verabschiedet wurden und Frauener-

2 Aus dem Türkischen übersetzt von der Verf.

werbsarbeit und Arbeiterinnen benachteiligen. In diesem Rahmen kritisiert sie auch die Stärkung der Familie und die Rollenzuweisung der Frau als primäre Arbeiterin in der Familie, die von den islamistisch-konservativen Politiken der Regierungspartei AKP vorangetrieben werden (Karakuş in ebd.: 24f).

Auch die sozialistische Feministin Gülnur Acar-Savran bestätigt die Bedeutung der Thematisierung der Kontrolle und Ausbeutung der Arbeit von Frauen durch das Patriarchat. Die Beschäftigungsbedingungen und die unentlohnte Hausarbeit von Frauen müssten die Schwerpunkte der Frauenbewegung sein (vgl. Acar-Savran 2009). Weiterhin macht Savran auf die Problematik des zunehmenden islamischen Konservatismus aufmerksam, der „im Namen der Moral" das Privatleben von Frauen strukturiere (Acar-Savran in: Öz 2008: 25). Die fortlaufenden Morde an Frauen im Namen dieser Moral als 'Ehrenmorde', der steigende Nationalismus und der Rassismus gegen ethnische Minderheiten seien Indizien für die Notwendigkeit feministischer Politik gegen die Übermacht derjenigen, deren Herrschaft in Frage gestellt werden solle (ebd.).

Handan Koç[3], eine weitere Initiatorin der feministischen Bewegung und Gründerin und ehemalige Redakteurin der feministischen Zeitschrift *Pazartesi*, unterstreicht, wie wichtig es für die feministische Bewegung ist, sich von der Tagesordnung der „Systemanhänger" abzugrenzen und an „einem Platz zu stehen, wo wir uns nicht in den Schatten von anderen stellen" (Koç in: ebd.: 26). Sie benennt auch jene politischen Strömungen, von denen sich eine feministische Standpunktverortung abgrenzen müsse:

> „Dieser Platz muss getrennt sein von der kurdischen Bewegung, homosexuellen Bewegung, Bewegung zum Beitritt zur Europäischen Union, Klassenbewegung und der kemalistischen Bewegung. Ansonsten werden wir gezwungen, die Prioritäten dieser Bewegungen zu verteidigen. Dieser Platz muss ein Platz gegen die konservative Verteidigung der klassisch-traditionellen Ungleichheiten zwischen Frauen und Männern sein. Sonst werden wir der Herrschaft einen Dienst leisten."[4] (ebd.)

Koç unterstreicht hier, wie wichtig Autonomie für die feministische Bewegung ist. Es ist zentral, die politischen Vereinnahmungen der feministischen Bewegung durch verschiedene politische Strömungen zu erkennen[5] und die Wichtigkeit zu betonen, sich von der Usurpation von Frauenthemen durch verschiedene politische Strömungen zu befreien.

---

3 Auszüge aus meinem Interview mit Handan Koç werden in Kapitel 5.2.1. erörtert.

4 Aus dem Türkischen übersetzt von der Verf.

5 Die Vereinahmungen der frauenpolitischen Themen durch diverse politische Ideologien wurden ausführlich in Kapitel 3 dargestellt.

Yıldız Ecevit, Frauenforscherin und Gründerin des *Fliegenden Besen* ist seit Beginn der feministischen Bewegung aktiv und gestaltet die feministische Tagesordnung mit. Sie unterstreicht den Unterschied zwischen der feministischen Bewegung und der Frauenbewegung und betont, dass frau in den letzten 15 Jahren nicht mehr von einer feministischen Bewegung sprechen kann, sondern von einer Frauenbewegung. In Zusammenhang mit Koç argumentiert sie, dass frau zwar in den Anfangsjahren der Bewegung feministische Grundprinzipien umgesetzt und „feministische Politik" gemacht habe, aber die zunehmenden Kampagnen und Projekte der letzten Zeit, die „von Frauen für Frauen" gestaltet werden, auf ihren feministischen Inhalt hinterfragt werden müssen (Ecevit in Öz 2008: 28). Sie spricht ferner von einer dreiphasigen Tagesordnung für die feministische Bewegung. Die erste sei die Stärkung der feministischen Solidarität zwischen den Frauen, die zweite sei die Notwendigkeit, die politische Autonomie des Feminismus zu neuem Leben zu erwecken und die Machbarkeit von feministischer Politik zu erweitern; die letzte Phase sei die Bewertung der politischen und ökonomischen Prozesse aus einer Frauenperspektive heraus und eine Einmischung in diese Prozesse (ebd.). Die „feministische Ermächtigung" sei allerdings nur durch „feministisches Wissen" möglich, das dazu beitragen könne, die Differenzen zwischen den Frauen zu überbrücken und die Gemeinsamkeiten der Frauen zu stärken.

Die Differenzierung zwischen Frauenbewegung und feministischer Bewegung als Begriff und politische Praxis unterstreicht auch Buse Kılıçkaya vom *Rosa Leben LGBTT Verein*:

> „Ich denke, dass die Frauenbewegung in der Türkei sich organisiert hat, um Lösungen für die Probleme bestimmter Frauen zu finden: Das sind Frauen aus der Mittelschicht, sie haben einen Hochschulabschluss, sind verheiratet, angestellt und leben in Metropolen. Ich will einige Beispiele geben, die auf der Tagesordnung der Frauen in der Türkei sein sollten: Die Probleme der Frauen mit Kopftuch werden in dieser Weise aus der Tagesordnung gestrichen: 'Ihr habt Probleme, nicht weil ihr Frauen seid, sondern weil ihr Kopftücher tragt'. Die Probleme der kurdischen Frauen schaffen es nicht einmal auf die Tagesordnung der Frauenbewegung. Die Probleme der transsexuellen Frauen werden auch abgetan: 'Ihr habt Probleme aufgrund eurer Geschlechtsidentität'. Und am Schluss beklagen wir, [...] dass wir uns auf keine aktuelle Tagesordnung einigen können. Die Feministinnen, die diese Unterschiede thematisieren, werden leider ausgegrenzt. [...] Die feministische Bewegung hingegen versucht im Gegensatz zur Frauenbewegung die Probleme der Kurden, 'Bedeckten', transsexuellen, homosexuellen und bisexuellen Frauen zu thematisieren."[6] (Kılıçkaya in Öz 2008: 24)

6 Aus dem Türkischen übersetzt von der Verf.

Zu den sozialen Gruppen, die von der feministischen Bewegung berücksichtigt werden sollten, zählt Kılıçkaya auch die 'bedeckten' und transsexuellen Frauen. In diesem Kontext habe ich dargestellt (Kapitel 3.3.1), warum ich die Frauen, die ihre islamische Zugehörigkeit – und die Lebensregeln, die diese Zugehörigkeit mit sich bringt – als ihren zentralen Lebensbezug benennen, nicht zur feministischen Bewegung zählen kann. Kooperationen zwischen den frauenbewegten Islamistinnen und den Feministinnen für gemeinsame Anliegen existieren und Bündnisse zwischen diesen Gruppierungen sollten nicht ausgeschlossen werden. Doch eine gesamte Inklusion der Islamistinnen in die feministische Bewegung ist, wie auch der Einschluss der kemalistischen Frauen, strukturell nicht machbar, da die politischen und ideologischen Grundsätze sich widersprechen. Die LGBTT[7]-Bewegung steht in diesem Rahmen aus theoretischer, politischer und ideologischer Sicht und Praxis der feministischen Bewegung viel näher und kann als eine starke Koalition und treibende Kraft in der feministischen Bewegung bezeichnet werden. Die Diskriminierungen von transsexuellen, homosexuellen und bisexuellen Frauen und Sexarbeiterinnen in der Türkei werden auch in den letzten Jahren zunehmend durch die feministische Bewegung aufgegriffen und thematisiert (vgl. Yurdalan 2008: 53f; Zengin 2008: 55ff; Selek 2008c: 10ff; Arıkan 2008: 18f; Kılıçkaya 2009: 36f).

Die feministische Bewegung in der Türkei zeichnet sich im Unterschied zur Frauenbewegung tatsächlich dadurch aus, dass sie die Problemlagen der Frauen mit verschiedenen ethnischen, religiösen und sexuellen Zugehörigkeiten thematisiert und mit den Frauen kooperative und solidarische Bündnisse eingeht.

Darüber hinaus unterstreicht Ecevit als feministische Akademikerin insbesondere die Bedeutung von feministischer Theorie, die „immer weniger angewandt" werde und ihre „frühere Bedeutung" verliere, obwohl feministische Theorie bei der Lösung der Probleme in der feministischen Bewegung helfen könne. Ecevit spricht zu Recht von einer Distanzierung der feministischen Bewegung in der Türkei von feministisch theoretischen Grundsätzen und Modellen.

Die feministische Zeitschrift *Amargi* stellt ein zentrales Medium dar, das effizient feministische Theorie und feministischen Aktivismus zu verbinden versucht. Die Beiträge in der Zeitschrift setzen sich sowohl aus theoretischen Beiträgen von feministischen Wissenschaftlerinnen in der Türkei zusammen als auch aus Artikeln und Aussagen feministischer Aktivistinnen innerhalb der Bewegung. In diesem Sinne betrachte ich die Zeitschrift *Amargi* als eine Momentaufnahme der feministischen Bewegung und ein Forum der kritischen Auseinandersetzung mit

7 Die „Lesbian-Gay-Bisexual-Transvestite-Transsexual"-Bewegung.

dem Feminismus. *Amargi* hat mittlerweile von der Zeitschrift *Pazartesi* die Rolle als das Hauptmedium der feministischen Bewegung in der Türkei übernommen.

Weitere wichtige feministische Protagonistinnen sind noch Liz Amado von der *Women for Women's Human Rights – New Ways (WWHR)*, Melek Özman von *Lila-Film*, Serap Güre von der *Initiative der Frauenarbeit und -beschäftigung (KEIG)*, Zozan Selimoğlu von Hakkari *Ka-Mer* und Ayten Kordu vom *Regenbogen Frauenverein*. Liz Amado unterstreicht die Erfolge der feministischen Bewegung in den letzten zehn Jahren und stellt fest, dass sie „erfolgreich darin waren, in die politische Tagesordnung einzugreifen und eine der wirkungsvollsten sozialen Bewegungen zu sein" (Amado in: Öz 2008: 26). Doch seit 2008 beobachte sie, dass in der Solidarität unter den Feministinnen, die vorher sehr stark gewesen sei und dadurch zu effizienten Frauenpolitiken beigetragen habe, große Lücken entstanden seien. Sie fährt fort:

> „Wir sind nicht in der Lage, in unseren Beziehungen zum Staat [...] eine starke Haltung zu zeigen. Die Tradition und Mechanismen, diese Themen gemeinsam zu besprechen und zu diskutieren, sind weiträumig aufgehoben worden. Die Bewegung ist nicht in der Lage, die inneren Konflikte und Debatten mit konstruktiven Mitteln zu lösen und im Zuge der politischen Konjunktur, in der wir uns befinden, alternative und eigene Diskurse und Politiken zu produzieren."[8] (ebd.)

Amado schneidet hier die Konflikte innerhalb der Bewegung an, die in den letzten Jahren gewachsen sind. Der zunehmende Projektfeminismus seit den 1990er Jahren hat dazu beigetragen, dass Frauenorganisationen zu Konkurrentinnen im Kampf um Fonds und ausländische Projektsubventionen geworden sind. Im Zuge dieses Kampfes haben sich auch in der feministischen Bewegung 'Hegemonen' herausgebildet, die sich durch ihre Praktiken und politischen Strategien als die Sprecherinnen und Repräsentantinnen der gesamten Bewegung ansehen und herrschaftliche Machtverhältnisse in der feministischen Bewegung produzieren. In meinen Interviews hat eine feministische Aktivistin diesen Zustand als einen „diverse racism" bezeichnet[9]. Er sei insbesondere in den südostanatolischen Gebieten, wo sich einige Frauenorganisationen als „die regionalen Frauensprecherinnen in diesen Gebieten" sehen, hegemoniale Praktiken in der feministischen Bewegung zu beobachten sind:

---

8 Aus dem Türkischen übersetzt von der Verf.

9 Es war der Wunsch der Aktivistin, diese Aussagen anonym und ohne ihren Namen zu nennen, zu zitieren. Interview mit einer feministischen Aktivistin am 22.07.2009 in Istanbul

„Ich nenne so etwas 'diverse racism'. Es gibt einige Frauen, die, gestützt auf ihre ethnische Zugehörigkeit und gesellschaftliche Einordnung als Minderheit, Macht und Angst generieren. Dies verläuft so, dass in diesen Gebieten keine Frauenorganisationen ohne die 'Erlaubnis' dieser Frauen oder bestimmter Organisationen Aussagen über die Frauen in diesen Gebieten machen oder Frauenprojekte und -initiativen gestalten dürfen. Falls dies doch geschieht, verbreiten diese Personen 'Angst und Schrecken' und terrorisieren im Rahmen feministischer Plattformen die Frauen, die es 'gewagt' haben, in ihr 'Revier' einzudringen. Und was passiert am Ende? Wie verhalten sich die zahlreichen feministischen Organisationen und zentrale Protagonistinnen der feministischen Bewegung dazu? Gar nicht! Keine Kommentare, keine Einmischung, keine Kritik wird an diesen Frauen geübt. Weil alle Angst haben, sich mit diesen Frauen, die sich wie 'Feudalherren' aufführen, anzulegen. Denn diese werden von mächtigen ausländischen Fonds unterstützt, haben enge Beziehungen mit PolitikerInnen und ParlamentarierInnen und stützen sich auf ihre besondere Stellung durch ihre ethnische Zugehörigkeit. Da kann es sich keiner leisten, diese Frauen zu Feinden zu machen. So ziehen es alle vor, stumm zu bleiben, sich nicht einzumischen. Das nenne ich 'diverse racism'.[10]

Der Vorbehalt der feministischen Aktivistin, ihren Namen unter diese Aussage zu setzen, kann sowohl als ein Indiz für herrschaftliche Verhältnisse innerhalb der feministischen Bewegung interpretiert werden als auch auf einen Mangel an Konfliktbereitschaft hindeuten. Es scheint, als ob es 'hegemoniale Machtblöcke' in der Bewegung gibt, die bestimmen, wer wie viel sagen, wer wie weit für die feministische Bewegung sprechen und insgesamt wer in der feministischen politischen Sphäre agieren darf. Da es sich aber um eine Bewegung handelt, die sich in ihren Gründungsprinzipien eine antihegemoniale Haltung, Praxis und Strukturierung zum Ziel gesetzt hat, werden diese internen, mit Macht beladenen Strukturen zunehmend sichtbar gemacht und von vielen Feministinnen thematisiert.

*Mächtige* Frauenorganisationen, so Serpil Sancar, eine feministische Politologin, gibt es insbesondere im Osten und Südosten der Türkei (Akis/Özakın/Sancar 2009: 258). Sie stellt außerdem fest, dass nicht sozialdemokratische Parteien sich für Quotenregelungen für Frauen im Parlament einsetzen, sondern Parteien, die „ethnische Identitätspolitik" machen und die dadurch die Frauen in die politische Sphäre integrieren[11]. Dies sei eine bedeutende, neue Entwicklung

10 Ebd.

11 Damit spricht sie die prokurdische „Partei der Demokratischen Gesellschaft" *(DTP)* an, die eine der primären Parteien in der Parteienlandschaft der Türkei ist, die sich für geschlechtergerechte Politiken einsetzt. Ebenso werden die Parlamentarierinnen der *DTP* von den Feministinnen als politisch sehr einflussreiche Frauen empfunden (siehe: Interview mit Selma Acuner). Mit „mächtigen Frauenorganisationen im Osten

im türkischen Kontext, die noch theoretisiert werden müsse und welche sich in dieser Form auch von den Erfahrungen in Europa unterscheide (ebd.).

Jene „mächtigen Frauenorganisationen", die sich politisch über ihre ethnische Identitätspolitik definieren und in diesem Kontext politisch agieren, erhalten meist größere Spenden, insbesondere von internationalen Hilfsorganisationen und privaten Unternehmen, welche dadurch ihre eigenen politischen Interessen realisieren und diese Frauenorganisationen für ihre Zwecke instrumentalisieren, „wenn sie nicht überhaupt direkt von diesen gegründet und gelenkt werden" (Hirsch 2001: 31). Dadurch entstehen für einige Frauenorganisationen Vormachtstellungen, wohingegen andere von der Großzügigkeit und dem „good will" internationaler Unternehmen nicht profitieren können. Durch diese ungleiche Verteilung finanzieller Hilfen in der feministischen Bewegung entstehen hierarchische und herrschaftliche Beziehungen unter den feministischen Akteurinnen selbst, die letztendlich zu einer Entsolidarisierung und einer allgemeinen Schwächung der kooperativen Netzwerke der Feministinnen führen. Dieser 'Missstand' wird von Feministinnen immer wieder als eines der zentralsten Probleme der feministischen Bewegung bezeichnet.

In diesem Zusammenhang formuliert auch Melek Özman von *Lila-Film:*

> „Wobei wir Schwierigkeiten haben, ist, in unseren Beziehungen miteinander und in den Beziehungen außerhalb, mit dem Staat und machtvollen Medien, eine gemeinsame Ethik, Methode und Strategie hervorzubringen und dementsprechend zu agieren. Ich glaube, wenn dies zur wichtigen Tagesordnung wird, die wir aufstellen, und wenn wir das schaffen, dann können wir von einer starken feministischen Bewegung sprechen und unsere verschiedenen Tagesordnungen werden Gehör finden."[12] (Özman in: Öz 2008: 26)

Hülya Gülbahar, Anwältin, derzeit Vorsitzende von *Ka-Der*, ehemalige Mitarbeiterin in *Lila-Dach*, Mitbegründerin der *TCK-Strafrecht Frauenplattform* und insgesamt eine der wichtigsten feministischen Protagonistinnen in der Türkei, sagte im Interview:

> „*Amargi* versucht jetzt, eine Akte darüber zusammenzustellen, was auf die Tagesordnung der Frauenbewegung soll? Wie wird die Bewegung von nun an fortfahren? Was haben wir zu diskutieren? Ich würde dazu nur kurz sagen: Die Probleme der

---

der Türkei" spricht sie Organisationen wie *Ka-Mer* im kurdisch besiedelten Gebiet Diyarbakır an, die als einflussreiche Frauenorganisationen in der Türkei und mitunter auch durch ihre sehr engen Beziehungen zu privaten, internationalen und staatlichen Hilfsorganisationen und Institutionen hervortreten.

12 Aus dem Türkischen übersetzt von der Verf.

Fondsorganisationen, die ständige Thematisierung der Notwendigkeit von Ethik in der Bewegung, obwohl niemand dementsprechend handelt. [...] Ein Problem in der Frauenbewegung, das nie aufhört, ist auch, dass es Frauen gibt, die ihr Wissen, ihre Erfahrungen und Beziehungsnetze als ein Herrschaftsmittel anwenden. Natürlich ist Erfahrung und Wissen von großer Bedeutung, doch kommt es darauf an, wie du das anwendest. Zu welchem Zweck? Du kannst zwar im Besitz dieser Ressourcen sein, diese aber nicht als Herrschaftsmittel nutzen. Dies ist eine Sache von Bewusstsein und Ideologie. Du kannst dich auch manchmal ungewollt durch dein Wissen und deine Netzwerke in solch einer Herrschaftsposition wiederfinden. Das ist nicht immer etwas Schlimmes. Du kannst dadurch auch viel erreichen. [...] Also, um zusammenfassend zu sprechen: Erfahrung – Ressourcen, Wissen – Beziehungsnetze, die Frage der Haltung in den Beziehungen zum Staat und die Frage danach, wie die Autonomie verstanden werden soll. Heißt autonom zu sein, sich von jeglichen Kooperationen fernzuhalten? Die zentrale Frage ist, ob es möglich sein kann, innerhalb der vorherrschenden Beziehungen und in der Kommunikation und Interaktion mit staatlichen Institutionen eine autonome Haltung zu wahren."[13]

Auch Gülbahar unterstreicht die herrschaftlichen Beziehungen in der feministischen Bewegung und die Frage nach einer feministischen *Ethik*, das Problem der ausländischen Fondsorganisationen und die Frage nach Autonomie und Zusammenarbeit mit staatlichen Organisationen, die sie für einen unerlässlichen Tagesordnungspunkt hält.

Zozan Selimoğlu von *Ka-Mer* betont in diesem Zusammenhang:

> „Auch wenn es zeitweise Meinungsverschiedenheiten zwischen den Frauenorganisationen gibt, müssen wir, wenn es um die Thematik Frau geht, zusammen agieren. Dies wird gleichzeitig auch die Frauen bestärken und die Diskriminierungen zwischen den Frauen verhindern."[14] (Selimoğlu in: Öz 2008: 28)

Demokratische Verhältnisse und die Notwendigkeit der Orientierung an einer bestimmten Ethik in der feministischen Bewegung werden, wie auch das offensichtliche Demokratiedefizit in der Türkei, öfters von Feministinnen hervorgehoben. Wie Serap Güre von *KEIG* betont, müsse die feministische Bewegung „eine aktive Rolle in der Etablierung von Demokratie in diesem Land" spielen (Güre in: Öz 2008: 27). Ayten Kordu vom *Regenbogen Frauenverein* erklärt:

> „Krieg, Operationen und nationalistische Politiken. Diese Politiken werden gemacht, damit sich die Gesellschaft tagtäglich an den Hals geht. Daher muss die feministische Bewegung diese Politiken kritisieren, welche Frauen verarmen lassen

13 Aus meinem Interview mit Hülya Gülbahar am 05.07.2008 in Istanbul.

14 Aus dem Türkischen übersetzt von der Verf.

und die hegemoniale Struktur des Mannes/Staates nähren […]"[15] (Kordu in: Öz 2008: 23).

Zusammenfassend kann frau sagen, dass auf der Tagesordnung der feministischen Protagonistinnen die gesellschaftlichen und politischen Probleme in der Türkei stehen, die für die Benachteiligung von Frauen von zentraler Bedeutung sind wie Armut, Demokratiedefizite, die Verbreitung und Implementation von konservativen Politiken in den letzten zehn Jahren und (staatliche) Gewalt. Hinzu kommen natürlich die hegemonialen, männlich-strukturierten politischen, sozialen und kulturellen Bedingungen in der Türkei, die solidarisch bekämpft werden müssen. Die Strategien für diesen Kampf stehen allerdings in einem Spannungsverhältnis zwischen der als notwendig erachteten Autonomie der Bewegung einerseits und den unumgänglichen Beziehungen zu staatlichen Institutionen andererseits. Viele Feministinnen klagen, dass sich die Bewegung weg vom Feminismus hin zu einer Frauenbewegung und schließlich zu einer NGO entwickelt habe (vgl. Çoban 2008: 29). Hinzu kommen die hegemonialen Verhältnisse in der feministischen Bewegung und zwischen den feministischen Organisationen und den Frauen selbst, die fast von allen Protagonistinnen kritisiert und problematisiert werden. Die Tagesordnungen, die von den Feministinnen skizziert werden, überschneiden sich zwar in vielen Punkten, doch geht ihr Verständnis, wie und mit welchen Mitteln und Strategien frau Politik machen sollte und sich in der politischen Öffentlichkeit artikulieren und dort agieren sollte, weit auseinander.

Die feministischen Debatten über die Zielsetzungen, politischen Strategien und die Machbarkeit feministischer Politik, die durch die feministische Bewegung herbeigeführt wurden, haben sich nach den Erfolgen der *TCK-Strafrecht Plattform* und anderen Reformen intensiviert. Diese Debatten werden sowohl von feministischen Medien wie der Zeitschrift *Amargi* als auch von zahlreichen Frauenorganisationen und frauenbewegten Foren geführt. Das wichtigste Thema ist dabei, wie und inwieweit die Zusammenarbeit mit staatlichen Institutionen gestaltet werden soll, ohne Zugeständnisse hinsichtlich der Radikalität und den Grundsätzen feministischer Politik zu machen. Im Zuge dieses Entwicklungsprozesses der feministischen Bewegung, die nach den 1990er Jahren durch einen Institutionalisierungstrend und einer NGOisierung bestimmt wurde, wird weiterhin die Frage nach den Subventionen und Fonds, also der Ressourcenfindung, diskutiert (vgl. ebd.: 30). Inwieweit kann feministische Politik durch die Frauen selbst bestimmt werden, wenn ausländische Fonds, wie die zahlreicher

15 Aus dem Türkischen übersetzt von der Verf.

Konsulate der EU-Mitgliedsländer und mächtiger Institutionen wie die *Open Society Institution (OSI)* von George Soros, ihre eigenen Projektvorschläge und -interessen realisieren wollen (vgl. hierzu Hirsch 2001: 31f). Der Ausschluss von Frauenorganisationen mit geringen Ressourcen und mangelnder internationaler Vernetzung aus dem konkurrenzorientierten Kampf um finanzielle Mittel ist hierbei eine zwangsläufige Begleiterscheinung. Dadurch kommen zumeist Frauenorganisationen der ärmeren sozialen Schichten, Arbeiterinnen und Arbeitslose zu kurz, die ihre eigenen Probleme wie Armut, soziale Unsicherheit und Mittellosigkeit nicht auf die politische Agenda setzen können. Sie werden meist nur zu den „Projektobjekten und -themen" der ausländischen Frauenfonds vergeben, die an bestimmte politisch und ökonomisch mächtige Frauenorganisationen in der Türkei Subventionen und durch diese realisiert werden (Hacıvelioğlu 2008: 16f). Dabei werden diese Frauenorganisationen und NGOs „von metropolitanen Staatsorganisationen dazu benutzt, die Regierungsaktivitäten peripherer Länder zu unterlaufen, gelegentlich werden sie von nationalen Regierungen gegen internationale Organisationen in Stellung gebracht oder umgekehrt" (Hirsch 2001: 32). Hirsch zufolge entsteht nicht nur aufgrund der finanziellen Abhängigkeiten eine „Staatsfixierung" der NGOs, sondern auch durch die Tatsache, dass NGOs auf die legislativen und exekutiven Potentiale der Staaten wie auch auf den „goodwill" privater Unternehmen angewiesen sind. Infolgedessen bilden sich NGOs dort, wo es auch staatliche Legitimations-, Informations- und Regulierungsbedürfnisse gibt. Daher erscheinen NGOs und zivilgesellschaftliche Organisationen wiederum als „staatliche Vorfeldorganisationen" (ebd.). Dieses Problem ist auch für die feministische Bewegung in der Türkei relevant und gilt als ein zentraler Konfliktpunkt der Bewegung.

Ein anderer zentraler Schwerpunkt der feministischen Debatten liegt in dem Versuch, politische Sphären zu bestimmen, die einen fruchtbaren Boden für die Produktion von feministischer Politik und die Einmischung in politische Prozesse bereitstellen könnten. Hierbei werden insbesondere lokale politische Prozesse und Plattformen hervorgehoben, die feministische Politik effizienter generieren könnten (vgl. Bora 2007; Üstündağ 2008; Üstün 2008; Sirman 2008).[16] Zudem werden die Forderungen nach Frauenquotenregelungen unter Bezugnahme auf Erfahrungen aus europäischen Ländern und im Rahmen einer Diskussion um feministische Partizipations- und Repräsentationstheorien von feministischen Theoretikerinnen zunehmend erörtert (vgl. Acar-Savran 2007: 11f; Üstün 2007b; Freidenvall 2007).

---

16 Diese sollen in Kapitel 5.3 eingehender betrachtet werden.

Die Ausschlussmechanismen in der feministischen Bewegung, die Möglichkeiten der Solidarität sowie das Verhältnis der feministischen Aktivistinnen zum Staat und zu anderen politischen Akteuren und Akteurinnen werden im folgenden Kapitel hinterfragt wie auch die Machbarkeit von feministischer Politik in der Türkei. Es soll nun versucht werden, anhand von Auszügen aus meinen Interviews mit feministischen Protagonistinnen, autonomen Aktivistinnen und Politikerinnen die bestehenden feministischen *Handlungsfelder* zu skizzieren.

## 5.2 „Warum machen wir Politik?" Politische Praktiken und Standpunktverortungen der feministischen Protagonistinnen

### 5.2.1 Autonome Feministinnen – Autonomie um jeden Preis?

In meinen Interviews mit verschiedenen politischen Aktivistinnen, die sich *primär* als Feministinnen bezeichnen, lassen sich Gemeinsamkeiten in den Biographien und in den politischen Positionierungen gegenüber dem Staat beobachten. Viele dieser Frauen waren Aktivistinnen in der linken Bewegung der 1970er Jahre. Sie waren alle in den vom Staat als *illegal* bezeichneten und verfolgten *Untergrundsorganisationen* politisch aktiv, engagierten sich in bewaffneten Straßenkämpfen gegen faschistische Gruppen und gegen die Polizei; sie wurden jahrelang inhaftiert und sie wurden Opfer physischer und psychologischer Folter.

Ihre revolutionären Standpunkte und Aktionen mit dem Ziel der Errichtung einer *freien Gesellschaft* transformierten sich nach dem Militärputsch von 1980, der die gesamte linke Bewegung gewaltsam zerschlug, weitgehend zu einer feministischen Identität. Heute definieren sie ihre feministische Identität als primären politischen Bezug. Zu ihrer Abkoppelung von der linken Bewegung trugen verschiedene Faktoren bei: ihre Erfahrungen der Unterdrückung und Diskriminierung durch männliche *Genossen* in der linken Bewegung und die geschlechtsspezifischen und gewaltsamen Praktiken des türkischen Staates zu dieser Zeit[17]. Die noch immer wirksame Abkoppelung der feministischen Bewegung von der linken Bewegung oder umgekehrt wird von der feministischen

17 Zum Thema Beziehung zwischen Feminismus und Linke in der Türkei, siehe: Günal 2009: 115ff. (Interview mit Gülnur Acar-Savran: „Die Linke bewertet das Patriarchat noch immer als ein 'Frauenproblem', in: Birikim Vol. 244-245). Über die „unglückliche Ehe zwischen Feminismus und Sozialismus" siehe auch: Bora 2009.

Politologin Serpil Sancar als ein bedeutender Grund bezeichnet, warum die feministische Bewegung es nicht geschafft habe, im Gegensatz zu den feministischen Bewegungen in Europa politische Wirksamkeit zu erlangen (Akis/Özakın/Sancar 2009: 248). Im politischen Kontext der Türkei und aufgrund der Entstehungsbedingungen der feministischen Bewegung vor dem Hintergrund einer Militärdiktatur habe es der feministischen Bewegung an einem „radikalen Partner" gefehlt, mit dem sie zusammen die politische Sphäre in der Türkei restrukturieren und Geschlechtergleichheitspolitiken durchsetzen konnte (ebd.). Diejenigen, die aus einer politisch-ideologischen Positionierung heraus das Potential hatten, sich als 'radikale Partner' der Feministinnen in der politischen Sphäre zu positionieren, waren die linken Organisationen, die allerdings Ende der 1970er Jahre politisch vernichtet wurden.

Gülnur Acar-Savran, feministische Theoretikerin und Mitgründerin des *Sozialistisch-Feministischen Kollektivs (SFK)*, bemerkte im Interview mit mir zu der Beziehung zwischen den Linken und dem Feminismus und zu der Aussage von Serpil Sancar:

> „Ich bin da nicht der gleichen Meinung wie Serpil. So wie sie das hinstellt, klingt das so, als würden wir Feministinnen einen großen Bruder, also die linke Bewegung an unserer Seite benötigen, um wirksam sein zu können. Ich glaube nicht, dass die eine Bewegung nicht wirksam genug ist, weil die andere nicht existiert, sondern vielmehr, dass die Symptome und Gründe, warum es eigentlich keine wirksame linke und auch keine wirksame feministische Bewegung in der Türkei gibt, dieselben sind. Ich führe das auf eine generelle Apolitisierung in der Gesellschaft zurück, einen Rückzug in die Privatsphäre durch den ökonomischen Druck, durch den Wettbewerbsdruck im neoliberalen System. Ich meine, als die *ÖDP*[18] gegründet wurde, waren sie erpicht darauf, uns Feministinnen in die Parteiführung zu rekrutieren, weil sie natürlich eine Vitrine brauchten. Doch als wir der Partei beitraten, haben sie uns mit 'Frauenangelegenheiten' beauftragt, weil es ja unser Job ist. So als ob es da draußen, außerhalb der Partei, ein 'Patriarchat' geben würde, mit dem wir uns beschäftigen sollten. Die vergeschlechtlichten Politiken der Partei, die selbst patriarchale Züge besaßen, haben sie nie beachtet. Sie haben nie Selbstkritik geübt. Wir haben natürlich versucht, feministische Politiken in den Parteistrukturen der *ÖDP* durchzusetzen wie z.B., dass die Männer in der Partei, die gewalttätig gegenüber ihren Ehefrauen oder Partnerinnen waren, Disziplinierungsstrafen erhielten. Das waren radikale Transformationen. Ich bin aber der Meinung, dass die feministische

---

18 Die *ÖDP* ist die 1996 gegründete „Partei der Freiheit und Solidarität"; sie ist linke Sammelpartei. In den Gründungsjahren wurde die *ÖDP* zu einer gemeinsamen Hoffnung für die gesamte Linke, diese verlor aber nach Spaltungen in der Partei ihre Kraft.

> Bewegung solange auch in solchen Sammelparteien nicht das Sagen haben wird, wie sie ihre Existenz als autonome Bewegung nicht wahren kann."[19]

Die Beziehungen der Feministinnen zu linken Organisationen entwickelten sich in den Jahren des gemeinsamen Kampfes gegen den Faschismus in den 1970er Jahren. Die Berichte der Frauen über diese gemeinsame Geschichte zeugen mehrfach von Erfahrungen des Ausschlusses und einer geschlechterbedingten Abwertung durch ihre männlichen 'Kameraden'. (Siehe ausführlich Kapitel 3)

In einem Interview mit einer ehemaligen Aktivistin einer leninistischen Organisation erzählte diese über ihre Erfahrungen als Frau in dieser Organisation und berichtete, dass ganz spezifische männliche Abwertungspraktiken gegenüber den Frauen vorherrschten. Dazu gehörte es z.B. auch, dass männliche Genossen ihre Genossinnen wegen ihrer 'unangemessenen' Kleidung 'tadelten' oder dass die Frauen geschlechtspezifischen und traditionellen Rollenverteilungen gemäß für die Männer kochen und sauber machen mussten. In diesem Erfahrungsbericht führt die Aktivistin aus, in welcher Weise die Frauen vom *Kern* der Organisation ausgeschlossen wurden. Die linken Organisationen als „Männerbünde" weisen in diesem Zusammenhang auch, ähnlich wie staatliche Organisationen, geschlechtsspezifische Ausschlusspraktiken auf (vgl. Sauer 2001: 146).

> „Fünf Frauen und ich waren aktiv in der Organisation. Wir trugen Waffen, diskutierten mit den Männern und bestimmten die politische Agenda. Eines Tages wurden wir zum ersten Mal von dem führenden Genossen des männlichen Kaders zum *runden Tisch* eingeladen, wo nur die Spitze der Organisation teilnahm. Es wurde eine lange Rede darüber gehalten, wie stolz die Männer sind, dass wir Frauen es bis in den 'Kern' geschafft hatten und wie wichtig wir Genossinnen für die Zukunft der Organisation seien. [...] Später, als die Protokolle der Organisation in die Hände der Polizei gerieten und ich verhaftet wurde, näherte sich mir der Polizeibeamte bei der Befragung sarkastisch grinsend und fragte: 'Herr Emin, wie geht's Ihnen denn heute?' Ich war irritiert, da wir zwar (als Schutzmaßnahme) Pseudonyme benutzten, aber meines war Emine [Frauenname] und nicht Emin [Männername]. Ich verstand dann, dass der Führungskader unsere Namen als männliche in die Protokolle der Hauptsitzung aufgenommen hatte. Ich kann Ihnen gar nicht sagen, wie gedemütigt ich mich fühlte, als dieser Beamte sich lustig darüber machte, wie die Männer unsere Anwesenheit als Frauen verleugneten und sich offensichtlich dafür 'schämten'."[20]

19 Aus meinem Interview mit Gülnur Acar-Savran am 25.06.2009 in Istanbul.

20 Aus meinem Interview mit einer feministischen Aktivistin am 10.02.2005 in Istanbul, die seit ihrer Gründung in der feministischen Bewegung aktiv ist.

Obwohl viele männliche Genossinnen in der damaligen linken Bewegung als eine 'Rechtfertigung' anführen könnten, dass die Kaschierung der weiblichen Aktivisten als Männer nur zum Schutz der Frauen als eine zusätzliche Vorsichtsmaßnahme im Falle einer Inhaftierung praktiziert wurde, empfand die Aktivistin diese Vorgehensweise als abwertend und ausschließend. Dieselbe Aktivistin erfuhr eine weitere Abwertung durch einen staatlichen Beamten, als sie als Hauptorganisatorin der Demonstration am 8. März, dem Weltfrauentag, die Autorisierung der Protestversammlung von einem Polizeibeamten einholen musste. Der Beamte verlangte eine Liste der Frauenorganisationen, die an der Demonstration teilnehmen würden. Die Aktivistin zählte alle Frauenorganisation der Reihe nach auf, aber der Beamte war daran nicht sehr interessiert und fragte ausschließlich, ob „irgendwelche Frauenabteilungen von radikalen Parteien" an der Demonstration teilnehmen würden.

> „Ich, als eine Frau, die immer politisch und radikal war, die ihren [vom Staat eingezogenen] Reisepass erst 1998 zurückbekam und eine Akte als *gefährliche Staatsfeindin* hatte, bemerkte, dass mich dieser Polizeichef nicht ernst nahm und nie mehr ernst nehmen würde, da ich mich jetzt nur noch mit *Frauenthemen* beschäftigte. [...] Ich wollte laut aufschreien: 'Hey, ich bin radikal, ich bin gegen den Staat, ich bin immer noch gefährlich', aber ich wusste, dass es nichts bringen würde."[21]

Frauenthemen und -streitpunkte, Forderungen und Interessen von Frauen, feministische Praktiken und Politik stellen nicht nur keine Bedrohung für staatliche Institutionen und Akteure dar, gleichzeitig wird auch eine strategische Abwertung und *Dethematisierung* von Frauenangelegenheiten praktiziert (vgl. Jessop 2001: 13). Durch diese gemeinsamen Erfahrungen der autonomen Feministinnen sind sie heute diejenigen, die für die Erhaltung der Autonomie der feministischen Bewegung keine Kompromisse eingehen wollen und diese Positionierung als ihre primäre politische Strategie sehen. Zivilgesellschaft als ein politisches Konzept und eine öffentliche Sphäre bedeutet für viele dieser Frauen eine „Integration in das kapitalistische System und seine Spielregeln", worin sie sich aber nicht verorten möchten.

Handan Koç ist seit dem Beginn der feministischen Bewegung als Feministin aktiv, sie ist eine bekannte politische Figur in feministischen Kreisen und bezeichnet sich selbst als „revolutionär-feministisch", wobei die Priorität auf „feministisch" liege. Sie war in linken, sozialistischen und kommunistischen

---

21 Ebd.

Arbeiterparteien wie *ÖDP*[22], *TKP*[23] und *HADEP*[24] aktiv, hat sich aber von der *ÖDP* entfernt, weil diese sich, ihren Aussagen zufolge, „liberalisiert" habe. In meinem Interview mit Handan Koç machte sie erneut deutlich, welche zentrale Bedeutung die Erhaltung der Autonomie für die weitere Entwicklung der feministischen Bewegung habe. Aus diesem Grund habe sie bei den letzten Wahlen nicht gewählt. Auf die Frage, was Zivilgesellschaft für sie bedeute, antwortete sie:

> „Nichts. Es ist ein Klassenbegriff. Gehört zum Liberalismus. Ich ziehe es vor, Klasse als Terminus zu benutzen. Der Zivilgesellschaftsbegriff ist eine Abrechnung mit der 'Ideologie der Republik'.[25] Eine laizistisch-islamische Polarisation. Keine der beiden hat eine Frauenperspektive. Es ist eine Abrechnung mit dem 'Tiefenstaat'[26], es geht weder um die Befreiung des Geschlechts noch der Klasse."[27]

Handan Koç ist nicht die einzige autonome Feministin, die mit dem Zivilgesellschaftsbegriff nichts anfangen kann. Sie spricht von der Vereinnahmung des Zivilgesellschaftskonzepts durch verschiedene politische Ideologien (vgl. Kapitel 2). Die Frauenperspektive wird dabei zum Instrument der spezifischen politischen Rhetorik von politischen Strömungen wie Islamismus und Kemalismus. Die Frauen, die in diesen beiden politischen Strömungen Frauenthemen politisieren und frauenpolitische Debatten führen, können sich dementsprechend nicht von dem ideologischen Rahmen des Islam oder des Kemalismus abgrenzen. Beide Ideologien benutzen die Frauen und die frauenpolitischen Debatten und stellen diese „in ihren eigenen Schatten", wovor Handan Koç implizit in ihrer Aussage

---

22 Die 1996 gegründete „Partei der Freiheit und Solidarität" ist eine linke Sammelpartei. In den Gründungsjahren wurde die ÖDP zu einem gemeinsamen Hoffnungsträger für die gesamte Linke, diese verlor aber nach Spaltungen in der Partei ihre Kraft.

23 Türkische Kommunistische Partei

24 Demokratische Partei des Volkes (prokurdisch)

25 Mit der „Ideologie der Republik" meint Handan Koç die kemalistischen Grundsätze, auf denen die türkische Republik beruht und worauf sie sich heute verfassungsrechtlich stützt. Die Abrechnung mit der „Ideologie der Republik" ist also die islamische Abrechnung mit der kemalistischen Ideologie, die den Islam im Rahmen des Laizismus aus den staatlichen Maximen ausgeschlossen hat.

26 Der 'tiefe Staat' (deep state) ist ein politischer Begriff in der Türkei, der sich auf den 'Staat im Staat' bezieht und damit undurchsichtige und tief verwickelte Macht- und Herrschaftsverhältnisse außerhalb der strukturell sichtbaren staatlichen Beziehungen bezeichnet. Die Beziehungen zwischen Politikern, Regierungs- und Parlamentsabgeordneten, Großindustriellen, Polizei- und Militärbeamten und der Mafia wurden in der Türkei im Rahmen des 'Tiefenstaates' oft skandalisiert.

27 Aus dem Interview mit Handan Koç am 12.02.2005 in Istanbul.

warnt. In diesem Sinne scheint es für die feministische Bewegung von großer Bedeutung zu sein, sich von diesen tief verankerten und politisch üblich gewordenen Vereinnahmungen zu distanzieren. Darüber hinaus muss die feministische Bewegung diese Gefahr als solche erkennen und umso vorsichtiger in der Suche nach Koalitionen für feministische Anliegen sein.

Auf meine Frage, ob sie sich selbst oder die feministischen Organisationen wie die Zeitschrift *Pazartesi,* mit denen sie zusammengearbeitet hat, als Teil der Zivilgesellschaft sehe, antwortete Handan Koç:

> „Ich ziehe es vor von 'politischen Koalitionen' zu sprechen. Wir wollten die feministische Bewegung niemals als eine Zivilgesellschaftsbewegung bezeichnen. Sie ist eine 'Bewegung', eine 'gesellschaftliche Bewegung'. Auf der anderen Seite gibt es die Frauenlobbys. Das ist Zivilgesellschaft. Ich selber bin aber Teil von 'demokratischen Frauenorganisationen'. Der Begriff der Zivilgesellschaft hat etwas Assimilierendes an sich. [...] Die *AKP* kann nicht in der Lage sein, die Frauen zu retten. Das Traditionelle kann nicht befreiend sein. Ich bin in diesem Sinne 'nicht-etatistisch' und glaube, dass der EU-Beitrittsprozess die Lage der Frauen nicht verbessern kann. So etwas kann nicht 'von oben herab' funktionieren."[28]

Der Begriff der Zivilgesellschaft ruft also Assoziationen mit dem Liberalismus und mit Herrschaftlichkeit hervor, während „die feministische Bewegung als eine gesellschaftliche Bewegung", als eine demokratische, oppositionelle und gegenhegemoniale Öffentlichkeit gedeutet wird. Handan Koç interpretiert den Stand der aktuellen feministischen Bewegung im weiteren Verlauf des Interviews und deutet die *TCK-Frauenplattform* als einen der wichtigsten Katalysatoren der Frauenbewegung in den letzten Jahren. Auf die Frage, ob sie glaube, dass eine feministische Organisation eine effiziente Politik in der politischen Öffentlichkeit generieren könne, antwortete sie:

> „In meinen Augen war die gesamte feministische Bewegung in der Lage, eine effiziente Politik zu machen. Die wichtigste Entwicklung in den letzten Jahren ist, dass die feministischen Debatten über ökonomische Gewalt und Ausbeutung der Frauen verifiziert wurden. Themen wie Ehrenmorde, Kurdistan, Auswanderung und Tyrannei wurden in den Medien öffentlich gemacht. Das ist gut. Aber gleichzeitig wird eine Autozensur innerhalb der feministischen Bewegung praktiziert. Manche feministische Wissenschaftlerinnen vermeiden implizit den Gebrauch von politisch belasteten Begriffen wie 'kurdisch'. Manche Medien waren aber offen für Feminismus. Sie haben sogar ihre eigenen Frauenlobbys gegründet, Frauenprogramme lanciert. *Acik Radyo*[29] (Offenes Radio) ist ein gutes Beispiel für ein geschlechter-

28 Aus dem Interview mit Handan Koç am 12.02.2005 in Istanbul.

29 *Acik Radyo* (Offenes Radio) ist eines der wenigen Medien in der Türkei, das autonom ist und ausschließlich durch Spenden und die finanzielle Unterstützung

sensibles Medium. All das kann einen positiven Effekt haben. Weiterhin hat die *TCK-Frauenplattform* die Frauenbewegung nach einer langen Pause wieder zusammengebracht. Ich denke, diese Plattform ist die wichtigste Initiative im Namen der Frauenbewegung in den letzten Jahren."[30]

Die Bedeutung der *TCK-Frauenplattform* liegt für viele feministische Aktivistinnen und Wissenschaftlerinnen auf der Hand. Generell überwog nach den Erfolgen der Frauenplattform und den frauenfreundlichen Reformen im Strafgesetz eine positive und hoffnungsvolle Zukunftserwartung in der feministischen Bewegung. Doch die Frage, inwieweit feministische Organisationen Kooperationen mit staatlichen Institutionen in frauenpolitischen Angelegenheiten eingehen sollten, scheint noch immer zu Spaltungen in der Bewegung zu führen.

Ganz im Sinne von Handan Koç tritt auch Fatma Mefküre, autonome Feministin, aktive Mitarbeiterin in der Stiftung *Lila-Dach* und Revolutionärin in den 1970er Jahren, für die Autonomie der feministischen Bewegung ein. Sie könne sich am meisten mit der Stiftung *Lila-Dach* und deren Zielen identifizieren, hier stimmen für sie „politische Aussage und Aktion" überein. Sie definiert ihre politische Zugehörigkeit als „feministisch, anti-kapitalistisch" und glaubt auch weiterhin an die „kommunistische Utopie". Auf die Frage, ob es ihrer Meinung nach momentan Akteurinnen oder Organisationen gebe, die wirksam eine Frauenperspektive in der politischen Öffentlichkeit artikulieren können, antwortete sie:

„Nein, gibt es nicht. *Pazartesi* und *Lila-Dach* gibt es. *Pazartesi* ist ein positiveres Beispiel, obwohl sie ihre Funktion nicht mehr vollständig erfüllt. Ich möchte mit Personen zusammenkommen, um einen radikaleren Diskurs zu produzieren. Ich möchte nicht zu dem allgemeinen Diskurs etwas beisteuern. Wir wollen einen Diskussionsrahmen festsetzen und diskutieren. Es gibt Sackgassen in der Frauenbewegung. Ich möchte mit Frauen zusammen sein, die mir auch etwas zu sagen haben. Wir müssen über die Slogans wie 'unbezahlte Hausarbeit' usw. hinausgehen. Wir müssen einen Feminismus außerhalb von eingesessenen feministischen Standpunkten und Positionierungen entwickeln. Die Frauenbewegung ist in einer Position, wo sie als Vollzieherin von staatlichen Reformen agiert. Das sollte nicht so sein. Wir nähren uns nicht gegenseitig, nur eine bestimmte Schicht nährt sich. Und das sind die Reformistinnen, die Frauen, die für rechtliche Reformen agieren. *Amargi*

---

seiner Zuhörerschaft finanziert wird. *Acik Radyo* ist ein kritischer und politisch als links einzuordnender Radiosender, der auch geschlechter-, umwelt-, klassen- und minderheitensensible Programme ausstrahlt.

30 Aus dem Interview mit Handan Koç am 12.02.2005 in Istanbul.

hingegen kann als eine positive Gruppierung gelten. Schließlich möchten sie einen radikaleren Diskurs und Aktion hervorbringen."[31]

In den Aussagen von Mefküre über die feministische Bewegung tritt immer wieder die Betonung der Radikalität und Beibehaltung der Autonomie zutage. Sie beurteilt nur autonome Organisationen wie *Pazartesi* und *Lila-Dach* als wirksame Protagonistinnen der feministischen Bewegung und ordnet reformorientierte Protagonistinnen und feministisch wirksame Figuren außerhalb ihrer eigenen feministischen Zugehörigkeit ein.

Ähnlich wie Mefküre definiert Gülnur Acar-Savran ihr Verständnis von „feministischen Bündnissen" und ihre persönlichen Abgrenzungen zu anderen Gruppierungen:

„Wir als *Sozialistisch-Feministisches Kollektiv* sind eigentlich bei allen Protestaktionen dabei. Wir unterstützen mit Hülya [Gülbahar] die Protestaktionen gegen Gewalt an Frauen, wir unterstützen die Kandidatur von feministischen Bürgermeisterinnen, wie wir auch gegen die Sozialversicherungsregelungen protestieren. Aber wir wollen hervorheben, dass Feminismus nicht auf rechtliche Gleichstellungsaktionen zu begrenzen ist. Starke Bündnispartner für uns sind *Amargi* und *Lila-Dach*. Kritisieren kann ich an *Amargi* nur, dass sie mir zu eklektisch vorkommen. Sie agieren wie ein Spiegel der feministischen Bewegung, auch ein Spiegel der Zersplitterungen, so dass keine einheitliche feministische Politik zustande kommt. Aber zusammenfassend sind es diese autonomen Frauengruppen, die gestärkt werden müssen. Mit wem wir uns auf keinen Fall zusammentun können, sind natürlich die kemalistisch-militaristischen Gruppierungen und alle, die sich für die Implementierung neoliberaler Politiken in der Türkei einsetzen."[32]

Acar-Savran definiert den Zivilgesellschaftsbegriff in ihren Aussagen auch als ein Synonym für die „liberale Bürgergesellschaft, worin Individualität, Kapital und Markt verherrlicht werden." Mefküre wertet den Begriff Zivilgesellschaft im Gegensatz zu Koç und Acar-Savran nicht direkt als ein 'neoliberales Konstrukt' ab. Für sie bedeutet Zivilgesellschaft:

„Der Staat ist etwas, das über den Staatsbürgern steht. Deswegen lege ich großen Wert auf zivilgesellschaftliche Projekte. Die Verwaltung von Fonds und Zuschüssen ist aber eine komplexe und undurchsichtige Sache. Die feministischen Formationen in den Anfangsjahren der Bewegung waren deshalb realistischer. Aber letztendlich ist Zivilgesellschaft ein befreiendes Mittel."[33]

31 Aus meinem Interview mit Fatma Mefküre am 15.03.2005 in Istanbul.

32 Aus meinem Interview mit Gülnur Acar-Savran am 25.06.2009 in Istanbul.

33 Aus meinem Interview mit Fatma Mefküre am 15.03.2005 in Istanbul.

Koç und Mefküre unterscheiden sich auch in ihrer Betrachtung von „Frauenpolitik". Auf die Frage, ob Frauenpolitik in ihren Augen notwendig sei und ob sie glauben, dass sie 'alle' Frauen in ihre frauenpolitischen Diskursen mit einschließen, bemerkte Handan Koç:

> „Frauenpolitik geht. Aber feministische Politik, das geht nicht. In einer Partei kann kein Feminismus existieren. Ich finde solch eine Sichtweise nicht richtig und auch nicht machbar. [...] Feminismus und Politik, das sind ganz verschiedene Dinge. [...] Es ist einfacher, von 'draußen' Macht zu generieren, es ist nicht notwendig, dies innerhalb einer Partei zu machen. [...] Wir, als Feministinnen, sprechen alle Frauen an. Geschlecht bedeutet sowieso Klasse."[34]

Fatma Mefküre hingegen antwortete auf dieselbe Frage:

> „Ja. Frauenpolitik muss sein. Sie muss bis zur Befreiung der Frauen fortgesetzt werden. Dies ist ein Zustand, wo man spezifische Politik macht, eine besondere Politik. Wenn wir Politik machen, dann kümmern wir uns dabei mehr um die politischen Prozesse. Frauenpolitik und feministische Politik oder auch Politik sind dasselbe. [...] Wir müssen die Differenzen zwischen den Frauen erkennen und willkommen heißen. Es ist sehr wichtig, die gegenseitigen Erfahrungen untereinander auszutauschen. Ich will nicht von oben auf andere Frauen herabsehen. Darauf achte ich persönlich am meisten. Doch viele Frauen machen das. Es gibt Gemeinsamkeiten zwischen den Frauen. 'Projekte von kleinen Reichweiten' sind von Bedeutung. Wie *Lila-Dach*. Man muss aus begrenzten Perspektiven heraus schauen und begrenzte Sachen sagen."[35]

Auf die Frage, in welchen Sphären sie oder die Organisationen, mit denen sie zusammenarbeitet, versuchen politisch wirksam zu sein und in welche politischen Prozesse sie eingreifen können, erwiderte Mefküre:

> „Wir (*Lila-Dach*) versuchen staatliche Politiken zu beeinflussen. Wir veranstalten Fortbildungsprogramme für die Frauenhäuser der Stadtverwaltung. Wir schaffen ein neues Bewusstsein. Wir beobachten, was geschieht. Wir arbeiten mit *SHCEK*[36]

---

34 Aus meinem Interview mit Handan Koç am 12.02.2005 in Istanbul.

35 Aus meinem Interview mit Fatma Mefküre am 15.03.2005 in Istanbul.

36 Die staatliche *Institution für Sozialdienste und Kinderschutz* bietet als eine ihrer sozialen Leistungen Frauen, die Opfer von Gewalt sind, Unterkunft in Frauenhäusern an. Die Praktiken der SHCEK und von *Lila-Dach* unterscheiden sich allerdings radikal voneinander, zumal SHCEK als eine staatliche Organisation bei der Führung der Frauenhäuser keine feministischen Grundsätze verfolgt. Oftmals versuchen diese Institutionen, die Familien wieder zu *versöhnen* und Gewaltopfer wieder zu ihren Peinigern *zurückzuschicken*, ähnlich den Praktiken der staatlichen Akteure wie Polizisten und Richter, die in Kapitel 4.1 dargestellt wurden. Auf dem '7. Kongress der Frauenhäuser und Informations- und Solidaritätzentren' in Çanakkale vom 3.-5.

(Institution für Sozialdienste und Kinderschutz) zusammen. Letztendlich versucht *SHCEK*, die Familien zu versöhnen. Wir decken das alles auf. Momentan hat *Lila-Dach* kein Frauenhaus, weil kein Geld da ist. Doch es gibt eine Kommunikation zwischen *SHCEK* und *Lila-Dach*. Das *Direktoriat für den Status der Frau* hat *Lila-Dach* bei seiner Gründung eingeladen und um Rat gebeten. Doch sie haben den Inhalt unserer Aussagen entleert. Jetzt fragen sie uns nicht mehr um Rat. Für uns ist das *Gesetz 4320* – das Gesetz zur Ausweisung des Gewalttätigen aus der gemeinsamen Wohnung – von Bedeutung. Dieses Gesetz wird auch auf unverheiratete Paare erweitert. Früher haben die Gewaltopfer selbst das Haus verlassen. Aber jetzt werden die gewalttätigen Männer ausgewiesen. Das ist insbesondere bei Familien mit Kindern sehr wichtig. So wird die Routine und Lebensordnung der Kinder nicht gestört und die Frau steht nicht mittellos da. Durch die Aktivitäten von *Lila-Dach* erteilen Richter frauenfreundlichere Urteile und die Medien haben uns auch unterstützt. Das sind alles sehr wirksame Erfolge der Frauenbewegung."[37]

Koç antwortete auf die Frage, in welchen Sphären sie mit staatlichen Institutionen in Berührung komme, in Konflikt gerate oder zusammenarbeite:

„Wenn du mächtiger wirst, dann ist der Staat gezwungen, dich anzuerkennen und zu sehen. Das *Direktoriat für den Status der Frau [KSSGM]* hat uns während seiner Gründung konsultiert. Es war gezwungen dazu. Wenn du mächtig wirst, dann tritt eben der Staat an dich heran. Sie versuchen, mit dir zu kooperieren. Außerdem werde

---

Dezember 2004, an dem 70 Frauenorganisationen teilnahmen und auf dem ich als Beobachterin anwesend war, wurden diese Differenzen zwischen den staatlichen SHCEK Organisationen und dem *Lila-Dach* in sehr konfliktreichem Ausmaße deutlich. Die um Autonomie bemühten Mitarbeiterinnen von *Lila-Dach* gerieten in unlösbare strategische Konflikte mit den Repräsentantinnen der SHCEK und einer Journalistin der Hürriyet Zeitung, die für die anstehende Kampagne von Hürriyet 'Schluss mit der häuslichen Gewalt' Solidarität und Mithilfe bei den *Lila-Dach*-Mitarbeiterinnen suchte. Sie wurde allerdings als eine Repräsentantin der 'faschistischen Medienhunde' ausgebuht und aus dem Saal gewiesen. Die politische Strategie von *Lila-Dach*, die auch Mefküre in ihrer politischen Positionierung repräsentiert, ist nach eigenen Aussagen der einzige Weg für sie, nicht von machtideologischen Strömungen, die patriarchale und hegemonial männliche Praktiken aufweisen, vereinnahmt zu werden. Dies sei nur durch die Bewahrung solch einer Autonomie und Distanz zu staatlichen und populistischen Frauenpolitiken möglich. Auf der anderen Seite hat die Kampagne der Zeitung Hürriyet große Aufmerksamkeit in der Öffentlichkeit erhalten, die zur weiteren Sensibilität gegenüber Gewalt gegen Frauen in Fernsehsendungen und politischen Debatten beigetragen hat. Dieser bestehende Konflikt zwischen Autonomie und staatlicher Zusammenarbeit in der feministischen Bewegung und deren Lösungsstrategien sind entscheidend für die weitere Entwicklung der Bewegung.

37 Aus meinem Interview mit Fatma Mefküre am 15.03.2005 in Istanbul.

ich in den letzten zwanzig Jahren mit dem repressiven und zwingenden Gesicht des Staates konfrontiert, wenn ich auf Protestveranstaltungen bin."[38]

Die Interaktionen mit staatlichen Akteuren und Akteurinnen und Institutionen sind für die autonomen Feministinnen emotional sehr aufgeladen. Da viele von ihnen im Zuge der Zerschlagung der gesamten Linken in der Türkei beim Militärputsch im Jahre 1980 festgenommen und gefoltert wurden, stehen sie jeglicher Verbindung zum Staat und seinen Repräsentanten und Repräsentantinnen kritisch gegenüber. Die politische Praxis und Positionierung der autonomen Feministinnen kann in den Worten von Fatma Mefküre wie folgt zusammengefasst werden: „Man muss aus begrenzten Perspektiven heraus schauen und begrenzte Sachen sagen". In anderen Worten: Frau solle sich also in diesem Sinne nicht um die Herstellung von großen Narrativen über Frauen und für Frauen bemühen, sondern vielmehr in kleinen politischen Foren und Zusammenkünften für die Behebung von bestimmten Missständen *zusammen* mit jenen Frauen agieren, die davon betroffen sind. Dabei sehen nicht alle die Zivilgesellschaft als ein „neoliberales Spielfeld", sondern auch als eine politische Gelegenheitsstruktur, die zur Befreiung der Frauen genutzt werden kann.

Im Interview mit mir beschreibt Stella Ovadia, Psychotherapeutin und eine der Mitgründerinnen und Aktivistinnen der feministischen Bewegung nach 1980, die Gründe für ihre Distanzierung von der feministischen Bewegung:

> „In den Anfängen der Bewegung kamen wir zusammen, um unsere gegenseitigen Erfahrungen zu teilen, unser Privatleben in Frage zu stellen. Das waren die Jahre einer gegenseitigen Annäherung. Doch dann wurden diese Zugehörigkeitskategorien wichtig: Radikale Feministinnen, sozialistische Feministinnen, Gleichheitsfeministinnen. Diejenigen, die sich nicht diesen Kategorien zuordnen konnten, wurden 'sporadische Feministinnen' genannt. Danach kamen auch die ganzen Spaltungen. [...] Ich habe in Frauenhäusern und Gemeinden mitgewirkt. Ich war nicht gegen eine Zusammenarbeit mit den Gemeinden, aber ich wollte meine eigene Autonomie bewahren. Wir mussten ökonomisch autonom bleiben. Anders lief es nicht. 'Woher kommt das Wasser der Mühle?' Das ist sehr wichtig für mich. Die Soroz-Angelegenheit ist wichtig, sein *Open Society Institute [OSI]*. Wenn man Gelder bekommt, dann muss man aber auch seine eigenen Richtlinien aufstellen, sonst geht es nicht. [...] Ich habe zeitweise in einigen Zeitschriften zu feministischen Belangen geschrieben, aber meine Sprache wurde von vielen als zu 'hart' empfunden. Die Frauen müssen lernen, sich selber zu lieben, aber die Gefahr besteht darin, in einen Essentialismus, eine Verherrlichung der Weiblichkeit zu verfallen, was die Frauen auch gemacht haben. Wir brauchen eine Politik zwischen diesen zwei Polen. [...] Unsere Zeit war dynamischer, die feministische Bewegung und wir selbst waren damals dynamischer.

---

38 Aus meinem Interview mit Handan Koç am 12.02.2005 in Istanbul.

Wir haben damals die Politik und die Tagesordnung bestimmt. Damals haben die Islamisten und Kemalisten durch die Dynamik unserer Bewegung Kraft gewonnen und diese für sich genutzt. [...] Der Spruch eines Richters: 'Die Frauen sind zum Schlagen da' wurde durch uns skandalisiert und die Effekte waren tiefgreifend. [...] Heute verkauft sich die Zeitschrift *Pazartesi* nicht mehr. Am Protestmarsch gegen Rassismus nahmen nur sechzig Frauen teil. Für mich ist auch die Frage des zunehmenden Rassismus in der Türkei zentral. Ich habe mich insgesamt unverstanden gefühlt und mich von der Bewegung zurückgezogen. Momentan steht der zunehmende Rassismus in der Türkei auf meiner Tagesordnung. Dazu schreibe ich auch. Insbesondere über den Rassismus gegen Juden."[39]

Obwohl sie durchgehend die Bedeutung einer autonomen Haltung für sich persönlich unterstreicht, ist sie nicht direkt gegen die Zusammenarbeit mit staatlichen Institutionen und ParlamentarierInnen:

„Die Anzahl der Frauen im Parlament ist viel zu gering. Außerdem existiert keine feministische Perspektive. Die Frauen können sehr stark sein, wenn sie nur zusammenkommen könnten. Ich bin nicht gegen eine Zusammenarbeit mit Politikerinnen und Parlamentarierinnen. Doch ich möchte nicht einen Forderungstisch, an dem ich sitze, sondern einen Aushandlungs-, Verhandlungstisch. Ich möchte in der Lage sein, eine Seite zu ergreifen, für eine Seite zu sprechen. Das muss mit den Feministinnen diskutiert werden. Die Befreiung der Frauen bedeutet für mich, wenn die Träume der Frauen nicht mehr von Männern bestimmt werden; wenn man seine Kapazität zu denken zurückgewinnt und sich von den Männern befreit."[40]

Stella Ovadia schreibt momentan in zahlreichen hegemoniekritischen Zeitschriften über Rassismus, Patriarchat und soziale Missstände. In den letzten Jahren thematisiert sie wieder zunehmend feministische Belange und unterstützt feministische Solidaritätskampagnen, was ein Indiz dafür ist, dass auch sie sich in der Bewegung wieder engagiert hat.[41]

Das *Sozialistisch-Feministische Kollektiv (SFK)*, das im November 2008 gegründet wurde, erscheint in diesem Sinn für viele autonome Feministinnen als ein vielversprechender neuer Zusammenschluss. Gülnur Acar-Savran spricht in diesem Zusammenhang von einer Rückkehr der 'verjährten Feministinnen' zur feministischen Bewegung, auch wenn diese Rückkehr eine zahlenmäßig geringe sei. Doch bringt die Stärkung der autonomen Strukturen der Bewegung ihr zufolge für das *Sozialistisch-Feministische Kollektiv* einen Bedeutungszuwachs:

---

39 Aus meinem Interview mit Stella Ovadia am 09.03.2004 in Istanbul.

40 Ebd.

41 vgl. http://www.stgm.org.tr/detay.php?detid=344; Zugriff am 23.08.2009.

„Ich vertrete nicht die weit verbreitete Meinung, dass die feministische Bewegung nach 2000 wirksamer geworden ist. Was wirksamer geworden ist, sind frauenfreundliche rechtliche Reformen, eine Dynamik auf der legalrechtlichen Ebene, die hauptsächlich durch den EU-Beitrittsprozess eingeleitet wurde. Die Reformen im Strafrecht waren natürlich sehr bedeutend und notwendig, doch in Bezug auf feministische Politik waren das keine großen Fortschritte. Das, was momentan passiert, ist ein Rückzug in einen Institutions-, Zivilgesellschaft- und Staatsfetischismus. Ich nenne das Fetischismus. Dabei gehen feministische Infragestellungen des Privatlebens, des Familienlebens, der Rollen als Ehefrauen und Mütter, die im Zentrum der feministischen Politik Ende der 80'er standen, drastisch zurück. Die ökonomischen Bedingungen, die ökonomische Krise und die konservativen Politiken haben die Menschen zurück ins Familienleben und in die Ehe gedrängt. Wir haben uns damals in den 1980er Jahren in Massen scheiden lassen, jetzt gibt es einen Heiratsboom. Wenn Geschlechterpolitik jetzt auch viel sichtbarer ist als früher, dann ist das kein Zeichen von Radikalität, sondern einer Zähmung, einer Verschmelzung mit dem System. Auch die Geschlechterpolitiken der EU favorisieren nur eine bestimmte Kategorie von Frauen, gebildete, beschäftigte Frauen aus der Mittelschicht oder die organisierten Schichten der Arbeiterinnen. Doch in der Türkei arbeitet die Mehrzahl der Frauen im informellen Sektor; das bedeutet unsichtbare, unbezahlte Arbeit. Fortschritt sollte Fortschritt für alle Frauen bedeuten, alle Frauen inkludieren. Das ist Feminismus. Etwas, das über EU-Politiken, über Zivilgesellschaftsarbeit als Beruf hinausgeht. Wir müssen uns auf unsere Politiken zurückbesinnen, wo wir politische Arbeit gemacht haben, ohne eine Auszahlung, ohne einen Profit davon zu erwarten. Daher erachte ich die Errichtung von autonomen Kollektiven wie das *SFK* und die Stärkung von autonomen Bündnissen unter den Feministinnen als äußerst wichtig. Es ist wichtig, als ein Leitbild für eine wirklich autonome Frauengruppe zu fungieren, zu zeigen, dass eine feministische Organisation auch ohne Fondshilfen existieren kann, dass so was geht."[42]

Die autonome Feministin und eine der beiden Herausgeberinnen des Buches *Feminismus in der Türkei in den 90ern*, Asena Günal, die auch Mitglied des Kollektivs ist, berichtet über ihren feministischen Aktivismus, ihren Eintritt in das Kollektiv und über die Zusammenarbeit mit den Frauen im Kollektiv:

„Ich bin bisher nie in einer feministischen Organisation aktiv gewesen. Ich habe zwar immer die Aktionen und Kampagnen der feministischen Bewegung unterstützt und mich seit meiner Zeit als Studentin in feministischen Zirkeln bewegt, aber irgendwie haben wir uns nie organisieren können. [...] Auf der einen Seite möchtest du Politik machen, du möchtest eingreifen, doch auf der anderen Seite kannst du irgendwie nie ganz dazugehören und willst es auch nicht, weil die politischen Praktiken nicht kreativ sind und weil immer bestimmte Menschen Politik machen, das wird dann alles zu etwas Professionellem. Deswegen bin ich von der Bewegung abgekommen,

42 Aus meinem Interview mit Gülnur Acar-Savran am 25.06.2009 in Istanbul.

wobei die Bewegung auch von der anfänglichen Energie viel verloren hatte. Ich hatte immer Vorbehalte, die ich mir nicht ganz erklären kann, in feministische Organisationen oder Kollektive einzutreten. Es war vielleicht die Art von einigen Frauen, diese bestimmende und alles dominierende Art nach dem Motto: 'Hier geht alles nach meiner Nase'. Ich glaube, ich kann mit so etwas schlecht umgehen. Ich halte mich da lieber immer etwas zurück. Aber im *SFK*, da fühle ich mich momentan sehr wohl. Ich denke, dass wir eine sehr einschließende Organisation sind. Das wundert mich eigentlich alles selber. Denn ich war auf Kämpfe zwischen den Frauen, Wettbewerb, alteingesessene, hierarchische Strukturen vorbereitet. Aber das gibt es hier alles nicht. Es gibt auch sehr viele junge Menschen, die zu uns gekommen sind. Sie werden motiviert, die Arbeit im Kollektiv wird gleichberechtigt auf alle aufgeteilt, in Diskussionsrunden wird darauf geachtet, dass jeder gleich viel spricht. Ich meine, manche machen wirklich mehr Arbeit, sie nehmen sich mehr Zeit für die Organisation. Das gibt es auch in anderen Organisationen und Zeitschriften. Doch das bedeutet nicht, dass daraus gleich Herrschaftsverhältnisse entstehen. Wir sprechen auch viel darüber, über Herrschaft auch innerhalb des Kollektivs. Doch wir haben uns darauf geeinigt, nicht oberflächliche Diskussionen über allgemein herrschaftliche Verhältnisse zu führen, sondern durch die Thematisierung bestimmter Vorfälle und Geschehnisse Konflikte zu lösen. [...] Ich finde, dass unter den gegenwärtigen, aktiven feministischen Zusammenkünften das *SFK* die energischste Gruppe darstellt. Es [*SFK*] ist wirklich überall, solidarisiert sich mit anderen Frauenorganisationen, das ist wirklich entscheidend für das Kollektiv. Mit kurdischen Frauenorganisationen, mit *Amargi* und *Lila-Dach* macht es gemeinsame Kampagnen."[43]

Asena Günal unterstreicht in ihrer Aussage die wachsende Solidarität zwischen den feministischen Organisationen und bemerkt, dass sie „eine Stärkung der Solidarität zwischen den Frauen" beobachte. Auch für sie steht die Finanzierung der verschiedenen feministischen Organisationen im Vordergrund, wobei sie erklärt, dass das SFK beschlossen habe, keine Subventionen engegenzunehmen, um „einem Abhängigkeitsverhältnis mit den Fondsgesellschaften vorzubeugen." Das *SFK* wird daher ausschließlich aus den Mitgliedsbeiträgen finanziert.

In Bezug auf die Beziehungen zum Staat vertrete das *SFK* auch eine ablehnende Haltung und sei „eine Organisation, die sich genau dadurch absondert." Das *SFK* nehme aber an Initiativen teil, die das Ziel haben, staatliche Politiken zu verändern. Günal unterstreicht dabei jedoch, dass sie nicht im Namen des *SFK* sprechen wolle und ihre eigene Einstellung in dieser Hinsicht etwas „pragmatischer" sei:

„Ich persönlich sehe kein Problem darin, mit staatlichen Institutionen und AkteurInnen in Beziehung zu stehen. Wenn es um etwas geht, was das Leben der Menschen verändern kann, dann empfinde ich diese herablassende Haltung wie 'Was sind denn schon Gesetzesänderungen, die bedeuten doch nichts', usw. als

43 Aus meinem Interview mit Asena Günal am 26.08.2009 in Istanbul.

etwas frech und sinnlos. Ganz im Gegenteil, als Organisation musst du Druck ausüben, damit der Staat sich um Veränderung bemüht. Ich meine, was ist denn eine zivilgesellschaftliche Organisation? Nicht eine Organisation, die das macht, was der Staat nicht macht, sondern eine Organisation, die den Staat zwingt, etwas zu unternehmen. So muss eine Beziehung zum Staat hergestellt werden. Und wenn es nötig ist, dann musst du dich auch mit der *KSSGM* zusammensetzen oder die Projekte von irgendwelchen Institutionen unterstützen und dein Wissen teilen. Das ist aber meine Meinung. Die Positionierung des *SFK* ist da nicht so konkret. Also mit Vorbehalt gegen das Gender Mainstreaming innerhalb des EU-Prozesses denke ich, dass die Frauen, die sich in internationalen Arenen einsetzen und feministische Politik machen, von großer Bedeutung sind. Das gehört auch dazu. Die Beziehungen zwischen den feministischen Protagonistinnen und der U.N. usw. Die Frauen haben in den Reformen des Zivilrechts und des Strafrechtes eine große pressure-group hervorgebracht. Und wenn es nötig ist, musst du da auch die Sprache des Staates anwenden, wenn die Veränderung nur dadurch passiert, musst du das machen."[44]

Ihre Gedanken über die Zivilgesellschaft in der Türkei fasst sie wie folgt zusammen:

„Wenn wir von Zivilgesellschaft in der Türkei sprechen, dann ist das, was einem in den Sinn kommt, nicht das, was sein sollte. Es gibt zu viel Spezialisierung, zu viel Institutionalisierung, und so bleibt die Zivilgesellschaft im Hintergrund, wenn es darum geht, den Staat zu zwingen, etwas zu tun. Ich denke, obwohl es eine Sphäre sein sollte, die dynamisch ist, wo Menschen wirklich ihre Beiträge machen, ihre Meinung sagen, professionalisiert sich die Zivilgesellschaft zunehmend. Es ist zu einem Job von bestimmten Menschen geworden. Und weil Zivilgesellschaft in der Türkei in dieser Weise funktioniert, gehen dabei die Dimensionen der Freiwilligkeit und der politischen Einmischung völlig verloren. In der Türkei hat sich alles zu Folgendem transformiert: Der Staat kann nicht alles bewerkstelligen, kann nicht für alles da sein, dann lasst uns z.B. den *Freiwilligen Bildungsverein* gründen usw. Lasst uns die Lücken füllen, wo der Staat zu kurz greift. Aber so sollte es nicht sein. Zivilgesellschaft ist eine Sphäre der Auseinandersetzung, des Kampfes, die eine Veränderung herbeiführen will."[45]

Die Zivilgesellschaft wird von den autonomen Feministinnen als eine Sphäre der Herrschaft und Hegemonie entweder völlig abgelehnt oder wie im Fall von Günal wegen ihrer Professionalisierung und ihrem Mangel an Radikalität und Dynamik oder der Übernahme von staatlichen Aufgaben (vgl. Demirović 2001: 149) kritisiert. In den Aussagen der autonomen Feministinnen wird sowohl eine gewisse 'Entfremdung' gegenüber der Zivilgesellschaft sichtbar als auch der Wunsch, die Zivilgesellschaft als eine 'Sphäre der Auseinandersetzung' wieder zu radikalisieren und der Professionalisierung der Zivilgesellschaft entgegenzutreten.

---

44 Ebd.

45 Ebd.

Die Tatsache, dass die feministische Bewegung sich in den 1980er Jahren als eine neue soziale Bewegung formiert hat, die politische Erfahrung, die autonome Feministinnen in die soziale Bewegung einbringen, und ihre Beharrlichkeit, mit der sie ihre autonome politische Stellung bewahren, enthalten ein Potential für eine transformatorische Kraft in der zivilgesellschaftlichen Landschaft, die in dieser Form von keiner anderen sozialen Bewegung in der Türkei aufgebracht wird.

> „Die feministische Bewegung ist im Vergleich zu anderen sozialen Bewegungen in der Türkei eine sehr transformatorische Bewegung. Sie hat den Staat gezwungen, etwas zu unternehmen, und sie hat vieles sichtbar gemacht, sie hat Gewalt gegen Frauen sichtbar gemacht, sie hat alle möglichen Diskriminierungen sichtbar gemacht. Das sind wichtige Dinge. Früher, wenn eine Gesetzesänderung vorgenommen wurde, hat keiner danach gefragt, was die Frauen sagen. Das ist alles durch den Kampf der Frauen errungen worden. Ich würde das *SFK, Amargi, Ka-Der, Ka-Mer* und *Lila-Dach* als die wirksamsten feministischen Gruppierungen sehen. Wenn es darum geht, das Leben von einzelnen Frauen zu berühren, da ist *Lila-Dach* wirklich sehr effektiv. [...] Für mich ist die Produktion von Meinung sehr bedeutend. Du verbreitest einen Standpunkt, deine Auffassung verbreitet sich immer weiter, und diese Meinung kann jemanden erreichen, die direkt in die Politik eingreift. Also, du kannst, ohne an Plattformen oder politischen Prozessen direkt teilzuhaben, mit deiner Rede, deiner Meinung eingreifen, mitwirken, ohne dass du dir dessen bewusst bist. Meinung, Standpunkte produzieren, das ist wichtig. Aber wir müssen eine breitere Schicht von Menschen erreichen. Ich glaube, dass weder die feministische Bewegung noch die linke Bewegung es geschafft haben, diese Wege zu finden. Wir brauchen kreativere Lösungen dafür, wie wir unsere Standpunkte zirkulieren lassen können."[46]

Viele der autonomen Feministinnen sind sich dessen bewusst, dass ihre feministische Politik jahrelang instrumentalisiert und durch den politischen Mainstream und die bürgerlichen und neo-liberalen Öffentlichkeitsmodelle vereinnahmt wurde. Die Distanzierungen von der Bewegung können sowohl dadurch erklärt werden als auch durch die beschriebenen internen Konflikte und Auseinandersetzungen in der Bewegung. Doch Günal beschreibt anhand ihres persönlichen Einstiegs in das *SFK* gewisse Hoffnungen, die sich angesichts der Revitalisierung feministischer Zusammenschlüsse auf die gesamte Entwicklung der feministischen Bewegung übertragen lassen.

> „Mein Eintritt in das *SFK* ist ein Zeichen dafür, dass der Wunsch gewachsen ist, gemeinsam mit anderen etwas zu machen. Nach einer Weile stört das Alleinsein dich sehr, du liest feministische Bücher, du unterstützt einige Aktionen, aber dies alles erfüllt dich nicht im politischen Sinn. Eigentlich ist es einfacher, allein zu sein, es ist viel schwieriger in einer Organisation zu sein. Es birgt auch Schwierigkeiten in sich,

46 Aus meinem Interview mit Asena Günal am 26.08.2009 in Istanbul.

mit anderen zusammen etwas zu gestalten, deinen eigenen Teil dazu beizutragen, etwas mit anzupacken. Ich kann auch nicht sagen, dass ich das bisweilen immer geschafft habe. Das Leben, die Arbeit, Beziehungen kommen und drängen sich irgendwie immer in den Vordergrund. Doch so viele Menschen sind seit Jahren in der Bewegung so aktiv, ich finde das so wichtig. Und ich möchte jetzt auch ein Teil davon sein, etwas in Bewegung setzen und neue Stimmen und Inhalte hören. Ich spüre momentan das Bedürfnis, in einer Organisation zu sein. Die Tagesordnung unseres Landes zwingt das einem auch irgendwie auf, du willst dann was dazu sagen. Jeden Tag wird eine Frau ermordet, geschlagen, erfährt Gewalt. Das alles bringt den Willen zur Einmischung hervor."[47]

Was Günal hier anhand ihrer eigenen Erfahrungen beschreibt, umreißt die Entwicklung der feministischen Bewegung in den letzten fünf Jahren. Ehemalige Aktivistinnen der feministischen Bewegung nach 1980 wie Stella Ovadia, Sozialistinnen und Feministinnen wie Handan Koç und Asena Günal sind heute entweder wieder direkt in feministischen Organisationen aktiv oder sympathisieren und arbeiten mit feministischen Kollektiven und Kooperativen wie *SFK* und *Amargi* zusammen. Handan Koç und Stella Ovadia waren durch ihre jahrelange Mitarbeit in der *Lila-Dach*-Stiftung und in Zeitschriften wie *Pazartesi* zwar niemals ganz von der Bewegung abgekoppelt, sie hatten sich aber von der direkten Mitarbeit in den Organisationen zurückgezogen. Tatsächlich scheint momentan die Tagesordnung der Türkei eine politische Einmischung der Feministinnen „aufzuzwingen", wie es Günal nennt, so dass sich immer mehr Feministinnen gezwungen fühlen, sich zu organisieren und politischen Druck auszuüben.

Die Problemfelder in der türkischen Politik, die eine feministische Einmischung erfordern, definieren viele autonome Feministinnen übereinstimmend wie folgt: die konservativen Politiken der islamistischen Regierungspartei *AKP*, die durch die Betonung der Bedeutung von familiären Werten Frauen zunehmend in ihre traditionellen Rollen als Ehefrauen und Mütter zurückdrängen. Diese konservativen Politiken werden durch neue Gesetzesregelungen wie die *SSGSS* implementiert, im Zuge derer Frauen von Männern ökonomisch abhängig gemacht werden.

„Unbezahlte und unsichtbare Hausarbeit, ich finde das wird nicht genug thematisiert. Die Familienpolitiken der *AKP* und die Pflegepolitiken sind entsetzlich. Ich meine, was kann ein Gesetz wohl zur Folge haben, das den Müttern, die behinderte Kinder haben und nachweisen können, dass sie arbeitslos sind, monatlich 300 Türkische Lira zuspricht. Um dieses Geld zu bekommen, dürfen sie nicht angestellt sein. Die Botschaft an die Frauen ist hier: 'Ihr bekommt solange von uns Geld, solange ihr euren Pflichten als pflegende Mütter nachkommt, wie es sich auch gehört.' Das

---

47 Ebd.

verschärft natürlich das ganze bestehende konservative System noch mehr. Die *AKP* ist in diesem Sinn sehr konservativ, ähnlich wie ein christlich-demokratisches Modell. Familienwerte stehen ganz oben an. Familie ist sowieso etwas gegen Frauen. Die Gesetze in der *SSGSS*[48], das sind alles Strategien, um die Frauen an ihre Häuser zu binden, in die Privatsphäre zu sperren, alles Politik zum Nachteil der Frauen."[49]

Ebenso bemerkt İpek İlkkaracan, feministische Akademikerin, Ökonomin und Mitgründerin der *WWHR-New Ways* und der *KEIG*-Plattform, in diesem Zusammenhang:

> „Die konservative Bewegung legt ihren Schwerpunkt auf die traditionelle Rollenverteilung. Du hast nur das Recht, etwas mit politischem Inhalt zu formulieren, wenn du Mutter bist. Zum Kurdenproblem nehmen die Mütter von den gefallenen Soldaten Stellung. Wenn die Frau etwas sagen darf, dann muss sie Mutter sein. Frauen sind nur dann wertvoll, solange sie Ehefrauen und Mütter sind. Das muss verändert werden. Millionen von Frauen in der Türkei definieren sich als vollzeitbeschäftigte Hausfrauen. Betreuungsdienste, Kindertagesstätten und Altenpflege, das gibt es in der Türkei nicht. Es gibt keine Kindertagesstätte in der Türkei, die mit öffentlichen Geldern finanziert wurde. In einem Land, in dem statistisch jede Mutter zwei Kinder im Alter zwischen 0 und 6 Jahre hat, müssen Mütter vollzeitige Betreuungsdienste leisten. Wenn die Männer und der Staat keine Verantwortung übernehmen, dann bleibt die ganze Arbeit den Frauen überlassen und die Frauen werden somit sowohl von der Arbeitswelt ausgeschlossen als auch von der Politik. Das ist ein großes Hindernis für die Individualisierung der Frauen. Die *AKP* Politiken sind grausig. Jetzt hat dieser Bargeld-Transfer begonnen. 300 Lira als Betreuungsgeld, mit der Einschränkung, dass die Frau nicht beschäftigt sein darf. Das ist doch sinnlos. Die Familie braucht das Geld doch sowieso für die Betreuung ihrer Kinder, warum soll die Frau da ihre Arbeit aufgeben. Das machen sie nur, um die Frauen in die Häuser zu sperren. Das führt insbesondere dazu, dass Frauen mit niedrigerer Bildung als Arbeitskräfte ausgeschlossen werden. Die Frau wird damit abhängig gemacht."[50]

Die zunehmend konservativen Politiken der *AKP* stellen somit einen Antrieb für feministische Einmischungen dar, wobei die Notwendigkeit immer stärker wird, diese Einmischung in organisierter Form zu praktizieren.

Die Interaktionen zwischen den autonomen Feministinnen, welche die frauenpolitische Tagesordnung bestimmen und an die Öffentlichkeit tragen, und den frauenpolitischen Protagonistinnen, die für die Durchsetzung frauenpolitischer

48 Zu den Einzelheiten der *SSGSS-Gesetze*, welche die Frauen benachteiligen siehe: Kapitel 3.3.2.1 (S. 117f).

49 Aus meinem Interview mit Asena Günal am 26.08.2009 in Istanbul.

50 Aus meinem Interview mit İpek İlkkaracan am 19.08.2009 in Istanbul.

Interessen Druck auf die Politikerinnen und Parlamentarierinnen ausüben, sind entscheidend in Bezug auf die Implementation frauenpolitischer Anliegen.

Die politischen Erfahrungen dieser Akteurinnen im Umgang miteinander und ihre politischen Praktiken sollen anhand der Aussagen frauenpolitischer Aktivistinnen und Protagonistinnen im nächsten Abschnitt dargestellt werden.

### 5.2.2 Professionalisierte Feministinnen – Seiltänzerinnen zwischen Staat und Zivilgesellschaft?

Die Protagonistinnen in frauenbewegten und frauenpolitischen Angelegenheiten in der Türkei bewegen sich in einem Spannungsfeld zwischen staatlichen AkteurInnen und Institutionen und zivilgesellschaftlichen Netzwerken. Manche autonomen Feministinnen sind skeptisch gegenüber diesen frauenpolitischen Protagonistinnen, weil sie zu enge Beziehungen mit staatlichen AkteurInnen und Institutionen pflegen, wobei andere, wie in den Interviews deutlich wurde, die Bedeutung der Beziehungen mit staatlichen AkteurInnen unterstreichen oder sich zumindest nicht dagegen stellen. Die Beziehungen jedoch, die einige Frauenorganisationen und Feministinnen insbesondere zu bestimmten PolitikerInnen und ParlamentarierInnen pflegen, verursachen zunehmend interne Konflikte in der Bewegung.

Hülya Gülbahar, die Vorsitzende von *Ka-Der* und eine der wichtigsten feministischen Protagonistinnen insbesondere in rechtlichen Angelegenheiten, die seit vielen Jahren im Kontext dieser spannungsgeladenen Beziehungen politisch agiert, äußert in diesem Zusammenhang:

> „Wir werden alle Zeugen von einem Ankara-Istanbul-Hochspannungsverhältnis. Die Frauenorganisationen, die in Ankara lokalisiert sind und enge politische Beziehungen innerhalb der Hauptstadtpolitik von Ankara pflegen, werden aufgrund dessen von den Frauenorganisationen in Istanbul kritisiert. Wir müssen die Gründe dafür ernsthaft diskutieren. Das ist ein sehr wichtiges Thema. Ich beobachte auch die ganzen Bündnisse, die sich um diese Diskussionen herum bilden. Es gibt natürlich Unterschiede zwischen diesen Frauen, Unterschiede darin, wie sie sich im Leben verorten. Der Ort, die Stadt, in der du dich befindest, spielt hierbei keine Rolle. Die Beziehungen, die du aufrechterhalten und pflegen musst, die beeinflussen deine Zugehörigkeit innerhalb der Frauenbewegung und dich selbst. Diese unterschiedlichen Beziehungen können als eine Bereicherung und ein Vorteil genutzt werden, was die Frauenbewegung auch bisweilen gemacht hat. Wenn immer es darum geht, Druck auf Ankara auszuüben oder Forderungen in frauenpolitischen Belangen zu stellen, gehen die ganzen Frauenorganisationen z.B. aus Ağrı, Istanbul, Izmir zu den Frauengruppen in Ankara und wollen ihre Unterstützung. Es ist immer leichter für Frauengruppen außerhalb Ankaras, Protestaktionen gegen die Politiken von Ankara

zu veranstalten und radikale Positionen einzunehmen. Doch die Frauengruppen in Ankara müssen eine differenziertere Politik verfolgen. Ich glaube daran, dass man das mit Erfolg machen kann, und ich sehe auch viele Frauen, die das schaffen. Aber das wird nicht von allen anerkannt und diese Frauen erfahren sehr harsche Kritik. Zum Beispiel wird gesagt, dass die Ankara-Organisationen der längere Arm des Staates seien. Doch die Forderungen der Frauenorganisationen in Istanbul können manchmal sehr unrealistisch, utopisch und nicht umsetzbar sein. Das sind meist feministische Perspektiven, die den Staat und wie er funktioniert und auch das Leben selbst nicht erfassen. Diese Spannung ist ein chronisches Problem innerhalb der Frauenbewegung, die bei jeder Gelegenheit wieder auflebt."[51]

Gülbahar ist eine autonome feministische Aktivistin, Juristin und Frauenrechtlerin, die sich im Laufe der Entwicklung der feministischen Bewegung insbesondere durch ihre Mitwirkung bei der Reform des Zivil- und Strafrechts als eine führende Sprecherin und Akteurin der feministischen Bewegung etabliert hat. In ihrer Vergangenheit hat sie eng mit der autonomen Stiftung *Lila-Dach* zusammengearbeitet und war bei allen feministischen Protesten, in Diskussionsgruppen, Foren, bei Kongressen und Tagungen präsent. Ihre Wahl zur Vorsitzenden von *Ka-Der* im Jahr 2007 wurde zwar von vielen Feministinnen sehr begrüßt, gab aber auch wieder Anlass zu einer 'Autonomie versus Institutionalisierung'-Debatte. Insgesamt scheint die feministische Bewegung in der Türkei sich trotz der Erfolge bei rechtlichen Reformen, die nur durch den Zusammenschluss der Kräfte von autonomen Feministinnen, feministischen Protagonistinnen und Politikerinnen verwirklicht werden konnten, nicht von dieser Dichotomie befreien zu können. Dieses Spannungsverhältnis hemmt oft auch die Dynamik der Bewegung, zumal auf feministischen Kongressen meistens der größte Teil der Diskussionszeit für die Debatte 'Autonomie versus Institutionalisierung' genutzt wird, die in irgendeiner Form immer zum umfassendsten Tagesordnungspunkt wird.

Die Haltung dieser autonomen Feministinnen, die sich gegen die Beziehungen mit staatlichen Institutionen stellen, muss aber im Lichte ihrer jahrelangen, persönlichen Erfahrungen mit den repressiven und unterdrückenden Praktiken des Staates bewertet werden, die im Verlauf der feministischen Bewegung eine autonome Politik notwendig machten. Doch die Erfahrungen der feministischen Protagonistinnen, die engere Beziehungen zu internationalen Frauenplattformen und PolitikerInnen haben und auch in den autonomen feministischen Netzwerken frauenpolitisch aktiv und solidarisch sind, zeigen, dass wirksame frauenpolitische Erfolge nur durch die strategische Kombination dieser Praktiken erzielt werden können.

51 Aus meinem Interview mit Hülya Gülbahar am 05.07.2008 in Istanbul.

> „Wir können jetzt verstärkt in die politische Öffentlichkeit eingreifen. In den letzten Jahren hat die Frauenbewegung bei diesem Eingriff in die Öffentlichkeit eine Organisationskraft, eine Steigerung der Kapazitäten und der Energie entwickelt, die sowohl in der Bewegung selbst zu spüren ist als auch von der Gesellschaft wahrgenommen wird. Die Jahre nach 2000 sind eine Hochphase für die Bewegung, jetzt muss das weitergetragen werden. Ich hatte große Bedenken: Im Westen hat sich nach den Hochphasen in der Frauenbewegung das Prinzip des Gender Mainstreamings etabliert. Die sozialen Bewegungen sind in alle Sphären des Lebens eingedrungen und haben begonnen, anstatt einer gesellschaftlichen transformatorischen Kraft von außerhalb als eine Macht innerhalb der staatlichen Institutionen zu agieren. Das hat natürlich ihre rechtliche und institutionelle Stellung gestärkt. Die 'beobachtenden' feministischen Gruppen blieben da draußen. Doch der Kern der Bewegung ist ins System eingedrungen. Solch einen Trend gibt es jetzt auch bei uns. Dadurch haben sich in den Institutionen Transformationsprozesse zugunsten der Frauen entwickelt, die unwiderruflich sind und dadurch als große Erfolge gelten können. Wir haben in vielen Ebenen sehr starke frauenpolitische Institutionen aufgebaut, doch ab diesem Zeitpunkt stellt sich die Frage, wie es in der Bewegung weitergehen soll. Es gibt viele Zweifel. Die marginalisierten Frauengruppen auf der einen Seite und die dem System völlig einverleibten Frauenorganisationen auf der anderen sind Indizien für diese Zweifel. Im Westen wurde das überwunden, die haben das geschafft. Doch ich zweifle, inwieweit es in der Türkei möglich sein wird."[52]

Gülbahar bringt die momentane Misere der feministischen Bewegung in der Türkei, welche ihren Einschätzungen zufolge „die Entwicklungsdynamik der Bewegung in den nächsten Jahren bestimmen wird, wieder auf den Punkt." Ihre Bewertung der Frauenbewegungen im Westen und die Tatsache, dass diese es geschafft haben, diesen Institutionalisierungsprozess der Bewegung frauenpolitisch konstruktiv umzusetzen, mag auf der einen Seite zutreffen, obwohl auf der anderen Seite kritische feministische Stimmen im Westen sich genauso gegen die Gender Mainstreaming-Politiken stellen wie die „marginalisierten Frauengruppen" in der Türkei (vgl. Walby 2005). Als eine frauenpolitische Akteurin und Protagonistin, die sowohl in staatlichen Institutionen als auch in autonomen Frauengruppen agiert, beurteilt sie diese Aufspaltung der feministischen Bewegung als eine prägnante Dynamik, die sich in den nächsten Jahren „zuspitzen" werde. In diesem Sinn appelliert sie dafür, „einen neuen Prozess" einzuleiten, in dem wie in den vorherigen Prozessen der Bewegung „eine neue Welle" geschaffen werden könne, die durch „neue Ideen, neue Institutionen, neue Aktivistinnen" genährt werden solle.

52 Interview mit Hülya Gülbahar am 05.07.2008 in Istanbul.

Die transformatorische Kraft der frauenbewegten und frauenpolitischen Zusammenarbeit mit staatlichen Institutionen fasst İpek İlkkaracan aus ihrer Erfahrungen heraus wie folgt zusammen:

> „Ich habe verschiedene Erfahrungen mit dem Staat gemacht. Wir haben seit 1995 ein Programm, das Frauenrechte-Bildungsprogramm *(KIHEP)*, das wir zusammen mit *SHCEK*[53] entwickelt und in verschiedenen Regionen der Türkei implementiert haben. Am Anfang wollten wir keine Zusammenarbeit mit *SHCEK* und sogar implizit keine Beziehung mit dem Staat eingehen, doch dann merkten wir, dass die Reichweite der Projekte durch staatliche Hilfe immens zunehmen konnte. 1998 war der Minister für Sozialdienste ein Sozialdemokrat, Hasan Gemici, und der Vorsitzende von *SHCEK* war ein Professor für Sozialdienste, Bülent Ilik, der sowohl im akademischen Feld als auch de facto im sozialstaatlichen Bereich jahrelang gearbeitet hatte. Als er von unserem Projekt zur Bildungsarbeit hinsichtlich der Gewalt gegen Frauen hörte, ist er regelrecht auf uns zugesprungen. Er meinte: 'Das ist, was wir brauchen, unsere staatlichen Experten und Sozialdiensthelfer können die Frauen nicht direkt erreichen, aber euer Programm ist ideal.' Und wir haben viel zusammen gemacht, wertvolle Arbeit. Aber was zählt, ist das Wissen der Menschen, die als die Vorsitzenden von staatlichen Institutionen wie *SHCEK* und *KSSGM* berufen werden. Inwieweit ist zum Beispiel die Vorsitzende der *KSSGM*[54] über die Frauenbewegung, Frauenanliegen, Frauenforschung informiert? Unsere Arbeit wird umso leichter, je mehr die Vorsitzenden und MitarbeiterInnen der Institutionen Expertenwissen besitzen. Güldal Akşit *[AKP]* kommt mir da sofort in den Sinn. Als sie Frauenministerin war, war sie so offen und so solidarisch, in ständiger Zusammenarbeit mit uns und meinte immerzu: 'Ich lerne so viel von euch, bitte vermittelt mir euer Wissen und eure Anliegen, damit wir gemeinsam agieren können'. Sie war immer offen für einen gegenseitigen Dialog. Informationsaustausch ist sehr wichtig und auch ein Recht der zivilgesellschaftlichen Organisationen, auf das wir bestehen. Generell besteht nämlich in der Türkei eine politische Praxis, die den Informationsaustausch zwischen Staat und den zivilgesellschaftlichen Gruppen bewusst blockiert, aber da sind eben manchmal besondere Personen, die das alles durchbrechen und wodurch viel geschafft wird. Wir haben auch als Bewegung den Staat in dieser Hinsicht zurechtgewiesen, umerzogen und klar gemacht, dass wir ein Anrecht auf Informationen haben. Doch es passiert auch, dass manche Frauengruppen durch staatliche Akteure und Institutionen privilegiert werden, sodass immer wieder dieselben Frauen und Frauengruppen als Sprecherinnen der frauenpolitischen Themen agieren. Da kommen die Kommissionen der UN oder der EU zu den Ministern und wollen wissen, ob sie die entsprechende Abhandlung oder den Report in Rücksprache mit den zivilgesellschaftlichen Organisationen gemacht haben. Da heißt es immer seitens des Staates: 'Ja wir haben diese und diese

53 *SHCEK* (Sosyal Hizmetler Çocuk Esirgeme Kurumu), die *Institution für Sozialdienste und Kinderschutz* ist eine sozialstaatliche Institution.

54 *KSSGM, Das Direktoriat für den Status der Frau*; staatliche Institution.

Gruppe dazu Stellung nehmen lassen'. Doch wir haben protestiert. Wir haben gesagt, wir als feministische Bewegung wollen unter uns die Frauengruppen bestimmen, Delegierte auswählen, die auf internationalen Plattformen agieren. Doch das klappt alles noch nicht so, wie wir es uns wünschen. Frauengruppen, die mit mächtigen Fondsorganisationen zusammenarbeiten, sind immer stärker. Das schwächt die ganze Autonomie sowieso noch viel schlimmer als die Beziehungen zum Staat. Und dann heißt es, du hast dich verkauft, du arbeitest mit dem Staat zusammen, du bist keine richtige Feministin. Das ist doch Schwachsinn. Du musst mit dem Staat zusammenarbeiten, um weitreichende Dienste zu den Menschen tragen zu können, da reichen deine Ressourcen als zivilgesellschaftliche Organisation nicht aus. Du kannst durchaus ohne opportunistisch zu handeln, mittels deiner eigenen Prinzipien, und durch feministische Praktiken und Arbeiten den Staat transformieren. Das sollte unsere Mission sein."[55]

In den Aussagen von İlkkaracan wird deutlich, dass der Staat zeitweise durchaus als ein Bündnispartner für frauenbewegte Anliegen agieren kann, dessen frauenpolitisches Engagement sich durch die Kommunikation und Zusammenarbeit mit den zivilgesellschaftlichen Frauengruppen noch mehr verstärkt und wodurch die Implementation frauenpolitischer Interessen eine größere Reichweite erhält. Dabei betont sie die Bedeutung der staatlichen Akteure und Akteurinnen mit frauenpolitischer Perspektive, die als eine Gelegenheitsstruktur für weitreichendere frauenpolitische Erfolge genutzt werden kann. In ihren Ausführungen werden auch wieder dieselben Muster der Herrschaftsbeziehungen innerhalb der feministischen Bewegung sichtbar, die aufgrund der verschiedenen Zugriffsmöglichkeiten der Frauengruppen auf Geldfonds zwangsläufig entstehen. Dabei erscheinen die verstrickten Beziehungen mit den Fondsgesellschaften und der Einfluss derselben auf die Frauengruppen problematischer als die Beziehungen zum Staat. Hierzu vermerkt auch Hülya Gülbahar:

„Die Autonomie vom Staat ist wichtig, aber noch wichtiger ist die Autonomie von den Fondsorganisationen. Die Frauenorganisationen können ohne die Unterstützung der Fonds nicht überleben. Das ist unmöglich. Doch es sollte auch möglich sein, mit diesen Fondsgesellschaften eine andere Art von strategischer Zusammenarbeit zu entwickeln, ohne die Autonomie zu gefährden. Die Autonomie der Tagesordnung gehört auch dazu. Unsere momentane Tagesordnung ist dieses Problem. Und wir fahren fort damit. Vielleicht werden wir weniger Geld zur Verfügung haben, doch wir werden es auch schaffen zu überleben, denke ich. Autonomie ist sehr wichtig und Geld ist eine so bedeutende Macht. Und das Verhältnis, das du zu dieser Macht hast, produziert Herrschaft."[56]

---

55 Aus meinem Interview mit İpek İlkkaracan am 19.08.2009 in Istanbul.

56 Interview mit Hülya Gülbahar am 05.07.2008 in Istanbul.

Die Beziehungen zu den Fondsgesellschaften wurden bereits von verschiedenen feministischen Protagonistinnen als eine Priorität auf der Tagesordnung der feministischen Agenda formuliert. Das strategische Dreieck von Frauengruppen, Fondsorganisationen und Staat bestimmt die Handlungsmuster und -praktiken der feministischen Bewegung und scheint ein grundlegendes Problem sowohl bei den autonomen als auch bei den institutionalisierten Feministinnen zu sein, welches die internen Beziehungen in der Bewegung mitunter determiniert und Polarisierungen in der Bewegung hervorruft:

> „Ein anderes Problem, das in jeder Diskussion wieder auftaucht, ist dieses 'Seitenergreifen'. Wir haben auch gesellschaftlich so eine 'Anhänger-Psychologie'. Wir gruppieren uns gerne so schnell, bilden Gemeinschaften, polarisieren uns. Das ist ein Brauch in unserer Gesellschaft und überträgt sich natürlich auch auf die Frauenbewegung. Diese Gruppierungen wollen öfter ihre eigene Unantastbarkeit behaupten. Während die Demokratie auf der einen Seite gegen Unantastbarkeiten kämpft, errichtet die Frauenbewegung auf der anderen unbewusst ihre eigene Untastbarkeit und ihre Führerinnen, 'Personen', vermeintliche Heldinnen. Das ist ein großes Problem für die Bewegung. Doch eine Referenzperson, also jemand mit viel Wissen, Erfahrung, Beziehungen, Persönlichkeit, muss auch anerkannt werden, nicht immer wird dadurch Macht erzeugt. Wenn sie das als ein Herrschaftsinstrument einsetzt, ist das etwas anderes. Das kommt auf die Person an. Das bringen wir öfter durcheinander. Doch im Endeffekt kannst du diesen Konflikten nicht ausweichen. Frau schließt sich schnell in Gruppen zusammen. Dann gehen diese ganzen internen Machtkonflikte los. In Bezug auf kollektive Arbeit ist *Lila-Dach* eine sehr gute Erfahrung. Eine gute Erfahrung, die auch gezeigt hat, wo und wie vielfältig die Idee der Kollektivität auch stagnieren kann. Aber es ist wichtig zu versuchen, diese kollektiven Praktiken aufrechtzuerhalten, es weiterhin zu versuchen und keine Kompromisse zu machen. Im Fall der Türkei ist Kollektivität etwas, was nur sehr wenige Frauen versuchen."[57]

Die Dichotomie zwischen staatlicher Zusammenarbeit und autonomen Aktionen, mit der die feministische Bewegung immer wieder konfrontiert wird und die in der Bewegung neue Machtverhältnisse konstruiert, erfordert einen schwierigen Balanceakt der feministischen Protagonistinnen zwischen staatlichen und zivilgesellschaftlichen Institutionen. Dies spiegelt sich auch in den Aussagen der Feministinnen wider. Zum einen unterstreicht Gülbahar mit Nachdruck ihre 'Loyalität' und politische Zugehörigkeit zu den autonomen Frauengruppen sowie die Notwendigkeit, diese autonome Sphäre durch kollektive Handlungsspielräume zu erweitern, zum anderen kommt in ihren Erfahrungsberichten immer wieder zum Ausdruck, dass Kooperationen mit staatlichen Akteuren

57 Interview mit Hülya Gülbahar am 05.07.2008 in Istanbul.

und Akteurinnen und Institutionen in frauenpolitischen Projekten zunehmend zu emanzipatorischen Umstrukturierungen der patriarchalen Dimensionen in Gesellschaft und Politik führen. Dieser Balanceakt ist ein sehr mühseliges Unternehmen, das bei 'zu viel Kooperation' mit dem Staat die Gefahr birgt, die Legitimität als kämpferische feministische Lobby in den Augen der autonomen feministischen Gruppen zu verlieren. Darüber hinaus besteht bei 'zu radikalen Forderungen' in den Verhandlungen die Gefahr, dass „die Kommunikation mit den politischen oder wirtschaftlichen Entscheidungsträgern abreißt" (Demirović 2001: 144).

Als einflussreiche, aber auch umstrittene feministische Protagonistin in der Bewegung, die als eine der führenden feministischen Akteurinnen in nationalen und internationalen Verhandlungsrunden diesen 'Seiltanz' bewerkstelligt, vermerkt Selma Acuner[58] in diesem Zusammenhang:

> „Ich arbeite seit Jahren 'im Staat gegen den Staat'. Ich meine das in einem feministischen Kontext. Als ich die Leiterin des *Direktoriats für den Status der Frau* war, habe ich durch meine politische Praxis das Vertrauen der autonomen feministischen Gruppen und ihre Zusammenarbeit gewinnen können. Daher habe ich immer die Unterstützung von autonomen Frauengruppen erhalten. Das größte Problem für feministische Politik momentan ist die Tatsache, dass wir keine Feministin aus den autonomen Frauengruppen im Parlament haben. Die Entscheidungen, die den Alltag der Frauen betreffen, werden im Parlament verabschiedet, doch haben wir keine Feministinnen dort parat, die mitbestimmen. Es gibt einige Frauen wie Gaye Erbatur, einige Frauen aus der *AKP* und insbesondere der *DTP*, die sich in Frauenangelegenheiten einsetzen, doch das reicht nicht. Ihre Spielräume sind begrenzt. Da treten für mich aber die Frauen von der *DTP* in den Vordergrund. Das sind hoch politisierte Parlamentarierinnen, die wie die Stimme der Zivilgesellschaft im Parlament agieren und argumentieren. [...] Dass ich in einer konservativen Partei momentan Vizepräsidentin bin, hindert mich nicht daran, feministische Politik voranzutreiben. Ganz im Gegenteil, dadurch dass Frauenpolitik meinen Kompetenzbereich darstellt, habe ich große Spielräume in der Durchsetzung feministischer Anliegen. Weil in der Partei auch keine Kenntnis über Frauenthemen vorhanden ist, werde ich gefragt. Die Perspektive des Parteivorsitzenden auf Frauenfragen ist hier auch entscheidend. Zum Beispiel werde ich momentan von einem männlichen Vizepräsidenten bei der Durchsetzung der Errichtung von Kindertagesstätten in verschiedenen Bezirken unterstützt. Wir Feministinnen müssen im 'embedded

58 Selma Acuner ist Akademikerin, ehemalige Vorsitzende des umstrittenen *Direktoriats für den Status der Frau* (KSSGM) und von *Ka-Der*, aktive feministische Protagonistin, die enge Beziehungen zu Parlamentarierinnen, Politikern, Mediengrößen und autonomen Frauengruppen pflegt, und neue Vize-Präsidentin der konservativen Demokratischen Partei (DP).

context' der Türkei feministische Strategien entwickeln, Theorien entwickeln, das ist eine grundlegende Notwendigkeit. Meine Strategie ist Gender-Mainstreaming. So versuche ich feministische Politik in politische und gesellschaftliche Sphären zu integrieren. Ich 'mainstreame' Frauenangelegenheiten. 'Building partnerships', das steht für mich im Zentrum."[59]

Die Tatsache, dass Acuner sich in frauenpolitischen Belangen seit Jahren sowohl national auch international erfolgreich einsetzt und als eine feministische Protagonistin „im Staat gegen den Staat" agiert, hebt die frauenpolitische Bedeutung von „partnerships" und Bündnissen für frauenbewegte Politik hervor (vgl. Sauer 2004: 70).

Die Erfahrungen, die feministische Protagonistinnen bei der Zusammenarbeit mit Parlamentarierinnen gemacht haben, weisen in diesem Sinn vielfache frauenpolitische Erfolge auf:

„Gaye Erbatur ist der erste Name, der mir definitiv in den Sinn kommt, wenn es um ein Bündnis zwischen den Feministinnen und den Parlamentarierinnen geht. Aber sie bewahrt natürlich auch ihre Zugehörigkeit als *CHP*-Abgeordnete, wobei sie gegenüber der *CHP* auch äußerst kritisch sein kann. Natürlich hat sie auch Beschränkungen. Solange sie die Position einer *CHP*-Abgeordneten hat, kann sie keine Politik vertreten, die gegen die allgemeine Politik der CHP gerichtet ist. Worauf es aber uns, den Aktivistinnen und Frauenorganisationen, ankommt, ist, dass Gaye uns viele Informationen weitergibt. Das ist etwas, worauf wir eigentlich ein Recht haben, aber Gaye öffnet uns die Türen zu Informationen und Wissen, an die wir sonst nicht herankommen würden. So verkürzt sich die Zeit, die wir für die Beschaffung von Wissen brauchen und wir können sofort agieren. Da Gaye die Korrespondenz in feministischen Gruppen mitverfolgt, ist sie darüber informiert, wo die Probleme liegen, und kann dadurch alles schneller erfassen und in Gesetzesentwürfe umwandeln. Dadurch agiert sie zugunsten der Frauen und kann patriarchalen Ansätzen im Parlament etwas entgegensetzen."[60]

In meinem Interview mit Gaye Erbatur[61] sagte sie, dass sie entgegen den Erfahrungen vieler anderer Politikerinnen keine Schwierigkeiten damit habe, als frauenpolitisch engagierte Politikerin „bekannt" zu sein, sondern dass diese Tatsache sie ganz im Gegenteil „glücklich" mache. Dadurch, dass sie „von Anfang ihrer politischen Karriere" an ihren Schwerpunkt und ihr Expertinnenwissen bewusst auf Frauenpolitik gelegt habe, werde sie auch in diesem Sinn von männ-

---

59 Aus meinem Interview mit Selma Acuner 23.07.2009 (Interview am Telefon: Ankara-Istanbul).

60 Aus meinem Interview mit İpek İlkkaracan 19.08.2009 in Istanbul.

61 Telefoninterview mit Gaye Erbatur am 08.07.2009 in Adana-Istanbul.

lichen Parteimitgliedern und Parlamentariern als eine „Expertin auf diesem Gebiet“ wahrgenommen. Darauf, nämlich sich zu „expertisieren“, käme es auch in der Politik an. Ihr Engagement für frauenpolitische Forderungen unternimmt Erbatur stets in Rücksprache mit Frauenorganisationen, wie beispielsweise die *Lila Dach*-Stiftung und die *WWHR*, mit denen sie sich, wie sie mir berichtete, während ihres kurzen Aufenthalts in Istanbul im Oktober 2009 zum Zwecke der Gestaltung von neuen Frauenprojekten traf.

Sie scheut sich daher auch nicht davor, sich explizit als „Feministin“ zu bezeichnen, und ist dadurch zu einer treuen Bündnispartnerin vieler feministischer Organisationen avanciert. Dass aber vor diesem Hintergrund wieder die Frage aufgeworfen werden kann, welche feministischen Organisationen durch welche persönlichen Beziehungen zu Parlamentarierinnen die Durchsetzung ihrer Eigeninteressen durch Projekte ihrer Organisationen gewährleisten, liegt auf der Hand. Frauenpolitisch betrachtet sollten ausschließlich feministische Interessen im Vordergrund stehen, was aber in Anbetracht der konkurrierenden Beziehungen und der Kämpfe um Projektzuschüsse und politische Macht zwischen den feministischen Organisationen nicht immer möglich zu sein scheint.

Im nächsten Abschnitt soll nun versucht werden, im Rückgriff auf die aktuellen Debatten in der feministischen Bewegung, die Erfahrungen und politischen Praktiken der feministischen Protagonistinnen in der politischen Sphäre zu skizzieren und auch die Beziehungen der feministischen Akteurinnen zueinander, die ein zukünftiges, frauenpolitisches Engagement initiieren könnten.

## 5.3 Resümee und Anregungen für politische Initiativen der feministischen Protagonistinnen – Ist lokale Politik ein wirksames Konzept für feministische Einmischung?

Den Aussagen der feministischen Protagonistinnen in der Türkei zufolge wird die aktuelle Dynamik in der feministischen Bewegung von einem Spannungsverhältnis zwischen Zivilgesellschaft-Staat-Fondsorganisationen und von Herrschaftsbeziehungen zwischen den frauenpolitischen Organisationen beeinflusst.

Die Positionierungen der Feministinnen vor dem Hintergrund dieser Konstellation reichen von einer Tendenz der Befürwortung der Internationalisierung der feministischen Bewegung durch die zunehmende Interaktion und Präsenz neuer mächtiger frauenpolitischer Akteurinnen in internationalen feministischen Netzwerken und EU-Plattformen bis hin zu einer kritischen Haltung gegenüber den immer mehr verschwimmenden Grenzlinien zwischen zivilgesellschaftlichem

Engagement und abnehmender staatlich sozialer Fürsorgepflicht, an deren Stelle die Unterstützung durch private ausländische Hilfswerke tritt, welche „bereits wieder die Züge feudaler Gönnerhaftigkeit" trägt (Gebauer 2001: 100).

Während Zivilgesellschaft für viele Feministinnen eine basisdemokratische Sphäre zur Durchsetzung von Interessen darstellt, wird sie von anderen als ein neo-liberales Konstrukt für die Legitimationsbedürfnisse des Staates abgelehnt. Beide Perspektiven verkennen den Prozesscharakter von Politik, die Dimension der Zivilgesellschaft als ein staatliches Vorfeld und die dadurch mögliche Veränderbarkeit von hegemonialen Strukturen.

In Bezug auf die Beziehungen zu privaten und staatlichen Hilfswerken wird die schwindende 'Ethik'[62] in der feministischen Bewegung und den Frauenorganisationen von vielen Feministinnen gleichermaßen als ein zentrales Problem thematisiert, was die Solidarität und Bündnisstrukturen zwischen den Frauengruppen untergrabe und verhindere.

Die *TCK-Frauenplattform* hingegen wird in den Aussagen der Feministinnen als gemeinsamer Bezugspunkt für solidarische, erfolgreiche und wirksame feministische Politik bezeichnet. Die konstruktive Zusammenarbeit von Parlamentarierinnen, zahlreichen feministischen Organisationen, autonomen feministischen Aktivistinnen und Protagonistinnen für die Reform des Strafrechts erscheint als ein Leitmodell für zukünftige feministische Solidaritätskampagnen und für weiteren politischen Aktivismus. Die verstärkte Teilnahme ehemaliger feministischer Protagonistinnen und Gründerinnen der feministischen Bewegung an feministischen Plattformen und Kampagnen in den 1980er Jahren kann aufgrund der Protestformen und neuen Mobilisierungen als Anzeichen einer Vitalisierung der feministischen Bewegung als soziale Bewegung gedeutet werden.

Aus dieser Dynamik heraus formieren sich in den letzten Jahren neue autonome feministische Kollektive und Gruppen, wie das *Sozialistisch-Feministische Kollektiv (SFK)* oder die kurdische *Demokratische Freie Frauenbewegung (DÖKH)*[63], die unter anderem auch den herrschaftlichen Vernetzungen zwischen nationalen und internationalen Institutionen und NGOs kritisch gegenüberstehen und die

62 Die 'Ethik-Debatte' in der feministischen Bewegung bezeichnet die Debatte um die moralischen Grundprinzipien, wie 'Fair-Play' in der Konkurrenz um Spenden und Fonds, die Beibehaltung feministischer Leitideen wie Solidarität, Autonomie und gemeinnützigen Aktivismus, deren Abnahme in den Interviews der Feministinnen scharf kritisiert wurde.

63 Für Informationen über die *Demokratische Freie Frauenbewegung (DÖKH)* siehe: www.dokh.org (Zugriffsdatum: 12.07.2009).

vorzugsweise auf die einstige nichthierarchische und autonome Organisationsstruktur der feministischen Bewegung zurückgreifen. Gleichzeitig nehmen aber auch politische Aktionen frauenpolitischer Plattformen in Zusammenarbeit mit staatlichen und privaten Fondsorganisationen und internationalen Frauenorganisationen wie den Projekten von *KEIG* und *WWHR* zu, die staatliche Frauenpolitik mit einer zunehmend politisch-emanzipatorischen Wirkung beeinflussen. Bei der Suche nach alternativen Politiken und „new forms of politics" (Walby 2002) im Kontext des neoliberalen politischen Umbaus der Türkei formieren sich im Zuge eines Booms von Frauenorganisationen in der Zivilgesellschaft nach 2000 sowohl neue machtorientierte als auch autonome, frauenbewegte Akteurinnen, welche aus einer hegemoniekritischen Perspektive heraus feministische Politik zunehmend in Frage stellen.

Aslı Çoban fasst in ihrem Artikel über die Probleme feministischer Politik diese verschiedenen Positionierungen zusammen (vgl. Çoban 2008: 29ff) und stellt sich einerseits die Frage, ob sich die feministische Bewegung in der Türkei 'NGOisiert' habe, und andererseits, ob eine 'NGOisierte' Sphäre der Geschlechterpolitik in der Lage sei, frauenpolitische Lösungen hervorzubringen (ebd). Sie geht auf die positiven und negativen Bewertungen der NGOisierungsdebatten in der Literatur der sozialen Bewegungen ein und versucht, daraus ein Fazit für den frauenpolitischen Kontext in der Türkei zu ziehen. Im Gegensatz zur optimistischen Einschätzung, nach der sich durch die NGOisierung der feministischen Bewegung der frauenpolitische Einfluss als Zeichen einer gesellschaftlichen Opposition auf nationaler und internationaler Ebene verstärkt habe, und im Kontrast zur pessimistischen Bewertung, die kritisiert, dass dadurch feministische Politik von den Interessen des Marktes vereinnahmt und aktivistische Arbeit professionalisiert und vermarktet werde (vgl. Demirović 1997), unterstreicht sie die Notwendigkeit, bezüglich der Selbstverortung und zukünftigen strategischen Ausrichtung feministischer Politik in der Türkei die Pros und Contras dieser Ansätze genauer zu analysieren und in einen Zusammenhang zu bringen. (Çoban 2008: 30). Genau an dieser Stelle ist auch die feministische Politik in der Türkei gezwungen sich zu positionieren.

Diesem Dilemma der staatlichen Vereinnahmung, den Legitimierungsversuchen staatlicher Politik durch die Zusammenarbeit mit zivilgesellschaftlichen Organisationen einerseits und dem gleichzeitigen emanzipatorischen Potential durch die Selbstorganisation der BürgerInnen andererseits (Sauer 2004: 109), muss durch neue feministische Bündnisse und Strategien entgegengewirkt werden. In diesem Sinn gibt Birgit Sauer Anstöße für eine frauenpolitische und frauenbewegte Strategie entlang der Achse Staat, Frauenbewegung und Zivilgesellschaft:

> „Männliche Hegemonie – als selbstverständliche Privilegierung männlicher Lebensweise – kann nur in der Zivilgesellschaft in Frage gestellt werden. Dazu braucht es Verbündeter in der Ökonomie, in den Medien, in der Wissenschaft und in der politischen Gesellschaft.“ (Sauer 2004: 70)

Dieser Sichtweise würden viele der autonomen Feministinnen grundsätzlich widersprechen. Zum einen ist für viele die Zivilgesellschaft selbst keine politische Sphäre, der sie sich zugehörig fühlen, zum anderen lehnen viele die Zusammenarbeit mit staatlichen und ökonomischen Verbündeten ab, obwohl sie einsehen, dass diese Zusammenarbeit für eine wirksame feministische Politik notwendig ist. Die 'Seiltänzerinnen' zwischen Staat und Zivilgesellschaft auf der anderen Seite praktizieren in den letzten zehn Jahren verstärkt kooperative und bündnisorientierte Politik, die auch, wie von fast allen Feministinnen bestätigt wird, zu weitreichenden, frauenfreundlichen Reformen und gesellschaftlichen Kontextveränderungen beigetragen haben.

Diese Verbindung von Staat, Frauenbewegung und Zivilgesellschaft bezeichnet Sauer als eine „Mesalliance“; sie macht stattdessen Vorschläge für ein feministisches Geschlechterprojekt. Die Debatten über die Beziehungen mit den Fondsgesellschaften, staatlichen Institutionen und über die Ressourcenfindung, welche die Feministinnen als ein Hauptproblem der feministischen Bewegung definieren, könnten durch feministische Strategien, „neben staatlicher Finanzierung weit gezielter private Finanzierung“, auch durch die Möglichkeit, „Frauen als Stifterinnen und Spenderinnen“ einzuwerben, erweitert werden (ebd.). Solch eine Strategie verfolgen auch einige feministische Organisationen, wie beispielsweise das *Sozialistisch-Feministische Kollektiv*, das seine Projekte und Aktionen ausschließlich über Mitgliedsbeiträge des Kollektivs und private SpenderInnen finanziert.

Doch die Bündnisse und Kooperationen mit spezifischen „Staatsapparaten“ (ebd.), wie im Fall der Zusammenarbeit von *SHCEK (Staatliche Institution für Sozialdienste und Kinderschutz)* und der *WWHR (Women for Women's Human Rights)*, können auch, wie von İpek İlkkaracan beschrieben wurde, zu einer Transformation staatlicher Bürokratie beitragen (ebd.). Feministisches Engagement in Zivilgesellschaft und in Kooperation mit staatlichen Institutionen hat im türkischen Kontext zunehmend zu einer geschlechterpolitischen Sensibilisierung von staatlichen Institutionen und AkteurInnen beigetragen.

> „Im Zuge der Durchführung des Programms der *KEIG* (*Initiative der Frauenarbeit und -beschäftigung*) haben wir in der Hauptverwaltung der *SHCEK* große Transformationen eingeleitet. Die ExpertInnen der *SHCEK* stellen fest, dass sich ihre Perspektiven und ihre Art, wie sie fortan soziale Dienstleistungen für Frauen

implementieren, grundlegend verändert haben. Der Bürgermeister von Çanakkale hat durch die Zusammenarbeit in den Projekten der *KEIG* Mitglieder der *KEIG* als Beraterinnen der Stadtverwaltung herangezogen. Das sind große Umwälzungen. Für die Reformen des *TCK* gilt dasselbe. Der Justizminister Cemil Çiçek, die Staatsministerin Güldal Akşit und viele andere haben öffentlich zugegeben, dass die Frauenorganisationen die wirklichen Akteurinnen der *TCK-Reformen* seien und dass diese Frauen die staatlichen Institutionen und Akteure von der Notwendigkeit der Reformen überzeugt haben. Die Frauen, die in den Reformprozessen des *TCK* feministische Politik gemacht haben, taten das alle ohne Erwartungen auf eine Möglichkeit zu einer politischen Karriere. Keine der Frauen hatte einen finanziellen oder einen Status bezogenen Nutzen von der Mitarbeit in der *TCK-Frauenplattform*. Doch haben über 30 Frauenorganisationen drei Jahre lang Tag und Nacht in der 'Küche' der Reformplattform gearbeitet, wie Pınar [Selek], die wirklich einen immensen Beitrag geleistet hat. Alles wurde von den Feministinnen strategisch durchdacht. Keine Organisation hat rigide und reaktionär auf die Durchsetzung ihrer eigenen feministischen Grundprinzipien bestanden, vielmehr entstand ein strategisches Bündnis, bei dem überlegt wurde: 'Wer ist jetzt zuständig für dieses Ministerium, welche Position vertritt die Oppositionspartei im Parlament momentan, dann wäre es ja einfacher, diesen Gesetzesentwurf in dieser Formulierung an die Regierungspartei heranzutragen.' Wie ein Schachspiel haben wir im Rahmen strategischen Denkens eine gemeinsame Sprache konstruiert. Wir mussten auf der einen Seite 30 Frauenorganisationen zusammenhalten, auf der anderen Seite die Beziehungen mit dem Parlament, den MinisterInnen, der EU und UN aufrechterhalten. Auf der einen Seite war diese Netzwerkstrategie im Vordergrund, auf der anderen Seite die Durchsetzung unserer feministischen Inhalte, in Form von Gesetzesentwürfen im Rahmen der Reformen, an denen mit großer juristischer Sorgfalt gearbeitet wurde. Die Beziehungen zu den Medien mussten auch strategisch durchdacht und aufrechterhalten werden. Das war eine Kampagne, die all diese Stränge mit großem Erfolg vernetzt hat."[64]

Das feministische zivilgesellschaftliche Engagement bei der Gestaltung der *TCK-Reformen* und die Erweiterung der strategisch feministischen Handlungsebenen und -praktiken mit dem Ziel, auf staatliche AkteurInnen und Institutionen direkt einzuwirken, führte zu der Aufhebung von misogynen und hegemonial-männlichen Gesetzen im Strafrecht. Weiters wird bei der Suche nach und bei Debatten über Wege einer wirksamen feministischen Einmischung in die Politik der Türkei zunehmend die Plattformen lokaler Politik thematisiert, die als eine alternative und effiziente Dimension der politischen Teilnahme gesehen wird (vgl. Sirman 2008: 17; Ecevit 2001). Auch Birgit Sauer hebt in ihrem Entwurf für ein feministisches zivilgesellschaftliches Projekt die Bedeutung von lokaler Demokratie hervor (Sauer 2004: 71):

64 Interview mit İpek İlkkaracan am 19.08.2009.

„'Institutionelle Stärkung' von zivilgesellschaftlichem Engagement, z.B. durch eine geschlechtersensible politische Verfassungsreform, die der Selbstorganisation und der BürgerInnenbeteiligung mehr Raum lässt, beispielsweise durch die Stärkung lokaler Demokratie." (ebd.)

Wie İlkkaracan im Gespräch darlegte, hat die BürgerInnenbeteiligung in der lokalen Verwaltung von Çanakkale durch frauenbezogene Projekte, die in Zusammenarbeit mit der Bezirksverwaltung Çanakkale realisiert wurden, zu einer „Transformation der staatlichen Bürokratie" (ebd.: 70) geführt, die von der Stadtverwaltung selbst als solche empfunden wurde, und somit zu einer „gesellschaftlichen Kontextveränderung" (ebd.: 71) zugunsten der Frauen beitragen können. Es gibt mehrere Fallbeispiele, die diese Bündnisse zwischen lokalen Verwaltungen und Frauengruppen belegen (vgl. Ecevit 2001: 238ff). In der Analyse dieser Kooperationsmodelle treten allerdings auch Hindernisse und Grenzen zutage, die frauenpolitisch diese Zusammenarbeit in Frage stellen lassen (ebd.: 247ff).

Ecevit fasst diese wie folgt zusammen: Erstens stehe die zeitliche Begrenzung der Kooperationen von Frauengruppen mit lokalen Verwaltungen, die sich zumeist als einmalige, projektbezogene Bündnisse erweisen, einer längerfristigen Kooperation entgegen, wobei auch die Beziehungen zwischen den staatlichen und zivilgesellschaftlichen AkteurInnen der Projekte im Nachhinein nicht aufrechterhalten werden (ebd.: 248). Zum zweiten werde an den Fallbeispielen deutlich, dass viele begonnene Projekte durch die lokalen Verwaltungen abgebrochen und nicht zu Ende geführt werden. Die Kontinuität, auf die es in Entwicklungsprojekten grundsätzlich ankomme, werde hier nicht gewährleistet. Weiters führt Ecevit aus, die Erfahrungen in der Türkei zeigten, dass die anfängliche Unterstützung der Frauengruppen durch lokale Verwaltungsbeamte und Bürgermeister nach erlangten Wahlsiegen der jeweiligen politischen Akteure wieder eingestellt und zurückgenommen werde (ebd.: 249). Frauen stellen für die lokalen Verwalter also lediglich eine potentielle Wählerinnenschaft dar, deren politische Forderungen nach den Wahlen nicht mehr beachtet werden. Hierbei spiele, wie die Fallstudien belegen, die politische und parteiliche Zugehörigkeit der lokalen Administratoren keine Rolle. Die lokalen politischen AkteurInnen verschiedener Parteien legten im Gegenteil, unabhängig von ihren politisch-ideologischen Positionierungen, dieselben politischen Praktiken in Form einer Instrumentalisierung der Frauen für ihre eigenen, opportunistischen Karrierezwecke an den Tag (vgl. ebd. 249ff). Darüber hinaus führt Ecevit als ein Hauptproblem der Frauenbündnisse mit lokalen Verwaltungen an, dass die Erfolge der gemeinsamen Projekte von Frauengruppen und lokalen Verwaltungen in erster Linie von den AkteurInnen der

Bezirksverwaltungen vereinnahmt und die grundlegende Rolle der Frauen bei diesen Erfolgen nicht anerkannt werden (ebd.: 251).

Außerdem bestätigt auch Ecevit in ihren Fallstudien die Aussagen von İlkkaracan in Bezug auf die Bedeutung des frauenpolitischen Fachwissens der staatlichen und lokalen Administrationen, die besagen, dass ein Mangel an frauenpolitischem Wissen Projekte verhindern bzw. zu deren Beendigung beitragen kann (ebd.: 252). Dabei kritisiert Ecevit aber auch die Haltung der Frauenorganisationen, welche die lokalen Verwaltungen nicht als gleichwertige Bündnispartner und kooperative Institutionen anerkennen, sondern diese lediglich als Ressourcenverteiler von Geld, Räumlichkeiten, Personal usw. in Anspruch nehmen, was wiederum die Beziehung zwischen den beiden AkteurInnengruppen als ungleiches 'Zusteller-Empfänger'-Verhältnis konstruiere (ebd.). Anders formuliert: Die Beziehung zwischen den Frauengruppen und den öffentlichen Institutionen entspricht in dieser Form nicht einem Modell einer demokratisch politischen Partizipation, sondern einer Reproduktion der bestehenden Herrschaftsverhältnisse in Form von „Forderungsstellern und Adressaten" (Üstün 2008: 21). Diese Dichotomie (vgl. Üstündağ 2008: 25) – konstruiert entlang lokaler Politik und der demokratisch aktiven Teilnahme der BürgerInnen – wird in den feministischen Debatten über lokale Formen der Politik diskutiert.

Obwohl eine feministische Einmischung in lokale Verwaltungsarbeit sich als eine direkte und effiziente frauenpolitische Mitwirkung bei der Diagnose und Lösung gesellschaftlicher Probleme erweisen könnte (vgl. Kümbetoğlu 2001), hatten die bisherigen lokalen Projekte keine aktive Teilnahme und Einmischung der Frauengruppen auf den Entscheidungsebenen lokaler Verwaltung zur Folge. Ebenso entwickelten die Lokalverwaltungen in Anbetracht der zunehmenden neoliberalen Politiken und der steigenden Arbeitslosigkeit und Armut, welche die Frauen als unbezahlte Arbeitskräfte im Haushalt noch mehr belasten, keine frauenpolitischen und geschlechtersensiblen Ansätze, die diese Entwicklungen berücksichtigen (ebd.: 253). In ihren Fallstudien über die Zusammenarbeit von Frauengruppen und lokalen Verwaltungen kommt Ecevit zu dem Schluss, dass die gesellschaftliche und politische Lösung der Frauenprobleme von den Frauengruppen selbst hervorgebracht werden müsse, solange eine geschlechterpolitische Perspektive in den lokalen Verwaltungsebenen ausbleibt (ebd.). Dabei dürfen aber die Frauengruppen und zivilgesellschaftlichen Organisationen weder als Ersatz für die staatliche Verantwortlichkeit herangezogen (vgl. auch Üstün 2008) noch als eine Legitimationsgrundlage der Regierenden und Anzeichen einer gesamtgesellschaftlichen Demokratisierung vereinnahmt werden. In Anbetracht der Tatsache, dass von über 4000 Bürgermeistern nur 18 Frauen sind (vgl. Amargi,

Vol. 11: 16) und bei den Lokalwahlen im März 2009 trotz starker feministischer Unterstützung für Bürgermeisterkandidatinnen und Feministinnen keine großen Erfolge verzeichnet werden konnten, wird auch die Effizienz lokaler Politik für frauenbewegte Politik weitgehend in Frage gestellt – obwohl lokale Politik weltweit als potentielle Sphäre für antihegemoniale Bewegungen gedeutet wird (vgl. Sirman 2008: 17). Doch liegt es aufgrund der zwar konfliktreichen, aber zunehmenden Kooperationen zwischen lokalen Verwaltungsebenen und Frauen auf der Hand, dass sowohl lokale Politik für Frauen politisch relevant und bedeutend ist als auch umgekehrt (Üstün 2008: 21).

> „Während Politik und das Politische weit abseits in uns unbekannten Fernen fortgesetzt wird, werden wir zu den Objekten von 'Dienstleistung' und 'Regierung'. Der Satz 'Sie kümmern sich ja nur um uns, wenn sie unsere Wählerstimmen brauchen' drückt gemeinsam mit dem Satz 'Der Mann arbeitet doch'[65] genau dieses Gefühl aus, bei dem man sich von der Politik abgeschieden und ausgeschlossen fühlt. Politik bedeutet aber nicht die Befriedigung von Bedürfnissen, sondern die Teilnahme an der Bestimmung der Bedürfnisse." (Üstündağ 2008: 25)[66]

Dass die Zivilgesellschaft nicht nur eine Sphäre der „Bedürfnisbefriedigung" ist, wie die Deutung im Kontext der dominierenden Zivilgesellschaftsdebatten in der Türkei vorgibt (vgl. Küçükömer 1994: 133f), und dass diese Ansicht das neoliberale Politikverständnis unterstützt, wurde bereits dargelegt. Genau in diesem Zusammenhang macht auch Üstündağ darauf aufmerksam, dass Politik und Staat „in der Gesellschaft gelebt" und „Bestandteil der alltäglichen Lebensweise" werden müssten (Demirović 1987: 150). Sie plädiert in Übereinstimmung mit der Zielsetzung der *DTP* (Partei der demokratischen Gesellschaft) dafür, Frauenparlamente in den Bezirksverwaltungen einzurichten, und sie spricht sich für die Artikulation von frauenspezifischen Bedürfnissen in Form einer „Politisierung des Lokalen" aus, was zu einer Emanzipation von Herrschaftsverhältnissen beitragen könne (ebd.). In diesem Sinn argumentieren auch Karakuş und Savran, dass lokale Politik ein Potential für eine verstärkte demokratische Teilnahme und Mitsprache von Frauen in der politischen Sphäre darstellen könne (Karakuş/Savran 2008: 12). Doch sie machen auch auf die Gefahr der Vereinnahmung

---

65 Dies ist ein gängiger Spruch, der ausdrücken soll, dass die staatlichen Institutionen und AkteurInnen auf sozialstaatlicher Ebene sehr viel tun. Üstün thematisiert damit die allgemeine Erwartungshaltung und Positionierung der Gesellschaft und der BürgerInnen zum Staat, dem die gesamte Entscheidungsmacht und Befugnis zugesprochen wird.

66 Aus dem Türkischen übersetzt von der Verf.

der gemeinnützigen Arbeit von Frauen und Frauengruppen durch neoliberale Umbaupolitiken aufmerksam (ebd.: 13). In diesem Zusammenhang erscheinen die Projekte für die Errichtung lokaler Frauenparlamente, denen durch den autoritären Staat keine wirkungsvolle Entscheidungsmacht zugestanden wird (ebd.), auch im türkischen Kontext als neoliberale und patriarchale Politikstrategien, die sich hinter der Logik einer vermeintlich demokratischen *Governance*[67] verbergen und dazu dienen sollen, die Rücknahme staatlicher Sozialleistungen und der sozialen Fürsorgepflicht durch die Ausbeutung und Vereinnahmung der gemeinnützigen sozialen Dienstleistungen der Frauen zu legitimieren (Gebauer 2001: 100; vgl. Demirović 2001). So erscheint anhand der Fallbeispiele und der feministischen Debatten über politisch-feministisches Engagement im Lokalen und der Zusammenarbeit von Frauengruppen mit städtischen Bezirksverwaltungen in der Türkei die Kooperation mit staatlichen Institutionen wieder als ein ambivalentes Unterfangen, das viele Feministinnen trotz der Anerkennung des politisch-emanzipatorischen Potentials dieser Zusammenarbeit kritisch stimmt.

Zusammenfassend kann gesagt werden, dass die feministischen Strategien der politischen Einmischung im türkischen Kontext immer aus der Suche nach und der Formulierung von radikaler Demokratie- und Staatskritik entstehen, woraus sich neue politisch-feministische Praktiken der politischen Mitbestimmung entwickeln. Dass die Feministinnen in der Lage sind, Kritik an den hegemonialmännlichen und undemokratischen Strukturen in Politik und Gesellschaft zu üben und mittels feministischer Politik dagegen anzukämpfen – wobei sie auch Selbstkritik an den eigenen politischen Praktiken üben – wird in den Aussagen und im politischen Aktivismus der Feministinnen deutlich. Dass sie hierbei ein Potential für eine kritische und radikale Öffentlichkeit darstellen, die demokratische Transformationsprozesse im türkischen Kontext vorantreiben könnte, ist auch aufgrund der politischen Opportunitätsstruktur, die durch den Internationalisierungs- und Demokratisierungsprozess, der durch den EU-Beitrittsprozess

67 Mit *Governance* wird die verstärkte Teilnahme der zivilgesellschaftlichen Akteure und Akteurinnen an politischen Entscheidungs- und Aushandlungsprozessen bezeichnet, die mit einem gleichzeitigen Rückgang staatlicher Einmischung verbunden ist. 'Governance' in Zusammenhang mit verstärktem zivilgesellschaftlichen Engagement und der Vernetzung von nationalstaatlichen Apparaten untereinander und mit internationalen Institutionen bedeutet aber gleichzeitig, dass „die den Nationalstaaten zugeschriebenen Apparate [...] netzwerkartig und gleichzeitig auf verschiedenen Ebenen mit suprastaatlichen Einrichtungen verknüpft [sind] und [sich] gemeinsam mit diesen auf erweiterter Stufenleiter als Staat [reproduzieren]" (Demirović 2001: 163).

in Gang gesetzt wurde und worin sie zu zentralen Akteurinnen national und international 'delegiert' wurden, offensichtlich.

Das zivilgesellschaftliche Engagement der Feministinnen bringt allerdings zwangsläufig eine „historisch spezifische Form des Zusammenhandelns [...], einen bestimmten Typ von gesellschaftlicher Komplexität, der die *Form der Politik*, und damit die Unterscheidung von Führenden und Geführten, von Regierenden und Regierten, von öffentlich und privat impliziert" (Demirović 1997: 162f), hervor. Es kommt auf die feministische Auseinandersetzung mit diesem Gegensatz, mit diesem „friedlosen Zustand" an, der ein „enormes Maß an Männlichkeit, Allmachtsphantasie, Zuständigkeitswahn, Rücksichtslosigkeit gegen sich und andere und Virtuosität, aller Situationen Herr zu bleiben" verlangt und einem feministischen Projekt einer pluralen Selbstregierung und -koordination im Wege steht (ebd.).

Anschließend an diese Überlegungen sollen im folgenden Kapitel zusammenfassend die Ergebnisse und Einsichten dieser Arbeit diskutiert werden.

# 6 Strategien der feministischen Bewegung im Spannungsfeld zwischen Autonomie und Staat – Fazit

In der vorliegenden Arbeit habe ich die Entstehungsgeschichte, die Entwicklung und den aktuellen Stand der feministischen Bewegung in der Türkei, die feministisch-politischen Praktiken, Positionierungen und die Beziehungen der feministischen Protagonistinnen zueinander und zu staatlichen und zivilgesellschaftlichen Institutionen und AkteurInnen dargestellt und analysiert. Darüber hinaus war es im Verlauf der Forschungsarbeit auch von zentraler Bedeutung, die hegemonial-männlichen Strukturen in Politik und Gesellschaft aufzuspüren und sichtbar zu machen, um den Kontext, in dem sich die feministische Bewegung entwickelt hat und in dem sie agiert, zu erfassen. Dabei kam es mir besonders darauf an, mich bei dieser Darstellung und Analyse sowohl auf die bestehende aktuelle feministische Literatur als auch auf Erfahrungsberichte und Aussagen der Feministinnen zu stützen. Im Zuge dieser Arbeit standen die Fragen im Vordergrund, inwieweit die feministische Bewegung als eine gegenhegemoniale Öffentlichkeit in der Lage war und ist, traditionelle Strukturen hegemonialer Männlichkeit in der Türkei zu transformieren, und ob und inwieweit die feministische Bewegung selbst hegemoniale Verhältnisse reproduziert. Diese Fragen wurden aus einer theoretischen hegemoniekritischen und geschlechtersensiblen Perspektive in Bezug auf Staat und Zivilgesellschaft, welche das Verhältnis und die Verbindung zwischen diesen beiden Kategorien als einen sich ständig neu inszenierenden Prozess von widersprüchlichen Kräfteverhältnissen begreift, analysiert.

Wie ich gezeigt habe, wird die feministische Bewegung von den Feministinnen selbst zumeist als eine herrschaftliche Sphäre politischer Interaktion wahrgenommen und reproduziert. Die Vormachtstellung einzelner feministischer Organisationen und Akteurinnen als nicht gewählte Repräsentantinnen und Delegierte einer Interessen- und Bevölkerungsgruppe äußert sich zunehmend als eine „Beteiligung an Herrschaftsübung", die feministischen Grundsätzen wie autonome Interessenvertretung und Selbstorganisation entgegenwirkt und die Interessenlagen von Frauen in der Türkei „usurpiert und bevormundet"

(Demirović 2001: 143). Die vermeintliche Stärkung der Solidaritätsstrukturen in der feministischen Bewegung nach 2000 im Rahmen zunehmender gemeinsamer Aktionen und Mobilisierungen wird von einer gleichzeitigen Aufspaltung der Bewegung in eine autonome und eine professionalisierte feministische Bewegung begleitet. Innerhalb dieser Polarisierung werden die Beziehungen zu Staat und Zivilgesellschaft von den Feministinnen zumeist entlang einer linearen und einheitlichen Auffassung von Staat und Zivilgesellschaft konstruiert, der zufolge der Staat als eine zwingende Gewaltinstanz und die Zivilgesellschaft als eine autonome Sphäre der freien Interessenvertretung wahrgenommen wird. Die autonomen Feministinnen, die sich zwar der herrschaftlichen Konstruiertheit der Zivilgesellschaft bewusst sind, übersehen aber meist den Prozesscharakter von Zivilgesellschaft und Staat als einem politischen Aushandlungsprozess, der täglich aufs Neue ausgefochten und erneuert werden muss und der dadurch auch das Potential zur Aufhebung von männlich-hegemonial strukturierten, politisch-gesellschaftlichen Dimensionen besitzt.

Durch diese verbreitete Auffassung vom Staat als einem einheitlichen Konstrukt und Feindbild in den Augen der autonomen feministischen Protagonistinnen kann durch die Feministinnen weder eine adäquate Analyse der Widersprüche und Machtkonstellationen im Staat vorgenommen noch können geeignete Politiken zur Durchdringung dieser Machtbeziehungen produziert werden. Ebenso droht aber die Gefahr, dass durch zu kooperative feministische Politiken mit dem Staat der radikal-gesellschaftskritische Inhalt feministischer Politik auf der Strecke bleibt und dass darüber hinaus im Zuge neoliberaler Umschichtungspolitiken feministische Politik dazu vereinnahmt und instrumentalisiert wird, staatliche Fürsorgepflichten zu übernehmen und neue markt- und wettbewerbsorientierte AkteurInnen zu schaffen.

Der Staat ist in diesem Sinne aber nicht Freund oder Feind, sondern eine Konfiguration von gesellschaftlichen Widersprüchen und Kräfteverhältnissen, die ein Abbild der gesellschaftlichen Kämpfe und Konflikte in der Zivilgesellschaft selbst sind, worin hegemoniale und gegenhegemoniale AkteurInnen zugleich agieren und welche folglich auch geschlechtersensible Transformationen zugunsten von Frauen herbeiführen könnten (Demirović 1997; Sauer 2004), wie in den theoretischen Ausführungen in Kapitel 1 dargelegt wurde. Dass aber der türkische Staat im Laufe der historischen Entwicklung vom Osmanischen Reich über die kemalistische Revolution bis hin zum Militärputsch von 1980 von den BürgerInnen als ein übermächtiges und gewaltiges Konstrukt wahrgenommen wird, das allmächtig und strafend über ihnen steht, wurde in der politischen Entwicklungsgeschichte von Staat und Zivilgesellschaft in der Türkei in Kapitel 2 dargestellt.

Obwohl sich zivilgesellschaftliche Formationen in der politischen Geschichte des Osmanischen Reiches und der Türkei herausgebildet haben, wurden sie weder politisch noch theoretisch als solche wahrgenommen und analysiert. Dadurch verschärfte sich die erzwungene Treue der BürgerInnen zum 'Vater-Staat' und die Herrschaftsmaximierung und -legitimierung der Regierenden nur noch mehr.

Es gab aber durchaus eine Zivilgesellschaft in der Türkei, die jedoch vehement daran gehindert wurde, „sich zwischen die politische Gesellschaft und die Struktur zu schieben [...] mit der Folge, dass anstelle von Hegemonie und Konsens der Zwang in den Vordergrund tritt" (Çağlar 2003: 204). Durch diese spezifische Beschaffenheit der Zivilgesellschaft wurde sie seit Beginn der 1980er Jahre „ein Reflex und zugleich intellektueller Organisator der Hegemonie des Monetarismus und Neoliberalismus in der Türkei" (Çağlar 2000: 539). Aus dieser kontextuellen Entwicklung heraus verwundert es nicht, dass sich autonome Feministinnen in den Entstehungsjahren der feministischen Bewegung politisch nicht in dieser Sphäre des Zwanges positionieren wollten, in der nicht ein Konflikt über Hegemonie- und Konsenserzeugung ausgetragen wurde, sondern neoliberale Umbaupolitiken herrschaftlich und zwanghaft umgesetzt wurden.

Die zivilgesellschaftliche Entwicklung nach 1980 wurde von den marktorientierten Interessen neoliberaler in- und ausländischer Machtblöcke mit dem Ziel unterstützt, mittels der Lockerung der politischen und wirtschaftlichen Strukturen ausländisches Kapital in die türkische Wirtschaft zu transferieren, das – unterstützt durch die Kapitalinteressen neoliberaler Projekte – die Bildung von zivilgesellschaftlichen Organisationen zur Unterstützung und Legitimierung dieser Interessen gefördert hat. So wurden viele Organisationen der Zivilgesellschaft zu Erzeugern und Durchsetzern von neoliberalen Marktinteressen, innerhalb derer die Herausbildung von oppositionellen sozialen Bewegungen, wie die feministische Bewegung, geduldet und als ein Zeichen der Demokratisierung sogar in den Vordergrund gestellt wurde. Daher war es kein Zufall, dass die feministische Bewegung zu einer Zeit, als alle gesellschaftlichen Bewegungen zwanghaft stillgelegt wurden, als Indikator einer neuen, vitalen Zivilgesellschaft 'zugelassen' und politisch propagiert wurde. Diese Instrumentalisierung der feministischen Bewegung, in der auch eine männlich-hegemoniale Abwertung und Geringschätzung von Frauenthemen und feministischer Gesellschaftskritik als keine politisch 'ernstzunehmende' Bewegung verborgen ist, konstituiert bis heute den politischen Charakter des Verhältnisses zwischen der feministischen Bewegung und den staatlichen Institutionen in der Türkei. Die politische Gleichsetzung der Zivilgesellschaft mit Marktökonomie hat es verhindert, eine partizipatorische Öffentlichkeit in der Türkei zu errichten, wobei das Konzept der

Zivilgesellschaft als ein Instrument der Herrschenden und eine demokratische Illusion gegen die BürgerInnen 'ausgespielt' wurde.

Wie in Kapitel 3 ausführlich dargestellt haben es die Feministinnen aber trotzdem geschafft unter diesen Kontextbedingungen die patriarchalen, männerbündischen und männlich-hegemonialen politischen und gesellschaftlichen Strukturen zu skandalisieren und zu politisieren. „Es gibt sie doch, die Frauen!" (Kadinlar Vardir!) wurde zum Leitmotto der feministischen Bewegung, welche die gesellschaftlich eingeschriebene Unterdrückung und Abwertung von Frauen durch zunehmende Proteste und eine steigende Anzahl von Frauenorganisationen und -gruppen politisch sichtbar machten (vgl. Acar-Savran 2005a: 82ff).

Die Professionalisierung der feministischen Bewegung und der Frauenbewegung nach 2000 in der Türkei, die vor dem Hintergrund der zeitgleichen, globalen Internationalisierung der Zivilgesellschaft und des Staates stattfand, zwang die feministische Bewegung zu einer neuen Positionierung im politischen Kontext. Gender-Mainstreaming, Projektfeminismus und die zunehmenden Beziehungsnetzwerke zu internationalen und staatlichen Hilfsorganisationen und wirtschaftlichen Unternehmen konfrontierten die Bewegung mit den Konsequenzen globaler neoliberaler Umbaupolitiken, die eine kritische Selbstreflexion in der feministischen Bewegung auslösten. Der Umstand, dass die feministische Bewegung als soziale Bewegung an Radikalität abgenommen hat, und die Tendenz zu einer Stärkung des rechtlichen Kampfes um Gleichstellung und Anerkennung der Lebensbedingungen von Frauen führte zu einer weitreichenden und effektiven Auseinandersetzung mit und einem Kampf gegen hegemonial-männliche/n und männerbündische/n Strukturen.

In Kapitel 4 wurden die Möglichkeiten und Grenzen feministischer Politik im Kampf gegen diese hegemonial-männlichen Institutionen, Akteure und Strukturen der Gesellschaft detailliert dargestellt. Dabei ist deutlich geworden, dass hegemonial-männliche Praktiken staatlicher Akteure und Akteurinnen, die gesellschaftliche Legitimierung von Gewalt an Frauen, die Vorherrschaft des männlich-politisch-militaristischen hegemonialen Blocks und die ökonomische Benachteiligung der Frauen der de facto-Implementierung und Durchsetzung von erkämpften Rechten und juristischen Reformen zugunsten von Frauen im Wege stehen. Der patriarchale und männerbündische Staat zeigt sich auch in diesem Kontext den Frauen nicht als ein einheitliches Konstrukt, sondern er tritt als ein „verschlungenes Gitter von Machtdiskursen und Praktiken" von Männern hervor, die sich ständig neu konstruieren (Brown 1995: 174).

Die Erfahrungsberichte von Politikerinnen und politischen Akteurinnen zeugen von einer Nichtbeachtung und Abwertung als Frauen durch männliche politische Akteure und Institutionen, wodurch die Akteurinnen gezwungen werden, verschiedene Strategien für eine politische Anerkennung durch die Männer und für einen Einschluss in männerbündische Gemeinschaften zu entwickeln. Wie in den Interviews deutlich wurde, ziehen es manche Politikerinnen vor, sich durch die Verleugnung ihrer weiblichen Identität den männlich politischen Normen anzupassen, sich sogar systematisch von 'Frauenthemen' und Frauenpolitik 'fernzuhalten', um als entgeschlechtlichte bzw. 'neutrale' politische 'Autorität' Geltungsanspruch erheben zu können. Andere thematisieren die geschlechterbezogenen Exklusionserfahrungen und die Politik als Männerbund. Diese kritische Haltung birgt das Risiko, dass sie als Feministinnen politisch nicht beachtet und isoliert werden. Wiederum andere versuchen sich innerhalb der männerbündischen, politischen Netzwerke für Frauenpolitik einzusetzen, ohne aber gegen die männerbündischen Strukturen selbst anzukämpfen und ohne als wirksame Entscheidungsträgerinnen zu agieren und wahrgenommen zu werden.

Die Erfahrungsberichte der feministischen Protagonistinnen zu den politischen Praktiken belegen, dass sich die feministische Bewegung in ihrem Kampf gegen diese hegemonialen Männlichkeiten momentan in einer zweigeteilten frauenpolitischen Sphäre bewegt.

Eine Gruppe von autonomen Feministinnen, die sich als Kollektiv oder Stiftungen wie *Amargi*, das *Sozialistisch-Feministische Kollektiv (SFK)* oder *Lila-Dach* organisieren, repräsentiert die radikale feministisch-politische Dimension der feministischen Bewegung. Feministische Grundprinzipien wie Selbstorganisation und autonome Interessenvertretung, die diese Gruppen repräsentieren, werden vehement gegen die Vereinnahmung emanzipativer Politik durch neoliberale Umschichtungspolitiken verteidigt. Hierbei tritt durch ihren Grundsatz einer 'Autonomie um jeden Preis' und durch die Ablehnung von Subventionen besonders die *SFK* als ein neuer Katalysator feministischer Radikalität und Gesellschaftskritik in den Vordergrund.

Andere Frauengruppen wie *Ka-Mer*, *Ka-Der*, *WWHR* und *KEIG* zeichnen sich im Gegensatz zu diesen autonomen Frauengruppen durch eine verstärkte Vernetzung mit staatlichen Institutionen, privaten Unternehmen, globalen NGOs sowie ausländischen und europäischen Hilfswerken aus. In den Aussagen der Frauen treten innerhalb dieser herrschaftlich konzipierten Beziehungen sowohl die Probleme als auch die transformatorische Kraft einer NGOisierung der feministischen Bewegung für die Durchsetzung feministischer Politiken zutage. In den Erfahrungsberichten über die Praktiken feministischer Politik werden einzelne staatliche AkteurInnen wie ParlamentarierInnen, MinisterInnen, BürgermeisterInnen, SozialhelferInnen, staatliche ProjektleiterInnen und staatliche

Institutionen zeitweise als starke BündnispartnerInnen der feministischen Protagonistinnen wahrgenommen. So belegen auch die Erfahrungen feministischer Politik im türkischen Kontext – wie die Strafrechtsreformen zugunsten der Frauen –, dass eine „Entstaatung des staatlichen Maskulinismus" nur durch eine Infragestellung von und eine Auseinandersetzung mit männlicher Hegemonie in der Zivilgesellschaft und mit Verbündeten in Politik, Ökonomie, Medien und der Wissenschaft bewerkstelligt werden kann (Sauer 2004: 70).

Diese zahlreichen Bündnisse feministischer Organisationen mit staatlichen AkteurInnen und Institutionen haben anhand von aktuellen Fallbeispielen, wie die *TCK-Plattform*, veranschaulichen können, dass sich staatliche Transformationen in Richtung geschlechtersensibler Politiken und zugunsten eines Rückgangs von hegemonialen männlichen Praktiken vollziehen. Durch die fortdauernde Thematisierung von Gewalt gegen Frauen hat es die feministische Öffentlichkeit geschafft, männliche und staatliche Gewalt gegen Frauen aufzudecken, zu skandalisieren und diesbezügliche rechtliche Schutzmaßnahmen und Reformen einzuleiten. Diese Politiken sind nicht nur defensive Politiken, welche die Opferrolle der Frauen in den Vordergrund stellen und die für einen radikalen Feminismus nicht ausreichen, wie es Gülnur Acar-Savran im Interview bewertet hat[1], sondern sie stellen große und einschlägige Erfolge der feministischen Bewegung dar, die durch die Zusammenarbeit sowohl der autonomen und institutionalisierten als auch der professionalisierten Gruppierungen der feministischen Bewegung zustande gekommen sind.

Doch diese Verschärfung der Dichotomie von 'Autonomie vom und Zusammenarbeit mit dem Staat', die von Feministinnen immer wieder zum Ausdruck gebracht wird und im Zuge derer frau gezwungen wird, sich entweder innerhalb einer autonomen feministischen Opposition zum Staat einzuordnen oder aber als eine 'Komplizin' der staatlichen Politiken mit einem vermeintlich persönlichem Interesse an Herrschaftsmaximierung zu gelten, steuert die Herstellung von effektiven, feministischen Politiken in eine Stagnation, wenn nicht oftmals in eine Sackgasse. Das mangelnde Verständnis der Feministinnen hinsichtlich des Prozesscharakters und der Widersprüche des Staates und die unzureichende feministisch-theoretische und politische Auseinandersetzung mit Staat und Öffentlichkeit bestärken die dichotome Auffassung solch eines Staats- und Zivilgesellschaftsverständnisses.

Die *TCK-Frauenplattform* hat aber durch ihre politischen Praktiken und ihre Mittel der Produktion und Durchsetzung von feministischer Politik in staatlichen

1 Interview mit Gülnur Acar-Savran am 25.06.2009 in Istanbul.

Institutionen zu einer – wenn auch geringen – Aufhebung dieser Polarisierung beigetragen. Das allgemeine Einvernehmen in der feministischen Bewegung über den Erfolg der *TCK-Plattform* bei der Durchsetzung von frauenpolitischen und -rechtlichen Anliegen setzte einen Prozess der Selbstkritik und der Suche nach neuen politischen Strategien in der Bewegung in Gang. Diese Auseinandersetzung mit den politischen Praktiken hatte auch zwangsläufig eine Infragestellung der eigenen Herrschaftspraktiken in der feministischen Bewegung zur Folge. Die Einsicht von feministischen Akteurinnen, die in den feministischen Debatten der letzten Jahre und in den Interviews zunehmend zum Ausdruck gebracht wird, dass sie selber Herrschaftsverhältnisse produzieren und reproduzieren, kann als ein erster konstruktiver Schritt bewertet werden, der als eine Vorbedingung zur Schaffung von machtkritischen und gegenherrschaftlichen Strukturen und Praktiken genutzt und erweitert werden muss.

Außerdem hat die feministische Bewegung durch die Suche nach politisch wirksamen Methoden und Strategien, um auf die staatlichen Machtdiskurse einzuwirken, und durch die Erfahrung im Zusammenhang mit der *TCK-Plattform* wichtige politisch-strategische Instrumente entwickelt, die zu einer effektiveren Durchsetzung von feministischer Politik beigetragen haben.

Das starre Festhalten der feministischen Bewegung an ihrer Autonomie wurde selbst von manchen autonomen Feministinnen kritisiert und es wurde, wie die Interviews verdeutlichten, auf die Notwendigkeit der Formulierung von alternativen Strategien hingewiesen. Autonome Feministinnen haben im Kontext der *TCK-Plattform* Bündnisstrategien mit staatlichen Akteuren und Akteurinnen entwickelt, die zu einer Reformulierung und politischen Umformulierung ihrer einst 'unkooperativen' politischen Haltungen beigetragen haben. Dies ist aber kein Indiz dafür, dass die feministischen Protagonistinnen und Aktivistinnen ihre feministischen Grundsätze aufgegeben hätten, sondern nur der Beleg, dass sie die Notwendigkeit anerkannt haben, mit staatlichen Instanzen zu kooperieren, um feministische Politik effektiver generieren und umsetzen zu können.

Die distanzierte Haltung vieler autonomer Feministinnen gegenüber Öffentlichkeit und Zivilgesellschaft sollte aber ebenso dazu genutzt werden, die Defizite des Zivilgesellschaftskonzepts aus einer feministischen Perspektive heraus zu benennen und dieses politisch zu reformulieren. Diese Reformulierungen sollten sich in weiterer Folge auch in den politischen Praktiken der feministischen Bewegung abbilden. Die feministische Kritik am Staats- und Öffentlichkeitskonzept, die im ersten Kapitel dargestellt wurde, sollte durch die feministische Bewegung in der Türkei verinnerlicht und umgesetzt werden. Die Zivilgesellschaftsdebatte in der Türkei, die in Kapitel 2 diskutiert wurde, bedarf des Weiteren einer Bereicherung und Emanzipation durch feministisch-theoretische Beiträge.

Bei diesen Auseinandersetzungen mit feministisch theoretischen Kritiken des Staats-, Zivilgesellschafts- und Öffentlichkeitskonzepts sollte aber auch die Suche nach wirksamen, feministischen Politiken und staatlichen BündnispartnerInnen im Vordergrund stehen, die sich bei der Schaffung einer gegen-männlich-hegemonialen Öffentlichkeit als notwendig erweisen. Öffentlichkeit und Zivilgesellschaft enthalten strukturell Aspekte von Herrschaft und eine „Unterscheidung von Führenden und Geführten" (Demirović 1997: 163), die durch die Partizipation von AktivbürgerInnen in der politischen Sphäre zwangsläufig hergestellt werden. Die bisweilen politische und normative Utopie, dass diese Herrschaftsverhältnisse in der politischen Sphäre durch die Bewusstseinsbildung der AktivbürgerInnen aufgehoben werden könnten, lässt sich nur dann aufrechterhalten, wenn diese bestehenden Herrschaftsverhältnisse aufgedeckt, analysiert und kritisiert werden.

Mit der feministisch-strategischen Einsicht, dass die Errichtung einer feministischen Gegenhegemonie – welche durch eine verstärkte Selbstorganisation von Frauen generiert werden sollte (Sauer 2004: 71) – sowohl in der Zivilgesellschaft als auch in der politischen Gesellschaft und im Staat greifen muss, müssen sich die Feministinnen in der Türkei aber noch versöhnen. Dazu ist ein künftiges feministisches Engagement bei der Theoriebildung und deren Verbindung zur politischen Praxis der Feministinnen in der Türkei notwendig. Obwohl die Feministinnen, bedingt durch die Opportunitätsstrukturen des aktuellen politischen Kontexts in der Türkei[2], ein Potential für die Herausbildung einer kritischen gegenhegemonialen Öffentlichkeit bereitstellen, erscheint die momentane „Beteiligung an Herrschaftsübung" (Demirović 2001: 143) durch frauenpolitische Akteurinnen als ein paradoxes Unterfangen, das nicht zwangsläufig auf die „Selbstorganisation der Frauen" hinwirkt (Sauer 2004: 71) und die „Herrschaft kritisieren und beseitigen" sowie auf „neue Institutionalisierungen von Ordnung" (ebd.) abzielen könnte.

Dass das feministische Engagement in der Zivilgesellschaft „ein parodoxes Unterfangen mit und gegen den Staat" ist und dass nur durch Bündnisse mit spezifischen Staatsapparaten ein Potential entwickelt werden kann, mit dem sich staatliche Bürokratie und hegemoniale Männlichkeitsformen in staatlichen und

2 In diesem Zusammenhang sind beispielsweise die Demokratisierungsprojekte im Rahmen des EU-Beitrittsprozesses zu nennen, bei denen Frauen als aktive politische Partnerinnen sowohl vom türkischen Staat als auch von europäischen Staaten, internationalen NGOs und wirtschaftlichen Partnern 'delegiert' werden.

gesellschaftlichen Strukturen transformieren ließen (ebd.: 70), wird von den autonomen Feministinnen, welche die eigentlichen Trägerinnen und Katalysatoren der Frauenbewegung nach 1980 sind, nur teilweise anerkannt. Obwohl einzelne Aktivistinnen der autonomen feministischen Bewegung auf Projektbasis mit staatlichen Institutionen kooperieren, tritt doch in den Aussagen der Frauen eine verstärkte Ablehnung gegen eine Zusammenarbeit mit staatlichen Institutionen zutage, deren Ursachen, wie bereits in Kapitel 2 und 3 dargestellt wurde, auf die zwanghafte Depolisierung und die gewaltvolle Bekämpfung gesellschaftspolitisch oppositioneller Gruppen durch den türkischen Staat Ende der 1970er Jahre zurückzuführen ist.

Vor dem Hintergrund der globalen Internationalisierung des Staates und der Zivilgesellschaft sowie der Herausbildung von internationalen, zivilgesellschaftlichen, kooperativen AkteurInnen wird allerdings durch die hegemoniekritische Theorie auf die Gefahr globaler und neoliberaler Umbaupolitiken aufmerksam gemacht, die politisch emanzipatorischen Zielen entgegenwirken (vgl. Demirović 2001; Gebauer 2001; Hirsch 2001). Die politische Abwehr der autonomen Feministinnen einer Zusammenarbeit und Mitwirkung in diesen vernetzten Machtstrukturen stützt sich auf dieselbe Erkenntnis. Die Tatsache, dass „emanzipative Politik und die menschenwürdige Gestaltung der sozialen Verhältnisse [...] keine 'Staatsaffäre' [sind]", sondern nur über „autonome Interessenvertretung, die praktische Selbstorganisation und die Wiedergewinnung einer kritischen Öffentlichkeit" gelingen können, liegt für politisch emanzipatorische und gegenhegemoniale Ansprüche ebenfalls auf der Hand (Gebauer 2001: 118). Auf diese „Wiedergewinnung einer kritischen Öffentlichkeit" wirken autonome Frauengruppen wie die *SFK*, *Amargi* und *Lila-Dach* sowohl durch theoretische als auch politische Legitimationsversuche dieser Standpunktverortung verstärkt hin.

Die Gründung des *Sozialistisch-Feministischen Kollektivs (SFK)* im Jahre 2008, bei dem sich ehemalige Protagonistinnen, die sich von der feministischen Bewegung distanziert hatten, wieder feministisch-politisch engagieren, ist ein Zeichen für wiedererwachte emanzipatorische Bedürfnisse. Die feministische Kooperative und die Zeitschrift *Amargi*, die durch einen bedeutenden persönlichen Einsatz und die Mitwirkung von Pınar Selek initiiert wurde und aufrechterhalten wird, kann als eine einflussreiche feministische Organisation betrachtet werden, die den weiteren Verlauf der feministischen Bewegung sowohl prägen als auch dokumentieren wird. Die kritischen Beiträge in der Zeitschrift stellen richtungsweisende Fragen und initiieren weitreichende Debatten, die konstruktive Prozesse in der Bewegung anstoßen. Auch wenn von einigen feministischen Akademikerinnen bemängelt wird, dass feministische Theorie und Praxis in der Türkei noch nicht in einen konstruktiven Zusammenhang gebracht werden und dass keine genuine feministische Theoriebildung zustande kommt (vgl. Akis/Özakın/Sancar 2009: 249), sind die feministischen Zeitschriften *Amargi* und *Feministische Politik* Spiegel und Impulsgeberinnen einer kritischen, feministischen Bewegung.

Darüber hinaus hat die Zusammenarbeit und Solidarität von *Amargi* mit homosexuellen, bisexuellen, transsexuellen, kurdischen, alevitischen, armenischen, antimilitaristischen, umweltschützenden, islamistischen, sozialistischen, radikalen, sozialdemokratischen, armen und arbeitlosen Frauen, Bürgermeister-Kandidatinnen, Bürgermeisterinnen, Politikerinnen und Sexarbeiterinnen die Bündnisnetzwerke innerhalb der feministischen Bewegung gestärkt und feministische Traditionen einer Frauensolidarität verfestigt und verbreitet. In diesem Zusammenhang müssen auch die Bündnisse mit anderen gegenhegemonialen sozialen Gruppen wie Anti-Militaristen, die LGBTT-Bewegung und die linke Bewegung in einem emanzipatorischen Zusammenhang als wertvolle Solidaritätsnetzwerke betrachtet werden, die zwecks einer Entwicklung und Herausbildung einer kritischen Öffentlichkeit gestärkt werden sollten.

Der Prozess, den die feministische Bewegung momentan durchläuft, ist der Kampf um die Herauslösung aus den geschichtlich bedingten, staatlichen Vereinnahmungspolitiken und die Anerkennung der Notwendigkeit von 'eigenen Tagesordnungen'. So soll diese Vereinnahmung nicht mehr als ein Instrument der politischen Interessen des Mainstreams verhindert werden. Dabei ist die Suche nach wirksamen frauenpolitischen Strategien, wie beispielsweise das feministische Engagement in lokaler Politik, ebenso wichtig wie die Stärkung der autonomen Bündnisse und Politikformen.

Wie diese beiden politisch unterschiedlich ausgerichteten Bereiche von autonomer und professionalisierter feministischer Politik für die Durchsetzung und Wirksamkeit feministisch emanzipatorischer Ansprüche vereint werden können und ob das von diesen Gruppierungen gewollt wird bzw. dies aus einer emanzipatorischen Perspektive überhaupt erstrebenswert ist, werden die Entwicklungen der feministischen Bewegung in den kommenden Jahren zeigen. Vor diesem Hintergrund erscheint diese zweigeteilte Strategie der feministischen Bewegung, bei der die einen „zu den privilegierten Akteuren werden, die das 'Ohr' der Unternehmen, internationalen Institutionen und Regierungen haben", und bei der die anderen versuchen, „Öffentlichkeiten zu bilden und zur Formierung sozialer Bewegungen beizutragen", als eine unausweichliche „zivilgesellschaftliche Konfliktlinie um Hegemonie" (Demirović 2001: 168).

Die Zuordnungen und Positionierungen der Feministinnen entlang dieser Konfliktlinien bedürfen aber der theoretischen und politischen Einsicht, dass

Staat und Zivilgesellschaft sich in einer hegemonialen Verflechtung um Konsens- und Hegemoniebildung befinden. Nur durch diese Betrachtung können die in diesem Kräftefeld eingeschriebenen hegemonial-männlichen Machtstränge und Praktiken aufgedeckt werden, welche dann die Erarbeitung neuer emanzipatorischer und feministisch-politischer Strategien, Praktiken und Positionierungen ermöglichen können. Diese notwendige Anerkennung des Prozesscharakters staatlicher Politik muss durch solch eine Erarbeitung feministischer Theoriebildung ermöglicht werden, die zusammen mit der Analyse der politisch praktischen Implikationen, die sich daraus ergeben, auf der zukünftigen Tagesordnung der feministischen Forschung in der Türkei stehen sollte.

Die Feministische Theorie hat bislang kein 'Rezept' gegen das Dilemma der 'Autonomie von und Kooperation mit' staatlichen Institutionen gefunden, das im Mittelpunkt der Debatten um emanzipatorische Politik und gegen-hegemoniale politische Strategien steht. Die Ausdauer und 'Willenskraft' der feministischen Bewegung in der Türkei im Zuge des politischen Engagements für die Durchsetzung emanzipatorischer, anti-maskulinistischer und gegenhegemonialer Politiken kann aber abschließend als ein 'zuverlässiges' politisches Fundament betrachtet werden, das genügend Potential für die (Mit-)Gestaltung zukünftiger, gegenhegemonialer Demokratie- und Emanzipationsprojekte aufweist.

# Anhang

## Abkürzungen

| | |
|---|---|
| ANAP | Mutterlandspartei |
| AKP | Partei der Gerechtigkeit und Entwicklung |
| CEDAW | Convention on the Elimination of All Forms of Discrimination against Women |
| CHP | Republikanische Volkspartei |
| ÇYDD | Verein zur Förderung des Modernen Lebens |
| DÖKH | Demokratische und Freie Frauenbewegung |
| DP | Demokratische Partei |
| DTP | Partei der Demokratischen Gesellschaft |
| HADEP | Demokratiepartei des Volkes |
| KEIG | Initiative der Frauenarbeit und –Beschäftigung |
| KA-DER | Verein zur Unterstützung und Ausbildung von Frauenkandidaten |
| KA-MER | Frauenzentrum |
| KSSGM | Direktoriat für den Status der Frauen |
| MGK | Rat der Nationalen Sicherheit |
| ÖDP | Partei der Freiheit und Demokratie |
| RP | Wohlfahrtspartei |
| SFK | Sozialistisch-Feministisches Kollektiv |
| SHCEK | Institution für Sozialdienste und Kinderschutz |
| SSGSS | Sozialversicherungen und Allgemeine Krankenversicherung |
| TCK | Türkisches Strafrecht |
| WWHR | Women for Women's Human Rights |
| YÖK | Hochschulrat |

## Literaturliste

*Abadan-Unat, Nermin/Tokgöz, Oya* (1994): Turkish Women as Agents of Change in a Pluralist Democracy, in: Nelson/Chowdhury (Hg.) Women and Politics Worldwide. New Haven/London: Yale University Press, S. 706-720.

*Acar, Feride* (1998): Türkiye Üniversitelerinde Kadın Öğretim Üyeleri (Frauenlehrbeauftragte in den Universitäten der Türkei), in: Hacımirzaoğlu, Ayşe Berktay (Hg.): 75 Yılda Kadınlar ve Erkekler (Frauen und Männer in 75 Jahren). İstanbul: Tarih Vakfı Yayınları, S. 313-321.

*Acar-Savran, Gülnur* (2003): Sivil Toplum ve Ötesi-Rousseau, Hegel, Marx (Civil Society and Beyond). İstanbul: Belge Uluslararası Yayıncılık.

– (2005a): 80'li Yılların Kampanyaları ve Özel Alanın Politikası – Sorunlar ve Sorular (Die Kampagnen der 80'er Jahre und die Politik des Privaten –Probleme und Fragestellungen), in: Özgürlüğü Ararken-Kadın Hareketinin Mücadele Deneyimleri. İstanbul: S.S. Amargi Kadın Bilimsel ve Kültürel Araştırmalar Yayıncılık ve Dayanışma Kooperatifi, S. 81-100.

– (2005b): Kaktüs Dergisi Deneyimi (Die Kaktus-Zeitschrift Erfahrung), in: Özgürlüğü Ararken-Kadın Hareketinin Mücadele Deneyimleri (Auf der Suche nach Freiheit-Die Konflikterfahrungen der Frauenbewegung). İstanbul: S.S. Amargi Kadın Bilimsel ve Kültürel Araştırmalar Yayıncılık ve Dayanışma Kooperatifi, S. 119-136.

– (2006a): Cinsiyetçilik Her Zaman Militarist mi? (Ist Sexismus immer militaristisch?), in: Amargi, Vol. 3, S. 34-35.

– (2006b): AB'nin toplumsal cinsiyet politikaları (Die Geschlechterpolitik der EU), in: Birikim, Vol. 204, S. 40-54.

– (2007): Feminist Politika, Kota ve Bir Siyasal Kategori Olarak Kadınlar (Feministische Politik, Quoten und Frauen als eine politische Kategorie), in: Amargi, Vol. 5, S. 11-12.

– (2008): SSGSS, Görünmeyen Emek ve Feminist Politika (SSGSS, Unsichtbare Arbeit und Feministische Politik), in: Amargi, Vol. 8, S. 16-19.

– (2009): Beden Emek Tarih-Diyalektik Bir Feminizm İçin (Körper, Arbeit, Geschichte-Für einen dialektischen Feminismus). Istanbul: Kanat Kitap.

*Acuner, Selma* (2002): 90'lı Yıllar ve Resmi Düzeyde Kurumsallaşmanın Doğuş Aşamaları (Die 90'er Jahre und die Anfänge der Institutionalisierung auf legaler Ebene), in: Bora, Aksu/Günal, Asena (Hg.): 90'larda Türkiye'de Feminizm (Feminusmus in den 90'ern). Istanbul: İletişim Yayınları, S. 125-158.

*Açık, Necla* (2002): Ulusal Mücadele, Kadın Mitosu ve Kadınların Harekete Geçirilmesi: Türkiye'deki Çağdaş Kürt Kadın Dergilerinin Bir Analizi ((Nationaler Kampf, Frauenmythos und die Mobilisierung der Frauen: Eine Analyse der aktuellen Kurdischen Frauenzeitschriften), in: Bora, Aksu/Günal, Asena (Hg.): 90'larda Türkiye'de Feminizm. Istanbul: İletişim Yayınları, S. 279-321.

*Adaklı, Gülseren* (2006): Türkiye'de Medya Endüstrisi-Neoliberalizm Çağında Mülkiyet ve Kontrol İlişkileri (Medien-Industrie in der Türkei -Eigentum und Kontrollbeziehungen). Ankara: Ütopya Yayınevi.

*Adorno, Theodor W.* (2007): Kültür Endüstrisi-Kültür Yönetimi (Kulturindustrie). İstanbul: İletişim Yayınları.

*Ağduk, Meltem* (2009): Harika Bu Ne Hal? Medya, Kadınlar ve Şiddet (Medien, Frauen und Gewalt). In: (http://www.huksam.hacettepe.edu.tr/Turkce/SayfaDosya /harika _bu_ne_hal.pdf) (Zugriff am 30.07.2009).

*Ağduk-Gevrek, Meltem* (2000): Cumhuriyet'in Asil Kızlarından '90' ların Türk Kızlarına... 1990'larda Bir 'Türk Kızı': Tansu Çiller (Von den noblen Mädchen der Republik zu den Mädchen der '90'er' ... Ein 'Türkisches Mädchen' in den 1990'ern: Tansu Çiller), in: *Altınay, Ayşe Gül* (Hg.): Vatan Millet Kadınlar. İstanbul: İletişim Yayınları, S. 280-307.

*Ağlagül, İnci* (2006): İktidar Kardeşliği: Militarizm ve Cinsiyetçilik (Die Bruderschaft des Militarismus: Militarismus und Sexismus), in: Amargi, Vol. 2, S. 34-35.

*Ahmad, Feroz* (2007): Demokrasi Sürecinde Türkiye 1945-1980 (Türkei im Demokratieprozess). İstanbul: Hil Yayınları.

*Akkoç, Nebahat* (2002): Diyarbakır Ka-Mer'in Kuruluş Hikayesi ve Yürüttüğü Çalışmalar (Die Gründungsgeschichte von Ka-Mer Diyarbakır und die laufenden Projekte), in: Bora, Aksu/Günal, Asena (Hg.): 90'larda Türkiye'de Feminizm. Istanbul: İletişim Yayınları, S. 205-216.

*Akınhay, Osman/Tarık, Bekir* (2009): Mehmet Eroğlu'yla Söyleşi: İslami Hareketin Baş Tacı, Mal, Mülk Ve Zenginlik (Interview mit Mehmet Eroğlu: Das Wichtigste für die islamische Bewegung ist Besitz, Eigentum und Reichtum), in: Mesele, Vol. 28, April 2009, S. 8-13.

*Akis, Yasemin/Özakın, Ülkü/Sancar, Serpil* (2009): Türkiye'de Feminizm ve Kadın Hareketi (Feminismus und Frauenbewegung in der Türkei), in: Cogito, Vol. 58, S. 245-258.

*Akyüz Öztürk, Fatma* (2003): 4320 Sayılı Kanun (Das Gesetz 4320), in: *İstanbul Barosu Yayınları* (2003): Ailenin Korunmasına Dair Kanun ve Yeni Medeni Kanuna İlişkin Uygulama Sorunları (Das Gesetz zum Schutz der Familie und Probleme der Implementierungen des neuen Zivilrechts). İstanbul, S. 25-31.

*Alankuş, Sevda/İnal, Ayşe* (2000): Güldürü Programlarında Kadınların Temsili ve Şiddet (Die Repräsentation der Frauen in den Comedy-Sendungen und Gewalt), in: Çelik, Nur Betül (Hg.): Televizyon, Kadın ve Şiddet. Ankara: KİV Yayınları, S. 65-110.

*Alemdar, Zeynep* (1996): Basın ve Kadın (Presse und Frauen), in: Arat, Necla (Hg.): Türkiye'de Kadın Olmak-Kadın Sorunlarından Kesitler (Frau-Sein in der Türkei-Ausschnitte aus den Frauenfragen). Istanbul: Say Yayınları, S. 125-134.

*Altan, Mehmet* (1993): Türkiye'nin bütün sorunu politik devletten liberal devlete geçmemesidir (Das Hauptproblem der Türkei liegt darin, dass sie nicht vom politischen zum liberalen Staat übergeht), in: Server, Metin/Dizdar, Cem (Hg.): 2.Cumhuriyet Tartışmaları (Debatten über dir 2. Republik). Ankara: Başak Yayınları, S. 33-59.

*Altınay, Ayşe Gül* (2000): Milliyetçilik, Toplumsal Cinsiyet ve Feminizm (Nationalismus, Geschlecht und Feminsmus), in: *Altınay, Ayşe Gül* (Hg.): Vatan Millet Kadınlar (Vaterland, Nation und Frauen). İstanbul: İletişim Yayınları, S. 11-28.

*Altınay, Ayşe Gül* (2003): „Kadınlar Her Yerde" Ayşe Gül Altınay'dan Önsöz („DieFrauen sind überall"-Vorwort), in: Enloe, Cynthia: Muzlar, Plajlar ve Askeri Üsler-Feminist Bakış Açısından Uluslararası Siyaset. İstanbul: Çitlembik Yayınları, S. 11-13.
– (2004): The Myth of the Military-Nation: Militarism, Gender, and Education in Turkey. New York: Palgrave MacMillan.
– (2006): „Asker Türk" leri ve Onların Asker Kardeşlerini Kim Doğuruyor? (Wer gebärt die 'Soldaten-Türken' und ihre Soldatenbrüder?), in: Amargi, Vol. 2, S. 25-26.
*Amargi (Feminist Dergi)* (2006): Hazır Olmuyorum (Ich stehe nicht stramm), Vol. 2.
– (2008): Yerel Siyaset Esas Siyaset (Lokale Politik, Wahre Politik), Vol. 11.
*Amargi (Kadın Bilimsel ve Kültürel Araştırmalar Yayıncılık ve Dayanışma Kooperatifi)* (2005): Önsöz (Vorwort), in: Özgürlüğü Ararken-Kadın Hareketinde Mücadele Deneyimleri (Auf der Suche nach Freiheit. Die Konflikterfahrungen in der Frauenbewegung). İstanbul.
*Arat, Zehra F.* (1994): Turkish Woman and the Republican Reconstruction of Tradition, in: Göçek, Müge/Bolaghi, Shiva (Hg.): Reconstructing Gender in the Middle East. New York: Columbia University Press, S. 57-78.
*Arat, Yeşim* (1989): The Patriarchal Paradox-Women Politicians in Turkey. New Jersey: Associated University Presses.
– (1994): Toward a Democratic Society-The Women's Movement in Turkey in the 1980's, in: Women's Studies International Forum, Vol. 17, No. 2-3, S. 241-248.
– (1996): A Feminist Mirror in Turkey: Portraits of two Activists in the 1980s, in: Interdisciplinary Journal of Middle Eastern Studies, Princeton Papers, Vol. 5, S. 113-132. *ş* (1997): The Project of Modernity and Women in Turkey, in: Bozdoğan, Reşat/Kasaba, Sibel (Hg.), Rethinking Modernity and National Identity in Turkey. Seattle: University of Washington Press, S. 95-112.
– (1998a): A Woman Prime Minister in Turkey: Did It Matter?, in: Woman & Politics, Vol. 19, S. 1-22.
– (1998b): Feminists, Islamists, and Political Change in Turkey, in: Political Psychology. Malden: Blackwell Publishers, Vol.1 9, No. 1, S. 117-131.
– (1999): Political Islam in Turkey and Women's Organizations. Istanbul.
– (2000 a): Islamist Women, Their Headscarves and Democracy in Turkey, paper presented at the II. Humphrey Center International Symposium: Democratic Challenges from the Periphery, Ben Gurion University, Israel, May 17-21.
– (2000 b): From Emancipation to Liberation: The Changing Role of Women in Turkey's Public Realm, in: Journal of International Affairs, Fall 2000, 54, No. 1, New York.
– (2004): Rethinking the political: A feminist journal in Turkey-Pazartesi, in: Women's Studies International Forum. Elsevier, S. 281-292.
*Arato, A.* (1990): Revolution, Civil Society und Demokratie, in: Transit 1, S. 110ff.
*Arato, Andrew/Cohen, Jean L* (1995): Civil Society and Political Theory. New York.
*Arıkan, Aligül* (2008): Transerkek Olmak Deneyimi (Die Erfahrung ein Trans-Mann zu sein), in: Amargi, Vol. 10, S. 18-19.

*Arın, Canan* (1996): Mor Çatının Kuruluş Öyküsü (Die Gründungsgeschiche von Lila-Dach), in: Evdeki Terör-Kadına Yönelik Şiddet (Der Terror zu Hause-Gewalt gegen Frauen). İstanbul: Mor Çatı Yayınları, S. 175-181.

– (1998): Kadına Yönelik Şiddet (Gewalt gegen Frauen), in: Hacımirzaoğlu, Ayşe Berktay (Hg.): 75 Yılda Kadınlar ve Erkekler. İstanbul: Tarih Vakfı Yayınları, S. 201-210.

*Aydın, F.Çiğdem* (2008): Siyasette „Kadın Tektipleştirme Süreçleri" (Die 'Prozesse der Frauenvereinheitlichung' in der Politik, in: Mutluer, Nil (Hg.): Cinsiyet Halleri (Geschlechterdasein). İstanbul: Varlık Yayınları, S. 103-121.

*Aytaç, Şule* (2005): Türkiye'de Feminist Hareketin Oluşumu (Die Entstehung derFeministischen Bewegungin der Türkei), in: Özgürlüğü Ararken-Kadın Hareketinde Mücadele Deneyimleri. İstanbul: S.S. Amargi Kadın Bilimsel ve Kültürel Araştırmalar Yayıncılık ve Dayanışma Kooperatifi, S. 37-58.

*Aziz, Aysel/Köker, Eser* u.a (Hg.) (1994): Medya, Şiddet ve Kadın (Medien, Gewalt und Frau). Ankara: KSSGM Yayınları.

*Başkaya, Fikret* (1999): Yediyüz-Osmanlı Beyliğinden 28 Şubata: Bir Devlet Geleneğinin Anatomisi (Siebenhundert-Vom Osmanischen Fürstentum zum 28. Februar: Eine Anatomie einer Staatstradition). Ankara: Ütopya Yayınevi.

*Baur, Nina/Luedtke, Jens* (Hg.) (2008): Die soziale Konstruktion von Männlichkeit. Opladen: Verlag Barbara Budrich.

*Becker-Schmidt, Regina/Axeli-Knapp, Gudrun* (2001): Feministische Theorien-Zur Einführung. Hamburg: Junius Verlag.

*Belge, Murat* (1998): Sivil Toplum Örgütleri (Organisationen der Zivilgesellschaft), in: Ulas T. (Hg.): Merhaba Sivil. Toplum. İstanbul: Hesinki Yurttaşlar Derneği Yayını, S. 23-37.

– (2000): Sosyalizm, Türkiye ve Gelecek (Sozialismus, Türkei und die Zukunft). İstanbul: Birikim Yayınları.

*Benhabib, Seyla* (Hg.) (1996a): Democracy and Difference. New Jersey: Princeton University Press.

– (1996b): Toward a Deliberative Model of Democratic Legitimacy, in: Benhabib, Seyla (Hg.): Democracy and Difference. New Jersey: Princeton University Press, S. 67-94.

*Biricik, Alp* (2008): 'Erkek Adam' Ezberini Bozmak Üzerine: Türkiye'de Toplumsal Cinsiyet Sisteminin Resmi Söylem Üzerinden Kurgulanması (Über die Durchbrechung des Gewohnten über den 'Mann': Die Inszenierung des Geschlechtersystems durch den offiziellen Diskurs in der Türkei), in: Mutluer, Nil (Hg.): Cinsiyet Halleri. İstanbul: Varlık Yayınları, S. 232-246.

*Bordo, Susan* (1997): Normalisation and Resistance in the Era of the Image, in: Kemp, Sandra/Squires, Judith (Hg.): Feminisms. New York: Oxford University Press, S. 451-455.

*Bora, Aksu* (2002): Bir Yapabilirlik olarak Ka-Der, (Ka-Der als etwas Machbares) in: Bora, Aksu/Günal, Asena (Hg.): 90'larda Türkiye'de Feminizm. Istanbul: İletişim Yayınları, S. 109-124.

*Bora, Aksu/Günal, Asena* (2002): Önsöz (Vorwort), in: *Bora, Aksu/Günal, Asena* (Hg.) 90'larda Türkiye'de Feminizm. İstanbul: İletişim Yayınları, S. 7-11.

*Bora, Aksu* (2006): Projeler: Yeni Bir Bağlam, Eski Sorunlar (Projekte-Neue Verknüpfungen, alte Probleme), in: Amargi, Vol. 3, S. 25-29.

– (2007): Yer'im Dar (Mein Platz ist zu eng), in: Amargi, Vol. 5, S. 22-23.

– (2008a): Kadınların Sınıfı-Ücretli Ev Emeği ve Kadın Öznelliğinin İnşası (Die Klasse der Frauen-Bezahlte Hausarbeit und die Errichtung einer Frauensubjektivität). İstanbul: İletişim Yayınları.

– (2008b): 'Çirkin Bir Nefret İdeolojisi' Olarak Feminizm (Feminismus als eine 'Hässliche Ideologie des Hasses'), in Amargi Vol. 10, S. 20-22.

– (2009): Feminizm ile sosyalizmin mutsuz evliliği-Arkadaş olsak yeter (Die unglückliche Ehe von Sozialismus und Feminismus-Es genügt wenn wir Freunde sind), in: Birikim, Vol. 244-245, S. 110-114.

*Bozan, Gülşen/Ekin, Ayfer* (2005): Kürt Kadın Hareketi ve Örgütlenme Deneyimleri (Kurdische Frauenbewegung und Organisationserfahrungen), in: Özgürlüğü Ararken-Kadın Hareketinin Mücadele Deneyimleri. İstanbul: S.S. Amargi Kadın Bilimsel ve Kültürel Araştırmalar Yayıncılık ve Dayanışma Kooperatifi, S. 203-220.

*Brown, Wendy* (1992): Finding the Man in the State, in: Feminist Studies 18 (1), S. 7-34.

– (1995): States Of Injury-Power And Freedom In Late Modernity. New Jersey: Princeton University Press.

*Bulaç, Ali* (1995): İslam ve Demokrasi (Islam und Demokratie). İstanbul: İz Yayıncılık.

*Burke, Colleen* (2006): Kadınlar ve Militarizm: Niçin Toplumsal Perspektifli Bir Analize İhtiyaçımız var? (Frauen und Militarismus: Warum wir eine gesellschaftsperpektivische Analyse brauchen?), in: Amargi, Vol. 2, S. 44-46.

*Bystydzienski, Jill M.* (1992): Women Transforming Politics – Worldwide Strategies for Empowerment. Indiana University Press.

*Cindoğlu, Dilek* (2003): Modern Türk Tıbbında Bekaret Testleri ve Suni Bekaret (Jungfrauentests und künstliche Jungfräulichkeit in der modernen türkischen Medizin), in: İlkkaracan, Pınar (Hg.): Müslüman Toplumlarda Kadın ve Cinsellik. İstanbul: İletişim Yayınları, S. 115-132.

*Connell, Robert W.* (2006): Der gemachte Mann. Opladen.

*Coşar, Simten* (2007): Akılla Duygu Ararsında Bir Yerlerde Kadın ve Politika (Frauenpolitik zwischen Verstand und Gefühl), in: Amargi, Vol. 5, S. 16-18.

– (2008): Başörtüsü/Türban Meselesi: Bit(irile)meyecek Bir Resim mi? (Kopftuch/Türban Debatte: Ein unabgeschlossenes Bild?), in: Amargi, Vol. 8, S. 9-11.

*Coşkun, Handan* (2007): Yoksul Değildik, Yoksullaştırıldık (Wir waren nicht arm, wir wurden verarmt), in: Amargi, Vol. 6, S. 33-34.

*Çağlar, Gazi* (2000): Staat und Zivilgesellschaft in der Türkei und im Osmanischen Reich. Frankfurt: Peter Lang Europäischer Verlag der Wissenschaften.

– (2003): Die Türkei zwischen Orient und Okzident-Eine politische Analyse ihrer Geschichte und Gegenwart. Münster: Unrast-Verlag.

*Çağlayan, Handan* (2009): Analar, Yoldaşlar, Tanrıçalar-Kürt Hareketinde Kadınlar ve Kadın Kimliğinin Oluşumu (Mütter, Kameradinnen, Göttinnen-Frauen in der Kurdischen Bewegung und die Bildung einer Frauenidentität). İstanbul: İletişim Yayınları.

*Çaha, Ömer* (2007): Aşkın (Transandantal) Devletten Sivil Topluma (Vom Transzendentalen Staat zur Zivilgesellschaft). İstanbul: Plato Film Yayınları.

*Çakır, Serpil* (1996): Osmanlı Kadın Hareketi (Die Osmanische Frauenbewegung). İstanbul: Metis Yayınları.

*Çelikel, Aysel* (2003): Konu: Ailenin Korunmasina Dair Kanun'un Uygulanması/Ankara 15.11.2002/Cumhuriyet Başsavcılığına/Prof. Dr. Aysel Çelikel/Bakan, Ek 1 T.C Adalet Bakanlığı/Ceza İşleri Genel Müdürlüğü Sayı: B.03.0.CIG.0.00.00.04. -3.3, (Thema: Die Umsetzung des Gesetzes über den Schutz der Familie), in: İstanbul Barosu Yayınları: Ailenin Korunmasına Dair Kanun ve Yeni Medeni Kanuna İlişkin Uygulama Sorunları, İstanbul, S. 254-255.

*Çoban, Aslı* (2008): Feminist Politikanın Sorunları (Die Probleme Feministischer Politik), in: Amargi, Vol. 10, S. 29-31.

*Davaz Mardin, Aslı* (2002): Görünmezlikten Görünürlüğe: Kadın Eserleri Kütüphanesi ve Bilgi Merkezi Vakfı (Von der Unsichtbarkeit zur Sichtbarkeit: Die Frauenbibliothek), in: Bora, Aksu/Günal, Asena (Hg.): 90'larda Türkiye'de Feminizm. İstanbul: İletişim Yayınları, S. 183-204.

*Demirović, Alex* (1987): Nicos Poulantzas – Eine kritische Auseinandersetzung. Berlin: Argument-Verlag.

– (1997): Demokratie und Herrschaft. Aspekte Kritischer Gesellschaftsheorie. Münster: Westfälisches Dampfboot.

–/*Pühl, Katharina* (1997): Identitätspolitik und die Transformation von Staatlichkeit: Geschlechterverhältnisse und Staat als komplexe materielle Relation, in: Kreisky, Eva/Sauer, Birgit (Hg.): Geschlechterverhältnisse im Kontext politischer Transformation. Opladen, S. 220-240.

– (2001): NGO, Staat und Zivilgesellschaft. Zur Transformation von Hegemonie, in: Brand, Ulrich/Demirovic, Alex/Görg, Christoph/Hirsch, Joachim (Hg.): Nichtregierungsorganisationen in der Transformation des Staates. Münster: Westfälisches Dampfboot.

– (2006): Ungleichheit – Gleichheit – Differenz, in: Forum Wissenschaft. (http://www.linksnet.de/de/artikel/20091). Zugriff am (15.06.2009).

*Dilipak, Abdurrahman* (1989): Savaş-Barış-İktidar (Krieg-Frieden-Herrschaft). İstanbul: İşaret Yayınları.

*Direk, Zeynep* (2007): Militarizmi Yeniden Düşünmek (Militarismus überdenken), in: Amargi, Vol. 4, S. 39-43.

*Duben, Alan* (1982): The Signficance of Family and Kinship in Urban Turkey, in: Kağıtçıbaşı, Çiğdem (Hg.): Sex Roles, Family, & Community in Turkey. Indiana: Indiana University Turkish Studies, S. 73-100.

*Düzkan, Ayşe* (1997): „Yerli bir feminizm" (Lokaler Feminismus), in: Pazartesi, September 1997, S. 2-4.

– (2001): Bu iş bu memlekette nasıl olacak? (Wie soll das laufen in diesem Land?), in: İlyasoğlu, Aynur/Akgökçe, Necla (Hg.): Yerli Bir Feminizme Doğru. İstanbul: Sel Yayıncılık, S. 39-52.

– (2005): Pazartesi Dergisi Deneyimi-2000 Sonrası (Die Pazartesi-Zeitschrift Erfahrungnach 2000), in: Özgürlüğü Ararken-Kadın Hareketinde Mücadele Deneyimleri. İstanbul: Amargi Kadın Bilimsel ve Kültürel Araştırmalar Yayıncılık ve Dayanışma Kooperatifi, S. 153-172.

*Ecevit, Yıldız* (1998): Türkiye'de Ücretli Kadın Emeğinin Toplumsal Cinsiyet Temelinde Analizi (Die Geschlechteranalyse bezahlter Frauenarbeit in der Türkei), in: Hacımirzaoğlu, Ayşe Berktay (Hg.): 75 Yılda Kadınlar ve Erkekler. İstanbul: Tarih Vakfı Yayınları, S. 267-284.

– (2001): Yerel yönetimler ve kadın örgütleri ilişkisine eleştirel bir yaklaşım (Eine kritische Bewertung der Beziehung zwischen lokalen Verwaltungen und Frauenorganisationen), in: İlyasoğlu, Aynur/Akgökçe, Necla (Hg.): Yerli Bir Feminizme Doğru (Auf einen lokalen Feminismus). İstanbul: Sel Yayıncılık, S. 227-258.

– (2007): Yoksulluğa Karşı Feminist Strateji İçin (Für eine feministische Strategie gegen Armut), in: Amargi, Vol. 6, S. 14-17.

*Enloe, Cynthia* (2003): Muzlar, Plajlar ve Askeri Üsler-Feminist Bakış Açısından Uluslararası Siyaset (Bananas, Beaches and Bases: Making Feminist Sense of International Politics:). İstanbul: Çitlembik Yayınları.

– (2004): The Curious Feminist-Searching For Women in a New Age Of Empire. London: University of California Press.

– (2006): Manevralar-Kadın Yaşamının Militarize Edilmesine Yönelik Uluslararası Politikalar (Maneuvers: The International Politics of Militarizing Women's Lives). İstanbul: İletişim Yayınları.

*–/Aslan, Özlem/Uzun, Begüm* (2008): Dünyada ve Türkiye'de Savaş Karşıtı Hareket ve Antimilitarizm Üzerine: Cynthia Enloe İle Söyleşi (Antikriegsund Antimilitarismusbewegung in der Welt und der Türkei: Interviw mit Cynthia Enloe), in: Kültür ve Siyasette Feminist Yaklaşımlar 2006-2007 Seçkisi (Feministische Perspektiven in Kultur und Politik). İstanbul. S. 107-126.

*Eraslan, Sibel* (2002): Uğultular... Silüetler... (Brausen... Siluetten...), in: Bora, Aksu/ Günal Asena (Hg.): 90'larda Türkiye'de Feminizm. İstanbul: İletişim Yayınları, S. 239-278.

*Erman, Tahire* (1998): Kadınların Bakış Açısından Köyden Kente Göç ve Kentteki Yaşam (Immigration aus dem Dorf in die Stadt und das Leben in der Stadt aus einer Frauenperspektive), in: Hacımirzaoğlu, Ayşe Berktay (Hg.): 75 Yılda Kadınlar ve Erkekler. İstanbul: Tarih Vakfı Yayınları, S. 211-224.

*Evans, Mary* (1997): In Praise of Theory: The Case for Women's Studies, in: Kemp, Sandra/Squires, Judith (Hg.): Feminisms. New York: Oxford University Press, S. 17-21.

*Fraser, Nancy* (1996): Gender Equity and Welfare State: A Postindustrial Thought Experiment, in: Benhabib, Seyla (Hg.): Democracy and Difference-Contesting the Boundaries of the Political. New Jersey: Princeton University Press, S. 218-241.

*Freindenvall, Lenita* (2007): Kotalar Nasıl İşlevsel Hale Getirilebilir ? Deneyimlerden Öğrenmek (Wie können Quoten funktionalisiert werden? Aus Erfahrungen lernen), in: Amargi, Vol. 5, S. 24-27.

*Gebauer, Thomas* (2001): „... von niemandem gewählt" Über die demokratische Legitimation von NGO, in: Brand, Ulrich u.a. (Hg.): Nichtregierungsorganisationen in der Transformation des Staates. Münster: Westfälisches Dampfboot, S. 95-119.

*Gedik, Esra* (2006): Kadınlık ve Vicdani Red Üzerine Notlar (Notizen über Frausein und Wehrdienstverweigerung aus Gewissensgründen), in: Amargi, Vol. 2, S. 38-41.

*Gellner, Ernest* (1981): Muslim Society. Cambridge: Cambridge University Press.

– (1994): Conditions of Liberty: Civil Society and it's Rivals. London: Hamish Hamilton.

– (1997): The Turkish Option in Comparative Perspective, in: Bozdoğan, Reşat/Kasaba, Sibel (Hg.), Rethinking Modernity and National Identity in Turkey. Seattle: University of Washington Press, S. 233-244.

*Gerhard, Ute* (1999): Die soziale Unsicherheit weiblicher Lebenslagen, in: Glatzer, Wolfgang (Hg.): Ansichten der Gesellschaft. Frankfurter Beiträge aus Soziologie und Politikwissenschaft, Opladen, S. 289-302.

– (2000): Atempause: Die aktuelle Bedeutung der Frauenbewegung für eine zivile Gesellschaft, in: Braun/Fuchs/Lemke/Töns (Hg.): Feministische Perspektiven der Politikwissenschaft. Oldenbourg: Oldenbourg Wissenschaftsverlag, S. 293-314.

*Gökçeoğlu-Balcı, Şebnem* (2007): Yoksulluk ve Sosyal Dışlanmaya Karşı Korunma Hakkı (Das Recht auf den Schutz gegen Armut und soziale Abgrenzung), in: Amargi, Vol. 6, S. 38-39.

*Göle, Nilüfer* (1994): Toward an Autonomization of Politics and Civil Society in Turkey, in: Evin, Ahmet/Heper, Metin (Hg.): Politics in the Third Turkish Republic. Boulder: Westview Press, S. 213-222.

– (1997): The Quest for the Islamic Self within the Context of Modernity, in: Bozdoğan, Reşat/Kasaba, Sibel (Hg.), Rethinking Modernity and National Identity in Turkey. Seattle: University of Washington Press, S. 81-94.

*Greening, Anna* (2000): The Women's Library in Istanbul: The International Context, in: Gender & History, Vol. 12, No. 2, S. 467-471.

*Gülbahar, Hülya* (2003): Yeni Medeni Kanunun Yürürlüğü ve Uygulama Şeklinde Kanun (Das neue Zivilrecht), in: İstanbul Barosu Yayınları: Ailenin Korunmasına Dair Kanun ve Yeni Medeni Kanuna İlişkin Uygulama Sorunları. İstanbul, S. 239-241.

*Günal, Asena* (2009): Gülnur Savran ile söyleşi: „Sol hala patriyarkayı 'kadın sorunu' olarak görüyor" (Interview mit Gülnur Savran: Die Linke sieht das Patriarchat noch immer als ein Frauenproblem), in: Birikim, Vol. 244-245, S. 115-123.

*Güneş-Ayata, Ayşe* (1998): Laiklik, Güç ve Katılım Üçgeninde Türkiye'de Kadın ve Siyaset (Frau und Politik in der Türkei im Spannungsfeld von Laizismus, Macht und Partizipation), in: Hacımirzaoğlu, Ayşe Berktay (Hg.): 75 Yılda Kadınlar ve Erkekler. İstanbul: Tarih Vakfı Yayınları, S. 237-248.

*Habermas, Jürgen* (1990): Strukturwandel der Öffentlichkeit. Frankfurt: Suhrkamp.

*Hacıvelioğlu, Fatoş* (2008):"Projecilik" (Projektführung), in: Feminist Politika, Vol. 1, S. 16-17.

*Halide/Canan* (2005): Feminist Kürt Kadın Oluşumları-Roza ve Jujin Dergileri (Feministisch Kurdische Frauenformationen-Die Zeitschriften Roza und Jujin), in:Özgürlüğü Ararken-Kadın Hareketinin Mücadele Deneyimleri. İstanbul: S.S. Amargi Kadın Bilimsel ve Kültürel Araştırmalar Yayıncılık ve Dayanışma Kooperatifi, S. 221-238.

*Hattatoğlu, Dilek* (2001): Ev eksenli çalışma stratejileri (Arbeitsstrategien um Hausarbeit), in: İlyasoğlu, Aynur/Akgökçe, Necla (Hg.): Yerli Bir Feminizme Doğru. İstanbul: Sel Yayıncılık, S. 173-204.

– (2007): Küreselleşme, Yeni Emek Biçimleri, Yoksulluk ve Kadınlar (Glabalisation, Neue Arbeitsmodelle, Armut und Frauen), in: Amargi, Vol. 6, S. 18-21.

*Heper, Metin* (1980): Center And Periphery in The Ottoman Empire, in: International Political Science Review, Vol. 1. London, S. 81-105.

– (2005): The Justice and Development Party Government and the Military in Turkey, in: Turkish Studies, Vol. 6, No. 2, S. 215-231.

– (2006): Türkiye'de Devlet Geleneği (Staatstradition in der Türkei). Ankara: Doğu Batı Yayınları.

*Hirsch, Joachim* (1995): Der nationale Wettbewerbsstaat, Demokratie und Politik im globalen Kapitalismus. Berlin.

– (1999): Globalisierung des Kapitalismus und Transformation des Staates, in: Glatzer, Wolfgang (Hg.): Ansichten der Gesellschaft. Frankfurter Beiträge aus Soziologie und Politikwissenschaft. Opladen: Leske und Budrich, S. 251-261.

– (2001): Des Staates neue Kleider NGO im Prozess der Internationalisierung des Staates, in: Brand, Ulrich u.a. (Hg.): Nichtregierungsorganisationen in der Transformation des Staates. Münster: Westfälisches Dampfboot, S. 13-42.

*Hoecker, Beate* (1995): Politische Partizipation von Frauen. Kontinuität und Wandel des Geschlechterverhältnisses in der Politik. Opladen.

– (1998 a): Handbuch Politische Partizipation von Frauen in Europa. Opladen.

– (1998 b): Frauen, Männer und die Politik. Bonn.

*Hohendahl, Peter Uwe* (Hg.) (2000): Öffentlichkeit-Geschichte eines kritischen Begriffs. Stuttgart: Verlag J.B. Metzler.

*Holland-Cunz, Barbara* (2003): Die alte neue Frauenfrage. Frankfurt: Suhrkamp.

*hooks, bell* (2000): Feminism is for Everybody-Passionate Politics. Cambridge, MA: South End Press.

*Hooper, Charlotte* (2001): Manly States: Masculinities, International Relations, and Gender Politics. New York: Columbia University Press.

*Human Rights Watch (HRW)* (1994): Women's Rights Project-A Matter of Power-State Control of Women's Virginity in Turkey. New York: Human Rights Watch, Vol. 6, No. 7. S. 1-39.

*İbrahim, Ferhad/Wedel, Heidi* (1997): Ortadoğu'da Sivil Toplumun Sorunları (Die Probleme der Zivilgesellschaft im Nahen Osten). İstanbul: İletişim Yayınları.

*İlkkaracan, İpek* (1998): Kentli Kadınlar ve Çalışma Yaşamı (Städtische Frauen und das Arbeitsleben), in: Hacımirzaoğlu, Ayşe Berktay (Hg.): 75 Yılda Kadınlar ve Erkekler. İstanbul: Tarih Vakfı Yayınları, S. 285-302.

*İlkkaracan, Pınar* (1998): Doğu Anadolu'da Kadın ve Aile (Frau und Familie in Ostanatolien), in: Hacımirzaoğlu, Ayşe Berktay (Hg.): 75 Yılda Kadınlar ve Erkekler. İstanbul: Tarih Vakfı Yayınları, S. 173-192.

*İnalcık, Halil* (1998): Türkiye ve Avrupa: Dün Bugün (Türkei und Europa: Gestern, Heute), in: Doğu Batı Yayınları, Nr. 2, S. 9-30.

– (1999): Osmanlı Devletinin Kuruluş Problemi (Das Gründungsproblem des Osmanischen Staates), in: Doğu Batı Yayınları, Nr. 7, S. 9-22.

*İnceoğlu, Yasemin G./Korkmaz, Yeşim* (2002): Gazetecelik 24 Saat – Medya'da Kadın ve Kadın Gazeteciler (Journalismus 24 Stunden-Frauen und Journalistinnen in den Medien). Istanbul: Bas-Haş Yayınları.

*İstanbul Barosu Yayınları* (2003): Ailenin Korunmasına Dair Kanun ve Yeni Medeni Kanuna İlişkin Uygulama Sorunları (Die Probleme der Implementierung des Gesetzes zum Schutz der Familie und des neuen Zivilrechts). İstanbul.

*Jessop, Bob* (1997): Nationalstaat, Globalisierung, Gender, in: Kreisky, Eva/Sauer, Birgit (Hg.), Geschlechterverhältnisse im Kontext politischer Transformation, Politische Vierteljahresschrift, Sonderheft 28, 1997, S. 262-292.

– (2000): Bringing the State Back in (Yet Again), Reviews, Rejections, and Redirections, Department of Sociology, Lancester University, In: (http://www.comp.lancs.ac.uk./sociology/soc070rj.html.) (Zugriff am 12.03.2004).

– (2001): Die Geschlechtsspezifischen Selektivitaten des Staates, in: Kreisky, Eva/Lang, Sabine/Sauer, Birgit (Hg.): EU. Geschlecht. Staat. Wien: WUV-Univ.-Verl., S. 55-86.

*Joseph, Suad* (1996): Patriarchy and Development in the Arab World, in: Gender And Development. Vol. 4, No. 2, S. 14-19.

*Kabasakal Arat, Zehra F.* (2006): Feminist Proje Girişimleri: Genel Sorunlar ve Türkiye İçin Değerlendirmeler (Feministische Projektunternehmen: Allgemeine Probleme und Bewertungen für die Türkei), in: Amargi, Vol. 3, S. 30-31.

*Kadıoğlu, Ayşe* (1994): Women's Subordination in Turkey: Is Islam Really The Villian?, in: Middle East Journal, Vol. 48, No. 4, S. 645-660.

– (2005): Civil Society, Islam and Democracy in Turkey: A Study of Three Islamic Non-Governmental Organizations, in: Muslim World, Vol. 95, Issue 1, S. 23-41.

*Kağıtçıbaşı, Çiğdem* (1998): Türkiye'de Kadının Statüsü: Kültürler Arası Perspektifler (Der Status der Frauen in der Türkei: Interkulturelle Perspektiven), in:

Hacımirzaoğlu, Ayşe Berktay (Hg.): 75 Yılda Kadınlar ve Erkekler. İstanbul: Tarih Vakfı Yayınları, S. 143-154.

*Kalaycıoğlu, Ersin* (2005): The Mystery of the Türban: Participation or Revolt?, in: Turkish Studies, Routledge, Vol. 6, No. 2, S. 233-251.

*Kalaycıoğlu, Sibel/Rittersberger, Helga* (1998): İş İlişkilerine Kadınca Bir Bakış: Ev Hizmetinde Çalışan Kadınlar (Frauenperspektiven auf Arbeitsverhältnisse: Frauen in Hausarbeit), in: Hacımirzaoğlu, Ayşe Berktay (Hg.): 75 Yılda Kadınlar ve Erkekler. İstanbul: Tarih Vakfı Yayınları, S. 225-235.

*Kandiyoti, Deniz* (1987): Emancipated but Unliberated? Reflections on the Turkish Case, in Feminist Studies, Vol. 13, No. 2, S. 317-338.

– (1997): Gendering the Modern on Missing Dimensions in the Study of Turkish Modernity, in: Bozdoğan, Reşat/Kasaba, Sibel (Hg.): Rethinking Modernity and National Identity in Turkey. Seattle: University of Washington Press, S. 113-132.

– (1991 a): End of Empire: Islam, Nationalism and Women in Turkey, in: Kandiyoti, Deniz (Hg.), Women, Islam and the State, London, S. 22-47.

– (1991 b): Identity and its Discontents, in: Millennium, Journal of International Studies, Vol.20, No 3, S. 429-443.

*Kaplan, E. Ann (*1997): Whose Imaginary: The Televisual Apparatus, The Female Body and Textual Strategies in Select Rock Videos on MTV, in: Kemp, Sandra/Squires, Judith (Hg.): Feminisms. New York: Oxford University Press, S. 410-423.

*Karakaşlı, Karin* (2006): Önüm Arkam, Sağım Solum Milliyetçilik (Vorne, hinten, rechts und links von mir Nationalismus), in: Amargi, Vol. 2, S. 53-54.

*Karakuş, Filiz/Acar-Savran, Gülnur* (2008): Yerel Seçimlerde Feminist Söz (Feministische Rede in den Lokalwahlen), in: Feminist Politika, Vol. 1, S. 12-13.

*Karakuş, Filiz* (2009): DÖKH'de feminist yöntemler (Feministische Methoden bei DÖKH), in: Feminist Politika, Vol. 2, S. 42.

*Karaman, M. Lutfullah/Aras, Bülent* (2000): The Crisis of Civil Society in Turkey, in: Journal of Economic and Social Research, 2 (2), S. 39-58.

*Kardam, Filiz/Ecevit, Yıldız* (2002): 1990'ların Sonunda Bir Kadın İletişim Kuruluşu: Uçan Süpürge (Eine Frauen-Kommunikationsorganisation Ende der 1990'er: Der Fliegende Besen), in: Bora, Aksu/Günal, Asena (Hg.): 90'larda Türkiye'de Feminizm. İstanbul: İletişim Yayınları, S. 87-108.

*Kardam, Filiz/Yüksel, İlknur* (2007): Bir Kadın Yoksulluğu Çalışmasının Ardından İzlenimler (Eindrücke einer Frauenarmutsstudie), in: Amargi, Vol. 6, S. 29-32.

*Kardam, Nüket/Acuner, Selma* (2007): National Women's Machineries: Structures and Spaces, in: Shirin Rai (Hg.): Mainstreaming Gender, Democratizing the State: Institutional Mechanisms for the Advancement of Women (Perspectives on Democratization) New Brunswick, NJ: Transaction Publishers, S. 96-114.

*Kaya, Ayşegül* (1996): Türk Ceza Kanunu'nda Evlilik İçi Tecavüz (Eheliche Vergewaltigung im Türkischen Strafrecht), in: Evdeki Terör-Kadına Yönelik Şiddet. İstanbul: Mor Çatı Yayınları, S. 140-142.

*Keane, J.* (1988): Civil Society and The State. London.

*Kerestecioğlu, Filiz/Kaşker, Birsen* (2005): Kadına Yönelik Şiddet ve Mor Çatı Deneyimi (Die Lila-Dach Erfahrung und Gewalt gegen Frauen), in: Özgürlüğü Ararken-Kadın Hareketinin Mücadele Deneyimleri. İstanbul: S.S. Amargi Kadın Bilimsel ve Kültürel Araştırmalar Yayıncılık ve Dayanışma Kooperatifi, S. 257-276.

*Kerestecioğlu, Filiz* (2003): 4320 Sayili Ailenin Korunması Kanun ve Uygulaması (Das Gesetz 4320), in: İstanbul Barosu Yayınları: Ailenin Korunmasına Dair Kanun ve Yeni Medeni Kanuna İlişkin Uygulama Sorunları. İstanbul, S. 7-25.

*Keskin, Burcak* (1997): Political Participation Patterns of Turkish Women, in: Meria Journal, Vol. 1, No. 4 -December 1997. In: http://meria.idc.ac.il/journal/1997/issue4/jv1n4a5.html (Zugriff am 25.04.2004).

*Keskin, Eren/Yurtsever, Eren* (Hg.) (2006): Hepsi Gerçek. Devlet Kaynaklı Cinsel Şiddet (Alles wahr. Staatliche Geschlechtergewalt). Istanbul: Punto Yayınları.

*Keyder, Çağlar* (2003): Türkiye'de Devlet ve Sınıflar (Staat und Klassen in der Türkei). Istanbul: İletişim Yayınları.

*Keyman, E. Fuat/İçduygu, Ahmet* (2003): Globalization, Civil Society and Citizenship in Turkey: Actors, Boundaries and Discourses, in: Citizenship Studies, Vol.7, No: 2, S. 219-234.

*Kılıçkaya, Buse* (2009): Bir Adım Attık, Adımları Peşimize Taktık (Wir haben einen Schritt getan und die Schritte hinter uns drangehängt), in: Amargi, Vol. 12, S. 36-37.

*Koçali, Filiz* (2002): Kadınlara Mahsus Gazete Pazartesi (Zeitung für Frauen: Pazartesi), in: Bora, Aksu/Günal, Asena (Hg.): 90'larda Türkiye'de Feminizm. İstanbul: İletişim Yayınları, S. 73-86.

– (2005): Pazartesi Dergisi Deneyimi 1995-2000 Dönemi (Die Pazartesi Zeitung Erfahrung 1995-2000 Phase), in: S.S. Amargi Kadın Bilimsel ve Kültürel Araştırmalar Yayıncılık ve Dayanışma Kooperatifi. İstanbul: S. 137-152.

*Koğacıoğlu, Dicle* (2008): Gelenek Söylemleri ve İktidarın Doğallaşması: Namus Cinayetleri Örneği (Die Diskurse über Tradition und die Normalisierung von Herrschaft: Das Beispiel der Ehrenmorde), in: Kültür ve Siyasette Feminist Yaklaşımlar 2006-2007 Seçkisi. İstanbul. S. 181-214.

*Kovanlıkaya, Çağlayan* (2001): Erkek parlamentonun kadın siyasetçileri (Die weiblichen Politiker eines Männerparlaments), in: İlyasoğlu, Aynur/Akgökçe, Necla (Hg.): Yerli Bir Feminizme Doğru. İstanbul: Sel Yayıncılık, S. 423-454.

*Köker, Levent* (1998): Ulusal Kimlik ve Devlet Meşrutiyeti: Türkiye'nin Demokratik Deneyiminin Çelişkileri (Nationale Identität und Staatslegitimation: Die Paradoxender Demokratieerfahrung der Türkei), in: Özdalga, Elisabeth/Persson Sune: Sivil Toplum, Demokrasi ve Islam Dünyası (Zivilgesellschaft, Demokratie und die Islamwelt). Istanbul: Tarih Vakfı Yurt Yayınları, S. 83-96.

*Kreisky, Eva* (1995): Der Stoff, aus dem die Staaten sind. Zur männerbündischen Fundierung politischer Ordnung, in: Becker-Schmidt, Regina/Axeli-Knapp, Gudrun (Hg.),

Das Geschlecherverhältnis als Gegenstand der Sozialwissenschaften. Frankfurt, New York: Campus Verlag, S. 85-124.

*Kronsell, Annica* (2005): Gendered Pratices in Institution Of Hegemonic Masculinity, in: İnternational Feminist Journal Of Politics, 7: 2. Routledge, S. 280-298.

*Küçükömer, Idris* (1994): Sivil Toplum Yazıları (Schriften zur Zivilgesellschaft). Istanbul: Bağlam Yayınları.

*Kümbetoğlu, Belkıs* (2001): Kentsel alan ve yerel yönetimlerde toplumsal cinsiyet (Geschlecht in Städten und lokaler Verwaltung), in: İlyasoğlu, Aynur/Akgökçe, Necla (Hg.): Yerli Bir Feminizme Doğru. İstanbul: Sel Yayıncılık, S. 259-282.

– (2002): Kadınlara İlişkin Projeler (Projekte für Frauen), in: Bora, Aksu/Günal, Asena (Hg.): 90'larda Türkiye'de Feminizm. Istanbul: İletişim Yayınları, S. 159-180.

*LambdaIstanbul* (2006): Ne Yanlışız Ne de Yalnızız: Bir Alan Çalışması -Eşcinsel ve Biseksüellerin Sorunları (Wir liegen weder falsch, noch sind wir allein: Eine Feldstudie – Die Probleme von Homosexuellen und Bisexuellen). Istanbul.

*Lang, Sabine* (2004): Politik-Öffentlichkeit-Privatheit, in: Rosenberger, Sieglinde K./ Sauer, Birgit (Hg.): Politikwissenschaft und Geschlecht. KonzepteVerknüpfungen-Perspektiven. Wien: WUV, S. 65-81.

– (1995): Öffentlichkeit und Geschlechterverhältnis. Überlegungen zu einer Politologie der öffentlichen Sphäre, in: Kreisky, Eva/Sauer, Birgit (Hg.): Feministische Standpunkte in der Politikwissenschaft. Eine Einführung. Frankfurt, S. 83-121.

*Levine, Ned* (1982): Social Change and Family Crisis: the Nature of Turkish Divorce, in: Kağıtçıbaşı, Çiğdem (Hg.): Sex Roles, Family, & Community in Turkey. Indiana: Indiana University Turkish Studies, S. 323-348.

*Löffler, Marion* (2001): Herrschaft als zentrales Konzept zur Entschlüsselung der Geschlechtlichkeit des Staates, in: Kreisky, Eva/Lang, Sabine/Sauer, Birgit (Hg.): EU. Geschlecht. Staat. Wien: WUV-Univ.-Verl., S. 15-32.

*Lovelace Duke, Lois* (Hg.) (1996): Women in Politics: Outsiders or Insiders? A Collection of Readings, New Jersey: Prentice Hall.

*Lovenduski, Joni/Norris Pippa* (Hg.) (1993): Gender and Party Politics. London.

*Maihofer, Andrea* (1990): Gleichheit nur für Gleiche?, in: Gerhard/Jansen/Maihofer/ Schmid/Schulz (Hg.): Differenz und Gleichheit. Menschenrechte haben (k)ein Geschlecht, Frankfurt, S. 351-367.

*Mardin, Şerif* (1991). Türk Modernleşmesi (Türkische Modernisierung). Istanbul.

– (2003): Türkiye'de Toplum ve Siyaset-Makaleler 1 (Gesellschaft und Politik in der Türkei -Schriften 1). İstanbul: İletişim Yayınları.

*Mansbridge, Jane* (1998): Feminism and Democracy, in: Phillips, Anne (Hg.): Feminism & Politics. New York: Oxford University Press, S. 142-158.

*Marshment, Margaret* (1997): The Picture is Political: Representation of Women in Contemporary Popular Culture, in: Richardson, Diane/Robinson, Victoria (Hg.): Introducing Women's Studies-Feminist Theory and Practice. London: Palgrave, S. 125-151.

*Merçil, İpek* (2009): İslam ve Feminizm (Islam und Feminismus), in: Direk, Zeynep (Hg.): Cinsiyetli Olmak-Sosyal Bilimler Feminist Bakışlar. İstanbul: Yapı Kredi Yayınları, Cogito Vol. 156, S. 106-117.

*Mernissi, Fatima* (2003): Bekaret ve Ataerki (Jungfräulichkeit und Patriarchat), in: İlkkaracan, Pınar (Hg.): Müslüman Toplumlarda Kadın ve Cinsellik. İstanbul: İletişim Yayınları, S. 99-113.

*Minibaş, Türkel* (1995): Basında Kadın (Frau in den Medien), in: Arat, Necla (Hg.): Türkiye'de Kadın Olgusu. Istanbul: Say Yayınları, S. 243-249.

*Moller, Okin Susan* (1998): Gender, the Public, and the Private, in: Phillips, Anne (Hg.): Feminism & Politics. New York: Oxford University Press, S. 116-141.

*Mor Çatı (Kadın Sığınağı Vakfı)*(1996): Evdeki Terör-Kadına Yönelik Şiddet (Der Terror zu Hause: Gewalt gegen Frauen). İstanbul: Mor Çatı Yayınları.

*Mouffe, Chantal* (1996): Democracy, Power and the „Political", in: Benhabib, Seyla (Hg.): Democracy and Difference-Contesting the Boundaries of the Political. New Jersey: Princeton University Press, S. 245-256.

*Mutluer, Nil* (2007a): Feminizm Kimin İçin? (Für wen ist Feminismus?), in: Amargi, Vol. 4, S. 10-11.

– (2007b): Söyleşi: Halı'nın Altından Politikaya (Interview: Vom Unter dem Teppich zur Politik), in: Amargi, Vol. 5, S. 30-32.

– (2007c): Yoksunlaştırma: „Gariban" Öznenin Hüznü (Verarmt werden: Die Trauer des Elenden Subjektes), in: Amargi, Vol. 6, S. 35.

*Navaro-Yashin, Yael* (1998): Uses and abuses of „State and Civil Society" in contemporary Turkey, in: New Perspectives on Turkey, Spring 1998, 18, pp. 1-22.

*Nayak, Meghana/Suchland, Jennifer* (2006): Gender Violence And Hegemonic Projects, in: International Feminist Journal Of Politics. Routledge, S. 467-485.

*Negt, Oskar/Kluge, Alexander* (1988):"The Public Sphere and Experince": Selections, in: October, Vol. 46, Alexander Kluge: Theoretical Writings, Stories, and an Interview, S. 60-82. MIT Press. In: http://www.jstor.org/stable/778678. Zugriff am 24.06.2009).

–/– (1990): Selections From Public Opinion and Practical Knowledge: Toward and Organizational Analysis of Proletariat and Middle Class Public Opinion, in: Social Text, No: 25/26, Duke University Press, S. 24-32. In: http://www.jstor.org/stable/466238. (Zugriff am 24.06.2009).

*Nelson, Barbara J./Chowdhury, Najma* (Hg.) (1994): Women and Politics Worldwide. New Haven: Yale University Press.

*Ovadia, Stella* (1996): Egemen Kültüre Karşı Çıkışlar: Mor Çatı (Revolten gegen die dominante Kultur), in: Evdeki Terör-Kadına Yönelik Şiddet. İstanbul: Mor Çatı Yayınları, S. 175-181.

– (2005): Feminist Hareketin İlk Günleri (Örgütlenme Zorlukları, Özgün Örgütlenme Deneyimleri) (Die ersten Tage der feministischen Bewegung), in: Özgürlüğü Ararken-Kadın Hareketinin Mücadele Deneyimleri. İstanbul: S.S. Amargi Kadın Bilimsel ve Kültürel Araştırmalar Yayıncılık ve Dayanışma Kooperatifi, S. 59-80.

*Öncü, Ahmet* (2003): Dictatorship Plus Hegemony: A Gramscian Analysis of the Turkish State, in: Science & Society, Vol. 67, No. 3, S. 303-328.

*Öniş, Ziya* (2001): Political Islam at the crossroads: From hegemony to co-existence, in: Contemporary Politics, Vol. 7, No. 4, S. 281-298.

*Öz, Yasemin* (2008): Feminist Hareketin Önüne Koyması Gereken Temel Gündem Nedir? Niçin? (Welche Tagesordnung muss die feministische Bewegung aufstellen? Warum? Weshalb?), in: Amargi, Vol. 10, S. 23-28.

*Özbay, Ferhunde* (1998): Türkiye'de Aile ve Hane Yapısı: Dün, Bugün, Yarın (Familienstruktur in der Türkei: Gestern, Heute, Morgen), in: Hacımirzaoğlu, Ayşe Berktay (Hg.): 75 Yılda Kadınlar ve Erkekler. İstanbul: Tarih Vakfı Yayınları, S. 155-170.

*Özbek, Sinan* (2009): Matemsiz Ölümler: Namus Cinayetlerinin Felsefesi Bir Çözümleme Denemesi (Tode ohne Trauer: Der Versuch einer philosophischen Analyse der Ehrenmorde), in: Felsefelogos, 2009/1, Vol. 37, S. 13-20.

*Özbudun, Ergun* (1998): Türkiye'de Sivil Toplum ve Demokratik Konsolidasyon (Zivilgesellschaft und demokratische Konsolidation in der Türkei), in: Özdalga, Elisabeth/Persson, Sune (Hg.): Sivil Toplum, Demokrasi ve İslam Dünyası. İstanbul: Tarih Vakfı Yurt Yayınları, S. 112-121.

*Özkal, Sadet* (2005): İlerici Kadınlar Derneği (Der Progressive Frauenverein), in: Özgürlüğü Ararken-Kadın Hareketinde Mücadele Deneyimleri. İstanbul: S.S. Amargi Kadın Bilimsel ve Kültürel Araştırmalar Yayıncılık ve Dayanışma Kooperatifi, S. 21-36.

*Özyürek, Esra* (2000): Mecliste Başörtüsü Düğümü (Der Kopftuch-Knoten im Parlament), in: *Altınay, Ayşe Gül* (Hg.): Vatan Millet Kadınlar. İstanbul: İletişim Yayınları, S. 339-357.

*Parla, Ayse* (2001): The 'Honor' of State: Virginity Examinations in Turkey, in: Feminist Studies, Spring 2001, Vol. 27 Issue 1, S. 65-89.

*Paker, Banu* (2005): 1989 Kadın Kurultayı (Der Frauenkongress 1989), in: Özgürlüğü Ararken-Kadın Hareketinin Mücadele Deneyimleri. İstanbul: S.S. Amargi Kadın Bilimsel ve Kültürel Araştırmalar Yayıncılık ve Dayanışma Kooperatifi, S. 187-202.

*Pateman, Carole* (1988): The Sexual Contract. Cambridge: Polity Press.

*Perinçek, Doğu* (1986): Osmanlı'dan Bügüne Toplum ve Devlet (Gesellschaft und Staat vom Osmanischen Reich bis heute). Istanbul: Kaynak Yayınları.

*Peters, Bernhard* (2007): Der Sinn von Öffentlichkeit. Frankfurt: Suhrkamp.

*Peterson, V. Spike* (Hg.) (1992): Gendered States. Feminist (Re)Visions of International Relations Theory. Boulder: Lynne Rienner.

*Phillips, Anne* (Hg.) (1998a): Feminism & Politics. New York: Oxford University Press.

– (1998b): Democracy And Representation: Or, Why Should it Matter Who our Representatives Are? in: Phillips, Anne (Hg.): Feminism & Politics. New York: Oxford University Press, S. 224-240.

*Pringle, Rosemary/Watson, Sophie* (1998): 'Women's Interests' and the Poststructuralist State, in: Phillips, Anne (Hg.): Feminism & Politics. New York: Oxford University Press, S. 203-223.

*Poulantzas, Nicos* (1978): State, Power, Socialism. London: New Left Books.

*Pusch, Barbara* (2002): Kamusallığa Doğru: Türkiye'de İslamcı ve Sünni-Muhafazakar Kadın Sivil Toplum Kuruluşlarının Yükselişi (Der Aufstieg der islamistischen und sunnitisch-konservativen Frauenorganisationen der Zivilgesellschaft), in: Türkiye'de Sivil Toplum ve Milliyetçilik (Zivilgesellschaft und Nationalismus in der Türkei). İstanbul: İletişim Yayınları, S. 461-484.

*Pühl, Katharina* (2001): Geschlechterverhältnisse und die Veränderung von Staatlichkeit in Europa. Ansätze eines theoretischen Perspektivenwechsels, in: Kreisky, Eva/Lang, Sabine/Sauer, Birgit (Hg.): EU. Geschlecht. Staat. Wien: WUV-Univ.-Verl., S. 33-54.

*Ramazanoğlu, Yıldız/Tuksal, Hidayet Şefkatli* (2005): Dindar Çevrelerde Kadın Politikası Üretimi (Die Produktion von Frauenpolitik in religiösen Gemeinschaften),in: Özgürlüğü Ararken-Kadın Hareketinin Mücadele Deneyimleri. İstanbul: S.S. Amargi Kadın Bilimsel ve Kültürel Araştırmalar Yayıncılık ve Dayanışma Kooperatifi, S. 239-256.

*Rödel, Ulrich/Dubiel, Helmut/Frankenberg, Günter* (Hg.) (1989): Die demokratische Frage. Frankfurt: Suhrkamp.

*Rosenberger, Sieglinde Katharina* (1997): Privatheit und Politik, in: Kreisky/Sauer, Birgit (Hg.), Geschlechterverhältnisse im Kontext politischer Transformation, Politische Vierteljahresschrift, 38 Jg., S. 121-136.

*Saktanber, Ayşe* (1990): Türkiye'de Medya'da Kadın: Serbest, Müsait Kadın ya da İyi Eş, Fedakar Anne (Frauen in den Medien der Türkei: Frau, die noch zu haben ist oder gute Ehefrau, selbtslose Mutter), in: Tekeli, Şirin (Hg.): 1980'ler Türkiye'sinde Kadın Bakış Açısından Kadınlar (Frauen in den 1980'ern der Türkei aus einer Frauenperspektive). İstanbul, İletişim Yayınları, S. 195-215.

*Sancar, Serpil* (2009): Erkeklik: İmkansız İktidar-Ailede, Piyasada ve Sokakta Erkekler (Männlichkeit: Eine unmögliche Herrschaft-Männer in der Familie, im Markt und auf der Strasse). İstanbul: Metis Yayınları.

*Sapiro, Virginia* (1998): When are Interests Interesting ? The Problem of Political Representation of Women, in: Phillips, Anne (Hg.): Feminism & Politics. New York: Oxford University Press, S. 161-192.

*Sauer, Birgit* (2001): Die Asche des Souveräns -Staat und Demokratie in der Geschlechterdebatte. Frankfurt: Campus Verlag.

– (2004): Geschlecht und Politik. Institutionelle Verhältnisse, Verhinderungen und Chancen. Berlin: Wissenschaflicher Verlag Berlin.

*Savran, Sungur* (1985): Osmanlı'dan Cumhuriyete: Türkiye'de Burjuva Devrimi Sorunu (Vom Osmanischen Reich zur Republik: Das Problem der bürgerlichen Revolution in der Türkei), in: İstanbul: 11. Tez Kitap Dizisi, Kasım Uluslararası Yayıncılık, S. 173-213.

– (1993): 2. Cumhuriyeti Demokrasiye Yönelik Bir Açılım Olarak Görmek Büyük Hatadır (Es ist ein großer Fehler die 2. Republik als eine Öffnung zur Demokratie zu sehen), in: Sever, Metin/Dizdar, Cem (Hg.): 2. Cumhuriyet Tartışmaları (Debatten zur zweiten Republik). Ankara: Başak Yayınları, S. 257-281.

*Secor, Anna J.* (2001): Toward a Feminist Counter-geopolitics: Gender, Space and Islamist Politics in Istanbul, in: Space & Polity, Vol. 5, No. 3, S. 191-211.

*Seemann, Birgit* (1996): Feministische Staatstheorie. Frankfurt: Leske und Budrich.

*Selek, Pınar* (2006): Feminizme ve Anti-Militarizme İhtiyaçımız Var (Wir brauchen Feminismus und Antimilitarismus), in: Amargi, Vol. 2, S. 27-29.

– (2008): Sürüne Sürüne Erkek Olmak (Kriechend zum Mann werden). İstanbul: İletişim yayınları.

– (2008a): 'Akıllı Ol ...' (Sei Klug), in: Mutluer, Nil (Hg.): Cinsiyet Halleri (Geschlechterzustände). İstanbul: Varlık Yayınları, S. 220-231.

– (2008b): Politika Hayatta! (Politik (nie) im Leben!), in: Amargi, Vol. 11, S. 5-7.

– (2008c): Söyleşi: Mayın Tarlasında Yol Açıyoruz (Interview: Wir öffnen Wege im Mienenfeld), in: Amargi, Vol. 10, S. 10-17.

– (2009): Türkiye'de Özgürlüğü Ararken... (Auf der Suche nach Freiheit in der Türkei), in: Direk, Zeynep (Hg.): Cinsiyetli Olmak-Sosyal Bilimlere Feminist Bakışlar (Geschlechtlich sein- Feministische Perspektiven auf Sozialwissenschaften). İstanbul: Yapı Kredi Yayınları, S. 118-129.

*Silverstein, Brian* (2005): Islamist Critique in Modern Turkey: Hermeneutics, Tradition, Genealogy, in: Comparative Studies in Society and History, Vol. 47, S. 134-160.

*Sirman, Nükhet* (1989): Feminism in Turkey: A Short History, in: New Perspectives on Turkey, 3, (1), S. 1-34.

– (1990): Feminismus in der Türkei: Ein Neubeginn?, in: Zentrum für Türkeistudien Heft 1, S. 47-76.

– (2006): Proje Toplumunda Sanal Kadınlar (Virtuelle Frauen in einer Projetgesellschaft), in: Amargi, Vol. 3, S. 22.

– (2007): Türkiye'de Feministlerin Şiddetle İlişkisi (Das Verhältnis der Feministinnen in der Türkei zur Gewalt), in: Amargi, Vol. 4, S. 15-17.

– (2008): Yerlerin Yerelleşmesi (Die Lokalwerdung der Plätze), in: Amargi, Vol. 11, S. 17.

*Smith, Thomas W.* (2005): Between Allah and Atatürk: Liberal Islam in Turkey, in: The International Journal of Human Rights, Vol. 9, No. 3, S. 307-325.

*Somersan, Bihter* (1997): Frauenbewegung in der Türkei – Im Spannungsfeld der Tradition und Moderne. Frankfurt. (Unveröffentlichte Diplomarbeit. Eingereicht am Fachbereich Gesellschaftswissenschaften an der Johann Wolfgang Goethe-Universität, Dezember 1997).

– (2008): Geschlechterverhältnisse in der Türkei – Hegemoniale Männlichkeit und Frauenbewegung, in: Ataç, İlker/Küçük, Bülent/Şener, Ulaş (Hg.):Perspektiven auf die Türkei – Ökonomische und gesellschaftliche (Dis)Kontinuitäten im Kontext der Europäisierung. Münster: Westfälisches Dampfboot, S. 342-360.

*Sönmez, Ayşan/Demirler, Derya/Keskin, Eren* (2008): Kadına Yönelik Şiddetin Görülmek İstenmeyen Veçhesi: Devlet Kaynaklı Cinsel Şiddet Üzerine Eren Keskin İle Söyleşi (Interview mit Eren Keskin über staatliche Geschlechtergewalt), in: Kültür ve Siyasette Feminist Yaklaşımlar 2006-2007 Seçkisi (Feministische Perspektiven in Kultur und Politik). İstanbul, S. 57-73.

*Steinbach, Udo* (1996): Die Türkei im 20. Jahrhundert-Schwieriger Partner Europas. Bergisch Gladbach.

*Sylvester, Christina* (2002): Feminist International Relations. Cambridge: CUP.

*Şen, Serdar* (1995): Refah Partisi'nin Teori ve Pratiği-Refah Partisi, Adil Düzen ve Kapitalizm (Die Theorie und Praxis der Wohlfahrtspartei-WP, Gerechte Ordnung und Kapitalismus). İstanbul: Sarmal Yayınevi.

*Tarhan, Mehmet* (2008): Zorunlu Askerlik ve Sivil Alternatif Hizmete Direniş Olarak Vicdani Red (Wehrpflichtverweigerung aus Gewissensgründen als ein Kampf gegen Erzwungene Wehrpflicht und Zivilen Sozialdienst), in: Mutluer, Nil (Hg.): Cinsiyet Halleri. İstanbul: Varlık Yayınları, S. 247-255.

*Taş, Mahinur* (2006): Ordunun „Vatan Sever" kadınları (Die patriotischen Frauen des Militärs), in: Amargi, Vol. 2, S. 47-49.

*Taylor, Charles* (1989) : Die Beschwörung der Civil Society, in: Michalski, K. (Hg.): Europa und die Civil Society. Stuttgart, S. 52ff.

*T.C. Basbakanlik Aile Arastirma Kurumu* (1995a): Türkiye'de Televizyon ve Aile (Fernsehen und Familie in der Türkei). Ankara.

– (1995b): Aile İçi Şiddetin Sebep ve Sonuçları (Die Ursachen und Folgen der Gewalt in der Familie), Ankara.

*T.C. Başbakanlık-(KSSGM) Kadının Statüsü ve Sorunları Genel Müdürlüğü* (1999): Töre Cinayetleri (Ehrenmorde). Ankara.

*Tekeli, Şirin* (1986): The Meaning and The Limits of Feminist Ideology in Turkey, in: Özbay, Ferhunde (Hg.): The Study of Women in Turkey An Anthology. İstanbul: Unesco/Turkish Journal Science Association, S. 172-198.

– (1990): Women in the Changing Political Associations of the 1980's, in: Finkel, Andre/ Sirman Nükhet (Hg.): Turkish State, Turkish Society. London, S. 259-288.

– (1991): Frauen in der Türkei der 80er Jahre, in: Neusel, Ayla/Tekeli, Şirin/Akkent, Meral (Hg.): Aufstand im Haus der Frauen. Berlin: Orlando Frauenverlag, S. 27-46.

– (1992): Die neue Frauenbewegung in der Türkei der 80'er Jahre, in: Esin, Ayşe/ Kaptanoğlu, Anıl/Kesim, Ozan/Kırbıyık, Mine (Hg.): Die türkische Frauenbewegung-Probleme und Entwicklungen in Deutschland und in der Türkei. Karlsruhe, S. 57-68.

– (Hg.) (1995): Women in Modern Turkish Society. New Jersey.

*Tibi, Bassam* (1998): Aufbruch am Bosporus-Die Türkei zwischen Europa und dem Islamismus. München: Diana Verlag.

*Tickner, J. Ann* (1992): Gender in International Relations. New York: Columbia University Press.

– (2001): Gendering World Politics. New York: Columbia University Press

*Tuksal, Hidayet Şefkatli* (2008): Türkiye'de Müslüman Kadının Değişen Halleri (Die wandelnden Lebenslagen der Muslimischen Frau in der Türkei), in: Mutluer, Nil

(Hg.): Cinsiyet Halleri-Türkiye'de Toplumsal Cinsiyetin Kesişim Sınırları (Geschlechterlagen-Die Überschneidungsgrenzen von Geschlechtlichkeit in der Türkei). İstanbul: Varlık Yayınları, S. 31-43.

*Toker, Nilgün* (2007): Cinsiyetçilik Her Zaman Militarist Mi? (Ist Sexismus immer militaristisch?), in: Amargi, Vol. 4, S. 37-38.

*Toksöz, Ayşe* (2009): SSGSS yasası ve istihdam paketi (Das SSGSS Gesetz und Beschäftigungspaket), in: Feminist Politika, Vol. 3, S. 25-26.

*Toksöz, Gülay/Erdoğdu, Seyhan* (1998): Sendikacı Kadın Kimliği (Die gewerkschaftliche Frauenidentität). Ankara: İmge Kitapevi Yayınları.

*Tokgöz, Oya* (1996): Siyasal Reklamlarda Kadın Söylemi ve Kadın İmgeleri (Frauendiskurs und Frauenbilder in politischen Werbekampagnen), in: Arat, Necla (Hg.): Türkiye'de Kadın Olmak (Kadın Sorunlarından Kesitler) (Frausein in der Türkei-Ausschnitte aus Frauenfragen). Istanbul: Say Yayınları, S. 55-72.

*Toprak, Binnaz* (1986): Emancipated But Unliberated Women In Turkey: The Impact Of Islam, in: Özbay, Ferhunde (Hg.): The Study of Women in Turkey. An Anthology. İstanbul: Unesco/Turkish Journal Science Association, S. 49-63.

– (2005): Islam and Democracy in Turkey, in: Turkish Studies, Vol. 6, No. 2, S. 167-186.

*Ülker, Ferda* (2006): Yine Kadınlar, Yine Vicdani Red (Wieder Frauen, wieder Wehrdienstverweigerung aus Gewissensgründen), in: Amargi, Vol. 3, S. 36.

*United Nations Publications* (1995): Women: Looking Beyond 2000. New York: United Nations.

*Üstün, İlknur* (2007a): Muktedir Olmak, İktidar Olmak. Devlet Sivil Toplum İlişkisi (Fähig sein, Herrschaft sein. Die Beziehung von Staat und Zivilgesellschaft), in: Amargi, Vol. 4, S. 24-25.

– (2007b): Ya Yuvayı Yapan, Ya Vatanı Bekleyen...Peki Ya Kararları Veren (Und wer macht das Netz, und wer bewacht das Vaterland...Und wer trifft die Entscheidungen) in: Amargi, Vol. 5, S. 19-21.

– (2008): Kadınların Yerel Deneyimleri: Yer'in Dili Olsa Da Konuşsa (Die Frauenerfahrungen im Lokalen), in: Amargi, Vol. 11, S. 18-21.

*Üstündağ, Nazan* (2006): Türkiye'de Projecilik Üzerine Eleştirel Bir Değerlendirme (Eine kritische Analyse über die Projektführungen in der Türkei), in: Amargi, Vol. 3, S. 23-24.

– (2007): Sosyal Politikayı Feminist ve Muhalif Bir Siyasete Açmak (Die Öffnung der Sozialen Politik für eine Feministische und Opposotionelle Politik), in: Amargi, Vol. 6, S. 43-44.

– (2008): Siyasetsiz Yerel, Yerelsiz Siyaset (Lokal ohne Politik, Politik ohne Lokal), in: Amargi, Vol. 11, S. 24-25.

*Van Zoonen, Liesbet* (1997): Medyaya Feminist Yaklaşımlar (Feministische Perspektiven in den Medien), in: İrvan, Süleyman (Hg.): Medya, Kültür, Siyaset. Ankara: Bilim Sanat Yayınları/ARK Kitapları, S. 301-333.

*Vargün, Fatma Nevin* (2009a): Kürt Kadın Harketi ve Sosyal Politikalar (Kurdische Frauenbewegung und Sozialpolitiken), in Amargi, Vol. 14, S. 4-5.
– (2009b): Esas Siyaset Bir Kez Daha Erkeklere Teslim (Die wahre Politik ist wieder den Männern übergeben), in: Amargi, Vol. 12, S. 56-57.
*Walby, Sylvia* (2002): Feminism in a global era, in: Economy and Society, Vol. 31, Nr. 4, S. 533-557.
– (2005): Gender Mainstreaming: Productive Tensions in Theory and Practice, in: International Studies in Gender, State and Society, Vol. 12, Nr. 3, S. 321-343.
*Wasmuth, Ulrike C.* (1997): Zum Zusammenhang zwischen Nationalismus, Krieg und Geschlecht, in: Kerchner, Brigitte/Welde, Gabriele (Hg.): Staat und Privatheit: Aktuelle Studien zu einem schwierigen Verhältnis. Opladen, S. 223-236.
*Watson, Sophie* (1990): The State of Play: An Introduction, in: Watson, Sophie (Hg.): Playing the State: Australian Feminist Interventions. London: Verso, S. 3-20.
*White, Jenny B.* (2003): State Feminism, Modernization, and the Turkish Republican Woman, in: NSWA Journal, Vol. 15, Nr. 3, S. 145-159.
*WWHR (Women for Women's Human Rights)* (2006): Turkish Civil and Penal Code Reforms From a Gender Perspective: The Success of Two Nationwide Campaigns. İstanbul: WWHR-NEW WAYS.
*Yalçın-Heckmann, Lale/Van Gelder, Pauline* (2000): '90'larda Türkiye'de Siyasal Söylemin Dönüşümü Çerçevesinde Kürt Kadınlarının İmajı: Bazı Eleştirel Değerlendirmeler (Das Image der Kurdischen Frauen im Rahmen der Transformation des politischen Diskurses in den 90'ern in der Türkei: Einige kritische Betrachtungen), in: *Altınay, Ayşe Gül* (Hg.): Vatan Millet Kadınlar (Vaterland-Nation-Frauen). İstanbul: İletişim Yayınları, S. 308-338.
*Yalçın, Zelal* (2006): Hayat Artık Bir Projemi? (Ist das Leben nur noch ein Projekt?), in: Amargi, Vol. 3, S. 32.
*Yaraman, Ayşegül* (1999): Türkiye'de Kadınların Siyasal Temsili (Die politische Repräsentation der Frauen in der Türkei). İstanbul: Bağlam Yayıncılık.
*Yaylagül, Levent/Korkmaz, Nilüfer* (Hg.) (2008): Medya, Popüler Kültür ve Ideoloji (Medien, Populäre Kultur und Ideologie). Istanbul: Dipnot Yayınları.
*Yerasimos, Stefanos* (2002): Sivil Toplum, Avrupa ve Türkiye (Zivilgesellschaft, Europa und Türkei), in: Türkiye'de Sivil Toplum ve Milliyetçilik (Zivilgesellschaft und Nationalismus in der Türkei). İstanbul: İletişim Yayınları, S. 13-23.
*Youngs, Gillian* (2004): Feminist International Relations, A Contradiction in Terms?, in: International Affairs, Vol. 80, Nr. 1.
*Yüksel, Şahika* (1996): Kadınların Kendilerini Şiddetten Koruması Neden Zor? (Warum es für die Frauen schwer ist, sich vor Gewalt zu schützen?), in: Evdeki Terör-Kadına Yönelik Şiddet. İstanbul: Mor Çatı Yayınları, S. 96-112.
*Yurdalan, Nilgün* (2006): Söyleşi: Ferda Ülker „Evet askerlik yapmıyoruz, ama vicdani redciyiz" (Interview: Ferda Ülker: 'Ja wir machen keinen Wehrdienst aber sind trotzdem Wehrdienstverweigerer aus Gewissensgründen'), in: Amargi, Vol. 2, S. 36-37.

– (2008): Seks İşçileri Sendikalarını Kuruyor: Kırmızı Şemsiye Sendikası (Die SexarbeiterInnen gründen ihre Gewerkschaft: Die Gewerschaft: Roter Schirm), in: Amargi, Vol. 11, S. 53-54.

*Zalewski, Marysia/Enloe, Cynthia* (1999): Feminist Theorizing from Bananas to Maneuvers, in: International Feminist Journal Of Politics, Vol. 1, Issue 1, S. 138-146.

*Zalewski, Marysia* (2000): Feminism after Postmodernism. New York.

*–/Papart, Jane* (Hg.) (1998): The „Man" Question in International Relations. Boulder: Westview Press.

*Zengin, Aslı* (2008): Devletin Cinsel Kıyısı: Kayıtlı/Kayıtsız Fuhuş Mekanları Üzerine Bir Yazı (Das sexuelle Ufer des Staates: Ein Artikel über legale/illegale Prostitutionsräume), in: Amargi, Vol. 11, S. 55-58. *Zürcher, Erik J.* (2003): Turkey-A Modern History. New York: I.B.Tauris & Co Ltd.

*Zürcher, Eric J.* (2003): Turkey-A Modern History. New York: I.B.Tauris & Co Ltd.

Sinan Özbek

## Schriften zur praktischen Philosophie am Beispiel der Türkei

### Rassismus, Assimilation, Ehrenmord, Euthanasie, Macht und Moral

2011 – 166 Seiten – € 19,90
ISBN 978-3-89691-874-1

Ceren Türkmen

## Migration und Regulierung

(Einstiege Band 18)
2008 – 171 Seiten – € 14,90
ISBN 978-3-89691-684-6

Ilker Ataç/Bülent Küçük/
Ulas Şener (Hrsg.)

## Perspektiven auf die Türkei – Ökonomische und gesellschaftliche (Dis)Kontinuitäten im Kontext der Europäisierung

2008 – 366 Seiten – € 29,90
ISBN 978-3-89691-744-7

Alex Demirović/Christina Kaindl/
Alfred Krovoza (Hrsg.)

## Das Subjekt – zwischen Krise und Emanzipation

im Auftrag der Assoziation für kritische Gesellschaftsforschung in Zusammenarbeit mit der Loccumer Initiative
2010 – 176 Seiten – € 15,90
ISBN 978-3-89691-771-3

**2. Auflage**

Mechthild Bereswill/Michael Meuser/
Sylka Scholz (Hrsg.)

## Dimensionen der Kategorie Geschlecht: Der Fall Männlichkeit

(Forum Frauen- und Geschlechterforschung Band 22)
2009 – 258 Seiten – € 24,90
ISBN 978-3-89691-222-0

Sandra Smykalla/Dagmar Vinz (Hrsg.)

## Intersektionalität zwischen Gender und Diversity

### Theorien, Methoden und Politiken der Chancengleichheit

(Forum Frauen- und Geschlechterforschung Band 30)
2011 – 317 Seiten – € 29,90
ISBN 978-3-89691-230-5

Ariane Grundies
Die Toten am Sund